Helga Thoma
Liebe, Macht, Intrige

Zu diesem Buch

Könige hatten schon immer Mätressen, meist ganz offiziell. Die außerehelichen Liebesgeschichten von Königinnen dagegen waren komplizierte Angelegenheiten und endeten oft in Katastrophen. Fast immer prallten die Liebe der Frau und das politische Kalkül der Männer aufeinander. So fiel Graf Struensee, Hofarzt und Geliebter der unglücklich verheirateten dänischen Königin Caroline Mathilde, schließlich einer Verschwörung zum Opfer, und die Königin wurde zur Ausgestoßenen. Elisabeth I. von England sorgte für einen Skandal, da sie sich als Liebhaber ausgerechnet den verheirateten Stallmeister Robert Dudley wählte. Einfühlsam und fundiert erzählt Helga Thoma die Lebens- und Liebesgeschichten von sechs Herrscherinnen, die auf ihrer Suche nach Glück und ihrer Sehnsucht nach Liebe scheiterten und nicht selten einen hohen Preis zahlen mußten.

Helga Thoma, geboren 1958 in Klosterneuburg, studierte Romanistik und Germanistik in Wien. Nach mehrjähriger Tätigkeit in der Privatwirtschaft lebt sie seit 1994 als freie Autorin in Klosterneuburg. Von ihr erschienen außerdem »Madame, meine teure Geliebte ... Die Mätressen der französischen Könige«, »Vom Thron zum Schafott. Das blutige Ende gekrönter Häupter« und »Ungeliebte Königin. Ehetragödien an Europas Fürstenhöfen«.

Helga Thoma
Liebe, Macht, Intrige

Königinnen und ihre Liebhaber

Mit 19 Abbildungen

Piper München Zürich

Von Helga Thoma liegen in der Serie Piper außerdem vor:
Madame, meine teure Geliebte ... (2570)
Vom Thron zum Schafott (2801)

Ungekürzte Taschenbuchausgabe
Piper Verlag GmbH, München
1. Auflage Mai 2001
2. Auflage April 2002
© 1999 Verlag Carl Ueberreuter, Wien
Umschlag: Büro Hamburg
Stefanie Oberbeck, Isabel Bünermann
Umschlagabbildung: Peter Paul Rubens
(»Anna von Österreich«, Archiv für Kunst und Geschichte, Berlin)
Druck und Bindung: Clausen & Bosse, Leck
Printed in Germany   ISBN 3-492-23157-8

www.piper.de

Inhalt

Vorwort

Daß ein Herrscher eine oder auch mehrere Geliebte hatte, war so gut wie zu jeder Zeit eine akzeptable Tatsache. Nie wäre jemand auf die Idee gekommen, den guten Ruf oder die politischen Leistungen eines Fürsten in Frage zu stellen, nur weil er fremdging. Ist es nicht auch durchaus verständlich, daß ein Mann, der aus Staatsräson mit einer ungeliebten, oftmals auch unansehnlichen Frau verheiratet worden war, sich anderweitig nach Zuneigung und echter Leidenschaft umsah? Und wer wagte es, Einspruch zu erheben, wenn ein Herrscher die Dame seines Herzens erhöhte, beschenkte und sich sogar öffentlich zu ihr bekannte, indem er ihr den Titel einer »maîtresse en titre« verlieh? Ja die königlichen Gemahlinnen selbst fanden sich zumeist mit ihren Rivalinnen ab und überließen ihnen den Platz an der Sonne.

Wie anders aber, wenn Frauen liebten, noch dazu, wenn sie eine Krone trugen! Plötzlich wurde jede außereheliche Beziehung zu einer komplizierten, hochdramatischen und manchmal lebensgefährlichen Angelegenheit. Vor allem aber bekam sie eine politische Dimension, deren Bedeutung erst von der Nachwelt richtig eingeschätzt werden kann. Die Versuche einer Madame de Pompadour, politisch mitzumischen, erscheinen ohne jede Bedeutung angesichts des Einflusses, den die Favoriten der Königinnen bisweilen auf die Regierung eines Reiches ausübten. Was wäre aus Frankreich geworden, hätte Anna von Österreich nicht so viel für Mazarin übrig gehabt? Nur durch seine Beziehung zur Regentin konnte der Kardinal den Grundstein für den Ruhm des Sonnenkönigs legen. Und wohin hätte sich Rußland entwickelt, hätte nicht ein Orlow seine »Katinka« auf den Thron gehoben?

Während sich die Beziehungen von Herrschern zu ihren Mätressen eher wie simple Liebesgeschichten ausnehmen, sind die Verhältnisse der Damen zu den Favoriten ihres Herzens äußerst komplex. Sie spiegeln tiefe, wahre Liebe, hemmungslose Leidenschaft bis zur sexuellen Hörigkeit wider ebenso wie den Kampf der Geschlechter um die Macht und die Unvereinbarkeit weiblicher und männlicher Gedanken- und Gefühlswelt. Aus emotionaler Sicht handelt es sich fast durchwegs um traurige, ja tragische Geschichten von der Illusion der Liebe. Denn während die Frauen aufrichtige, tiefe Gefühle und die Sehnsucht nach Zuneigung in die Waagschale werfen, streben die Männer dagegen meist nach Macht, Herrschaft, Reichtum und Besitz.

Lediglich Stanislaus August Poniatowski und Axel von Fersen stellen die rühmlichen Ausnahmen im Reigen der machthungrigen Favoriten dar. Doch die ritterlichen Romantiker scheitern im politischen Intrigenspiel. Es sind die tollkühnen, ehrgeizigen Haudegen, die das Rennen machen. Sie aber sehen in der Frau nur ein Mittel zum Zweck. Ihnen genügt die Liebe nicht, sie wollen dazu auch die Macht.

Einige von ihnen haben große Leistungen vollbracht, menschlich aber waren sie eine Enttäuschung für die Frau, der sie ihre Karriere verdankten. So manche Königin zahlte einen hohen Preis für die Illusion, geliebt zu werden, einen Preis, der von sexueller Untreue über Bereicherung, respektlose Behandlung bis hin zum Verrat reichte.

Elisabeth I. von England, Anna von Österreich, Katharina II. von Rußland, Caroline Mathilde von Dänemark, Marie Antoinette und Marie Louise von Spanien und die große Liebe ihres Lebens stehen im Mittelpunkt des vorliegenden Buches. Sechs völlig verschiedene Persönlichkeiten mit ganz unterschiedlichen Lebensgeschichten, vereint durch ihre Sehnsucht nach Liebe und ihrem Scheitern auf der Suche nach dem Glück.

Im Schatten des Towers

Elisabeth I. von England, Leicester und Essex

Leicester – die große Liebe

Eine feucht-graue Nebeldecke lag schwer über der englischen Hauptstadt. Die Straßen waren an diesem Morgen des 17. März 1554 fast menschenleer, denn es war Palmsonntag und die Bevölkerung von London wohnte gerade der Messe bei. Nur eine einsame Barke glitt durch die Dunstwolken, die von der Themse aufstiegen, glitt entlang der drohenden Mauern des Towers und legte dann vor dem sogenannten Verrätertor an.

Begleitet von zwei hohen Beamten der Krone entstieg dem Kahn eine junge Frau von gerade zwanzig Jahren. Sie war von zarter, schlanker Gestalt, und unter der Kapuze ihres schwarzen Samtmantels schimmerte ihr rotgoldenes Haar hervor. Es war Prinzessin Elisabeth, die Halbschwester von Königin Maria. Sie stand im Verdacht an der Wyatt-Verschwörung beteiligt gewesen zu sein, einer protestantischen Rebellion, deren Ziel die Absetzung der katholischen Maria und die Inthronisierung Elisabeths war.

Man hatte keinerlei Beweise gegen die Prinzessin gefunden, doch das Verhältnis der beiden Tudor-Schwestern blieb auch weiterhin mehr als gespannt. Die Königin fürchtete die Konkurrenz der Jüngeren. Maria war bereits 37 Jahre, vorzeitig gealtert und kränklich, und wegen ihres religiösen Eifers alles andere als beliebt, während der strahlend schönen, jungen Elisabeth die Herzen des Volkes zuflogen, nicht zuletzt deshalb, weil sie sich zum Protestantismus bekannte.

Elisabeth erschauerte, als sie die Stufen zum berüchtigten Londoner Gefängnis emporstieg. Erinnerungen suchten sie heim, Erinnerungen an ihre unglückliche Mutter, Anna Boleyn, die achtzehn Jahre zuvor denselben Weg gegangen war. Das Schicksal ihrer Mutter lag seither wie ein dunkler Schatten über dem Leben der Tudor-Prinzessin.

Im Jahre 1533, dem Jahr ihrer Geburt, hatte sich ihr Vater, Heinrich VIII., von Rom losgesagt und die anglikanische Kirche in England eingeführt, nachdem ihm der Papst die Scheidung von seiner ersten Gemahlin, Katharina von Aragon, verwehrt hatte. Katharina hatte ihm nur eine Tochter, Maria, geboren.

Von seiner zweiten Frau, der um zehn Jahre jüngeren Anna Boleyn, in die er noch dazu leidenschaftlich verliebt war, erwartete Heinrich nun den heißersehnten männlichen Erben. Doch auch Anna enttäuschte ihn, als sie am 7. September 1533 ebenfalls »nur« einem Mädchen das Leben schenkte, das den Namen Elisabeth erhielt. Die junge Königin, die die Unbeständigkeit ihres Gemahls in Liebesdingen kannte, wußte, daß ihr Glück und ihre Zukunft allein von der Geburt eines Sohnes abhingen. Doch der Knabe, den sie Anfang 1536 gebar, kam tot zur Welt, und Heinrich verlor augenblicklich das Interesse an seiner Frau. In seinem Zorn ließ er Anna verhaften und wegen Hochverrats vor Gericht stellen. Sie habe nicht nur Ehebruch mit mehreren Männern, darunter sogar ihr eigener Bruder, begangen, sondern auch die Ermordung des Königs geplant, lautete die fadenscheinige Anklage. Das Urteil stand von vornherein fest, und am 19. Mai 1536 fiel Anna Boleyns Kopf unter dem Schwert des Henkers.

Nur eine Woche nach der Hinrichtung vermählte sich Heinrich VIII. mit Jane Seymour, die ihm im Oktober 1537 endlich einen Sohn, den späteren Edward VI., gebar, jedoch wenige Tage nach der Geburt im Wochenbett verstarb. Im Januar 1540 ging der König mit Anna von Kleve eine vierte, politisch motivierte Ehe ein, doch die Dame mißfiel ihm so sehr, daß er sich bereits nach sechs Monaten wieder scheiden ließ. Thomas Cromwell, der zu dieser Ehe geraten hatte, bezahlte mit seinem Leben dafür, daß er den Geschmack seines Herrn nicht getroffen hatte.

Vierzehn Tage nach der Scheidung heiratete Heinrich VIII. zum fünften Mal. Die Auserwählte hieß Katharina Howard, ein blutjunges Geschöpf, das nach wenigen Monaten wie einst ihre Cousine,

Anna Boleyn, des Ehebruchs bezichtigt und aufs Schafott geschickt wurde. Nur Ehefrau Nr. 6, die kluge Katharina Parr, sollte Heinrich überleben. Als er im Januar 1547 starb, nahm sie sich der nun zur Vollwaise gewordenen Tochter Anna Boleyns an.

Nach der Hinrichtung ihrer Mutter war Elisabeth zum Bastard erklärt, später jedoch trotzdem nach ihren Halbgeschwistern, Edward und Maria, wieder als Thronerbin eingesetzt worden. Der Makel der angeblich illegitimen Geburt und die Uneindeutigkeit ihrer Position belasteten das sensible Mädchen sehr. Während sie den einen hinderlich war, erschien sie den anderen als Joker im Poker um die Macht. Es gab viele, die sich ihrer bedienen wollten, aber nur wenige, denen sie vertrauen konnte.

Die heranwachsende Elisabeth lernte mit einprägsamer Deutlichkeit die Schattenseiten der Liebe kennen. Sie war erst zweieinhalb Jahre alt gewesen, als sich ihr Vater ihrer Mutter entledigt hatte, und kannte die traurige Geschichte nur aus Erzählungen. Fünf Jahre später jedoch hatte sie die Dinge bereits recht genau begriffen, als ihre Tante, Katharina Howard, dasselbe Schicksal ereilte. Sie hatte Katharinas verzweifelte Schreie gehört, als man sie verhaftete und Heinrich VIII. sich weigerte, sie noch einmal zu sehen. So also gingen Männer mit Frauen um!

Elisabeths Bruder war zehn Jahre alt, als er 1547 als Edward VI. den Thron bestieg. Er stand unter der Vormundschaft seines Onkels, des Lord-Protektors Edward Seymour, der für ihn die Geschäfte führte. Seymour hatte einen Bruder namens Thomas, ein überaus gutaussehender, charmanter Mann von Mitte Dreißig, den die Eifersucht auf den mächtigen Bruder dazu trieb, sich um die Hand der Prinzessin Elisabeth zu bewerben. Als ihm dieses Ansinnen jedoch verwehrt wurde, heiratete er seine Jugendliebe, die Königinwitwe Katharina Parr, die damals mit 36 Jahren immer noch eine sehr attraktive Frau war. Damit war Seymour in Elisabeths Nähe, und er brachte das Mädchen mit seinen Annäherungsversuchen ganz durcheinander. Die Fünfzehnjährige war verständlicherweise von dem fröhlichen, feschen Mann sehr angetan, der sich da so sehr für sie interessierte, und sie errötete jedesmal, wenn sein Name fiel. Die Parr lächelte anfangs zu diesem Geplänkel, doch irgendwann packte sie die Eifersucht, und sie schickte Elisabeth fort.

In Hatfield, wohin man sie gebracht hatte, litt die Prinzessin unter quälenden Schuldgefühlen. Zum ersten Mal zeigte sich Elisabeths ganze Empfindsamkeit und ihre starke Emotionalität. Sie verstand nicht, was passiert war, machte sich selbst Vorwürfe und geriet an den Rand einer Nervenkrise. Sie weinte unentwegt, und schließlich wurde sie sogar ernstlich krank.

Damals wurde wohl der Keim für Elisabeths gestörte Beziehung zum anderen Geschlecht gelegt. Ihre Schuldgefühle verstärkten sich noch, als Katharina Parr im August 1548 im Wochenbett starb. Kaum war er Witwer, nahm Seymour seinen ursprünglichen Plan, Elisabeth zu heiraten, wieder auf. Der tollkühne Mann vergaß jedoch jedwede Vorsicht. Er begann gegen seinen eigenen Bruder zu intrigieren, bis er schließlich verhaftet und im März 1549 wegen Hochverrats hingerichtet wurde.

Zum ersten Mal in ihrem Leben war Elisabeth in die hohe Politik verstrickt, zum ersten Mal bekam sie die Gefahr zu spüren, die von der Macht ausging. Der Verdacht des Verrates schwebte über ihrem Haupt. So gefühlsstark Elisabeth auch war, es gehörte zu ihren charakteristischen Eigenschaften, daß sie in heiklen Situationen stets die Contenance bewahrte. Thomas Seymour war immerhin so etwas wie ihre erste Liebe gewesen, und sein Tod erschütterte sie mit Sicherheit zutiefst, dennoch gelang es ihr, einen kühlen Kopf zu bewahren und alle Gerüchte und Anschuldigungen, sie habe von der Verschwörung und den Heiratsabsichten Seymours gewußt, zu dementieren. Ohne eine Gefühlsregung zu zeigen, soll sie am Tage seiner Hinrichtung mit klarer Stimme den berühmten Ausspruch getan haben: »Heute starb ein Mann von großem Witz und geringem Urteilsvermögen.«

Die bittere Erfahrung mit Seymour aber hinterließ Spuren an ihrer sensiblen Persönlichkeit. Gleichzeitig jedoch hatte sie gelernt, im Intrigenspiel um die Macht zu überleben, sich zu verstellen, ihre Gefühle zu beherrschen, aber auch Heuchler zu durchschauen. Denn hinter der ästhetischen und kultivierten Fassade der Renaissance-Menschen verbarg sich die ganze Skrupellosigkeit des machiavellistischen Denkens jener Zeit, die eiskalte Berechnung, der Egoismus und der mörderische Ehrgeiz, der damals in hohen und höchsten Kreisen vorherrschte. Es starb sich leicht im 16. Jahrhundert; politisch motivierter Mord gehörte zum Alltag, überall lauerte das tödliche Gift, und Kabalen und Intrigen brachten so manchen als Verräter aufs Schafott oder in den Tower.

Der Tower, furchteinflößendes Symbol der Macht, spielte eine große Rolle in Elisabeths Leben. Viele ihr nahestehende Menschen waren dorthin gegangen und nicht mehr zurückgekehrt. Und es waren Tage und Wochen der Angst und der Unsicherheit, die sie in jenem Frühjahr 1554 in der beklemmenden Atmosphäre dieser mittelalterlichen Mauern verlebte. Was hatte Maria mit ihr vor? Würde sie wie ihre Mutter enden?

Natürlich wurde Elisabeth nicht wie ein gemeiner Verbrecher behandelt, mußte weder auf nacktem Stroh in einem finsteren Verließ darben noch Hunger leiden. Die Standesunterschiede früherer Zeiten machten auch vor den Gefängnismauern nicht halt, und Adelige fanden auch im Tower den gewohnten Komfort vor. Als Schwester der Königin und offizielle Thronfolgerin standen Elisabeth im Bell-Tower immerhin vier Zimmer zur Verfügung, und sie wurde von sechs ihrer treuesten Kammerfrauen bedient. Besuche waren ihr allerdings ebenso verwehrt wie der Kontakt zu den hochgestellten Mitgefangenen. Lediglich Spaziergänge im Gefängnisgärtchen wurden ihr gestattet. Von dort aus konnte sie zum benachbarten Turm, dem sogenannten Beauchamp-Tower sehen, in dem, wie sie wußte, Robert Dudley saß, der Gefährte ihrer Jugend, der wie seine Brüder dem Ehrgeiz des eigenen Vaters zum Opfer gefallen war.

Der Name Dudley war seit zwei Generationen eng mit dem Hause Tudor und der englischen Politik verbunden. Die Abstammung dieser Familie liegt im Dunkeln, angeblich war sie normannisch-sächsischen Ursprungs. Fest steht jedoch, daß irgendwann um das Jahr 1490 ein junger Rechtsgelehrter namens Edmund Dudley aus Sussex zum Finanzminister Heinrichs VII. avancierte. Dudleys effiziente Geldbeschaffungspolitik leistete der Krone große Dienste, und er erhielt dafür die Hand von Elizabeth Grey und später den Titel eines Viscount of Lisle. In der englischen Bevölkerung aber hatte sich Dudley verständlicherweise Abneigung und Haß zugezogen, und er galt bald als der unbeliebteste Mann des Reiches.

Als 1509 der junge Heinrich VIII. seinem verstorbenen Vater auf den Thron folgte, sah er sich den Protesten des Volkes gegen die rigide Finanzpolitik seines Vaters gegenüber. Um Popularität bemüht, schob Heinrich die Schuld auf Dudley und ließ ihn 1510 kurzerhand hinrichten. Damit schien der Aufstieg der Familie Dudley auch schon wieder beendet.

Als Edmund Dudley starb, nahm sich sein Freund, Sir Richard Guildford, dessen ältesten Sohnes, John, an und setzte alles in Bewegung, um die Ehre der Dudleys wiederherzustellen und das eingezogene Vermögen zurückzugewinnen. Außerdem gab er John seine Tochter Jane zur Frau. Dem jungen Mann gelang es tatsächlich, sich und seine Familie zu rehabilitieren. In der Armee Charles Brandons, des Schwagers des Königs, bewährte er sich und wurde zum Ritter geschlagen. Von da an ging es bergauf. Heinrich VIII. »vergab ihm«, daß er seinen Vater hatte hinrichten lassen, und ernannte ihn 1532 zum Master of the Armoury, 1542 zum Pair of England und 1544 schließlich sogar zum Mitglied des Privy Councils.

Jane Dudley gebar ihrem Mann insgesamt dreizehn Kinder, von denen sieben das Erwachsenenalter erreichten: John, Ambrose, Mary, Katherine, Robert, Henry und Guildford. Robert Dudley war 1532 oder 1533 zur Welt gekommen. Er selbst gab später den 24. Juni 1533 als Geburtsdatum an. Da zu jener Zeit die Astrologie eine große Rolle im Leben der Menschen spielte, könnte dieses Datum jedoch auch eine Erfindung sein, da es den damaligen Sterndeutern zufolge in absoluter Harmonie zu Elisabeths Daten stand.

Diesmal gab es für die Dudleys keinen Karriereeinbruch, als Heinrich VIII. 1547 starb. John Dudley saß so fest im Sattel, daß er sogar Mitglied des Regentschaftsrates war, der für den minderjährigen Edward VI. regieren sollte. Zwar riß Edward Seymour, der Herzog von Somerset und Onkel des kleinen Königs, die Macht an sich und machte sich zum Lord-Protektor, doch Dudleys Einfluß blieb weiterhin beträchtlich. Er wurde von Edward zuerst zum Earl of Warwick und 1550 sogar zum Herzog von Northumberland erhoben. Das war ein Novum in der englischen Geschichte, denn bisher war der Herzogstitel nur Personen von königlichem Geblüt vorbehalten gewesen. Mit einer geschickten Intrige brachte Dudley schließlich seinen Rivalen, Somerset, im Januar 1551 wegen Hochverrats aufs Schafott und sich selbst in die höchste Position des Reiches. Der Herzog von Northumberland wurde der Diktator Englands, häufte Reichtümer und Ländereien an, und seine Arroganz trieb ihn bis zum Größenwahn. Da ihm Edward VI. völlig ergeben war, konnte Northumberland seine ehrgeizigen Pläne vorantreiben. Als gewissenhafter Vater dachte er natürlich an die Zukunft seiner Kinder, die er mit den bedeutendsten Familien des Landes zu verbinden suchte. So verheiratete er seine Tochter Mary mit Henry Sidney, dem engsten Freund des Königs, und seine Tochter Katherine sogar mit dem Sohn des Earl of Huntingdon, einem Abkömmling des Hauses York, der Anspruch auf den Thron hatte. Der Clou seiner Heiratspolitik aber sollte im Frühjahr 1553 die Vermählung seines jüngsten Sohnes, Guildford, mit der sich heftig sträubenden Jane Grey sein, der Urenkelin von Heinrich VII., die in der Thronfolge noch weiter vorne stand. Eile war geboten, denn Edward VI. wurde immer kränklicher. Die Schwindsucht zehrte an dem zarten Knaben, und es war klar, daß er nicht mehr lange zu leben hatte. Da er unverheiratet und kinderlos war, kam der Frage der Thronfolge eine zentrale Bedeutung zu. Es gelang dem gewieften Northumberland, Edward zu überreden, seine beiden Halbschwestern von der Thronfolge auszuschließen und seine Cousine, Jane Grey, als seine Erbin einzusetzen. Maria sei Katholikin und Elisabeths religiöse Haltung sei nicht eindeutig, argumentierte er. Jane dagegen sei überzeugte Protestantin; nur sie könne die von Edward eingeschlagene Religionspolitik fortsetzen und die Gefahr einer Gegenreformation in England ausschließen. Das überzeugte den frommen König, der wenige Tage später, am 6. Juli 1553, sein junges Leben aushauchte.

Sofort ergriff Northumberland die Initiative und proklamierte seine fünfzehnjährige Schwiegertochter, Jane Grey, zur Königin. Doch diesmal hatte er sich verrechnet. Das englische Volk erhob sich gegen diesen Bruch der Tradition und des Thronfolgegesetzes und schlug sich auf die Seite der katholischen Maria, der rechtmäßigen Kronerbin. Northumberland wurde am 22. August 1553 hingerichtet, seine Söhne und seine Schwiegertochter im Tower inhaftiert. Obwohl auch über sie das Todesurteil verhängt worden war, hatte sich Maria ob der Jugend der Beteiligten gnädig gezeigt. Als im Februar 1554 jedoch die Wyatt-Rebellion ausbrach, an der sich auch der Herzog von Suffolk, Janes Vater, beteiligte, war es mit Marias Güte vorbei. Nach den Aufrührern schickte sie auch die kleine, unschuldige Jane Grey und ihren Gemahl aufs Schafott. Jane, die niemals die Ambition gehabt hatte, Königin zu werden, sondern nichts als das Werkzeug ihres ehrgeizigen Schwiegervaters gewesen war, ging mit bewunderungswürdiger Haltung in den Tod. Sie war gerade sechzehn Jahre alt.

Nach zwei Monaten im Tower durfte Elisabeth am 19. Mai 1554 das Gefängnis verlassen. Sie begab sich nach Hatfield, wo sie die folgenden Jahre still und zurückgezogen verbrachte. Sie brauchte nicht zu handeln, denn die Zeit arbeitete für sie. Es ließ sich kaum verbergen, daß Königin Maria eine kranke, verbrauchte Frau war, die obendrein mit jedem Tag die Anhänglichkeit ihres Volkes verspielte. Mit verbissenem Fanatismus versuchte sie ihr Land wieder in den Schoß der katholischen Kirche zurückzuführen. Brennende Scheiterhaufen wurden zum Symbol der Regierungszeit von Maria der Blutigen. Ihre Heirat mit dem Habsburger Philipp von Spanien, dem Sohn Karls V., erwies sich als ein enormer politischer Fehler. In England ging die Angst um. Angst, nicht nur vor einer gewaltsamen Gegenreformation, sondern auch davor, unter das Joch einer fremden Macht gezwungen zu werden.

Maria jedoch, die durch die Demütigungen ihrer Jugend zu einer verbitterten, engstirnigen Frau geworden war, fehlten sowohl der politische Weitblick als auch die Liebe zu ihrem Volk. Der Wiedereinführung des Katholizismus galt ihr ganzes Trachten, und verzweifelt sehnte sie sich nach einem Kind, das ihr begonnenes Werk einmal weiterführen würde. Doch Gott versagte der bedauernswerten Frau, die in ihrem Leben kaum einen glücklichen Tag gesehen hatte, ihren innigsten Wunsch. Und solange Maria keinen leiblichen Erben hatte, war Elisabeth die legitime Thronfolgerin.

Elisabeth verdankte ihre gnädige Behandlung durch Maria ausgerechnet ihrem Schwager, der dereinst ihr erbittertster Feind werden sollte. Philipp, der fühlte, daß von Maria nichts mehr zu erwarten war, sorgte damit für die Zukunft vor. Er wollte sich mit der künftigen Königin von England gutstellen. Auch die Dudleys erlangten im Oktober 1554 durch seine Intervention ihre Freiheit wieder. Zum Dank schlossen sich Robert Dudley und sein jüngerer Bruder Henry später der spanischen Armee an, als diese gegen die Franzosen ins Feld zog. Wieder einmal gelang es einem Dudley, den angeschlagenen Ruf seiner Familie durch besondere Tapferkeit wiederherzustellen, und im März 1558 erfreute er sich wieder der königlichen Gunst. Doch die Zukunft Englands hieß Elisabeth. Schon scharten sich die Ehrgeizigen, unter ihnen natürlich auch Robert Dudley, um die junge Thronfolgerin. Und am 17. November 1558 war es dann soweit. Maria Tudor hauchte im Alter von erst 42 Jahren ihr Leben aus. Unverzüglich schwang sich Dudley auf sein weißes Pferd und sprengte nach Hatfield, um sich Elisabeth zu Füßen zu werfen. Als er im Troß der neuen Königin nach London zurückkehrte, hatte er den ebenso hohen wie einträglichen Rang eines Oberhofstallmeisters inne. »Sein blendendes Aussehen und seine blühende Jugend empfahlen ihn für diese Position«, bemerkte ein Chronist treffend.

Elisabeth kannte Robert Dudley seit ihrer Jugend, doch jetzt sah sie ihn mit ganz anderen Augen, mit den Augen einer blühenden, jungen Frau, und es war kein Wunder, daß er ihr gefiel. Denn Robert Dudley war tatsächlich ein Bild von einem Mann: groß, schlank, gut gebaut mit perfekt geformten Waden, einem »must« bei der damaligen Mode der gepolsterten Oberschenkelhosen. Er war elegant wie kein anderer, tanzte hervorragend und galt außerdem als der beste Turnierreiter des Landes, eine Tatsache, die ihn natürlich für den Posten des königlichen Stallmeisters prädestinierte. Darüber hinaus beherrschte Robert die höfischen Umgangsformen und Schmeicheleien der Zeit, ohne daß dies seiner herausfordernden, männlich-verwegenen Art einen Abbruch getan hätte. Robert Dudley wirkte geradezu unwiderstehlich auf Frauen; sie liebten ihn, und er liebte die Frauen. Unter all den Schönheiten des Hofes aber erschien ihm die junge Königin als das herrlichste und begehrenswerteste Geschöpf auf Gottes Erden.

Elisabeth war keine Schönheit im klassischen Sinne. Dazu war ihr Gesicht zu markant, ihre Nase zu lang und zu spitz, ihr Teint etwas zu dunkel, doch sie hatte wunderbares rot-goldenes Haar und auffallend schöne weiße Hände mit ungewöhnlich langen, schlanken Fingern. Sie war gertenschlank und anmutig, verstand es, sich elegant und prachtvoll zu kleiden, und mit ihrer geistreichen Konversation und ihrer hohen Bildung – sie beherrschte sieben Sprachen fließend – verblüffte sie so manchen sich für gelehrt haltenden Mann. In ihrer gesamten Erscheinung wirkte Elisabeth auf jeden, der sie sah, eindrucksvoll wie eine Göttin, und ihr königlicher Rang verlieh ihr eine Faszination, der sich kaum jemand entziehen konnte. Vor allem Robert Dudley nicht. Da er ebenso ehrgeizig war wie sein Vater, dürfte er sich allerdings nicht allein aus Liebe zu seiner Königin hingezogen gefühlt haben.

Sein Amt als Stallmeister brachte es mit sich, daß er immer an Elisabeths Seite war, wenn sie sich in der Öffentlichkeit zeigte. So ritt er auch am 14. Januar 1559 dicht hinter ihr, als sie einen Tag vor der Krönung ihren feierlichen Einzug in London hielt. In einem Gewand aus reichem Goldtuch, die Krone im Haar, wurde die Königin in einer offenen Sänfte, die ebenfalls mit Goldbrokat ausgeschlagen war, vom Tower nach Westminster getragen. Die ganze Stadt jubelte und erwies ihr die Reverenz. Die Straßen waren geschmückt, aus den Fenstern der Häuser hingen Fahnen, und die Mitglieder der Zünfte waren alle in ihren Trachten angetreten. Wo immer Elisabeth vorbeikam, wurden ihr Blumen überreicht, Kapellen spielten auf, und allegorische Darbietungen huldigten ihr.

Es gab wohl kaum jemanden in England, der nicht von der jungen Königin bezaubert war. Nur von katholischer Seite gab es den einen oder anderen Einwand gegen Elisabeths Thronbesteigung. Der lauteste Protest kam dabei aus Frankreich: Maria Stuart, die Königin der Schotten und Gemahlin des Dauphins, erhob Anspruch auf die englische Krone mit dem Argument, Elisabeth sei nicht nur eine Ketzerin, sondern auch ein Bastard. Unterstützung fand Maria Stuart im Lager der Katholiken. Allerdings wurde von

Elisabeth I. (1533–1603)

französischer Seite nichts weiter unternommen, um diesen hochmütigen Anspruch auch durchzusetzen, die Saat für eine drei Jahrzehnte während Rivalität zwischen den beiden Königinnen war damit jedoch gesät.

Das englische Volk brachte seiner Königin eine Verehrung entgegen wie nie einem Herrscher zuvor. Trotz aller Begeisterung für Elisabeth und der Bewunderung für ihre Klugheit, die sie gleich bei ihrer ersten Parlamentsrede unter Beweis stellte, plagte die Staatsräte eine große Sorge: Elisabeth war »nur« eine Frau, und einer Frau traute damals niemand die Fähigkeit zu, allein ein Land zu regieren. Herrschen galt als Männersache. Also brauchte die Königin so bald wie möglich einen Gatten, der ihr diese schwierige Aufgabe abnahm. Doch die Wahl eines königlichen Gemahls war eine äußerst delikate politische Angelegenheit, der halb Europa mit Spannung entgegensah. Kandidaten gab es genügend. Immerhin galt Elisabeth als die beste Partie Europas, und es gab kaum ein Herrscherhaus, das nicht an einer so verlockenden Verbindung interessiert war. Die Liste der Bewerber war dementsprechend lang; sie reichte von Erik von Schweden, dem späteren Erik XIV., über die Erzherzöge Karl und Ferdinand, die Söhne Kaiser Ferdinands I., bis hin zu Philipp II. von Spanien, Elisabeths ehemaligem Schwager. Die Mehrheit der Staatsräte tendierte aus politischen Überlegungen zu einem der Habsburger, Elisabeth aber schien überhaupt keine Lust zu verspüren, irgendeinen der Anträge auch nur näher in Betracht zu ziehen. Ende Januar 1559 erklärte sie schließlich den staunenden Räten, sie habe sich entschlossen, ein Leben in Jungfräulichkeit zu führen. Man nahm die Entscheidung der Königin wohl zur Kenntnis, hielt sie aber für eine vorübergehende Laune der jungen Frau. Ein blühendes Geschöpf wie Elisabeth würde schon noch die Liebe entdecken und sich nach einem Gatten und nach Kindern sehnen. Kurz darauf schien man allerdings den wahren Grund für Elisabeths Heiratsunwilligkeit entdeckt zu haben: Die Königin war bis über beide Ohren verliebt.

Es war bekannt, daß sich Elisabeth oft und gerne Bewegung in frischer Luft verschaffte und daher ausritt oder auf die Jagd ging, wann immer es ihre Zeit gestattete. So kam es, daß sie fast täglich mit ihrem Stallmeister zusammen war, und irgendwann in diesem Frühjahr 1559 sprang schließlich der Funke zwischen den beiden über, der Funke, der eine Liebe entzündete, die ein Leben lang währen sollte, ohne jedoch jemals Erfüllung zu finden.

Bei Hofe fiel es auf, daß die Königin ständig von Robert Dudley sprach und seine Vorzüge lobte, ihn oft mit Geschenken auszeichnete, nachdem sie ihn bereits zum Ritter des Hosenbandordens ernannt hatte.

Zwar wäre ein Heiratskandidat aus hohem, angesehenem englischem Adel eine ideale Lösung gewesen, aber ausgerechnet der Stallmeister! Robert Dudley war eine unmögliche Wahl. Sein Name allein disqualifizierte ihn bereits, ganz abgesehen von seiner zweifelhaften Abstammung. Vor allem aber war Robert ja ein verheirateter Mann.

Bereits im Jahre 1550 hatte ihn sein Vater mit Amy Robsart, einer reichen Erbin aus einer eher unbedeutenden Familie, vermählt. Angeblich soll es sich sogar um eine Liebesheirat gehandelt haben, wovon nun aber nichts mehr zu bemerken war. Amy war zwar recht hübsch, im Gegensatz zu der gebildeten, faszinierenden Elisabeth aber nichts weiter als eine Landpomeranze, die kaum lesen und schreiben konnte. Während Robert bei Hofe Karriere machte, lebte Amy, der Kinder versagt geblieben waren, still und zurückgezogen auf dem gemeinsamen Landgut. Berichten zufolge war sie krank, wahrscheinlich litt sie an Brustkrebs.

Schon zerrissen sich Elisabeths Gegner, die vor allem aus dem katholischen Lager kamen, das Maul, und böse Zungen sagten ihr unzüchtiges Verhalten nach. Der französische Botschafter meinte es ganz sicher zu wissen, als er schrieb, daß »ihm sein spanischer Kollege geschworen habe, daß ihm eine Person, welche in einer Position war, die es ihr zu wissen erlaubte, versichert habe, daß Lord Robert in der Neujahrsnacht mit der Königin geschlafen habe«.

Auch der Vergleich mit ihrer angeblich so liederlichen Mutter blieb nicht lange aus. In diesem Punkt war Elisabeth sehr empfindlich. Die Vorwürfe, sie sei ein Bastard, hatte sie nie wirklich wegstecken können, und die Geschichten über ihre Mutter belasteten sie sehr.

Doch als ihre Vertraute, die gute Kate Ashley, sie wegen des Geredes zu mehr Zurückhaltung ermahnte, entgegnete sie barsch: »Wenn ich je die Absicht zu einem so unehrenhaften Leben gehabt oder Freude daran gefunden hätte – wovor Gott mich behüten möge! –, ich wüßte keinen, der es mir verbieten könnte.«

Sie verbrachte auch weiterhin den Großteil ihrer Zeit mit Robert Dudley und sah keinen Grund, sich Zurückhaltung aufzuerlegen. In der Gerüchteküche aber brodelte es. Genüßlich berichteten die ausländischen Gesandten, die gleichzeitig auch die »Paparazzi« der damaligen Zeit waren, über den »Skandal« am englischen Hof. »In jüngster Zeit«, schrieb etwa Feria, der spanische Botschafter, bereits im April 1559, »steht Lord Robert so sehr in der Gunst, daß er tut, was er will, und man sagt sogar, daß er Ihre Majestät in ihren Gemächern Tag und Nacht besucht. Die Leute sprechen darüber so frei, daß sie so weit gehen zu sagen, daß seine Frau an Brustkrebs erkrankt sei und daß die Königin nur darauf wartet, daß sie stirbt, um Lord Robert zu heiraten.«

Vielleicht oder wahrscheinlich dachte die verliebte Königin damals tatsächlich an eine Ehe mit dem geliebten Mann. Für Robert jedenfalls wäre es das Ziel seiner Träume und Wünsche gewesen. Ein Mann wie er aber, der auf allen Linien so erfolgreich war, hatte natürlich jede Menge Feinde. Darüber hinaus weckte schon allein sein Name bei vielen Leuten Mißtrauen, und es gab kaum jemanden, der ihn als Prinzgemahl oder gar als Mitkönig sehen wollte. Die beinahe unumschränkte Herrschaft seines Vaters, des Herzogs von Northumberland, war vielen noch im Gedächtnis. Wie der Vater so der Sohn, dachten die Menschen und trauten Robert alles zu. Er hatte zweifellos den glühenden Ehrgeiz seines Vaters geerbt und würde über Leichen gehen, um sein Ziel zu erreichen. Diesem Ziel aber stand seine Frau im Wege. Schon blühten Spekulationen darüber, wie er sich Amys entledigen würde, wobei Scheidung noch das Harmloseste war. Es wurde nämlich auch gemunkelt, Robert beabsichtige, seine Frau durch Gift zu beseitigen. Das berichtete auch de Quadra, Ferias Nachfolger, im November 1559 an Philipp II.: »Ich habe von verschiedenen Seiten gehört, daß Lord Robert seiner Frau Gift gesandt hat.«

Robert Dudley, Earl of Leicester (1533–1588)

In ihrer Verliebtheit ließ sich Elisabeth von diesem Geschwätz kaum beeindrucken. Bis es zur Katastrophe kam.

Am 8. September 1560 fand man Amy Robsart tot am Fuße der Treppe in ihrem Landhaus in Cumnor Hall. Sie hatte sich das Genick gebrochen. Obwohl eine Untersuchungskommission feststellte, daß Lady Dudley durch einen Unfall zu Tode gekommen war, blieb die Öffentlichkeit fest davon überzeugt, daß Robert seine Hände im Spiel gehabt hatte. Manche glaubten sogar, Elisabeth habe davon gewußt. Obwohl die Umstände des Todes von Amy

23

Robsart ziemlich mysteriös waren und nie völlig geklärt werden konnten, nehmen Historiker heute an, daß es sich entweder tatsächlich um einen Unfall oder möglicherweise um Selbstmord gehandelt hat.

Amy war eine vernachlässigte Ehefrau und zudem leidend, vieles deutet darauf hin, daß sie nicht nur an einer schweren Krankheit, sondern auch an Depressionen gelitten hat. Außerdem hatte sie an diesem Tag darauf bestanden, daß alle ihre Bediensteten zum Jahrmarkt gingen – sie wollte offensichtlich allein sein. Mit ziemlicher Sicherheit hatte weder Elisabeth noch Robert irgend etwas mit Amys Tod zu tun. Damals jedoch war die Öffentlichkeit anderer Meinung.

Selbst treue Berater der Königin machten sich nun ernstlich Sorgen, die so offensichtlich verliebte Elisabeth könnte tatsächlich Robert Dudley zu ihrem Gemahl machen. Beschwörend schrieb Botschafter Throckmorton aus Paris, ein solcher Schritt wäre verhängnisvoll und nicht wieder gutzumachen. Elisabeths Ruf war in Gefahr. Auch im Ausland glaubten viele, daß Amy Robsart nicht auf natürliche Weise gestorben war. Ausgerechnet Maria Stuart, nun bereits Königin von Frankreich, ereiferte sich am lautesten über ihre Cousine: »Die Königin von England«, erklärte sie, »ist im Begriff, ihren Stallmeister zu heiraten, der seine Frau getötet hat, um Platz für sie zu machen.« Maria Stuart sollte sich wenige Jahre später in einer ähnlichen Situation befinden. Im Gegensatz zu Elisabeth sollte sie sich jedoch über Warnungen und öffentliche Meinung hinwegsetzen und nur ihrem verwirrten Herzen gehorchen und sich damit ins Unglück stürzen. Die kluge Elisabeth aber besann sich rechtzeitig und handelte mit Instinkt und Verstand. Sie ging, zumindest für eine Weile, auf Distanz zu Robert Dudley.

Vielleicht hatte sie wirklich mit dem Gedanken an eine Ehe mit ihm gespielt, jetzt aber, wo er unter so mysteriösen Umständen frei geworden war, wäre ein solcher Schritt viel zu gefährlich gewesen. Ihr Thron, ihr Volk standen ihr näher als alles andere; für England war sie bereit, auf ihr persönliches Glück zu verzichten. In diesen Tagen faßte sie wohl endgültig die Entscheidung, nie zu heiraten – weder Dudley noch einen anderen, obwohl sie noch jahrzehntelang

aus diplomatischen Erwägungen Spekulationen über eine Vermählung zuließ und dadurch die Bewerber um ihre Hand und die europäischen Politiker an der Nase herumführte. Doch hatte sie sich
längst das Image der jungfräulichen Königin zugelegt, von dem sie
nicht mehr abrücken wollte. Dieses eigenartige Verhalten Elisabeths in der Frage einer Ehe führte zu allerlei Spekulationen, die
teilweise auch heute noch nicht verstummt sind. Was stimmte
nicht mit dieser Frau? Gerüchte gingen um, sie sei anders beschaf-
fen als andere Frauen und könne daher keinen sexuellen Kontakt
mit Männern haben. Der wahre Grund aber lag in ihrer Seele. Elisabeth hatte schon sehr früh sehr böse Erfahrungen gemacht, was
die Liebe und was die Männer betraf. Das Schicksal ihrer Mutter
und deren Cousine, aber auch die politische Abhängigkeit, in die
sich ihre Schwester durch ihre Heirat begeben hatte. All dies lastete
schwer auf ihrer sensiblen Persönlichkeit. Kein Wunder, daß sie
Angst hatte, sich einem Mann auszuliefern, Angst nicht nur um
Krone und Macht. Sie kannte wohl auch ihre starke Emotionalität,
daß sie sich zu verlieren drohte, wenn sie sich einem Mann hingab.
Trotzdem trieb sie mit Männern gern ihr Spiel, wenngleich es eher
ein Spiel der Verzweiflung war. Seit jeher hatte sie, die in ihrer
Kindheit so oft herumgestoßen worden war, ein starkes Bedürfnis
nach Liebe und Anerkennung. Sie genoß die Anbetung ihrer vielen
Verehrer, von denen sie völlige Ergebenheit verlangte, ohne ihnen
jemals das zu geben, was sie begehrten.
Daß sie Robert nicht heiraten wollte oder konnte, hieß allerdings
nicht, daß er ihre Gunst verlor. Er war und blieb dreißig Jahre lang,
bis ans Ende seiner Tage, ihr erklärter und absoluter Favorit. Was
war das Geheimnis dieser Beziehung? War sie tatsächlich nur eine
platonische? Wie nahe sich Elisabeth und Robert gekommen sind,
wird man nie erfahren, fest steht jedoch, daß er die große Liebe ihres Lebens war.
Nach einer kurzen Zeit der Distanz war alles wieder beim alten,
und Roberts Macht und Einfluß stiegen mit jedem Tag. 1562
wurde er Mitglied des Staatsrates und 1564 sogar zum Earl of
Leicester ernannt. Kein Wunder, daß er immer noch auf eine Ehe
mit Elisabeth hoffte. Wie intim seine Beziehung zu Elisabeth war,

macht eine Szene deutlich, die sich zu jener Zeit abspielte: Die Königin wohnte einem Tennisspiel zwischen Robert und dem Herzog von Norfolk teil, als Robert beim Seitenwechsel auf sie zuging, ihr einfach das Taschentuch aus der Hand nahm und sich damit den Schweiß von der Stirn wischte. Die Umstehenden waren verblüfft und betroffen. Außer sich über diese Majestätsbeleidigung schlug Norfolk seinem Gegner mit dem Tennisschläger ins Gesicht. Nur Elisabeth hatte nichts dabei gefunden.

Bis jetzt war Elisabeth dem Drängen des Parlaments auf Heirat immer ausgewichen, doch der Druck verstärkte sich, als Maria Stuart, die seit kurzem Witwe war, im August 1561 in ihre schottische Heimat zurückkehrte. Maria hatte Anspruch auf die englische Krone erhoben und sich bis jetzt geweigert, Elisabeth offiziell als rechtmäßige Herrscherin anzuerkennen. Darüber hinaus war die katholische Königin der Schotten die nächste in der englischen Thronfolge, solange Elisabeth keine Kinder hatte.

Die Frage der Thronfolge wurde im Oktober 1562 brandaktuell, als Elisabeth so schwer an den Blattern erkrankte, daß man um ihr Leben fürchten mußte. Schon gingen die Spekulationen los. Maria Stuart wurde lediglich von den Katholiken favorisiert, während andere auf Katherine Grey, die Schwester der unglücklichen Gegenkönigin, Jane Grey, setzten. Auch Henry Hastings, der Earl of Huntingdon, war im Gespräch. Er war der einzige Mann im Reigen der Thronprätendentinnen und leitete seine Ansprüche vom dritten Sohn Edwards III. her. Zufällig war er auch der Schwager von Robert Dudley.

Elisabeth, die sich dem Tode nahe fühlte, ordnete an, daß ihr geliebter Robert zum Lord-Protektor ernannt werden sollte, bis die Thronfolge geregelt sei. Gleichzeitig schwor sie, »daß obwohl sie Lord Robert geliebt habe und immer noch liebe, Gott ihr Zeuge sei, daß nichts Unreines zwischen ihnen geschehen sei«.

Zum Glück für England erholte sich Elisabeth wieder, doch nach diesem Schrecken forderte das Parlament nun vehementer denn je die Heirat der Herrscherin. Manchen wäre nun sogar Robert als Prinzgemahl recht gewesen, nur um endlich zu einem legitimen Nachfolger zu kommen. In dieser Hinsicht äußerste sich zumindest der Earl of Sussex, der nicht eben zu Dudleys Freunden zählte. Voller Einsicht erklärte er, man solle doch die Königin nach ihrer Neigung wählen und den zum Manne nehmen lassen, nach dem sich so offensichtlich all ihre Sinne sehnten. »Wen immer sie wählt, ich werde ihn lieben und ehren und ihm nach besten Kräften dienen.« Sussex stand allerdings mit seinem Vorschlag allein auf weiter Flur. Die meisten Berater der Königin waren sich nach wie vor in ihrer Ablehnung gegen den Emporkömmling einig. Elisabeth selbst dachte zu diesem Zeitpunkt gar nicht mehr an eine Heirat. Sie fühlte sich vom Parlament unter Druck gesetzt und reagierte darauf beinahe hysterisch, willigte schließlich aber in Eheverhandlungen mit Erzherzog Karl ein, um endlich ihre Ruhe zu haben. Sogar Robert sprach sich jetzt für den Habsburger aus. Allerdings konnte es ihm damit unmöglich ernst gewesen sein. Ein königlicher Gatte hätte seine Favoritenstellung augenblicklich zunichte gemacht, und seine Karriere wäre beendet gewesen. Offenbar wußte er mehr als die anderen. Nämlich, daß Elisabeth nur bluffte. »Ich kenne sie seit ihrem achten Lebensjahr und besser als jeder andere. Damals bereits hat sie erklärt, daß sie nie heiraten wird«, sagte er einmal. Tatsächlich schien ihre Neigung auf eine baldige Vermählung nicht gerade ausgeprägt zu sein. Ständig fand sie Ausreden und Einwände gegen den Kandidaten, so daß sich die Verhandlungen zwischen London und Wien über Jahre hinzogen, bis sie 1568 endgültig scheiterten.

Zu eben dieser Zeit wurde auch in Schottland ein idealer Gatte gesucht. Maria Stuart war damals nach Elisabeth die begehrteste Partie. Die Bewerber um ihre Hand waren dieselben. Für England war es von eminenter Bedeutung, mit wem sich Maria vermählte. Eine Verbindung mit dem katholischen Frankreich oder Spanien hätte eine Bedrohung bedeutet. Also mischte sich Elisabeth in das internationale Heiratsgeschäft ein und schlug ihrerseits einen Kandidaten für ihre »liebe Schwester« vor. Die Welt staunte nicht schlecht, als sie den Namen des Earls of Leicester nannte. Ob es ihr mit diesem Vorschlag tatsächlich ernst war, mag bezweifelt werden, politisch gesehen war er von Elisabeths Standpunkt aus nicht unklug. Sie selbst wollte oder konnte Robert nicht heiraten, aber sie vertraute ihm wie keinem anderen Menschen. Als König von Schottland wäre er der englischen Politik mehr als nützlich gewesen. Leicester selbst war von dem Plan seiner Herrin allerdings nicht besonders angetan. Liebte er Elisabeth so sehr, daß er sie nicht verlassen wollte, oder hatte er seine Hoffnungen auf die englische Krone noch nicht begraben?

Wie nicht anders zu erwarten, reagierte Maria Stuart mit Empörung auf Elisabeths Vorschlag und brüskierte nun ihrerseits die Cousine, indem sie sich mit Henry Darnley vermählte. Darnley war nämlich englischer Untertan und hätte daher seine Königin um ihre Einwilligung zu einer Heirat bitten müssen. Er hatte Anspruch auf die schottische und die englische Krone (siehe Stammtafel), wodurch sich die Kronrechte der zu erwartenden Nachkommen Marias sozusagen verdoppelten. Elisabeth war verärgert, weil Darnley nicht um ihre Einwilligung angesucht hatte, in Wahrheit aber war er aus englischer Sicht gar keine so schlechte Wahl. Elf Monate nach der Hochzeit, am 19. Juni 1566, brachte Maria Stuart einen Sohn, den späteren Jakob VI. von Schottland, zur Welt, der dereinst als Jakob I. von England auch Elisabeth beerben sollte.

Die Geburt des schottischen Prinzen war für Elisabeth ein schwerer Schlag, weniger in politischer Hinsicht als vielmehr in persönlicher. Sie verspürte den stechenden Schmerz des Neides in ihrer Brust, und ihre ganze unterdrückte Sehnsucht nach Liebe, Mann und Kindern brach mit einem Mal durch. Sie saß gerade bei einem Festmahl, als ihr der schottische Botschafter die freudige Nachricht überbrachte. Ganz bleich im Gesicht preßte sie die Worte heraus: »Die Königin von Schottland hat einem Sohn das Leben geschenkt, ich aber bin nichts als ein abgestorbener Strunk«, und rauschte aus dem Saal.

Die weibliche Verwandtschaft schien es geradezu darauf angelegt zu haben, die Königin nicht nur durch ihre Thronansprüche, sondern auch durch ihre Fruchtbarkeit zu provozieren. Auch Katherine Grey schenkte 1561 einem Sohn das Leben, nachdem sie sich heimlich mit Edward Seymour, dem Sohn des Earl of Somerset, vermählt hatte. In ihrem Zorn ließ Elisabeth die Ehe für ungültig erklären und das Paar in den Tower werfen. Zu ihrem Entsetzen gebar Katherine Grey 1563 im Gefängnis auch noch einen zweiten Sohn, wodurch sie ihrer Kandidatur auf die Krone zusätzliches Gewicht verlieh.

Neid und Eifersucht regten sich in Elisabeth angesichts des Kindersegens ihrer Cousinen.

Maria Stuart allerdings war gar nicht zu beneiden, denn ihr eheliches Glück gehörte zu diesem Zeitpunkt längst der Vergangenheit an. Darnley hatte sich als Fehlgriff erwiesen. Abgesehen davon, daß er ihr kein guter Ehemann war, hatte er sich im März 1566 auch noch an einer Verschwörung gegen seine eigene Frau beteiligt. Seither verband die beiden Gatten nur noch ein Gefühl: abgrundtiefer Haß, der sich schließlich zu einem folgenschweren Skandal auswuchs, als Henry Darnley im Februar 1567 einem gemeinen Mordanschlag zum Opfer fiel und Maria Stuart nur wenige Wochen nach dem Tode ihres Gatten ihre dritte Ehe einging. Der Auserwählte hieß James Hepburn, Earl of Bothwell, und galt als einer der mutmaßlichen Mörder Darnleys. Damit hatte die Königin der Schotten den Bogen ganz offensichtlich überspannt und ihre Feinde herausgefordert. Ihr Volk erhob sich gegen sie, sie wurde gefangengesetzt und zur Abdankung gezwungen. Im Mai 1568 schließlich gelang Maria Stuart die Flucht nach England. Damit begann für Elisabeth eine fast neunzehn Jahre dauernde Zeit der Belastungen und der Angst. Die religiösen Probleme flammten neuerlich auf. Ein Netz von Intrigen und Verschwörungen spann sich rund um die katholische Maria, das sowohl für Elisabeths Thron als auch für ihr Leben zur Bedrohung wurde.

Maria Stuarts Eheschließung mit Henry Darnley hatte das englische Parlament neuerlich veranlaßt, Druck auf Elisabeth wegen einer Heirat auszuüben. Nur wenn die Königin selbst Nachkommen hatte, wäre das Schreckgespenst einer katholischen Thronfolge in England gebannt.

Seit Amy Robsarts mysteriösem Tod waren fünf Jahre vergangen, und Leicester hoffte, daß inzwischen Gras über die Sache gewachsen war. Vor allem aber hoffte er, daß Elisabeth dem Beispiel ihrer schottischen Cousine folgen und ebenfalls nach ihrem Herzen einen Gatten wählen würde, nämlich ihn, Robert Dudley. Die Königin aber war viel zu vorsichtig, um ihr Volk und ihre Berater herauszufordern, die, das wußte sie genau, trotz aller Sehnsucht nach einem Thronerben, Leicester immer noch ablehnend gegenüberstanden. Er sah schließlich ein, daß Elisabeth niemals heiraten würde, und begann sich langsam wohl oder übel mit der Rolle des Favoriten zu begnügen.

Während sich Staatsräte und Diplomaten immer noch abmühten, eine Ehe zwischen Elisabeth und dem Habsburger zustande zu bringen, führten die Königin und Leicester ihre Beziehung ungeniert weiter. Elisabeths Liebe zu diesem Mann schien grenzenlos und durch nichts zu erschüttern. Sie bedachte ihn mit großzügigen Geschenken wie etwa den Landsitzen Kenilworth, Denbigh oder Wanstead und natürlich Leicester House in London. Außerdem hatte er eine Vielzahl einträglicher Ämter inne, die ihm zu Reichtum und Macht verhalfen. Auch die übrigen Mitglieder der Familie Dudley errangen großen Einfluß bei Hofe und spielten neben den Howards, Elisabeths Verwandtschaft mütterlicherseits, eine bedeutende Rolle.

Für Elisabeth gab es nur einen Mann in ihrem Leben, und das war Robert Dudley. Trotzdem liebte sie es, mit seinen Gefühlen zu spielen, ihn zu reizen, indem sie manchmal so tat, als würde sie ihm ihre Gunst entziehen und einem anderen schenken. Diese Spielchen erregten zwar kurzfristig die höfische Gesellschaft, doch stellte weder ein Sir Thomas Heneage noch ein Sir Christopher Hatton eine wirkliche Konkurrenz für Leicester dar. Die jungfräuliche Königin flirtete eben gerne, sie liebte das erotische Geplänkel, ebenso wie Leicester den Reizen schöner Frauen nur schwer widerstehen konnte. Doch solch kleine amouröse Intermezzi auf beiden Seiten konnten der tiefen Beziehung zwischen ihnen im Grunde nichts anhaben.

Leicester war der einzige, der mit Elisabeth richtig umgehen konnte. Er kannte sie seit ihrer Kindheit und verstand offenbar ihre komplizierte Persönlichkeit und ihre tiefen Ängste. Die große Königin war in Wirklichkeit ein gequälter, unausgeglichener Mensch, sie wußte oft nicht, was sie wollte, und fand nur schwer zu einer

Entscheidung. Sie weinte viel und irritierte ihre Umgebung oft durch hysterische Anfälle. Die traumatischen Erlebnisse ihrer Kindheit hatten sie mißtrauisch gegenüber anderen Menschen gemacht. Nur Leicester genoß ihr beinahe uneingeschränktes Vertrauen. So wurde der unbeliebte Favorit für die Staatsräte ein unentbehrlicher Mittelsmann. Sie lernten seinen Einfluß auf die Königin schätzen. Aus Feinden wurden Freunde. Nur er konnte die entscheidungsschwache Elisabeth zu einem Entschluß bringen, nur er konnte sie von notwendigen politischen Maßnahmen, vor denen sie manchmal zurückschreckte, überzeugen. Er fand immer die richtigen Worte, konnte ihr gewisse Dinge plausibel machen, und sie hörte auf ihn.

Leicesters Macht war so groß, daß er sich fast alles erlauben konnte. Nur selten wies ihn Elisabeth in seine Schranken. Einmal jedoch nahm er sich in ihren Augen zuviel heraus, als er einem ihrer Kammerdiener Befehle erteilen wollte. Zornig herrschte sie ihn damals an: »Hier gibt es keinen Herrn, hier gibt es nur eine Herrin!«

Die Person des Earl of Leicester ist sehr umstritten. Viele sehen in ihm einen ehrgeizigen Emporkömmling, der Elisabeths Liebe ausnutzte, um zu Macht und Reichtum zu gelangen, einen »Wendehals«, der sein Fähnlein immer nach dem richtigen Wind richtete, um seinen Einfluß nicht zu verlieren. Wie immer man aber zu Robert Dudley stehen mag, man muß ihm zugestehen, daß er sich als fähiger Staatsmann erwies und sich seiner Königin gegenüber niemals illoyal verhielt. Elisabeth verlieh ihm eine Fülle von einträglichen, aber auch verantwortungsvollen Ämtern, die er stets mit Umsicht und großem persönlichem Engagement erfüllte. Neben Cecil (Lord Burleigh) und Walsingham regierte er ein Vierteljahrhundert lang England. Er trug Verantwortung für die Finanzen, die Armee, die Flotte, den Handel und die Landwirtschaft des Landes, empfing ausländische Gesandte, um mit ihnen zu verhandeln, beschäftigte sich mit der Gerichtsbarkeit, mit Religions- und Erziehungsfragen. Das war fürwahr ein ungeheures Pensum, das ihm gleichzeitig einen großen Einfluß auf sämtliche Bereiche sicherte. Aber nicht nur politisch prägte der Earl of Leicester die Regierungszeit Elisabeths I., er zählte auch zu den größten Förderern von Kunst und Wissenschaften, so daß ihn die Universität von Oxford für seine Verdienste zu ihrem Rektor ernannte.

Mit seinem auffallenden Interesse für Bildung und Kultur und seinem ganzen Lebensstil war Leicester ein typischer Vertreter der Renaissance. Sein Haus in London war berühmt für seine kunstvollen Einrichtungen, vor allem aber für die türkischen Teppiche, die er nicht wie damals üblich als Wandbehang oder Tischdecke verwendete, sondern als Bodenbelag statt der herkömmlichen Strohmatten.

Auch hinsichtlich seiner Kleidung trieb der Favorit großen Aufwand. Er galt als der eleganteste Mann bei Hofe. Am liebsten trug er weißen, mit Gold verzierten Satin, einen edelsteingeschmückten Kragen und dazu eine schwarze Samtkappe mit einer weißen Feder. Leicester liebte den Luxus und die Prachtentfaltung und glich darin ganz und gar seiner Königin. Auch Elisabeth, die mit Staatsgeldern sonst so sparsam, ja beinahe knauserig umging, hatte eine ausgeprägte Vorliebe für Repräsentation und Prachtentfaltung. Ihre teuren, extravaganten Kleider, von denen sie angeblich am Ende ihres Lebens 2000 Stück besessen haben soll, erregten allgemeines Aufsehen und beeindruckten so manchen Besucher. Die Roben waren fast immer aus italienischer Seide oder Satin, reich bestickt mit Gold- oder Silberfäden und Juwelen. Eines dieser Kleider war mit über tausend Perlen bestickt, ein anderes mit 365 Diamanten, einem für jeden Tag. Auch für Schmuck, insbesondere für Smaragde, hatte Elisabeth eine Schwäche. Höflinge und Verehrer stellten sich daher gerne mit Geschenken ein, die die bevorzugten Edelsteine ihrer Majestät enthielten. Ebenso wie auf ihre Kleidung legte Elisabeth auch Wert auf ihr Äußeres. Sie hielt ihre Figur durch regelmäßige Bewegung und maßvolles Essen in Form und pflegte ihren Körper mit duftenden Bädern und Cremen. Täglich legte sie dicke Schminke auf ihr Gesicht, und als ihr Haar zu ergrauen begann, trug sie stets eine rote Perücke.

So loyal sich Leicester Elisabeth als Königin gegenüber verhielt, so sehr hinterging er sie als Frau. Er betrog sie nach Strich und Faden. Ein Genußmensch wie Robert Dudley liebte eben auch die Frauen, und sie liebten ihn. Zwar verzieh ihm Elisabeth den einen oder anderen »Seitensprung«, die eine oder andere belanglose Affäre, doch sie litt jedesmal Qualen der Eifersucht.

Vielleicht um sie nicht zu verletzen, vielleicht auch mehr aus Sorge um seine Position, trieb Robert ein doppeltes Spiel. Während er Elisabeth schmeichelte, hatte er hinter ihrem Rücken Affären. Lange wußte die Königin nichts von jener Douglass Sheffield, mit der er 1568 eine Liaison begann, die später noch weite Kreise ziehen sollte. Die damals 25jährige Douglass war die Tochter von Lord William Howard, Elisabeths Großonkel, und mit John, Earl of Sheffield, verheiratet, als sie den Verführungskünsten des Earls of Leicester erlag. Als der Gatte hinter die Affäre seiner Frau kam, war er so aufgebracht, daß er die Scheidung verlangte. Bevor er jedoch entsprechende Schritte unternehmen konnte, starb er ganz plötzlich. Natürlich konnte es nicht ausbleiben, daß Leicester wieder einmal – und nicht zum letzten Mal – des Giftmordes verdächtigt wurde. Er habe den lästigen Gatten aus dem Weg räumen lassen, um an die schöne Douglass heranzukommen, hieß es. Allerdings war dieses Gerücht noch das geringste Übel an der ganzen Affäre. Lady Sheffield behauptete nämlich später, Robert habe sie im Mai 1573 geheiratet, was dieser jedoch stets heftig bestritt. Auch Douglass scheint sich dann doch nicht so sicher gewesen zu sein, sonst hätte sie sich nämlich der Bigamie schuldig gemacht, als sie 1579 Sir Edward Stafford, den englischen Botschafter in Paris, heiratete. Fest steht allerdings, daß sie im August 1574 einen Sohn gebar, der den Namen Robert Dudley erhielt. Obwohl er ihn nicht als legitim anerkannte, förderte Leicester die Erziehung seines Sohnes und hinterließ ihm später ein beträchtliches Vermögen.

Als Elisabeth von Leicesters Affäre mit Douglass Sheffield erfuhr, war diese längst zu Ende. Obwohl sie darüber sehr betroffen war, machte sie kein großes Aufsehen. Viel schmerzhafter für sie wurde allerdings Leicesters Liaison mit Lady Essex.

Lady Essex war niemand anders als Elisabeths Cousine, Lettice Knollys, die schon 1565 ihre Eifersucht erregt hatte. Lettice war acht Jahre jünger als Elisabeth und galt als eine ausgesprochene Schönheit. Mit ihren dunklen, geheimnisvollen Augen hatte sie eine starke erotische Ausstrahlung, die die Männer in ihren Bann zog. Sie war seit 1560 mit Walter Devereux, Lord Hereford, verheiratet, der 1572 zum Earl of Essex ernannt wurde. 1573 schickte Elisabeth Essex nach Irland, damit er dort das Gebiet von Ulster kolonisiere. Leicester bemühte sich in der Zwischenzeit um seine Gattin. Der Earl war damals bereits 43 Jahre alt und hatte viel von seinem guten Aussehen eingebüßt. Er war dick geworden, sein Haar war ergraut, und mit seiner Gesundheit stand es auch nicht mehr zum besten. Immer öfter mußte er Bäder in Buxton nehmen, und Elisabeth machte sich große Sorgen um ihren geliebten Roby. Die hätte sie sich allerdings sparen können, denn zumindest sexuell war Leicester noch recht aktiv, und er schien auch nichts von seiner Faszination auf Frauen verloren zu haben. Denn die schöne Lettice erlag alsbald seinen Annäherungsversuchen.

Mit Erfolg gelang es Leicester, seine Liaison vor Elisabeth geheimzuhalten, nicht jedoch vor Essex. Der spanische Gesandte de Guaras berichtete im Dezember 1575 über eine offen zur Schau getragene Feindschaft zwischen den beiden Männern. Doch bevor es zum Eklat kommen konnte, verstarb Essex 1576 in Irland an Typhus. Kein Wunder, daß unter diesen Umständen sofort das Gerücht aufkam, Leicester habe ihn vergiften lassen.

Anders als bei Douglass Sheffield, war es dem Earl mit Lettice ernst. Am 21. September 1578 ging er heimlich die Ehe mit ihr ein. Ein Jahr später gebar ihm Lettice einen Sohn, der ebenfalls auf den Namen Robert getauft wurde, zum Kummer seiner Eltern jedoch nur vier Jahre alt wurde. Bei Hofe war Leicesters Ehe ein offenes Geheimnis, nur Elisabeth wußte nichts davon. Offenbar wagten nicht einmal Leicesters Gegner ihr davon zu berichten aus Angst vor einem ihrer berüchtigten hysterischen Anfälle.

Im Jahre 1578 erforderte die Politik eine Annäherung zwischen England und Frankreich. Die religiösen Ressentiments zwischen den beiden Reichen wurden begraben, denn immerhin waren nun schon sechs Jahre seit dem Massaker der Bartholomäusnacht vergangen, bei dem Tausende Protestanten in Paris zu Tode gekommen waren.

Elisabeth war jetzt 45 Jahre, aber – im Gegensatz zu Leicester – immer noch eine sehr attraktive Erscheinung. Sie hatte sich ihre Gesundheit und ihre schlanke Figur bewahrt. Ihr disziplinierter Lebenswandel machte sich nun bezahlt, denn sie übte beim Essen stets Maß und trank nur gelegentlich ein Glas Wein. Auch die regelmäßige körperliche Betätigung gab sie bis ins hohe Alter nicht auf. Jeden Morgen tanzte sie sechs oder sieben Gaillarden. Elisabeth verstand es auch wie kaum eine andere, sich durch ihre Aufmachung in Szene zu setzen, und in ihren prachtvollen Kleidern, behangen mit gleißendem Schmuck, erschien sie offenbar wirklich beinahe alterslos.

»Nach ihrer Person und ihrem Äußeren zu urteilen, steht sie kaum einem sechzehnjährigen Mädchen nach«, schwärmte noch 1592 – da war sie bereits sechzig – ein überbegeisterter ausländischer Besucher.

Angesichts dieser herrlichen Erscheinung hatten einige Staatsräte daher ihre Bemühungen, die Königin doch noch unter die Haube zu bringen, noch nicht aufgegeben. Daß der aktuelle Kandidat, der Herzog von Alençon, der Bruder König Heinrichs III. von Frankreich und Sohn der Katharina von Medici, erst 24 Jahre alt war, schien niemanden zu stören. Der alte Cecil hoffte immer noch auf leibliche Nachkommen Elisabeths und damit eine Lösung des leidigen Thronfolge-Problems. Er verfaßte damals sogar ein Memorandum über die Gesundheit und Gebärfähigkeit seiner Königin: »Berücksichtigung der Proportionen ihres Körpers, der keinerlei Behinderungen aufweist, noch ist sie kränklich oder fehlen ihr die natürlichen Funktionen, die zum Kinderkriegen notwendig sind; andererseits aber auch das Urteil der Ärzte, die ihren Zustand in diesen Dingen kennen und durch die Meinung der Frauen, die mit dem Körper ihrer Majestät in diesen Dingen am meisten vertraut sind, um die Wahrscheinlichkeit aufzuzeigen, daß sie auch jetzt noch Kinder bekommen kann.« Gleichsam als Beweis dafür, daß Elisabeths Alter kein Hindernis darstelle, erinnerte er an eine Reihe bekannter Spätgebärender wie etwa die Herzogin von Savoyen, die Kaiserin Anna, die Gräfin Lennox oder Elisabeth Woodville, die Gemahlin Edwards IV. Nach Cecils Meinung hatte die Königin noch gut sechs Jahre, in denen sie Kinder zur Welt bringen konnte.

Allerdings waren nicht alle Berater der Krone von einer Verbindung Elisabeths mit Alençon so begeistert wie Cecil. Etwa die Hälfte von ihnen, darunter auch Leicester, war aus politischen und religiösen Gründen vehement dagegen. Bei Leicester kam wohl auch die Sorge um seine privilegierte Stellung hinzu. Die Königin selbst jedoch war erstaunlich engagiert wie bei keinem der vergangenen Heiratsgeschäfte. Für Elisabeth war es diesmal tatsächlich mehr als ein diplomatisches Spiel. Die zahlreichen Komplimente über ihr gutes Aussehen und ihre Jugendlichkeit schmeichelten ihrer Eitelkeit; den größten Ansporn aber sollte ihre Heiratslust letztendlich durch verletzten Stolz und nagende Eifersucht erhalten.

Anfang 1579 traf der Gesandte Simier in London ein, um für den Herzog von Alençon als Brautwerber aufzutreten. Mit gemischten Gefühlen verfolgte Leicester, welch großen Eindruck die Galanterie des Franzosen auf Elisabeth machte, und begegnete dem Gast mit unverhüllter Aversion, so daß Simier um den Erfolg seiner Mission fürchtete. Da zog der Franzose seinen Trumpf aus dem Ärmel: Er verriet Elisabeth das große, ängstlich gehütete Geheimnis des Earls, seine seit einem Jahr bestehende Ehe mit Lettice Knollys.

Elisabeth wurde bleich, ihr war, als hätte man ihr ein Messer in die Brust gestoßen. Ihr geliebter Robin, dem sie wie keinem anderen vertraut hatte, den sie so hoch gehoben hatte und den sie immer noch liebte, hatte sie schmählich hintergangen. Es war gar nicht die Tatsache, daß er sich verheiratet hatte, denn zwei Jahre zuvor, 1577, hatte sie sogar seine Werbung für Cäcilia von Schweden, die Schwester Eriks XIV., unterstützt. Aber daß er heimlich, hinter ihrem Rücken, eine Ehe eingegangen war, das empfand sie als großen Vertrauensbruch. Dann aber wich ihre tiefe Enttäuschung plötzlich einem hysterischen Zorn, und sie wollte Leicester in den Tower werfen lassen. Nur dem Earl of Sussex gelang es gerade noch, sie davon abzuhalten, indem er an ihre Würde appellierte. So wurde Leicester nur in einem Turm von Greenwich Park unter Hausarrest gestellt; offiziell aber hieß es, er ließe sich medizinisch behandeln und wolle niemanden sehen.

Indessen beruhigte sich Elisabeth erstaunlich rasch. Grund dafür war die Ankunft des Herzogs von Alençon im August 1579, der sie ihren Kummer vergessen ließ. Die Eröffnung über Leicesters heimliche Ehe, ihre gekränkte Weiblichkeit und ihre Eifersucht ließen sie nun die Vermählung mit Alençon forcieren. Sie zeigte sich von dem jungen Franzosen bezaubert, obwohl er bei Gott kein Adonis war, sondern kleinwüchsig und pockennarbig. Elisabeth aber, die sonst soviel auf Ästhetik hielt und stets eine Vorliebe für schöne Männer gehabt hatte, schien ihn für den Mann ihrer Träume zu halten, den Mann, auf den sie so viele Jahre gewartet hatte. Ständig war sie mit Alençon zusammen, und ihr verliebtes Geplänkel versetzte alle Beobachter in ungläubiges Staunen. Vielleicht war Elisabeth sogar wirklich in den Herzog verliebt, vielleicht verspürte sie jetzt, wo es beinahe schon zu spät war, noch einmal die ganze Sehnsucht einer Frau nach einem Kind; zumindest aber war eine Ehe der Königin von England noch nie in so greifbare Nähe gerückt wie diesmal. In London lagen die Wetten auf ein Zustandekommen der Verbindung bei 3:1, und ganz Optimistische bestellten bereits Kleider für die Hochzeit. Im Januar 1580 aber lehnte Elisabeth schließlich Alençons Antrag dann doch ab. Nicht Leicester, nicht die Staatsräte, sondern die öffentliche Meinung hatte sie diesen Entschluß fassen lassen.

Die englische Bevölkerung stand dem Heiratsprojekt mit dem Franzosen skeptisch gegenüber. Frankreich galt immer noch als der traditionelle Feind Englands, außerdem war Alençon Katholik, und man hatte die blutigen Ereignisse der Bartholomäusnacht noch nicht vergessen. Die Angst vor einer Wiedereinführung des Papismus ging um, was sich schließlich in einem Pamphlet wiederfand, das der Anwalt John Stubbs verfaßt hatte und das den Titel trug: »Die Entdeckung eines gähnenden Abgrunds, der England zu verschlingen droht, wenn die französische Heirat zustandekommt und Gott der Herr das Aufgebot nicht dadurch verhindert, daß er Ihrer Majestät die sträfliche Sünde dieses Schrittes aufzeigt.« Stubbs' Worte über die Königin waren sehr respektvoll, außer daß er meinte, sie wäre zu alt, um noch Kinder zu haben. Der Herzog von Alençon aber wurde heftig kritisiert und als böse Schlange bezeichnet, die Elisabeth verführe und Unheil über England bringen würde. Die Schrift fand in ganz England reißenden Absatz. Elisabeth war über diese Beleidigung ihres Bewerbers, der immerhin der Bruder des Königs von Frankreich war, sehr aufgebracht. Stubbs wurde verhaftet und verurteilt, obwohl Alençon für ihn um Gnade bat. Am 3. November 1579 erlitt er die damals für schriftliche Majestätsbeleidigung übliche Strafe: Man hackte ihm die rechte Hand ab. Nach Vollstreckung des Urteils zog Stubbs, blutüberströmt, mit der linken Hand seinen Hut und rief: »Es lebe die Königin«, dann brach er ohnmächtig zusammen. Die Zuschauer waren betroffen, denn Stubbs hatte ihnen aus dem Herzen gesprochen. Das fühlte offenbar auch Elisabeth und zog die Konsequenzen. Damit war nach zwanzig Jahren das Kapitel Ehe endgültig abgeschlossen.

Enttäuscht begab sich Alençon schließlich in die Niederlande, um dort für Elisabeth gegen die Spanier zu kämpfen. Der große Erfolg blieb ihm allerdings verwehrt, und er starb im Juni 1584 im Alter von erst dreißig Jahren.

Leicester hatte wieder einmal gesiegt. Elisabeths Zorn war inzwischen verraucht, und zum allgemeinen Erstaunen war er wieder in Gnade. Sie muß ihren Robin unendlich geliebt haben, denn es gab offenbar nichts, was sie ihm nicht verzeihen konnte. Dafür ließ sie ihre ganze Wut an Lady Leicester aus. »Die Wölfin«, wie sie Lettice bezeichnete, durfte nicht bei Hof erscheinen. Elisabeth hatte beschlossen, sie einfach zu ignorieren.

Leicester seinerseits gelang das Kunststück, eine glückliche Ehe zu führen und seine Favoritenstellung bei seiner Königin zu behaupten. Sein Ehrgeiz war ungebrochen. Wie einst seinem Vater galt auch ihm die Verbindung seiner Familie mit königlichem Blute als das erstrebenswerteste aller Ziele. Wenn er schon selbst nicht die Krone Englands erlangt hatte, dann wollte er sie eben für seine Kinder bzw. Stiefkinder. Lettice hatte aus ihrer Ehe mit dem Earl of Essex vier Kinder mitgebracht: Penelope, Dorothy, Robert und Walter. Für die noch unverheiratete Dorothy hatte Leicester niemand anderen im Sinne als Jakob VI. von Schottland, Maria Stuarts Sohn, der künftige König von England. Doch das Mädchen machte ihm einen Strich durch die ehrgeizige Rechnung, indem es sich heimlich mit seiner großen Liebe, Sir Thomas Perrot, vermählte. Den zweiten Versuch unternahm Leicester, indem er Verhandlungen über eine Heirat seines erst vierjährigen Sohnes Robert, den ihm Lettice geschenkt hatte, mit der siebenjährigen Arabella Stuart begann, die nach Jakob VI. als nächste in der englischen Thronfolge rangierte (siehe Stammtafel). Doch zu seinem großen Kummer starb der kleine Robert, bevor er sein fünftes Lebensjahr erreicht hatte.

Was seinen Sohn aus der Verbindung mit Douglass Sheffield betraf, so sollte ihm dieser nicht eben Ehre machen. Sechzehn Jahre nach dem Tode seines Vaters strebte er einen Prozeß an, um an dessen gesamtes Erbe heranzukommen, indem er behauptete, seine Mutter sei rechtmäßig mit Leicester verheiratet gewesen. Die Klage wurde jedoch abgewiesen. Der Sohn des Earls führte ein recht abenteuerliches Leben. Er ließ Frau und Kinder im Stich und ging mit seiner Cousine Elizabeth Southwell nach Florenz, wo er sich große Verdienste als Mathematiker und Schiffsbauer erwarb. Er starb 1649.

Leicester war aus Elisabeths Leben ebensowenig wegzudenken wie aus der englischen Politik. Die ablehnende Haltung der englischen Öffentlichkeit gegen eine Heirat ihrer Königin mit einem katholischen Prinzen war nicht zuletzt Ausdruck der Sorge um den Protestantismus gewesen. Dieser war zu jener Zeit vor allem in den Niederlanden aufs höchste bedroht. Unter Philipp II. von Spanien war es dort zu einer allmählichen Schmälerung der tradierten ständischen Freiheiten und einer verstärkten religiösen Intoleranz gekommen. Auf Proteste hatte Philipp 1567 mit der Entsendung des berüchtigten Herzogs von Alba geantwortet, der vorübergehend für Ruhe gesorgt hatte. 1568 jedoch war unter Wilhelm von Oranien der Aufstand losgebrochen.

In ihrer Not wandten sich die Niederländer immer wieder an England um Hilfe. Während die englische Bevölkerung mehrheitlich auf der Seite der Aufständischen war, blieb Elisabeth jedoch zurückhaltend. Als Fürstin verurteilte sie jede Rebellion von Untertanen gegen ihren Herrscher. Außerdem fürchtete sie, in einen Krieg verwickelt zu werden, und obendrein verabscheute sie jede Art von religiösem Fanatismus. Mit ihrer Haltung stand sie jedoch im krassen Gegensatz zu ihrem Volk und ihren Beratern, die immer lauter eine Unterstützung der Glaubensbrüder auf dem Festland verlangten.

In den vergangenen Jahren hatte sich der Puritanismus in England stark ausgebreitet, jene religiöse Reformbewegung, die auf eine Moralisierung des gesamten gesellschaftlichen Lebens abzielte und sich eng an die strenge calvinistische Lehre anlehnte. Dazu gehörte auch die sogenannte Prädestinationslehre, die Lehre von der Auserwähltheit, in der die Puritaner, die sich vor allem aus Angehörigen des Landadels und den gehobenen Schichten des Bürgertums rekrutierten, eine Art Rechtfertigung für ihren Wohlstand fanden. Auch unter Elisabeths Staatsräten gab es viele, die mit dem Puritanismus sympathisierten: Sir Francis Knollys, Cecil, Walsingham und nicht zuletzt auch Leicester. Ihre Motive waren jedoch verschieden, sie waren von religiöser, politischer oder einfach nur wirtschaftlicher Natur.

Elisabeth, die eine Vorliebe für Prachtentfaltung und höfische Vergnügungen hatte, haßte die Puritaner allein schon wegen ihres strengen Lebensstils und ihrer heuchlerischen Moral. Andererseits fühlte sie instinktiv die revolutionäre Gesinnung, die hinter dieser Religion steckte. Lehnten nicht die extremen Vertreter des Puritanismus jede kirchliche Obrigkeit ab? Ahnte Elisabeth bereits das Schicksal ihres Nachfolgers, Karls I., voraus?

Die Königin stand mit ihrer Skepsis jedoch allein auf weiter Flur, und der Druck ihrer Berater, den Niederlanden zu Hilfe zu kommen, wuchs, je mehr die Umtriebe der katholischen Maria Stuart in England für Unruhe und Angst sorgten. Zu mehr als einer finanziellen Unterstützung konnten sie Elisabeth in der Niederlande-Frage für die nächsten Jahre jedoch nicht bewegen.

Dann aber wurde im Juli 1584 Wilhelm von Oranien in Delft ermordet, und Alessandro Farnese, Sohn des Herzogs von Parma und Neffe Philipps II., rüstete zur Offensive gegen die Niederlande. In England brach ein Sturm der Empörung los, den Elisabeth nicht mehr ignorieren konnte. Leicester warnte sie: »... es geht nicht nur um die Sache Gottes und dieser Länder, sondern auch um Eure eigene Ehre und Sicherheit; Eure Majestät müssen sich auf eine außerordentlich gefährliche und beschwerliche Zeit gefaßt machen, sollte der König von Spanien wieder die absolute Herrschaft über diese Länder erlangen.«

Und diesmal reagierte Elisabeth auf den Hilfeschrei der Holländer, indem sie – wie üblich nach langem Hin und Her – im Dezember 1585 Leicester als Oberbefehlshaber einer Armee in die Niederlande ziehen ließ. Er wurde stürmisch begrüßt, denn die Niederländer sahen in ihm ihren Retter. Aus lauter Ergebenheit boten sie ihm daher die Statthalterschaft an. Robert zögerte, dann aber siegte sein Ehrgeiz. Zu verlockend war die Würde eines Vizekönigs. Er nahm an, ohne mit seiner Königin Rücksprache zu halten. Fast wäre es deswegen zum Bruch mit Elisabeth gekommen.

Die Königin war außer sich über diesen Affront, und nicht einmal Cecils und Walsinghams Versuche, Leicester zu verteidigen, halfen etwas. In ihrem Zorn schickte sie Sir Thomas Heneage mit einem Brief an Leicester, in dem sie erklärte, man habe sich über ihre Anordnungen hinweggesetzt, weshalb »die Welt zu Recht annehmen muß, daß Unsere Untertanen Uns nicht den gebührenden Respekt entgegenbringen, wie es ihre Pflicht wäre, vor allem, wenn Unsere Befehle von einem so offenkundig mißachtet werden, den Wir vor den Augen der Welt von Anbeginn Unserer Herrschaft erhöht haben und der so große Vergünstigungen erhielt, wie sie noch nie ein Untertan aus den Händen eines Fürsten empfangen hat«. Sie wollte eine sofortige Entlassung Leicesters.

Elisabeths Wut wurde noch geschürt durch das Gerücht, die Gräfin von Leicester, die verhaßte »Wölfin«, mache sich bereit, mit einem Hofstaat, der einer Königin würdig sei, in die Niederlande aufzubrechen.

Heneage war allerdings so klug, den Brief vorerst zurückzuhalten, bis sich die Königin wieder beruhigt hatte. Leicester verstand es, sie mit demütigen Briefen zu besänftigen, bis schließlich keine Rede mehr von seiner Entlassung war; und im Oktober 1586 nannte sie ihn in einem Brief bereits ihren Cousin und Stellvertreter. Ja, sie warf nun sogar den Niederländern vor, sie würden Leicester nicht genügend unterstützen, als sich immer mehr abzeichnete, daß seine Mission ein Mißerfolg war.

Doch kein Wort des Vorwurfs kam über ihre Lippen, als er im November 1586 nach England zurückkehrte. Sie war froh, ihn gesund wiederzuhaben, vor allem aber brauchte sie ihn jetzt mehr denn je.

Maria Stuart hatte durch ihr unvorsichtiges Intrigieren ihr Schicksal besiegelt. Ihre Beteiligung an der aufgedeckten Babington-Verschwörung, welche Elisabeths Ermordung zum Ziel gehabt hatte, war nicht zu leugnen. Ein Gericht befand sie für schuldig und verurteilte sie zum Tode. Volk und Parlament hatten bereits nach der Ridolfi-Verschwörung im Jahr 1571 ihren Kopf gefordert. Damals hatte Elisabeth noch ihre schützende Hand über die Cousine halten können. Auch jetzt zögerte sie immer noch, denn Maria Stuart war nicht irgendeine Frau, die es auf ihre Krone und ihr Leben abgesehen hatte, sondern eine Fürstin wie sie selbst und damit unantastbar. Elisabeth war hin- und hergerissen und quälte sich Tag und Nacht wegen einer Entscheidung. Schließlich aber konnte sie dem Druck der Öffentlichkeit und ihrer Berater nicht mehr standhalten. Auch Leicester redete ihr zu: Solange Maria Stuart lebe, sei sie, Elisabeth, sei England in Gefahr. Endlich setzte Elisabeth ihre Unterschrift unter das Todesurteil, und am 9. Februar 1587 fiel in Fotheringhay Castle Maria Stuarts Kopf durch das Schwert des Henkers.

Die Hinrichtung der ehemaligen Königin von Schottland löste in Europa Empörung aus. Philipp II. nahm sie zum Anlaß, an seiner ehemaligen Schwägerin, die mittlerweile seine erbittertste Feindin geworden war, Rache zu üben.

Seit Jahren schon störten englische Schiffe die spanische Vorherrschaft auf dem Meer. Sie überfielen Schiffe und plünderten spanische Kolonien. Und Elisabeth unterstützte diese Piraterie nicht nur ganz offen, sondern sie war auch so schamlos, einen Teil der Beute zu nehmen. Ja, sie ging sogar so weit, diese frechen Freibeuter wie Francis Drake, Raleigh oder Frobisher für ihre Verdienste in den Adelsstand zu erheben.

Immer mehr verdichteten sich jetzt die Gerüchte, Spanien baue eine riesige Flotte und rüste zur Invasion in England. Eine Welle des Patriotismus erfaßte das Inselreich, und das ganze Volk traf Vorkehrungen, um dem Feind zu trotzen. Lord Howard of Effingham erhielt den Oberbefehl über die Flotte, Sir Drake fungierte als sein Vizeadmiral, und Leicester befehligte die Landstreitkräfte.

Inzwischen war der Herzog von Medina-Sidonia von Lissabon aus mit 130 Schiffen und mehr als 30 000 Mann, 2 431 Geschützen und 123 790 Kanonenkugeln in See gestochen. Am 19. Juli 1588 wurde die Armada zum ersten Mal gesichtet, und am 21. griff Drake an. Fünf Tage dauerten die Gefechte, bei denen die kleinen englischen Schiffe der massigen, schwer manövrierbaren Armada haushoch überlegen waren. Angeschlagen zog sich Sidonia vor Calais zurück, um auf Verstärkung durch den Herzog von Parma zu warten.

Indes setzten Drake und Howard zum vernichtenden Schlag an. Sie zündeten kleine Boote an, die sie auf die im Hafen liegende Armada zusegeln ließen und damit in Brand steckten. Diejenigen spanischen Schiffe, die sich aufs offene Meer retten konnten, wurden dort von den Engländern bereits erwartet.

Als Elisabeth am 8. August 1588 in Tilbury von Leicester empfangen wurde und ihre berühmte Rede hielt, wußte sie noch nicht, daß bereits alles vorüber war. England hatte einen der größten Siege seiner Geschichte gefeiert.

Der Jubel im Lande war unbeschreiblich. Ein Fest folgte dem anderen. Howard, Drake und Leicester wurden als Helden gefeiert. Am 26. August dinierte der Favorit ein letztes Mal mit der Königin, bevor er sich, begleitet von seiner Frau, auf den Weg nach Buxton machte, um dort wie jedes Jahr Bäder zu nehmen. Aus Rycote schrieb er am 29. August 1588 noch einmal an Elisabeth: »Ich bitte Eure Majestät in aller Demut, Eurem armen alten Diener zu verzeihen, daß er sich in seiner Trostlosigkeit erkühnt, sich nach Eurem Befinden zu erkundigen und in Erfahrung zu bringen, wieweit Ihr von den Schmerzen befreit seid, die Euch unlängst plagten. Euer Wohlergehen ist für mich das Allerwichtigste auf dieser Welt, und ich bete täglich zu Gott, er möge Euch gute Gesundheit und ein langes Leben gewähren.

Was mich betrifft, so bekämpfe ich meine trostlose Lage, indem ich weiterhin Eure Medizin einnehme; ich stelle bereits fest, daß sie mir mehr hilft als alle anderen Mittel, die mir je verabreicht worden sind. Ich hoffe, durch die Bäder vollständig geheilt zu werden, und werde nicht müde, auch in Zukunft für das Glück und Wohlergehen Eurer Majestät zu beten, deren Fuß ich in Demut küsse.

In Rycote, wo Ihr einst weiltet, bricht an diesem Donnerstagmorgen auf, um seine Reise fortzusetzen, Eurer Majestät treuester und ergebenster Diener. Robert Leicester.« Doch in Oxfordshire konnte er nicht mehr weiter. Er war krank und hatte hohes Fieber. Wenige Tage später, am 4. September 1588, starb Robert Dudley, Earl of Leicester, im Alter von 55 Jahren.

Als Elisabeth die Nachricht erhielt, sagte sie kein Wort, ging in ihre Gemächer und schloß sich ein. Nach zwei Tagen war ihre Umgebung so beunruhigt, daß man die Türe aufbrechen ließ.

Die Königin überlebte Leicester um 15 Jahre, aber sie vergaß ihn nie. Sein Schreiben vom 29. August 1588 hielt sie in Ehren. »Sein letzter Brief« hatte sie darauf geschrieben; sie las ihn immer wieder und bewahrte ihn in einer Schatulle neben ihrem Bett auf.

Essex – die große Enttäuschung

Die Nachricht von Leicesters Tod war mitten in den Siegestaumel der Engländer geplatzt. Für kurze Zeit verstummte der Jubel, die Feierlichkeiten wurden unterbrochen. Doch das Leben ging weiter, und schon bald war bei Hofe wieder das übliche aufgeregte, fröhliche Geschnatter zu vernehmen, sorgten die Liebeleien der Höflinge und die alltäglichen kleineren oder größeren Intrigen im Kampf um Macht und Einfluß für Spannung.

Elisabeth jedoch fühlte sich trotz des Trubels einsam, einsam und alt. Nach und nach verschwanden all jene, die sie seit ihrem Regierungsantritt begleitet hatten, aus ihrer Umgebung. Nach Leicester starben in rascher Folge auch Walsingham, Hatton und schließlich 1598 auch der treue Burleigh. Die alte Garde, die mit ihr, der Königin, England auf den Gipfel des Ruhmes geführt hatte, schmolz dahin. Nur sie selbst war noch da, gleichsam ein Relikt einer vergangenen Zeit. Beim Blick in den Spiegel starrte ihr unbarmherzig die Fratze des Alters entgegen. Zwar wirkte sie in ihren großen

Staatsroben mit ihrer aufrechten, schlanken Gestalt immer noch sehr eindrucksvoll, doch auch wenn es Außenstehende vielleicht noch nicht bemerkten, sie selbst bemerkte es jeden Tag aufs neue, daß ihre Haut welkte, ihr Körper nicht mehr schlank und anmutig, sondern hager und knochig war, ihr Haar seine Fülle verlor und ihre Zähne sich dunkel verfärbten. Elisabeth war eine eitle Frau, und sie haßte es, ihren äußerlichen Verfall mitansehen zu müssen. Also legte sie noch mehr Schminke auf, trug Perücken und kleidete sich noch aufwendiger. Und sie umgab sich mit jungen Leuten, vornehmlich jungen Männern, deren hohle Schmeicheleien sie zu genießen schien, obwohl sie tief in ihrem Inneren wußte, daß es Lügen waren. Es waren jedoch nicht nur Eitelkeit und Flucht vor dem Alter, die Elisabeth die Gesellschaft der Jugend suchen ließen, sondern wohl auch die Erkenntnis, daß diese Generation demnächst für die Geschicke Englands verantwortlich sein würde und daher entsprechend ausgewählt und geformt sein wollte.

Vor allem drei junge Männer beherrschten nach Leicesters Tod den Kreis um die Königin: Sir Walter Raleigh, der verwegene Abenteurer und Seefahrer, der ihr zu Ehren ein riesiges Land in der Neuen Welt »Virginia« genannt hatte, dann der kränklich-bleiche, bucklige Robert Cecil, der von seinem Vater zum Nachfolger aufgebaut wurde und der Elisabeth eher durch seine Intelligenz als durch sein unvorteilhaftes Äußeres beeindruckte, und schließlich Robert Devereux, der 2. Earl of Essex und Star in diesem Dreigestirn, obwohl er ausgerechnet der Sohn der verhaßten »Wölfin« war.

Essex war gerade zwanzig Jahre alt, als er von seinem Stiefvater, Leicester, 1587 am Hof eingeführt wurde und Elisabeths Herz im Sturm eroberte. Er erinnerte die Königin an den jungen Robin, nicht nur weil er den gleichen Vornamen trug, sondern weil er ebenso blendend aussah. Essex galt als hervorragender Sportsmann, der gleichzeitig die höfischen Umgangsformen perfekt beherrschte. Mit seinem Esprit und seinem Charme bezauberte er die alternde Monarchin, so daß sie ihn ständig um sich haben wollte. Trotz des Altersunterschiedes von vierunddreißig Jahren verstanden die beiden einander so gut, daß sie manchmal bis in die Nacht hinein Karten spielten und oft stundenlange Spaziergänge machten, bei denen sie sich in angeregte Gespräche vertieften. An Essex' Seite fühlte sich Elisabeth wie neugeboren, zurückversetzt in die Zeit ihrer Jugend, als sie mit Leicester jeden Tag ausgeritten war. Bei aller äußerlichen Ähnlichkeit aber gab es einen wesentlichen Unterschied zwischen Essex und seinem Stiefvater: sein Charakter. Leicester hatte Elisabeth geliebt und gut gekannt. Er hatte ihr Wesen und ihre Problematik verstanden, vor allem aber hatte er sie stets als seine Herrscherin akzeptiert. Besonnen und pragmatisch denkend – manche hielten ihn für berechnend –, nützte er seine Günstlingsstellung für einen kometenhaften Aufstieg zu Macht und Reichtum, wobei er jedoch stets wußte, wie weit er gehen konnte. Abgesehen von dem verunglückten Niederlande-Abenteuer hatte er Elisabeth niemals herausgefordert.

Essex war da ganz anders. Er war ein Idealist und Romantiker, temperamentvoll und impulsiv, ehrgeizig und unbescheiden; er war sich Elisabeths Gunst so sicher, daß er sich Dinge herausnahm, für die andere aufs Schafott gegangen wären oder zumindest in den Tower; ständig überschritt er die Grenze zur Majestätsbeleidigung, und ständig verzieh ihm die Königin seine Unbedachtsamkeiten. Außerdem war er entsetzlich eifersüchtig auf jeden, der ihm Elisabeths Gunst streitig machen wollte, vor allem auf Raleigh und Cecil. Doch hinter diesem verwegenen, hochfahrenden Auftreten des jungen Mannes verbarg sich sein zweites Gesicht, das eines unausgeglichenen Melancholikers. Seit seiner frühesten Jugend verfiel Essex immer wieder in Phasen tiefer Niedergeschlagenheit, die oft auch mit körperlichen Schwächeanfällen und manchmal sogar mit schwerer Krankheit einhergingen. Dann zog er sich mit gelehrten Büchern zurück und schloß sich von der Umwelt ab. Essex, der schon im Alter von vierzehn Jahren zum Master of Arts an der Universität von Cambridge graduiert worden war, war hochbegabt, aber ein Zerrissener, zerrissen zwischen dem Karriere und Abenteuer versprechenden gesellschaftlichen Leben, seinen Annehmlichkeiten und oberflächlichen Vergnügungen und einem abgeschiedenen Gelehrtendasein.

Zwei Seelen kämpften in seiner Brust und gaben ihm eine besondere Faszination, machten ihn aber auch oft launisch und schwierig im Umgang. Mit seinem komplizierten Charakter und seiner Unbeherrschtheit forderte Essex die Geduld der Königin immer wieder heraus, und der ganze Hof wartete darauf, wann der junge Heißsporn wohl den Bogen überspannen würde. Mit ungläubigem Staunen jedoch sah man, daß die sonst selber so aufbrausende Elisabeth alle Eskapaden, jede Frechheit ihres Günstlings ungestraft ließ. Sie schien in diesen jungen Mann vollkommen vernarrt zu sein und führte sich auf wie eine verliebte junge Frau. Elisabeths Verhalten Essex gegenüber wirkte lächerlich, es war peinlich, wie sie sich in seinen hohlen Schmeicheleien sonnte und das erotische Geplänkel mit ihm auf die Spitze trieb. Doch selbst wenn es den Anschein hatte, die Königin von England war keineswegs die senile Frau, die Wachs in den Händen dieses ungestümen Jünglings war. Sicher, sie genoß seine Anbetung und versuchte ihr Alter hinter Schminke und Aufmachung zu verdrängen, doch tief in ihrem Inneren wußte sie, daß sie sich selbst betrog. Ihre Liebe zu Essex war in Wahrheit wohl eher die Liebe einer Mutter zu ihrem begabten Problemkind. Als Herrscherin wünschte sie sich, daß dieser junge Mann einmal seine großen Fähigkeiten zum Wohle Englands einsetzen würde. Gleichzeitig erkannte sie aber mit der ihr eigenen Intuition, daß sein stürmisches Temperament und seine Unberechenbarkeit Gefahren bargen, deren Ausmaß man nicht vorhersehen konnte. Sie hielt es wohl für besser, Essex in ihrer Nähe zu haben, in der Hoffnung, ihn vielleicht zurechtbiegen zu können, ihn zumindest aber unter Kontrolle zu haben. Dafür nahm sie einiges in Kauf. Vielleicht aber fand sie auch Gefallen an dem Machtkampf, der zwischen ihr und ihrem Favoriten tobte. Rückblickend war es ein Kampf auf mehreren Ebenen: zum einen der Streit der Generationen, zum anderen der Geschlechterkampf und schließlich auch das Aufbegehren gegen die Autorität der Krone. Essex war das personifizierte Aufflackern der kommenden Revolution, Repräsentant einer neuen Gesellschaftsklasse, die sich auf religiöser Ebene durch den Puritanismus manifestierte. Gleichzeitig aber war dieser Zerrissene auch der letzte Vertreter eines längst zu Ende gegangenen Zeitalters: des Feudalismus. In seiner romantischen Einstellung erscheint er sozusagen als der letzte Ritter, der mit der machiavellistischen Denk- und Lebensweise der Renaissance nicht zurechtkam. Sein Schicksal gleicht daher dem Abgesang des Mittelalters. Diese Vielschichtigkeit seines Charakters macht die Person Essex' so faszinierend. Kein Wunder also, daß auch Elisabeth seiner Anziehungskraft erlag.

Dreizehn Jahre sollte diese einzigartige und tragische Beziehung zwischen Essex und der Königin währen, eine Beziehung, die von einer ständigen Folge von Auseinandersetzungen und Versöhnungen geprägt war.

Zu einem der ersten, für Essex' Wesen ganz typischen Auftritte kam es bereits 1587 in North Hall, dem Landsitz von Lord Warwick, Leicesters Bruder Ambrose. Essex' Schwester Dorothy befand sich gerade in North Hall, als die Königin zu einem Besuch dort eintraf. Der Favorit wollte die Gelegenheit nützen, und bat Elisabeth, Dorothy, die wegen ihrer heimlichen Eheschließung mit Sir Thomas Perrot in Ungnade war, zu empfangen. Die Königin aber weigerte sich, worauf ihr Essex, empört über diese Behandlung seiner Schwester, eine lautstarke Szene machte. Er warf ihr vor, sie würde das nur Raleighs wegen tun, um ihn, Essex, zu kränken. Auch Elisabeth hielt sich nicht zurück, so daß die beiden einander anschrieen, bis Essex wutentbrannt den Raum verließ, seine Schwester holte und nach Hause brachte. Immer noch aufgewühlt ritt er dann Richtung Margate, um von dort über den Kanal in die Niederlande zu reisen, wo er sich in den immer noch andauernden Kampf der Protestanten gegen Spanien stürzen wollte.

Elisabeth aber schickte ihm einen Vertrauten hinterher, der ihn rechtzeitig einholte und zurückbrachte. Es kam zur Versöhnung, zu der die Königin den ersten Schritt machte. Kurz darauf wurde Essex zum Ritter des Hosenbandordens gekürt und zum Nachfolger seines Stiefvaters im Amt des Stallmeisters ernannt. Zum ersten Mal hatte der junge Mann erfahren, wieviel er sich erlauben konnte und wieviel Elisabeth seine Anwesenheit und Zuneigung wert waren. Doch das genügte dem Unbescheidenen noch lange nicht. Er wollte der Einzige sein, und dementsprechend eifersüchtig begegnete er jedem, dem die Königin auch nur die kleinste Huld erwies. Gleichzeitig aber gingen ihm Elisabeths Ansprüche und ihre ständi-

Robert Devereux, Earl of Essex (1567–1601)

ge Kontrolle auf die Nerven. Er war nicht zum Höfling geboren, sondern suchte Herausforderung, Abenteuer und Ruhm. Als Drake im Frühjahr 1589 eine neuerliche Expedition nach Portugal plante, die große Gewinne versprach, wollte sich Essex unbedingt anschließen, denn er brauchte dringend Geld, da sein aufwendiger Lebenswandel ihm bereits einen Schuldenberg von beachtlichen 23 000

Pfund beschert hatte. Doch die Königin, die um sein Leben fürchtete, verbot ihm, mit Drake loszusegeln. Essex scherte sich allerdings keinen Deut um die Anordnungen seiner Herrin. Die Alte hatte ihm nichts zu verbieten! Bei Nacht und Nebel machte er sich daher auf nach Plymouth und stach in See, bevor Elisabeths Beauftragte ihn eingeholt hatten.

Die Königin tobte. Das hatte bisher noch keiner gewagt! »Essex«, schickte sie ihm einen wütenden Brief hinterher, »Ihr dürft wohl begreifen, wie sehr Wir Uns durch Eure plötzliche und ungehorsame Entfernung aus Unserer Gegenwart und dem Platz, an den Eure Dienste Euch binden, gekränkt fühlen. Wir haben Euch, ohne daß Ihr Euch die Ehre erworben habt, mit Unserer Gunst belohnt, und doch habt Ihr Eure Pflicht vernachlässigt und vergessen; denn anders können Wir Uns Euer befremdliches Gebaren nicht erklären ... Daher fordern Wir Euch auf und befehlen Euch, sogleich nach Erhalt Unseres Schreibens, ohne jegliche Ausrede und Verzögerung, Euch zu Uns zu verfügen, um Unserer Gewogenheit fürderhin gewiß zu sein. Seht daher zu, Uns dieses nicht zu versagen, da Ihr nicht geneigt sein werdet, Euch Unseren Unwillen zuzuziehen, andernfalls Ihr Euch in die allergrößte Gefahr begebt.« Das ganze Unternehmen erwies sich noch dazu als ein einziger Flop. Nur ein klägliches Armada-Schiff wurde im Hafen von La Coruña angetroffen und geplündert.

Doch als Essex wohlbehalten zurückkehrte, war Elisabeths berechtigter Zorn schon wieder verraucht, und sie verzieh ihm seine Unbesonnnenheit, genauso wie sie ihm seine heimliche Heirat mit Frances Walsingham, der Witwe von Philip Sidney, bereits verziehen hatte.

Elisabeth sah ein, daß sie diesen ehrgeizigen jungen Mann nicht zu sehr an sich fesseln durfte, daß sie ihm vielmehr Gelegenheit geben mußte, sich die Hörner abzustoßen. Essex sehnte sich danach, seinen Mut auf dem Schlachtfeld zu beweisen; er wollte ein Held werden. Nach langem Zögern ließ sie ihn daher Anfang August 1591 an der Spitze einer Armee nach Frankreich ziehen, um dort den hugenottischen Heinrich IV. im Kampf um seine Krone zu unterstützen.

Essex' Heldenabenteuer endete jeodch schon nach wenigen Monaten mit einem Debakel. Mit tollkühnen Eskapaden gefährdete er sein und seiner Leute Leben, und bei der schlecht vorbereiteten Attacke auf Rouen fand schließlich sein jüngerer Bruder, Walter, den Tod.

Elisabeth überhäufte Essex mit Vorwürfen, zumal er es auch noch wagte, von einem sonst nur der Königin vorbehaltenen Privileg maßlosen Gebrauch zu machen. Als Oberbefehlshaber hatte er die Vollmacht, Soldaten für besondere Tapferkeit zum Ritter zu schlagen. Dabei lag die Betonung auf »besondere«. Es war also mit dieser Auszeichnung sparsam umzugehen. Essex aber schlug gleich 24 seiner Mitstreiter zum Ritter, ohne daß sie überhaupt die Gelegenheit gehabt hatten, sich Verdienste zu erwerben. Doch was Elisabeth ärgerte, schuf Essex eine große Anhängerschaft.

Erwartungsgemäß ging auch dieses königliche Donnerwetter spurlos an ihm vorüber. Er hatte Elisabeth einen jener Briefe geschrieben, bei deren Lektüre sie jedesmal dahinschmolz: »Allerschönste, allerherrlichste, allerteuerste Herrscherin ... Solange Eure Majestät mir die Worte ›ich liebe Sie‹ nicht verwehrt, haben mein Glück und meine Lust nicht ihresgleichen in dieser Welt. Versagen Sie mir aber je diese Freiheit, so können Sie dadurch wohl meinem Leben ein Ende setzen, mich aber nie in meiner Beständigkeit erschüttern; denn wandelte sich auch die Süße Ihres Wesens in die allerherbste Bitternis, selbst Ihre Macht als große Königin vermag mich nicht dahin zu bringen, daß ich Sie weniger liebe.«

Essex' Ehrgeiz blieb trotz dieses militärischen Mißerfolgs ungebrochen. Er war nicht nur der Garant für Glanz und Geselligkeit, sondern auch für stete Unruhe am Londoner Hof. Der ritterliche Romantiker hatte einen ausgeprägten Machtwillen. Da er seit 1593 einen Sitz im Staatsrat hatte, konnte er auch Einfluß auf das politische Geschehen und die Besetzung von Würden und Ämtern nehmen. Doch er besaß weder diplomatisches Geschick noch den Hang zur feingesponnenen Intrige, um seine Ziele zu erreichen. Ganz unverblümt und ohne Rücksicht auf Verluste beharrte er auf seinen Standpunkten und sagte jedem den Kampf an, der nicht seine Linie verfolgte. Sein Erzfeind war Robert Cecil, der seit 1590 die Ämter des verstorbenen Walsingham innehatte und auf den Elisabeth große Stücke hielt. Binnen kurzem bildeten sich am Hofe zwei Parteien: die Essex-Anhänger und die Cecil-Gefolgsleute.

Im Essex-Lager standen zwei hochbegabte junge Männer: Anthony und Francis Bacon, die eifersüchtig auf die Karriere ihres Cousins Robert Cecil blickten. Sie fühlten sich von ihrem Onkel, dem alten Burleigh, zur Seite geschoben und zu wenig gefördert und schlossen sich daher dem Favoriten an, von dem sie sich erhofften, er würde ihnen eine große Laufbahn im Staatsdienst ermöglichen. Ehrgeiz und Eifersucht waren die Bande, welche diese drei jungen Männer zusammenschweißten. Ihr Ziel war der Sturz Robert Cecils.

Essex machte es sich zu einem Anliegen, die beiden Bacons mit wichtigen Ämtern zu versorgen. Eine erste Gelegenheit, seinen Einfluß zu erproben, bot sich ihm, als das Amt des Kronanwaltes vakant wurde, ein ausgesprochen hoher Posten, für den Francis Bacon alle Voraussetzungen mitbrachte. Doch Essex' Vorschlag wurde von Elisabeth abgelehnt, da sie bereits Edward Coke, einen Günstling der Cecils, für dieses Amt vorgesehen hatte. Essex reagierte beleidigt, doch er gab nicht so rasch auf und lieferte der Königin heftige Wortgefechte. Einen Kompromiß, nämlich Bacon das bisherige Amt von Coke zu geben, lehnte er stolz ab: »... ich muß für Francis Bacon die Kronanwaltschaft haben; und dafür setze ich alles ein, Macht und Ansehen, Einfluß und Freundschaft; mit Zähnen und Nägeln werde ich dies Amt gegen jeden verteidigen und es ihm verschaffen! Und wer mir die Kronanwaltschaft aus den Händen reißt, um sie einem anderen zu geben, der soll schwer dafür büßen!« Das war wieder ein typischer Essex-Ausbruch! Elisabeth gab ihm deutlich zu verstehen, daß er ihre Nerven und ihre Geduld strapazierte. Essex aber gab immer noch nicht klein bei. Sang- und klanglos verschwand er ohne Erlaubnis vom Hof in der Hoffnung, die Königin werde ihm schließlich seinen Willen lassen, nur damit er wieder zurückkehre. Doch Elisabeth blieb hart; er bekam nicht, was er verlangte, sondern Coke wurde Kronanwalt und das Amt des Sollicitor-General ging an einen Juristen namens Fleming. Instinktiv fühlte Elisabeth, daß ihr Favorit eine Gefahr war und daß jeder seiner Anhänger, der ein hohes Amt bekleidete, sie noch mehr in Bedrängnis brachte. Essex schien Elisabeths Motive zu ahnen, als er zu Bacon sagte: »Sie fahren so schlecht, weil sie mich als Mittler und Gönner gewählt haben.«

Es war schon ein seltsamer Machtkampf, der sich hier am englischen Hofe abspielte. Auf der einen Seite war Essex der unbestrittene Favorit, der vergötterte Günstling, reich beschenkt und vor allen anderen ausgezeichnet. Auf der anderen Seite beobachtete ihn Elisabeth wie ein Raubtier, voller Argwohn, stets bereit, ihr Revier, das heißt ihre Macht, zu verteidigen. Sie wußte, dieser junge Mann war ebenso gefährlich wie anziehend. Doch statt ihm ihre Gunst zu entziehen, zog sie es vor, ihn im Auge zu behalten. Lieber stritt sie mit ihm, bevor sie ihn irgendwo unbeobachtet Unfug treiben ließ.

Es war eine Art Haßliebe zwischen den beiden, denn kaum je waren sie einer Meinung. Während Elisabeth und die Cecil-Partei für einen Frieden mit Spanien eintraten, waren Essex und seine Anhänger für eine Weiterführung des seit 1588 andauernden Krieges mit dem Erbfeind.

Wieder einmal ging die Angst vor einer neuen Armada-Invasion um, und Elisabeth wurde von den Kriegsbefürwortern gedrängt, die spanische Flotte in ihren Häfen anzugreifen, bevor diese gegen England segeln konnte. Wie immer konnte sich Elisabeth nicht gleich dazu entschließen, sie fürchtete vor allem die Kosten eines solchen Unternehmens, noch dazu wo seit zwei Jahren die Ernte schlecht war und das einfache Volk Not litt. Doch Essex und Sir Howard setzten der Königin zu, schwärmten ihr von der zu erwartenden reichen Beute vor und erhielten schließlich im Juni 1596 ihre Genehmigung zu einem Beutezug nach Cádiz.

Essex erfreute sich vor allem unter den jungen Adeligen großer Beliebtheit und sollte bald zum Idol der Nation werden. Das Unternehmen war ganz nach dem Geschmack der draufgängerischen Jugend. In einer tollkühnen Aktion eroberte Essex Cádiz und machte dabei seiner bekannten Ritterlichkeit alle Ehre, indem er die Einwohner der Stadt mit großer Menschlichkeit behandelte. In seiner Euphorie über diesen Erfolg schlug Essex gleich wieder mehrere seiner Männer zu Rittern. Allerdings verabsäumte man im allgemeinen Siegestaumel, die Handelsflotte zu plündern, bevor man sie in Brand steckte, und verzichtete damit, sehr zum Verdruß der Königin, auf reiche Beute.

Bei seiner Rückkehr nach England war Essex trotzdem der umjubelte Held des Volkes. Sichtlich genoß er seine Popularität und seinen Ruhm. Sein kluger Freund Francis Bacon aber hatte bereits düstere Vorahnungen. Er, der berechnende Renaissancemensch mit der kalten Logik, fürchtete, daß dem leidenschaftlichen, unbedachten Essex sein Ruhm zu Kopf steigen und er in sein Unglück rennen könnte. Mahnend schrieb er an ihn: »Ein Mensch, der sich nicht bändigen läßt, in einer Vermögenslage, die seiner Bedeutung und Größe nicht entspricht; beim Volke sehr beliebt; ein Mensch, dem großes Vertrauen in militärischen Dingen entgegengebracht wird; ich frage mich, ob man irgendeinem Monarchen auf der Welt, vor allem aber einer Dame von der Empfindlichkeit Ihrer Majestät, ein bedrohlicheres Bild vor Augen stellen kann. Überzeugen Sie die Königin, daß Sie ein zweiter Leicester oder Hatton sind. Wenn Sie ihre Ansichten loben, so suchen Sie den Anschein innerster Aufrichtigkeit zu erwecken. Erbitten Sie Gunstbeweise, um auf sie zu verzichten, wenn die Königin Ihnen in einer Sache Widerstand leistet. Behalten Sie die Kontrolle in militärischen Dingen, aber so, daß jeder äußere Schein vermieden wird; ein Mann mit militärischer Gefolgschaft ist immer eine ›verdächtige Größe‹. Streben Sie nicht weiter nach dem Amt des Großmarschalls oder dem des Feldzeugmeisters; nehmen Sie das des Geheimsiegelbewahrers, es ist frei von Neid und Streit und bringt was ein. Sprechen Sie in Gegenwart der Königin bei jeder Gelegenheit in heftigen Worten gegen die Volksgunst und ihre Wandelbarkeit. Dämpfen Sie so Ihren Ruf als populärer Mann, aber nur durch Worte, nie durch Taten. Wird dieser Ruf richtig angewandt, so ist er eine der schönsten Blüten Ihrer gegenwärtigen und künftigen Größe. Geben Sie vor allem weniger aus, denn glauben Sie mir, erst wenn Ihre Majestät sieht, daß Sie sorgfältig mit Ihrem Vermögen umgehen, wird sie denken, daß Sie ihr nicht länger zu Last fallen wollen, auch wird sie dann erst sich überzeugen, daß Sie höherfliegende Zukunftspläne haben. Nützen Sie den Vorteil, der Günstling der Königin zu sein, in dieser Weise vorsichtig aus, so kann es nie gefährlich werden; berücksichtigen Sie aber diese Mahnungen nicht, so wird Ihre Rolle als Günstling die Königin Ihnen gegenüber nur mißtrauischer und bedenklicher machen, da sie über ihre eigene Macht im unklaren ist.«

Mit glasklarer Logik analysierte Bacon hier Essex' und Elisabeths Persönlichkeiten. Er erkannte, daß Elisabeth auf Essex' Popularität eifersüchtig war und daß dieser andererseits drauf und dran war, im Rausch seines Ruhmes den Boden unter den Füßen zu verlieren.

Essex aber war nicht der Mann, der auf Bacons Warnungen zu hören vermochte. Er war von so unterschiedlicher Natur, so emotional, daß er gar nicht anders konnte, als sich von dem Erfolgsstrudel, der ihn erfaßt hatte, mitreißen zu lassen, ohne dabei die Konsequenzen zu bedenken. Er wollte noch mehr, immer mehr, immer höher hinaus.

Tatsächlich erhielt er Anfang 1597 das Amt des Feldzeugmeisters, vor dem ihn Bacon gewarnt hatte. Der Ernennung war wieder einmal eine Auseinandersetzung zwischen Essex und der Königin vorangegangen. Wieder einmal hatte sie einen von ihm vorgeschlagenen Kandidaten für irgendeinen Posten abgelehnt, wieder einmal hatte er sich darüber so erregt, daß er einmal mehr Anstalten machte, sich vom Hofe zu entfernen. Um ihren Favoriten zu besänftigen, übertrug ihm Elisabeth daraufhin den mächtigen Posten des Feldzeugmeisters. Doch bereits im Oktober lieferte ihr Essex den nächsten Beweis seiner Unbescheidenheit, als sie Charles Howard für seine Verdienste beim Sieg über die Armada und bei der Eroberung von Cádiz zum Grafen von Nottingham ernannte. Essex, der den Erfolg von Cádiz als seine alleinige Tat betrachtete, war empört, und mit ihm waren es seine Anhänger. Beleidigt blieb der Favorit daraufhin dem Hofe fern. Sogar am 17. November 1597, dem Jahrestag der Thronbesteigung Elisabeths, glänzte er durch Abwesenheit. Wie immer war es die Königin, die diese zermürbende Situation beendete, indem sie Essex zum Großmarschall von England erhob, was ihm bei Hofe den Vortritt vor dem neuen Grafen von Nottingham einräumte. Dieser schmollte nun prompt seinerseits. Essex aber war glücklich. Er war in jeder Hinsicht die Nummer eins. Schließlich setzte er sogar durch, daß Elisabeth seine Mutter, die verhaßte »Wölfin« Lettice Knollys, verwitwete Lady Essex, verwitwete Gräfin Leicester und nunmehrige Gemahlin von Christopher Blount, endlich nach so vielen Jahren empfing. Die Begegnung verlief kühl, doch war Elisabeths Haß gegen die Cousine längst abgekühlt. Der Grund für ihre Eifersucht, der geliebte Robin, war tot; er hatte die beiden Frauen entzweit. Irgendwie schien es ihnen bestimmt zu sein, immer denselben Mann zum Mittelpunkt ihres Lebens zu machen. Doch nun waren es ihre gemeinsamen mütterlichen Gefühle für Essex, die die beiden Erzfeindinnen einander näher brachten. Mit Stolz verfolgten sie seinen fulminanten Aufstieg.

Doch Bacon hatte es prophezeit. Der vom blinden Ehrgeiz Getriebene hatte einen weiteren Schritt auf dem Weg zur Macht gesetzt: eine Macht, die große Gefahren barg, eine Macht, die er nicht zu nutzen wußte und die sich letztlich gegen ihn selbst wenden sollte. Essex steuerte, ohne es zu ahnen, mit jeder Erhöhung immer rascher seinem Untergang entgegen. Dort, wo einst sein Vater im Dienste der Königin gestorben war, sollte sich schließlich auch sein Schicksal erfüllen: in Irland.

Unter Elisabeth I. begannen die religiösen Streitigkeiten in Irland. Die wachsende englische Besiedlung schürte die Feindseligkeiten der Bevölkerung gegen die Ausländer. Die Engländer antworteten darauf mit äußerster Brutalität, und als sich auch noch Spanien einzumischen versuchte, entwickelte sich die Insel endgültig zu einem Unruheherd. Vor allem seit Hugh O'Neill, Graf von Tyrone, die Rebellen anführte, gerieten die Engländer immer stärker in Bedrängnis. Von seiner Burg Dungannon aus beherrschte Tyrone fast ganz Ulster, und er hatte zudem die Unterstützung der Bevölkerung, so daß ihm nicht beizukommen war.

Im Juli 1598 wurde ein neuer Vizekönig für Irland gesucht, von dem man hoffte, er werde Tyrone endlich stürzen. Im Staatsrat kam es darüber zu heißen Diskussionen. Elisabeth schlug Sir William Knollys, Essex' Onkel vor. Der Favorit aber wollte am liebsten einen seiner Feinde loswerden und sprach sich daher für Sir George

Carew aus. Als die Königin jedoch auf Knollys bestand, verlor Essex die Beherrschung, sprang auf und kehrte Elisabeth demonstrativ den Rücken zu. Sie quittierte diese an Majestätsbeleidigung grenzende Frechheit, indem sie ihm eine schallende Ohrfeige versetzte. Der Hitzkopf geriet darüber so in Rage, daß er nach seinem Schwert griff und schrie: »So etwas hätte ich mir nicht einmal von König Henry, Eurem Vater, gefallen lassen. Das ist eine Demütigung, die ich niemandem jemals verzeihen könnte – oder wollte –, niemandem!« Dann stürzte er aus dem Raum, ohne daß ihn jemand aufhielt. Alle, einschließlich Elisabeth, waren so bestürzt und verblüfft, daß sie für Sekunden starr vor Entsetzen waren. So etwas hatte sich noch nie jemand gegenüber seinem Herrscher erlaubt! Erstaunlicherweise fing sich Elisabeth rasch wieder, zuckte die Achseln und tat nichts. Sie wartete. Wartete auf eine Entschuldigung von Essex. Der aber ließ sich Zeit. Im Gegenteil, er schmollte, war er doch überzeugt, ihm sei Unrecht widerfahren. Viele schalteten sich ein und versuchten zu vermitteln. Doch Essex blieb stur: »Ich schulde Ihrer Majestät die Ehrerbietung eines Großmarschalls von England«, schrieb er an den Großsiegelbewahrer Egerton, »Ich habe Ihrer Majestät gern als ihr Beamter gedient, kann mich aber nie als Knecht oder Sklave vor ihr beugen. Was! können sich denn Fürsten nicht auch irren? Ist denn irdische Macht und Autorität unbegrenzt?« Wußte er, was er da schrieb? Das waren wahrhaft revolutionäre Worte, Worte, an die man sich noch einmal erinnern sollte.

Wochenlang tobte ein stummer Machtkampf zwischen Essex und Elisabeth. Beide gaben sich unversöhnlich. Dann aber erkrankte Essex schwer, und von Mitleid erfaßt, schickte ihm die Königin unverzüglich ihren Arzt. Damit war das Eis gebrochen. Essex bedankte sich mit einem demütigen Brief. Einer Versöhnung stand nichts mehr im Wege.

Aber schon nach wenigen Wochen gingen die Streitereien zwischen dem ungleichen Paar wieder los. Durch den Tod von Burleigh am 4. August 1598 war das Amt des Lehnsgerichtsmarschalls frei geworden, das nicht nur mit hohen Einkünften, sondern auch mit großem Einfluß auf den Adel im ganzen Land verbunden war.

Essex wollte es unbedingt haben. Natürlich verweigerte es ihm die Königin. Das hätte ihr noch gefehlt, daß der unberechenbare, aufrührerische Kerl ausgerechnet diesen Posten bekam. Bevor sie es Essex gab, besetzte sie es lieber gar nicht.

Trotz der Versöhnung war es nicht mehr so wie früher zwischen Elisabeth und Essex. Ein gewisses Mißtrauen belastete fortan ihre Beziehung, vor allem nachdem Elisabeth Essex' Brief an Egerton zugespielt worden war. Diese an Hochverrat grenzenden Worte ihres Favoriten, der ihre königliche Autorität in Frage stellte, müssen sie tief getroffen haben. Trotzdem stellte sie ihn nicht zur Rede, sondern tat, als wäre wieder alles in Ordnung. Ihr Instinkt aber sagte ihr, daß nichts in Ordnung war. Die Londoner Luft roch nach Aufruhr.

Während seiner »Verbannung« vom Hofe waren Essex' treueste Freunde stets um ihn gewesen: seine Frau, Lady Frances, seine Schwester, Penelope Rich, und deren Liebhaber, Charles Blount, Lord Montjoy sowie sein Stiefvater, Christopher Blount, nunmehr der Gemahl von Essex' Mutter und kaum älter als Essex selbst. Die schöne, verführerische Lettice hatte offensichtlich auch als reife Frau noch einen unwiderstehlichen Reiz auf Männer. Blount war schon zu Leicesters Lebzeiten ihr Liebhaber gewesen, kurz nach dem Tode ihres Gemahls hatte sie ihn dann geehelicht.

Diese Handvoll junger Leute bildete einen kleinen, engverschworenen Kreis, der bedingungslos auf Essex' Seite stand. Sie waren ebenso fanatisch und kurzsichtig wie er. Kein einziger unter ihnen, der zur Zurückhaltung mahnte.

Zudem war Essex ungeheuer populär, was ihn zusätzlich gefährlich machte. Nie zuvor war ein Favorit so beliebt gewesen wie er. Vor allem unter den jungen Adeligen Englands und im finanzkräftigen Bürgertum hatte er seine Anhänger. Die Puritaner, seit jeher tendenziös gegen den Hof eingestellt, sahen in ihm eine Art Leitfigur. Seine rebellische Art, seine ständige Auflehnung gegen Elisabeth und ihren Beraterstab sprachen ihnen aus der Seele.

Essex' hohe Bildung und sein Interesse für die Wissenschaften sicherten ihm aber auch die Sympathien in den Gelehrtenkreisen. Die Universität von Cambridge ernannte ihn zu ihrem Rektor, und er dankte für die Ehre mit einer Silberschale, die heute noch den Schreibtisch des Rektors ziert.

Anfang 1599 widmete ihm ein gewisser John Hayward sein Buch über »Das Leben Heinrichs IV.«, jenes englischen Königs, der einst Richard II. vom Thron gestoßen hatte. Der Autor landete für sein Werk, das den Aufstand gegen einen legitimen Herrscher verherrlichte, im Tower. Den bitteren Beigeschmack, daß dieses Buch ausgerechnet Essex gewidmet war, wurde Elisabeth damit jedoch nicht los. Umso erstaunlicher war ihre Reaktion, als sich Essex plötzlich selbst um den Posten des Lord Deputy von Irland bewarb. Durch einen Sieg über Tyrone wollte er sich Ruhm und den Respekt der Königin erwerben; der Gedanke, diesen Triumph einem anderen zu überlassen, war ihm unerträglich. Zur allgemeinen Überraschung gab Elisabeth ihr Einverständnis und stattete Essex schließlich mit einem Heer und sämtlichen Vollmachten aus. Wollte sie ihn loswerden, oder wollte sie ihm die Chance geben, seine Loyalität unter Beweis zu stellen?

Essex triumphierte. Obwohl die irische Aufgabe bisher noch für jeden ein Himmelfahrtskommando gewesen war, sprühte er vor Optimismus und Selbstsicherheit. Die Akklamationen seiner Freunde verstärkten noch seinen Eifer. Dann aber, ganz plötzlich, schlug seine Stimmung um. Selbstzweifel überkamen ihn, die alte, unausrottbare Eifersucht war wieder da, die Angst, seine Gegner könnten seine Abwesenheit nützen, um gegen ihn zu arbeiten. Plötzlich hatte er die Lust an dem Ruhm verheißenden Heldenabenteuer verloren. Doch es gab kein Zurück.

Ende März 1599 verließ er mit 1600 Fußsoldaten und 1300 Reitern England. Der begeisterte Empfang durch die englischen Siedler und die Regierung in Dublin richtete ihn für kurze Zeit wieder auf, und er unternahm einige kleinere Feldzüge in der Gegend von Ulster. Diese waren jedoch völlig ineffektiv und kosteten nur Männer und Ausrüstung, was ihn aber nicht davon abhielt, gleich wieder eine Vielzahl seiner Leute, sehr zum Ärger Elisabeths, zu Rittern zu schlagen. Zu einem entscheidenden Angriff auf Tyrone aber konnte er sich nicht aufraffen und verschob ihn von einem Monat auf den anderen. So leicht, wie er es sich vorgestellt hatte, war ein

Sieg nicht zu erringen. Essex verlor immer mehr sein Selbstvertrauen, er war niedergeschlagen, fühlte sich krank und lustlos.

Die Nachricht, daß Elisabeth das von ihm so heiß begehrte Amt des Lehnsgerichtsmarschalls in der Zwischenzeit ausgerechnet an Robert Cecil vergeben hatte, schmetterte ihn geradezu nieder. Sofort schob er den Grund für seine mißliche Lage und sein Versagen auf seine Gegner. In einem Brief an die Königin beklagte er sich darüber bitterlich: »Aber wozu rede ich von Sieg oder Erfolg? Ist es nicht bekannt, daß ich von England nur Verdruß und schwere seelische Kränkungen erfahre? Wird nicht im Heere erzählt, Eure Majestät habe mir ihre Gunst entzogen? Heißt es nicht, daß Sie uns allen hier bereits ein schlimmes Ende prophezeien? Wird nicht von den treuesten Untertanen Eurer Majestät, und zwar sowohl hier im Felde wie am Hofe, bedauert, daß ein Cobham oder ein Raleigh – andere will ich ihrer Stellungen wegen nicht nennen – bei Eurer Majestät derart hoch in Gunst und Ansehen stehen? Dabei weiß jeder, daß diese Männer dem allerwichtigsten Unternehmen Eurer Majestät Mißerfolg wünschen und den Untergang Ihrer größten Streitmacht wie die Vernichtung Ihrer treuesten Diener ersehnen! Ja, ja, ich kenne mein Geschick und auch den Erlaß Eurer Majestät. – Das eine nehme ich willig auf mich, dem andern gehorche ich. Lassen Sie mich ein Leben voller Mühsal in ehrlichem Streben beenden.« Und an den Staatsrat schrieb er: »Für diesen Feldzug ließ ich mir einen Brustharnisch und keinen Küraß machen; das heißt, ich bin nur auf der Brust, nicht aber im Rücken geschützt.«

Elisabeth aber ließ sich vom selbstmitleidigen Geraunze ihres Favoriten nicht rühren. Sie las ihm gehörig die Leviten und forderte ihn mit scharfen Worten auf, unverzüglich seine Aufgabe zu erfüllen und Tyrone anzugreifen. Sie verbot ihm, ohne ihre ausdrückliche Erlaubnis nach England zurückzukehren.

Essex aber haßte es, wenn man ihn zurechtwies. Außerdem interessierte ihn dieser Feldzug überhaupt nicht mehr. Der Gedanke, daß in London die Cecil-Partei dabei war, ihn zu verdrängen, ließ ihn nicht mehr los. Das einzige, was er nun wollte, war, so schnell wie möglich nach London zurückzukehren, um seine Position dort zu verteidigen. Er wollte seine Gegner endgültig vernichten und aus der Nähe der Königin entfernen. Hochverräterische Pläne entfalteten sich in seinem von Eifersucht überhitzten Kopf.

Es wurde September, aber Essex war noch immer nicht zur Tat geschritten. Voller Zorn über die Mißachtung ihrer Befehle schrieb Elisabeth daher am 14. September 1599 an ihn: »Ihrem Verhalten allein verdanken Sie alle Ihre Schwierigkeiten. Wenn Krankheiten im Heere der Grund sein sollen, so frage ich, weshalb wurde nichts unternommen, solange sich das Heer in besserem Zustand befand? Schieben Sie die Schuld dem herannahenden Winter zu, warum ließen Sie denn die Monate Juli und August ungenutzt verstreichen? Wenn jedoch der Frühling zu früh kam und der Sommer nutzlos vergeudet wurde, wenn Sie schließlich den Herbst wieder mit Nichtstun vertrieben, dann müssen wir allerdings zu dem Schluß kommen, daß keine der vier Jahreszeiten Ihnen und dem irischen Staatsrat geeignet erscheint, in eine Verfolgung Tyrones zu willigen, dem doch einzig und allein das von uns befohlene Unternehmen gilt ... Sie erhielten, was Sie verlangten; Sie konnten den Zeipunkt für Ihr Vorgehen frei bestimmen. Sie hatten größere Macht und Befugnisse, als jemals irgend jemand hatte oder haben wird ...Wer die Geschichte der Vorgänge dieses Jahres schreibt, muß zugeben, daß wir fast das Reich gefährdeten, damit Sie die Vorbereitungen zur Durchführung Ihrer vielen Pläne treffen konnten, die nun alle plötzlich scheitern, ohne daß Sie überhaupt irgend etwas unternommen haben.«

In der Zwischenzeit aber war Essex nun doch endlich mit einem kleinen Heer gegen Tyrone aufgebrochen. Statt dem Rebellen jedoch eine Schlacht zu liefern, hatte er sich am 7. September 1599 mit ihm in der Mitte des Flusses Lagan getroffen und einen Waffenstillstand vereinbart. Gleich danach hatte er sich auf den Weg nach England gemacht.

Am Morgen des 28. September 1599 traf er in London ein und eilte unverzüglich nach Nonsuch, wo sich der Hof gerade aufhielt. Er nahm sich nicht einmal Zeit, sich umzuziehen, sondern stürzte, verschwitzt und staubig, wie er nach dem langen Ritt war, unangemeldet in das Ankleidezimmer der Königin.

Elisabeth war noch ungeschminkt und ohne Perücke. Sie haßte es, wenn man sie so sah: mager, runzlig und mit schütterem grauem Haar. Außerdem war sie bereits über die Vorgänge informiert, was ihre Stimmung auch nicht gerade hob. Trotzdem machte sie noch gute Miene zum bösen Spiel und schickte Essex mit recht freundlichen Worten fort. Er solle sich umkleiden und dann wiederkommen.

Das zweite Gespräch verlief schon etwas kühler und sachlicher. Elisabeth verlangte schließlich, daß er sein Verhalten vor dem Staatsrat erkläre, enthob ihn seiner Ämter und stellte ihn bis dahin unter Hausarrest. Sie war wütend, weil er so offensichtlich ihre Befehle ignoriert und ihre königliche Autorität mißachtet hatte.

Der Favorit durchlebte während der folgenden Tage schreckliche Ängste. Er erkannte, daß er diesmal zu weit gegangen war. Wie so oft, wenn er eine Niederlage einstecken mußte oder in einer ausweglosen Situation war, wurde er krank. Wieder sandte ihm Elisabeth ihren Arzt.

Die Londoner Bevölkerung, die ganz eindeutig auf Essex' Seite stand, machte kein Hehl aus ihrer Sorge um die Gesundheit ihres Idols. Sogar in den Kirchen wurde für seine Genesung gebetet. Aufrührerische Reden wurden geführt, Gerüchte schwirrten herum, die Atmosphäre war zum Zerreißen. Offenbar wurde bei dieser Stimmung sogar den Gegnern des Grafen mulmig, und sie sprachen sich gegen eine öffentliche Verhandlung aus. Cecil bemühte sich sogar um Vermittlung, indem er Essex aufforderte, einen reumütigen Brief an die Königin zu schreiben, was dieser auch tat. Er dankte Elisabeth dafür, daß sie ihn noch einmal schonte, und schwor: »Gott ist mein Zeuge, wie ehrlich ich gelobe, den Rest meines Lebens ganz Eurer Majestät zu widmen, ohne daß irgend etwas anderes in der Welt mich noch kümmern soll.«

Doch die Öffentlichkeit war so rasch nicht zu beruhigen. Immer neue Gerüchte kamen in Umlauf, und schließlich tauchte auf einer der zahlreichen Flugschriften auch Essex' aufrührerischer Brief an Egerton aus dem Jahre 1598 auf. Sowohl die Gegner als auch die Freunde von Essex versuchten die Stimmung anzuheizen. Im Mai schließlich hieß es plötzlich, Essex sei ohne Verhandlung verurteilt worden. Die Atmosphäre war so beunruhigend, daß Elisabeth sich gezwungen sah, sich zu rechtfertigen, indem sie Essex am 5. Juni 1600 vor eine Kommission der Staatsräte lud. Der Graf zeigte sich reuig und unterwürfig. Das Gericht bestätigte die Enthebung aus seinen Ämtern und entschied, daß er so lange in Haft bleiben sollte, bis die Königin sich zur Gnade entschlossen hatte. Seine Bewegungsfreiheit hatte er bald wieder, nur vom Hof war er nach wie vor verbannt. Schon fühlte sich Essex wieder sicher und wartete ungeduldig auf eine völlige Aussöhnung mit Elisabeth. »Eile, Papier«, schrieb er ihr, »zu der, aus deren Nähe ich Unglücklicher allein verbannt bin. Küsse die schöne, die strafende Hand, die jetzt wohl Pflaster legt auf meine leichten Wunden, aber meine schwerste Wunde nicht verbindet. Sage, du kämst von dem sich schämenden und sehnenden, von dem verzweifelnden Essex ...«

Der Favorit hatte es schon immer verstanden, schöne Briefe zu schreiben. Aber Essex war dabei nur selten aufrichtig. Denn während er diese süßen, schmeichelnden Worte schrieb, spukten in seinem Kopf bereits wieder die alten hochverräterischen Pläne. Eingeweiht waren seine Freunde Southampton und Mountjoy. Letzterer war Ende 1599 zu Essex' Nachfolger in Irland ernannt worden, was den Verschwörern sehr zupaß kam, denn damit bekamen sie ein Heer in die Hand. Man nahm Verbindung mit Jakob VI. von Schottland auf. Er sollte helfen, Essex wieder an die Macht zu bringen. Im Gegenzug würde dieser dafür sorgen, daß er ohne Schwierigkeiten Elisabeth auf dem englischen Thron nachfolgen konnte. Jakob aber wollte es sich auf keinen Fall mit seiner Tante verscherzen. Also fiel seine Antwort sehr vorsichtig und unverbindlich aus.

Essex forderte Mountjoy auf, mit einem irischen Heer nach Wales zu kommen, doch der neue Vizekönig lehnte ab. Er war mit seiner Aufgabe gewachsen und erwies sich nun als viel vernünftiger als Essex, als er von einem bewaffneten Marsch gegen den Hof abriet.

Inzwischen schrieb der Favorit seelenruhig weiter schmeichlerische Briefe an Elisabeth, um sie zu einer Verlängerung seines Süßweinmonopols zu bewegen, welches bisher seine Haupteinnahmequelle gewesen war. Er brauchte es unbedingt, denn er steckte bis zum

Hals in Schulden. Zu seinem Entsetzen lehnte Elisabeth ab, was ihn zu dem Ausbruch verleitete: »Ihre Gedanken sind ebenso krumm wie ihr Skelett.« Wieder einmal hatte er seinen Mund nicht halten können, und unglücklicherweise kam diese verletzende Bemerkung der Königin zu Ohren.

Essex war verzweifelt, so konnte er nicht leben. Die Situation, in der er sich befand, war unerträglich. Zwar besaß er seine Freiheit wieder, doch hatte er weder Ämter noch Einkünfte. Das brachte ihn offenbar völlig um den Verstand. Er drehte durch.

Am 3. Februar 1601 trafen sich fünf der Verschwörer bei Southampton und schmiedeten einen Plan, mit dem der Palast überrumpelt werden sollte.

Der Staatsrat aber schöpfte Verdacht. Essex wurde vorgeladen, weigerte sich jedoch zu erscheinen. Da die Gegner offenbar Wind von der Sache bekommen hatten, mußte der Plan geändert werden. Nun sollte die City von London gewonnen werden. Man verbreitete also die Behauptung, Essex' Feinde wollten ihn ermorden und obendrein hätten Cecil und seine Anhänger den englischen Thron an Spanien verkauft. Alle Vorbereitungen für den Aufruhr wurden getroffen.

Als am 8. Februar um 10 Uhr morgens eine hochrangige Delegation im Namen der Königin in Essex House eintraf, brach der Sturm los. »Schlagt sie tot!« brüllte die aufgebrachte Versammlung und bemächtigte sich kurzerhand der vier Männer, die als Geiseln zurückgehalten wurden, während Essex mit 200 Mann seinen Weg durch London begann. »Hoch lebe die Königin! Hoch lebe die Königin! Man trachtet mir nach dem Leben!« schrie er. Doch niemand rührte sich. Der Bürgermeister von London war bereits von Robert Cecil instruiert worden und hatte eine Proklamation verlesen, die Essex als Hochverräter bezeichnete. Die Menschen hatten sich daraufhin in ihre Häuser zurückgezogen und verfolgten nun stumm das Geschehen. Sogar aus Essex' Gefolge verschwanden einige.

Als er begriff, daß ihn die Bürger von London im Stich ließen, überkam den Verräter blanke Angst. Es gelang ihm gerade noch, sich den Weg zu seinem Haus zu bahnen und dort belastende Papiere zu verbrennen, bevor er sich ergab.

Elisabeth bemühte sich, ihre Gefühle zu verbergen. Doch sie war ebenso verzweifelt wie Essex. Sie suchte krampfhaft nach Gründen, um ihn zu begnadigen. Sie fand keine. »Krummes Skelett«, dröhnte es in ihren Ohren. So dachte der Mann über sie, dem sie so große Gunst erwiesen hatte wie keinem anderen. Den sie so hoch gehoben hatte, dem sie so oft verziehen hatte! Ausgerechnet dieser Mann hatte sie nun verraten, hatte bewiesen, daß er nie einen Funken Zuneigung oder wenigstens Achtung für sie gehabt hatte. Ihre jahrelange Beziehung war eine einzige Täuschung gewesen. Während er ihr geschmeichelt hatte, hatte er sie als Frau und als Königin verhöhnt und nur benutzt. Er hatte sie betrogen und verletzt.

Nun kam auch noch Francis Bacon ins Spiel. Er, der Essex so viel verdankte, erwies sich als Schüler Machiavellis. Was zählten Gefühle, Ehre und Dankbarkeit! Der Verstandesmensch sah, daß Essex verloren war, und war nicht gewillt, sich für ihn zu verwenden. Im Gegenteil, er versuchte Elisabeth die Gefährlichkeit, die von seinem ehemaligen Protektor ausging, klarzumachen. Bacon sah nur die Fakten, und diese sprachen gegen Essex. Den Fakten nach war er ein Verräter.

Tief in ihrem Inneren wußte Elisabeth jedoch, daß Essex nicht eigentlich gegen sie oder gegen England gehandelt hatte, sondern aus einer Verrücktheit heraus. Sie kannte seine Unbeherrschtheit besser als jeder andere, seine starke Emotionalität, die ihn jede Vernunft vergessen ließ. Doch konnte sie nichts mehr für ihn tun. Selbst wenn sie gewollt hätte.

Eine Woche später, am 18. Februar 1601, mußten sich Essex und Southampton vor den Peers wegen Hochverrats verantworten. Typisch für den Grafen, daß er daraus einen theatralischen Auftritt machte. Stolz und mit einem höhnischen Lächeln auf den Lippen trat er vor die Ankläger, unter denen sein ehemaliger Freund, Francis Bacon, saß. Immer noch betrachtete er sich als den, dem Unrecht geschah, und zynisch quittierte er den Schuldspruch: »Ich finde es ganz richtig, daß die Glieder meines armen Leibes, die Ihrer Majestät in verschiedenen Teilen der Welt getreue Dienste geleistet haben, nun zum Schluß als Opfer dargebracht werden, über das die Königin nach ihrem Wohlgefallen verfügen möge.«

Im Gefängnis aber brach sein Stolz zusammen, nachdem ihm Kaplan Ashtan lange zugesetzt hatte. Demütig bekannte er nun seine Schuld. »Ich kenne meine Sünden, die ich gegen Ihre Majestät und gegen Gott begangen habe. Ich muß gestehen, daß ich der größte, der gemeinste und der undankbarste Verräter bin, den dieses Land je gesehen hat.«

Doch fast im selben Atemzug befleckte er das Bild seiner so gerühmten Ritterlichkeit, indem er seine Freunde mit ins Verderben hineinzog. Seinen Sekretär Henry Cuffe beschuldigte er, der Anstifter gewesen zu sein. Auch Mountjoy und sogar seine Schwester Penelope verschonte er nicht mit Angriffen.

Doch selbst dieses unrühmliche Verhalten konnte ihn nicht mehr retten.

Elisabeth zögerte nicht einen Augenblick mit ihrer Unterschrift. Die Staatsräson und die Gerechtigkeit verlangten die Bestrafung des Verräters.

Das einzige, was Elisabeth noch für ihn tun konnte: Er sollte nicht wie ein gemeiner Krimineller öffentlich hingerichtet werden, sondern so wie es einem Adeligen zukam: im Hofe des Towers und durch das Schwert.

Robert Devereux, Earl of Essex, war erst 34 Jahre alt, als er am Morgen des 25. Februar 1601 das Schafott bestieg. Jetzt erst empfand er wirklich Reue und Demut. In feierliches Schwarz gekleidet, hielt er eine lange Rede, die halb eine Predigt war. Dann nahm er den Mantel ab, kniete vor dem Block nieder und streckte zum Zeichen, daß er bereit war, die Hände aus. Drei Schläge benötigte der Henker, bevor Essex' Kopf endlich fiel.

Die offen zur Schau getragene Trauer des Volkes über den Tod seines Idols vergrößerte Elisabeths Schmerz nur noch. Von nun an alterte sie rasch. Zwei Jahre später, am 24. März 1603, starb sie. Bis zu ihrem letzten Atemzug hatte sie Essex' Ring getragen.

Die Königin und der Kardinal

Anna von Österreich und Mazarin

9. November 1615. Sechs goldene Kutschen, die das königlich-spanische Wappen zierte, gefolgt von einem endlos scheinenden Zug aus Wagen und Maultieren, bepackt mit Gepäckstücken, näherten sich dem Fluß Bidassoa, der Grenze zwischen Spanien und Frankreich.

Aus den umliegenden Dörfern waren die Menschen herbeigeströmt und bildeten die jubelnde Kulisse zu dem eindrucksvollen Schauspiel der Verabschiedung einer königlichen Prinzessin. Anna, die Tochter Philipps III. von Spanien und Margarethes von Österreich, war wenige Tage zuvor, am 18. Oktober 1615, in der Kathedrale von Burgos per procurationem dem französischen König Ludwig XIII. angetraut worden und befand sich nun auf dem Weg in ihre neue Heimat.

Die junge Braut schien all die Hochrufe und Freudenkundgebungen gar nicht zu bemerken. In ihrer grünsamtenen Robe mit dem flämischen Spitzenkragen und der dazupassenden Kappe, auf der eine schwarze Reiherfeder befestigt war, saß sie wie abwesend zwischen den goldenen Kissen ihrer Kutsche, die Augen voller Tränen, das Herz schwer vor Kummer und Angst. Sie war ja erst vierzehn Jahre alt und sollte in ein fremdes Land verpflanzt werden.

Trotz ihrer Jugend galt Anna schon damals als Schönheit. Sie war herrlich gewachsen und hatte, für eine Spanierin ganz untypisch, blondes Haar und grüne Augen. Es ist schon erstaunlich, daß die jahrzehntelange habsburgische Inzucht ein so reizendes, gesundes Geschöpf hervorgebracht hat. Immerhin entstammten sowohl ihre Mutter als auch ihr Vater einer Onkel-Nichte-Beziehung innerhalb derselben Familie, und sie war noch dazu gleich von beiden Seiten eine Ururenkelin Johannas der Wahnsinnigen.

Zur gleichen Zeit wiederholte sich das gleiche Bild auf der anderen, der französischen Seite des Flusses. Ein riesiges Aufgebot an prächtig gekleideten Damen und Herren des französischen Hofes, angeführt vom Herzog von Guise, geleitete dort Madame Elisabeth, die Schwester Ludwigs XIII., in das Land, dessen Königin sie einmal werden sollte. Die Dreizehnjährige war Annas Bruder, dem späteren Philipp IV., versprochen, der damals erst ganze zehn Jahre zählte. Das zitternde, schluchzende Kind in seinem türkisblauen Brokatgewand bot einen mitleiderregenden Anblick, von dem sich jedoch niemand erweichen ließ. Die vielzitierte Staatsräson hatte stets Vorrang vor den persönlichen Gefühlen, königliche Geburt verpflichtete eben, und sie hatte oft einen hohen Preis. Wie Anna war auch Elisabeth dazu auserkoren, auf dem Altar der hohen Politik geopfert zu werden. Ihre Eheschließungen sollten den jungen Frieden zwischen den traditionellen Feinden Spanien und Frankreich sichern helfen.

Nach einem minutiös ausgearbeiteten Protokoll erreichten die beiden Konvois schließlich auf die Sekunde genau das jeweilige Ufer. Dann wurden zwei prunkvoll geschmückte Barken ins Wasser gelassen, die die beiden Prinzessinnen mit gleichmäßigen Ruderschlägen zu der in der Mitte des Flusses gelegenen Insel, der sogenannten Fasaneninsel, beförderten.

Auf dem neutralen Boden des Ortes ihrer Übergaben standen sich Anna und Elisabeth nun gegenüber. Einer plötzlichen Eingebung folgend und das Zeremoniell völlig mißachtend, fielen sich die beiden Mädchen, die einander noch nie gesehen hatten, spontan in die Arme. Das gemeinsame Schicksal verband sie, die Trauer, ihre Heimat für immer zurücklassen zu müssen, die Angst vor einer ungewissen Zukunft in der Fremde, umgeben von fremden Menschen an der Seite eines ihnen völlig unbekannten Gemahls. Wenige Minuten später trennten sich ihre Wege für immer. Während Elisabeth ein eher unbedeutendes Leben an der Seite eines untreuen Gatten erwartete, ging Anna – auch wenn es zu Beginn gar nicht danach aussah – einer aufregenden, einer großen Zukunft entgegen: Als Anna von Österreich sollte sie die Geschichte Frankreichs mitbestimmen.

Nach einer tagelangen, anstrengenden Reise über schlechte, vom

Novemberregen verschlammte Straßen erreichte die junge Königin von Frankreich am 21. November 1615 endlich Bordeaux, wo sie zum erstenmal ihren Gemahl zu Gesicht bekam. Ludwig XIII., der fast auf den Tag gleich alt war wie Anna*, war nicht gerade schön mit seiner schmächtigen Gestalt und seinem langen Gesicht, dessen fahle Haut auf eine angeschlagene Gesundheit hindeutete. Das Hübscheste an ihm waren seine schulterlangen dunkelbraunen Haare. Aber der sonst so in sich gekehrte, melancholische Jüngling zeigte sich an diesem Tag von seiner besten Seite und begrüßte Anna mit einem strahlenden Lächeln, so daß sie ihn gleich sympathisch fand. Ludwig setzte seine Umgebung regelrecht in Erstaunen, als er am nächsten Morgen nicht minder gutgelaunt seiner Braut einen Besuch abstattete und mit ihr ein angeregtes Gespräch führte, während sie gerade bei ihrer Toilette war. Anna war jedoch an diesem Morgen im Gegensatz zu ihrem Gemahl äußerst mißvergnügt. Sie hatte sich noch nicht ganz von der strapaziösen Reise und all den Aufregungen erholt. In einem silbergrauen Kleid mit geranienfarbenen Bändern saß sie mürrisch vor ihrem Spiegeltisch und war sehr unzufrieden, als sich keine passende Feder zu ihrer schwarzen Samtkappe finden ließ. Da reichte ihr Ludwig galant seinen Hut und bat sie, sich eine Feder auszusuchen. Tatsächlich fand sich darauf eine in der richtigen Farbe, und Annas Laune besserte sich augenblicklich. Im Austausch für die Feder erbat sich der König eine Rosette von ihrem Kleid, die er sich wie eine Trophäe an den Hut steckte. Diese romantische Szene machte natürlich sofort die Runde unter der Hofgesellschaft, und man sprach bereits von einer Liebesheirat, als Ludwig XIII. und Anna von Österreich am 25. November 1615 in der Saint-André-Kathedrale von Bordeaux vor den Altar traten.

Dann aber kam die Hochzeitsnacht, und die eben erst geknüpften zarten Bande wurden brutal zerrissen. Das war weder Annas noch Ludwigs Schuld, sondern die ihrer unsensiblen Umgebung, allen voran der gedanken- und verantwortungslosen Königinmutter, Maria von Medici. Gerade von ihr hätte man Verständnis und Rück-

---

* Anna wurde am 21. September 1601 geboren, Ludwig am 27. September 1601.

sicht erwartet. Kannte sie denn ihr Kind nicht? Jenen zartbesaiteten Knaben, der obendrein noch von schwächlicher Gesundheit war? Hatte sie nicht bemerkt, daß der Vierzehnjährige mitten in einer schwierigen Phase der Pubertät steckte?

Ludwig XIII. war an einem Hof aufgewachsen, der ganz im Zeichen seines sinnenfrohen Vaters, Heinrichs IV., gestanden hatte. Heinrich hatte sich ungeniert mit seinen Mätressen vergnügt und seine illegitimen Kinder sogar gemeinsam mit seinen ehelichen erziehen lassen. Der Ton, der am Hofe des ersten Bourbonenkönigs geherrscht hatte, war anzüglich und frivol, ja bisweilen sogar von unverhüllter Vulgarität gewesen, so daß der toskanische Botschafter einmal an seinen Herrn geschrieben hatte: »Es gibt nichts, was einem Bordell ähnlicher ist als dieser Hof.«

Ludwig XIII. hatte so gar nichts von seinem vitalen Vater. Er war kränklich, schüchtern und unzugänglich. Sein Stottern machte ihn unsicher und schweigsam. Mit zunehmendem Alter begann er die Frivolität und Sittenlosigkeit bei Hofe zu verabscheuen und stellte hohe moralische Ansprüche an sich und seine Umgebung. Das war eine durchaus normale Entwicklung für einen heranwachsenden Knaben. Doch ließ man ihm keine Zeit, diese Entwicklung auch ganz durchzumachen und seine Persönlichkeit reifen zu lassen. Er war erst vierzehn Jahre alt und hätte wahrscheinlich noch gut drei Jahre gebraucht, um mit sich und seinem Körper eins zu werden.

Normalerweise war es auch üblich, solchen Kinderehen eine gewisse Frist einzuräumen, weniger aus psychologischen Erwägungen oder aus Einfühlungsvermögen denn aus recht praktischen, gesundheitlichen Gründen. Ein ausgewachsenes Mädchen von sechzehn oder siebzehn Jahren überstand eine Geburt leichter als ein halbes Kind.

Diesmal aber konnte und wollte man solche Rücksichten nicht nehmen. Die Politik verlangte, daß die mühsam ausgehandelte Ehe so rasch wie möglich vollzogen wurde, damit nicht eine Seite noch im letzten Augenblick einen Rückzieher machen konnte, denn der französisch-spanische Friede stand auf recht wackeligen Beinen.

So schleppte man Ludwig XIII. in sein Hochzeitsgemach wie ein Lamm zur Schlachtbank. Den ganzen Tag über hatte er sich das schmutzige, erotische Gewäsch der Höflinge anhören müssen, so

Anna von Österreich (1601–1666)

daß er nun nicht nur völlig erschöpft von der anstrengenden Zeremonie, sondern auch eingeschüchtert und angewidert war von dem, was man nun von ihm verlangte. Anna ihrerseits war wohl schon etwas weiter entwickelt als ihr Gemahl, aber mit Sicherheit ebenso unerfahren und ängstlich.

Das grausame Ritual königlicher Vermählungen aber erforderte es, daß die beiden Kinder in ein riesiges Himmelbett gesteckt und dann zwei Stunden allein gelassen wurden. Als Ludwig schließlich um Viertel elf in sein Zimmer zurückkehrte, soll er zu seinem Arzt gesagt haben, er habe »es zweimal gemacht«. Dr. Herouard warf einen Blick auf die Genitalien des Jungen, fand diese gerötet und gab daraufhin die offizielle Bestätigung, daß die Ehe vollzogen worden sei.

Was immer in dieser Hochzeitsnacht geschehen oder nicht geschehen war, es muß ein traumatisches Erlebnis für Ludwig XIII. gewesen sein. Denn für die nächsten vier Jahre näherte er sich seiner Gemahlin nicht mehr, ja er entwickelte eine regelrechte Aversion gegen sie. Anna schien die Sache weitaus besser überstanden zu haben. Sie war ganz offensichtlich sowohl in physischer als auch in psychischer Hinsicht von stärkerer Konstitution als Ludwig. Doch auch für sie wurde es eine bleibende negative Erinnerung, und sie sollte später ihre Lehre daraus ziehen, als sie ihrem eigenen Sohn genügend Zeit gab, sich sexuell zu entwickeln.

Ludwig XIII. war seit dem gewaltsamen Tod seines Vaters im Jahre 1610 König von Frankreich. Bis zu seiner Volljährigkeit, die er nach den damaligen Gebräuchen mit vierzehn Jahren erreichte, hatte seine Mutter die Regentschaft innegehabt. Maria von Medici war eine feiste, gewöhnliche Frau ohne besondere geistige Gaben. Sie stand völlig unter dem Einfluß ihres Günstlings, Concino Concini, Maréchal d'Ancre, der mit ihrer ominösen Milchschwester Leonora Galigai verheiratet war. Wie so oft bei unfähigen Menschen manifestierte sich auch bei Maria von Medici ein ausgeprägter Machthunger. Sie dachte nicht daran, mit ihrer Regentschaft auch ihren Einfluß aufzugeben, und sofort entfernte sie jeden, der sich die Freundschaft und das Vertrauen ihres Sohnes erwarb, aus Angst, er könnte sie aus ihrer Machtposition verdrängen.

Der extrem schüchterne Ludwig XIII. vermochte lange nicht, sich von seiner dominanten Mutter zu befreien. Dabei hatte er nie viel Liebe von dieser Frau erfahren. Sie hatte ganz offen ihren jüngeren Kindern, vor allem ihrem jüngsten Sohn, Gaston, den Vorzug gegeben.

Die Aktivitäten Marias von Medici und ihres italienischen Klüngels, die im Gegensatz zur Politik des verstorbenen Heinrich IV. standen, erwiesen sich für Frankreich als unheilvoll und brachten das Land an den Rand eines Bürgerkriegs. Schon regte sich Widerstand in den Adelskreisen, und einige loyale Leute versammelten sich um den jungen, scheuen König, dem es im Frühjahr 1617 endlich gelang, sich durchzusetzen. Eine Verschwörung unter Führung seines Vertrauten, des Herzogs Charles d'Albert de Luynes, brachte Concini zu Fall. Der Marschall und seine Gemahlin wurden hingerichtet, Maria von Medici mitsamt ihrem Gefolge in Blois unter Hausarrest gestellt. Doch die machthungrige Königinmutter spann auch im Exil weiter ihre Intrigen und schreckte sogar vor einem Feldzug gegen den eigenen Sohn nicht zurück. Erst im August 1620 sollte es zur Versöhnung zwischen Mutter und Sohn kommen.

Ludwigs Abneigung gegen seine Frau war ebenso evident wie unverständlich. Wer Augen im Kopf hatte, mußte Ludwig XIII. für einen wahren Glückspilz halten, war ihm doch unter den vielen häßlichen, buckligen und degenerierten Königstöchtern, die sonst verschachert wurden, eine wahre Märchenprinzessin zugefallen. Bei Hofe gab es kaum ein männliches Wesen, das nicht in die junge, schöne Königin verliebt gewesen wäre – außer den König selbst. Bis heute hielten sich daher die Gerüchte, Ludwig XIII. habe ein homosexuelles Verhältnis zu seinem Favoriten, dem Herzog de Luynes, unterhalten. Tatsächlich verbrachten die beiden sehr viel Zeit miteinander, gingen gemeinsam auf die Jagd und auf Abendgesellschaften. Auch war der junge König häufig in den Appartements von de Luynes anzutreffen. Daß Ludwig XIII. eine gewisse homosexuelle Neigung hatte, ist nicht zu leugnen, ob er sie auch auslebte, mag bei seiner ausgeprägten Frömmigkeit dahingestellt bleiben. Zumindest aber umgab er sich später gerne mit gutaussehenden jungen Männern, denen er eine besondere Zuneigung zuteil werden ließ. Bei de Luynes jedoch, der damals um die Vierzig war, dürfte es sich doch wohl eher um einen väterlichen Freund denn um einen Gespielen gehandelt haben. Außerdem darf man nicht vergessen, daß gerade im 17. Jahrhundert enge Männerfreundschaften keine Seltenheit waren. Es war die Zeit der großen Favoriten und der Günstlinge. Jakob I. und Karl I. von England hatten ihren Buckingham, Philipp III. seinen Herzog von Lerma und Philipp IV. den Grafen Olivares.

Trotzdem belastete die Präsenz de Luynes' das Verhältnis der königlichen Ehegatten, die schon allein aufgrund ihrer Charaktere wenig gemeinsam hatten, noch mehr. Anna war ein lebensfroher und geselliger Mensch, Ludwig dagegen streng und schwermütig. Er haßte all den übertriebenen höfischen Luxus, in dem sich seine Frau so wohl fühlte. Hinzu kam, daß er leidend war. Eine schleichende Tuberkulose und eine chronische Gastritis verursachten ihm fast ständig Qualen, zusätzlich zu den Symptomen einer nervösen Erkrankung. Ludwig war immer unruhig, hielt es nirgendwo lange aus und war ständig von einem Schloß zum anderen unterwegs. Das körperliche Unwohlsein ging unweigerlich mit einer sich verstärkenden Melancholie einher. Schon allein aus gesundheitlichen Gründen hielt sich der sexuelle Appetit des Königs daher in Grenzen.

Anna verstand das alles natürlich nicht. Sie sah nur, daß ihr Mann ihr aus dem Wege ging, und sie litt darunter. Sie suchte den Fehler bei sich selbst und bemühte sich, beraten von völlig ahnungslosen Hofdamen, noch attraktiver zu erscheinen. Mit großem Dekolleté und viel Schminke versuchte sie, Ludwig immer wieder zu verführen, stieß ihn damit aber nur noch mehr ab.

Als de Luynes 1617 Marie von Rohan heiratete, hoffte Anna, daß der König nun wieder mehr Zeit mit ihr verbringen würde. Doch weit gefehlt. Paradoxerweise fühlte sich Ludwig nun auch von Madame de Luynes angezogen, was sowohl beim Herzog als auch bei Anna Eifersucht erregte. Darüber hinaus war das nichtvorhandene Eheleben des französischen Königspaares mittlerweile zu einer Staatsaffäre geworden, welche die diplomatischen Beziehungen zwischen Frankreich und Spanien schwer belastete. Frankreich brauchte dringend einen Dauphin! Also entschloß sich de Luynes, ob aus persönlichen oder aus politischen Motiven, zum Handeln.

Er wollte den zögerlichen König auf den Geschmack bringen, und als im Januar 1619 Ludwigs Halbschwester, Cathérine-Henriette von Vendôme*, Karl von Lothringen heiratete, schlug er ihm vor, der Hochzeitsnacht des Brautpaares doch beizuwohnen. Cathérine-

* Sie war eine Tochter Heinrichs IV. mit Gabrielle d'Estrées.

Henriette, ganz Tochter ihres Vaters, und ihr Angetrauter schienen sich daran nicht im geringsten zu stoßen. Sie empfanden keinerlei Scham, und für Ludwig XIII. dürfte diese Demonstration wider Erwarten doch in gewisser Weise anregend gewesen sein. Vielleicht aber tat er auch nur seine Pflicht, als er de Luynes' inständigen Bitten endlich nachgab und sich kurz darauf von ihm in das Schlafgemach seiner Gemahlin führen ließ.

De Luynes' höchst eigenartige Sexualtherapie zeigte Wirkung. Diesmal schien der König Gefallen an seinen ehelichen Pflichten gefunden zu haben, denn zwei Tage später sah man ihn neuerlich, diesmal ganz freiwillig, zur Königin gehen. Die Dinge entwickelten sich nun durchaus positiv und zu aller Zufriedenheit. Beobachter führten selbstverständlich genau Buch über die Zusammenkünfte des allerhöchsten Paares. Am 18. März 1619 hielt sich Ludwig demnach ab halb elf Uhr abends bei Anna auf, und zum allgemeinen Erstaunen beglückte der fromme König seine Gemahlin am 25. April sogar um 10 Uhr vormittags zwischen der Messe und dem Staatsrat!

Was niemand mehr zu hoffen gewagt hatte, wurde wahr. Zwischen Anna und Ludwig entwickelte sich ein beinahe herzliches Verhältnis, was auch gleich zu einer Entspannung der französisch-spanischen Beziehungen führte. Fast täglich schlief Ludwig nun bei seiner Gemahlin, bei der sich auch bald Zeichen einer Schwangerschaft einstellten. Unglücklicherweise erlitt sie Ende 1619 jedoch eine Fehlgeburt, und im darauffolgenden Februar erkrankte sie so schwer, daß man um ihr Leben fürchtete. Ludwig wich kaum noch von ihrem Bett, so sehr war ihm seine Frau bereits ans Herz gewachsen. Anna erholte sich wieder, doch im Frühjahr 1621 hatte sie erneut eine Fehlgeburt.

Trotzdem verlor das junge Paar nicht den Mut; es wuchs dadurch noch mehr zusammen, während der bisher so allmächtige de Luynes langsam die Gunst des Königs verlor. Der Herzog war überheblich geworden und behandelte seinen Herrn immer noch wie ein Kind; er wollte nicht zur Kenntnis nehmen, daß Ludwig XIII. nun ein erwachsener Mann war. Bevor er jedoch in Ungnade fallen konnte, starb de Luynes im Dezember 1621. Aber nun war es seine

Witwe, die zu einer zentralen Figur im Leben des Königspaares wurde. Die einstige »Rivalin« der Königin war mittlerweile zu deren bester Freundin geworden. Marie de Luynes, deren Schönheit geradezu unwiderstehlich auf Männer wirkte, verstand es offenbar ebenso gut, Frauen für sich zu gewinnen. Sie war etwa gleich alt wie Anna und sprühte vor Ideen und Abenteuerlust, was sie unter all den ältlichen und langweiligen Hofdamen für die junge Königin besonders attraktiv und amüsant machte. Anna schloß sich eng an diese interessante, aber intrigante Frau an, eine Freundschaft, die ihr zum Verhängnis werden sollte.

Im Frühjahr 1622 war die Königin neuerlich guter Hoffnung. Es war am Abend des 15. März 1622, als sie gemeinsam mit Madame de Luynes und Madame de Verneuil, einer weiteren Halbschwester des Königs*, von einer Gesellschaft bei der Prinzessin von Condé in ihre Gemächer zurückkehrte. Der Weg führte die drei jungen Damen durch den großen, leeren Thronsaal. Von plötzlichem Überschwang und kindischer Heiterkeit erfaßt, überredeten die beiden Freundinnen die Königin zu einem Wettlauf, nahmen sie an den Händen und rannten mit ihr in Richtung der Estrade, auf der bei offiziellen Empfängen der Thron stand. Kurz vor dem Ziel rutschte Anna aus und fiel nieder. Am nächsten Tag stand fest: Wieder hatte sie ihr Kind verloren.

Zu allem Unglück wurde der Vorfall dem König hinterbracht. Der reagierte zuerst betroffen und dann voll Zorn. Er, der strenge, pflichtbewußte Monarch, konnte eine solche Unvorsichtigkeit und Verantwortungslosigkeit nicht verstehen. Er verwies Madame de Luynes und Madame de Verneuil vom Hof, denn wie man sah, hatten sie einen höchst schädlichen Einfluß auf die Königin. Madame de Luynes, zu der er sich noch vor ein paar Jahren so hingezogen gefühlt hatte, hatte bei ihm längst ausgespielt. Doch diese geborene Intrigantin, die kurz darauf mit dem Herzog von Chevreuse ihre zweite Ehe einging, sollte ihm noch das Leben schwer machen.

Anna konnte er nicht wegschicken, aber er verzieh ihr nie, daß sie

---

* Gabrielle-Angélique de Verneuil war die Tochter Heinrichs IV. mit Henriette d'Entragues.

ihn auf so fahrlässige Weise um einen Erben gebracht hatte. Das war der endgültige Bruch zwischen Ludwig XIII. und seiner Gemahlin. Nie wieder würden sie ein vertrautes Verhältnis zueinander finden. Kälte und Mißtrauen herrschten von nun an zwischen ihnen.

Zu all dem war Anna in der Zwischenzeit auch noch in einem einflußreichen Kirchenmann ein mächtiger Feind erwachsen. Armand du Plessis de Richelieu, Bischof von Luçon und seit kurzem Kardinal, war der engste Berater der Königinmutter, die sich 1620 mit ihrem Sohn versöhnt hatte und mitsamt ihrem Gefolge an den Hof zurückgekehrt war. Obwohl Ludwig XIII. verständlicherweise den Anhängern seiner Mutter mit Argwohn begegnete, erkannte er offenbar das Genie Richelieus und berief ihn 1624 in den Staatsrat. Zunächst bemühte sich der Kardinal, nachdem er die Gunst des Königs gewonnen hattte, auch um Annas Vertrauen, doch diese – wahrscheinlich beeinflußt von ihrer umtriebigen Freundin, Madame de Chevreuse – begegnete ihm mit eisiger Ablehnung. Der stolze Mann verwand diese Zurückweisung nicht, und für die nächsten Jahre wurde er nicht nur zum Lenker der Geschicke Frankreichs, sondern auch zum größten Gegner der Königin.

Die junge Frau, die selbst untröstlich über den Verlust ihres Kindes war, erlitt in dieser feindseligen Atmosphäre eine Nervenkrise. Doch Ludwig rührte sie damit nicht. Er entfernte sich immer mehr von ihr. In Versailles ließ er sich ein Jagdschlößchen errichten, wo er sich fortan am liebsten aufhielt, während Anna, die sich dank ihrer robusten Konstitution bald wieder erholt hatte, zum Mittelpunkt des kulturellen und gesellschaftlichen Lebens bei Hofe wurde.

Seine Abneigung gegen Anna, die nun schon fast an Haß grenzte, bewahrte Ludwig XIII. allerdings nicht vor nagender Eifersucht. Die Königin war in den vergangenen Jahren zu einer außerordentlichen Schönheit erblüht. Ihre blonde Haarfülle und ihre smaragdgrünen Augen hatten einen ganz besonderen Reiz. Allein die etwas dicke Nase störte vielleicht ein wenig die Harmonie ihres Gesichts, was jedoch durch ihren sinnlichen Mund gleich wieder wettgemacht wurde. Ihr Dekolleté war prachtvoll, vor allem aber ihre wundervollen, weißen Hände erregten Aufsehen und wurden von den zeitgenössischen Malern mit Vorliebe ins Bild gesetzt. Kein Wunder also, daß Anna von einer wachsenden Zahl von Verehrern umgeben war. Kein Wunder auch, daß die vernachlässigte Frau die ihr entgegengebrachte Aufmerksamkeit genoß. Ihre streng religiöse Erziehung verbot ihr jedoch, jemals die Grenzen des Schicklichen zu überschreiten. Trotzdem ließ Ludwig XIII. seine Gemahlin fast wie eine Gefangene bewachen, und er hatte angeordnet, daß sich Männer nur noch in seiner Gegenwart in den Gemächern der Königin aufhalten durften.

Im Frühsommer 1625 allerdings geriet das Herz der bisher so sittsamen Königin in Verwirrung und sie selbst ins Gerede. Grund dafür war ein Engländer mit dem klingenden Namen Georges Villiers, Herzog von Buckingham, seines Zeichens Favorit König Karls I. von England. Er hatte sich zwei Jahre zuvor auf den ersten Blick in Anna verliebt, ohne daß diese auch nur die geringste Ahnung davon hatte. Auf der Durchreise nach Spanien hatten der Herzog und Karl, damals noch Prinz von Wales, incognito einer Theaterprobe bei Hofe beigewohnt, an der auch Anna teilgenommen hatte. Seither träumte Buckingham nur noch von der schönen Königin von Frankreich. Als er nun im Mai 1625 in Paris eintraf, übermannte ihn derart die Leidenschaft, daß er darüber beinahe seinen offiziellen Auftrag vergaß. Er sollte nämlich die Braut seines Herrn, Henrietta-Maria von Frankreich, Ludwigs XIII. kleine Schwester, heimführen.

Der Auftritt des Engländers erregte großes Aufsehen, war ihm doch der Ruf des schönsten Mannes seiner Zeit vorausgeeilt. Tatsächlich sah Buckingham umwerfend gut aus, er war groß, schlank und athletisch gebaut und hatte dabei, wie ein Zeitgenosse sich ausdrückte, »das Gesicht eines Engels«. Er verstand es hervorragend, sich in Szene zu setzen. Seine Garderobe, darunter ein weißes Samtgewand, das über und über mit Diamanten bestickt war und einen kolportierten Wert von 80 000 Pfund hatte, war das Tagesgespräch von Paris. Die Frauen waren von Buckingham hingerissen, während ihn die Männer mit unverhohlener Eifersucht betrachteten.

Der Herzog aber hatte nur Augen für die Königin, und seine Ver-

Ludwig XIII. (1601–1643)

ehrung stieß sämtliche Regeln der Etikette beiseite. Anna war verständlicherweise entzückt und konnte sich kaum dem Charme dieses blendend aussehenden Mannes entziehen. Ludwig XIII. und Richelieu dagegen waren sichtlich unangenehm berührt. Sie atmeten regelrecht auf, als sich der Engländer endlich mitsamt der neuen Königin von England auf den Heimweg machte. Da aber kam es zum Skandal.

Wie es der Brauch war, begleitete die Königin von Frankreich ihre Schwägerin ein Stück des Weges in Richtung Küste. In Amiens fand der liebestolle Herzog mit Hilfe der durchtriebenen Madame de Chevreuse Gelegenheit, Anna seine Liebe zu gestehen, wurde dabei aber offenbar so zudringlich, daß sich die Königin veranlaßt sah, laut zu schreien, um ihre Ehre zu retten. Buckingham ergriff die Flucht, aber der Skandal war perfekt. Annas Feinde nützten den Vorfall, um ihren guten Ruf in den Schmutz zu ziehen, wodurch Ludwigs Meinung von seiner Frau nicht gerade besser wurde. Er hatte nur noch Verachtung für sie übrig.

Anna war verzweifelt. Sie fühlte sich bespitzelt und verfolgt, gleichzeitig isoliert und unbeachtet. Angst beschlich sie, man wolle sich ihrer entledigen unter dem Vorwand, sie sei unfruchtbar, weil sie bis jetzt keinen Erben geboren hatte. In ihrer Verzweiflung, aber auch aus Naivität, vielleicht auch aus uneingestandener Rachsucht, begann sie, sich mehr und mehr in Intrigen zu verstricken, in deren Mittelpunkt jedesmal der Bruder des Königs, Gaston, stand, und geriet dadurch sogar in den Dunstkreis des Verrates. Um Gaston scharte sich eine ansehnliche Gruppe Adeliger – unter ihnen die Halbbrüder des Königs, César und Alexandre Vendôme* und der Herzog von Condé –, die nur ein Ziel hatten: den Sturz des verhaßten Richelieu, durch den sie binnen kürzester Zeit jede politische Bedeutung verloren hatten.

Im November 1630 wurde auch die von blindem Ehrgeiz getriebene Königinmutter wieder aktiv. Maria von Medici hatte ihre Einstellung zu Richelieu inzwischen grundlegend geändert. Mit Argwohn verfolgte sie den Aufstieg des Mannes, der ihr so viel zu

* Söhne Heinrichs IV. mit Gabrielle d'Estrées.

verdanken hatte. Sie begann ihn zu hassen, weil er solchen Einfluß auf ihren Sohn hatte und sie selbst immer mehr in den Hintergrund gedrängt wurde. Während Ludwig XIII. mit der Niederschlagung der aufständischen Hugenotten in La Rochelle und der Verteidigung französischer Ansprüche auf das Herzogtum Mantua beschäftigt war, schmiedete sie finstere Pläne zum Sturz des mittlerweile zum Ersten Minister avancierten Kardinals. Sie entließ ihn aus ihren Diensten, und als der König in Lyon schwer erkrankte und dem Tode nahe war, war sie es, die die bereits 1626 im Zuge eines Komplotts aufgetauchte Idee einer Heirat zwischen der zukünftigen Witwe, Anna, und Gaston wieder aufs Tapet brachte.

Ludwig XIII. aber genas, und kaum hatte er sich erholt, riß ihm ob dieser ewigen Kabalen die Geduld. Vor die Alternative gestellt, entschied er sich für Richelieu und gegen seine Mutter. Am liebsten hätte er sie nach Florenz zurückgeschickt, doch Maria von Medici zog es vor, sich samt ihrem jüngeren Sohn nach Flandern abzusetzen. Dort spannen die beiden weiter ihre Intrigen im Verein mit den Feinden Frankreichs. Erst im Oktober 1634 kam es zur Versöhnung der Brüder. Maria von Medici jedoch verlebte ihre letzten Jahre als Heimatlose und starb schließlich völlig verarmt 1642 in Köln.

Anna, die zumindest passiv in die Affäre verstrickt gewesen war, konnte Ludwig nicht bestrafen. Die Staatsräson verbot es ihm. Doch er blieb von nun an auf der Hut. Noch am Totenbett sollte er von Mißtrauen gegen seine Frau heimgesucht werden. Als diese ihn ihrer Treue und Loyalität versicherte, meinte er sarkastisch: »In dem Zustand, in dem ich bin, muß ich ihr vergeben, aber ich bin nicht verpflichtet, ihr zu glauben.«

* * * *

Während Intrige und Verrat das Leben im Hause Bourbon erschütterten, setzte zu eben dieser Zeit im fernen Rom eine unbedeutende Bürgerfamilie zum großen Sprung in die Weltgeschichte an. Sie verdankte ihren Aufstieg Pietro Mazarini, welcher es mit Talent, Charme und Tüchtigkeit zum unentbehrlichen Verwalter des Fürsten Colonna gebracht hatte. Für seine wertvollen Dienste wurde Mazarini von seinem Arbeitgeber, mit dem ihn auch ein freundschaftliches Verhältnis verband, mit der Hand dessen Mündels belohnt.

Die schöne Hortensia Bufalini brachte so das heißbegehrte blaue Blut in die Familie Mazarini ein. Es war eine glückliche Verbindung, der durchwegs begabte und vielversprechende Kinder entsprangen. Sohn Michele sollte dereinst Kardinal und Vizekönig von Katalonien werden, und zwei der vier Töchter machten hervorragende Partien: Laura-Margherita ehelichte den Grafen Geronimo Martinozzi und Gerolama den Baron Lorenzo Mancini. Den Kindern, insbesondere den Töchtern, aus diesen beiden Ehen stand ein damals noch unvorstellbarer Aufstieg bevor. Sie sollten in die bedeutendsten Adelshäuser Europas einheiraten. Eine Karriere, die ihnen allein ihr großer Onkel Giulio ermöglichte.

Giulio Mazarini war das älteste Kind von Pietro und Hortensia. Er war am 14. Juli 1602 zur Welt gekommen. Schon früh zeigte sich seine außergewöhnliche Begabung, und er setzte mit seinen schulischen Leistungen seine Lehrer in Erstaunen. Abgesehen von seiner Intelligenz, bestach dieser junge Mann auch durch ein blendendes Aussehen, das Erbe seiner schönen Mutter, sowie durch ein einnehmendes Wesen, das ihm Beliebtheit garantierte, wo immer er auftrat.

Dieser Sohn gab Anlaß zu den allergrößten Hoffnungen. Die Eltern sahen ihn bereits eine große kirchliche Laufbahn einschlagen. Giulio jedoch verspürte trotz seiner jesuitischen Erziehung nicht den leistesten Hang zum klerikalen Leben. Zu sehr reizten ihn die allzu irdischen Dinge dieser Welt. Wenn er nicht studierte, stürzte er sich ins römische Gesellschaftsleben. Er liebte die Oper und das Theater, die Frauen und vor allem das Spiel. Überall war er ein gerne gesehener Gast, und er kostete das Leben in vollen Zügen aus. Ja, der spätere ehrwürdige Kardinal war ein Spieler! Oft gewann er hohe Summen, verlor dann wieder alles und stürzte sich in Schulden.

Mit diesem Lebenswandel versetzte er seine Eltern in Ängste und Nöte. In ihrer Sorge besprachen sie sich mit dem Fürsten Colonna, und dieser wußte auch Rat. Er schickte Giulio als Begleiter seines Sohnes, Gerolamo, nach Spanien, wo sich die beiden auf eine kirchliche Laufbahn vorbereiten sollten. Doch selbst dort fand der muntere Giulio Mittel und Wege, dem Vergnügen und vor allem seiner Spielleidenschaft zu frönen. Der charmante junge Mann fand bald Eingang in die adeligen und großbürgerlichen Kreise von Madrid. So kam es, daß er sich eines schönen Tages Hals über Kopf in die hübsche Tochter eines Notars verliebte, die er um jeden Preis heiraten wollte.

Giulio Mazarini war drauf und dran, eine große Dummheit zu begehen. So sah es zumindest der junge Colonna. Reden wäre verlorene Liebesmüh gewesen, also griff Colonna zu einem Trick. Er schickte Giulio mit einer angeblich dringlichen Geheimbotschaft für seinen Vater nach Rom. Von seinem Sohn informiert, nahm der alte Colonna Giulio ins Gebet und ließ ihn nicht mehr fort.

Um seinen Liebeskummer zu bekämpfen, stürzte sich der junge Mann ins Studium der Rechtswissenschaften. Doch kaum hatte er dieses beendet, lockte ihn abermals das Abenteuer. Er trat in die Armee des Papstes ein, wurde Hauptmann und gewann binnen kurzem nicht nur die Sympathien seiner Soldaten, sondern auch die seiner Vorgesetzten. Der Mut und das diplomatische Geschick des jungen Hauptmanns sprachen sich rasch herum, und Giulio wurde bald für größere Aufgaben herangezogen, die er stets mit Bravour erfüllte. »Mazarini gehört zu jenen Menschen, denen alles gelingt, was sie unternehmen«, meinte damals ein Beobachter prophetisch.

Und tatsächlich gelang ihm sogar das unmöglich Scheinende: einen Krieg zwischen Frankreich und Spanien zu verhindern. Man war einander wegen der Nachfolge im Herzogtum Mantua in die Haare geraten, nachdem Herzog Vinzenz II. 1627 ohne direkten Nachkommen gestorben war. Zwar hatte er seinen Thron seinem nächsten Verwandten, dem Franzosen Karl von Gonzaga, Herzog von Nevers, vermacht, doch Habsburg wollte sich den strategisch günstigen Landstrich nicht so einfach entgehen lassen und reklamierte ihn für sich.

Papst Urban VIII., der unbedingt einen Krieg vermeiden wollte, entsandte daher den ob seines diplomatischen Geschicks so gepriesenen Hauptmann Mazarini als Vermittler in dieser heiklen Angelegenheit. Giulio war in seinem Element. Er pendelte zwischen den Streitparteien hin und her, beschwichtigte, argumentierte, machte Vorschläge und beeindruckte einfach jeden, der mit ihm zu tun hatte. Höhepunkt seiner Mission war zweifellos die Begegnung mit dem großen, von ihm so verehrten Richelieu am 29. Januar 1630. Die beiden so unterschiedlichen Männer – da der alternde, stolze, unbeugsame Kardinal, dort der junge, geschmeidige Hauptmann – waren einander von der ersten Sekunde an sympathisch. Mit dem Gespür eines erfahrenen Politikers erkannte Richelieu sofort das Talent dieses jungen Mannes. Dennoch ließ er sich zu keinen Zugeständnissen überreden. Für Giulio aber waren dieses und das nachfolgende Treffen mit dem Kardinal trotzdem ein Triumph, zwar kein diplomatischer, aber ein persönlicher. Er hatte soeben die Weichen für sein zukünftiges Leben gestellt. Wenn er auch offiziell immer noch der neutrale Vermittler war, stand er innerlich bereits auf der Seite Richelieus. Mit einer diplomatischen Meisterleistung rang er den Spaniern buchstäblich in letzter Minute noch Konzessionen ab und verhalf damit Frankreich zu einem großen Sieg. Die französischen Truppen waren bereits in Marsch gesetzt, als Hauptmann Mazarini in einem wilden Ritt heransprengte und ein Papier schwenkend rief: »La pace! La pace!« Am 26. Oktober 1630 zogen sich die spanischen Truppen aus Casale zurück, und Karl Gonzaga-Nevers konnte sein Herzogtum Mantua in Besitz nehmen.

In Rom feierte man Hauptmann Mazarini wie einen Helden. Allein die ersehnte Kardinalswürde und die damit verbundenen erklecklichen Einkünfte wurden ihm von Papst Urban vorenthalten. Ohne Priesterweihe keine klerikale Karriere, war Urbans Einstellung. Ein durchaus verständliches Argument, würde man heute meinen, zu jener Zeit aber waren weder geistliche Weihen noch besondere Frömmigkeit, ja nicht einmal ein gesitteter Lebenswandel Voraussetzung für einen Kardinalshut. Giulio Mazarini war enttäuscht, sah sich jedoch nicht in der Lage, ohne innere Berufung ein Gelübde abzulegen. Das sprach zwar für seine hohe Moral, war aber seiner Karriere nicht gerade dienlich. Glücklicherweise aber hatte er ja ab jetzt einen neuen Gönner. Wahrscheinlich auf Intervention von Richelieu wurde Giulio 1634 zum außerordentlichen Nuntius in Frankreich ernannt. Am 26. November 1634 feierte er mit großem Pomp, wie es sich für einen Vertreter des Papstes gehörte, Einzug in Paris. Er kam von 100 Reitern eskortiert und mit einem Gefolge von unzähligen Kutschen, deren prächtige Ausstattung bei den Franzosen großes Aufsehen erregte.

Wie Richelieu war auch Ludwig XIII. seit Casale von Hauptmann Mazarini sehr angetan. Und sogar die Königin, die sonst den Günstlingen ihres ungeliebten Gemahls und des verhaßten Richelieu immer mit Skepsis und Vorbehalt begegnete, zeigte sich dem Nuntius geneigt. Einem unbestätigten Gerücht zufolge, das der geschwätzige Tallément de Réaux erzählt, soll Richelieu damals vor der offiziellen Vorstellung zu Anna gesagt haben: »Er wird Euch gefallen, er sieht aus wie Buckingham.« Es ist allerdings zu bezweifeln, daß selbst der überhebliche Richelieu solch beleidigende Worte an seine Königin zu richten wagte. Doch wie es so schön heißt, »se non è vero, è ben trovato«, denn tatsächlich bestand eine geradezu verblüffende Ähnlichkeit zwischen dem Engländer und dem Italiener. Giulio war vielleicht sogar noch attraktiver. Mit seinem schulterlangen, lockigen Haar, dem modischen Spitzenkragen und den Stulpenstiefeln sah er aus wie einer der drei Musketiere von Dumas. Im Gegensatz zu dem eingebildeten, angeberischen Buckingham strahlte Mazarini eine ruhige Gelassenheit und Klugheit aus, die überaus anziehend wirkte. Besonders aber fiel auf, wie außerordentlich gepflegt er immer war. Zum Unterschied zu den meisten seiner Zeitgenossen badete Giulio Mazarini regelmäßig, und er schwebte stets in einer höchst angenehmen Duftwolke, so daß Paul Guth in seiner Biographie über den späteren Kardinal Mazarin im Zusammenhang mit dessen Ankunft in Paris scherzend schrieb: »Er scheint nicht nur der Vertreter des Papstes zu sein, sondern auch der Vertreter der Parfümerie jenseits der Alpen.«

Jeder mochte »Signor Giulio«, wie man ihn bald nannte, nicht zuletzt weil er südländisches Flair nach Paris brachte: die Oper, jede Menge Kunstgegenstände und allerlei kleine Dinge, die das Leben angenehmer machten. Mazarini wußte sich durch Geschenke beliebt zu machen. Hier ein Duftwässerchen aus Rom, dort ein Fächer oder ein Paar parfümierter Handschuhe. Die Damen waren hingerissen, auch auf die Königin machte der fesche, charmante Italiener, der noch dazu ausgezeichnet Spanisch sprach, großen Eindruck. Anna behielt ihn in angenehmer Erinnerung, als er zu seinem großen Bedauern im Oktober 1636 nach Rom zurückberufen wurde.

Diesmal hatte der Stardiplomat aus Italien einen Krieg zwischen Frankreich und Spanien nicht verhindern können. Religiöse Gegensätze hatten Deutschland zum Schauplatz eines europäischen Machtkampfes gemacht, in den nun auch Frankreich eingriff. Angesichts einer drohenden habsburgischen Übermacht entschloß sich Richelieu, der Kardinal und Erste Minister eines katholischen Königs, die protestantischen deutschen Fürstentümer und Schweden zu unterstützen. Eine politisch kluge Taktik, die jedoch im katholischen Frankreich nicht allzu viele Anhänger fand.

Als Frankreich im Mai 1635 Spanien den Krieg erklärte, geriet Anna in einen inneren Konflikt. Sie war hin- und hergerissen zwischen den Gefühlen für ihren Bruder und ihrer Loyalität gegenüber ihrer neuen Heimat, in der man sie so schändlich behandelte. Immer wenn Anna in Schwierigkeiten war, hatte Madame de Chevreuse ihre Finger im Spiel. Diesmal war es nicht anders. Die schöne Herzogin, die in ihrem spanischen Exil die Mätresse von keinem geringeren als Philipp IV., Annas Bruder, geworden war, zog die Königin in einen gefährlichen Briefwechsel hinein. In der Abgeschiedenheit des Klosters Val-de-Grâce, wohin sie sich unter dem Vorwand der inneren Einkehr zurückzog, verfaßte Anna ihre Botschaften an die Freundin und ihre spanischen Verwandten. Die Königin von Frankreich korrespondierte mit dem Feind! Das konnte leicht als Verrat ausgelegt werden. Genau das tat Richelieu auch, als er im August 1635 hinter Annas heimliche Verbindungen kam, obwohl die drei Briefe, die seine Agenten abgefangen hatten, lediglich ein paar belanglose private Zeilen enthielten. Die Königin aber bekam es mit der Angst zu tun und trat die Flucht nach vorne an, indem sie sich dem Kardinal unterwarf. In einem Vieraugengespräch gestand sie die Korrespondenz mit ihren Freunden in Spanien, die jedoch nur privater Natur gewesen sei. Gleichzeitg beklagte sie sich aber auch über ihre unerträgliche Lage. Richelieu triumphierte, er hatte Anna in der Hand, doch zeigte er sich großmütig und versprach ihr königlichen Pardon. Tatsächlich kam es wenig später auf seine Vermittlung hin zu einer offiziellen Versöhnung des Königspaares, nicht aus Liebe wohlgemerkt, sondern einmal mehr aus Staatsräson.

Ludwig XIII. litt darunter, daß er keinen Sohn hatte, niemanden, der seine und Richelieus Politik einmal weiterführen würde. Immer noch war Gaston, der inzwischen den Titel eines Herzogs von Orléans trug, der Thronfolger, eine Aussicht, die den König sehr belastete. Bevor er diesem Bruder, der ihm das Leben so schwer machte, sein Reich hinterließ, versöhnte er sich lieber mit seiner Gemahlin.

Nach dem Bruch mit Anna im Jahre 1622 war Ludwigs homosexuelle Neigung wieder verstärkt zum Ausdruck gekommen. Er hatte seither mehrere junge Favoriten. Aber auch zu Frauen unterhielt er enge, allerdings höchstwahrscheinlich nur platonische Beziehungen. Da war zum einen die blutjunge Marie de Hautefort, eine Hofdame der Königin, der er 1630 seine Gunst schenkte. Die andere Dame hieß Louise de La Fayette, ein ernstes, überaus frommes Geschöpf, das Ludwigs tiefes Vertrauen genoß. Als Louise sich im Mai 1637 entschloß, ins Kloster einzutreten, weinte er, wagte jedoch nicht, sie zurückzuhalten; aber er besuchte sie regelmäßig, um lange Gespräche mit ihr zu führen.

Sowohl Louise als auch Richelieu dürften den König dazu überredet haben, sein Eheleben mit Anna wiederaufzunehmen. Als Herrscher hatte er die Pflicht, seinem Land einen Erben zu geben, andernfalls wäre all seine Arbeit umsonst gewesen und alles würde in die unzuverlässigen Hände seines intriganten Bruders fallen.

Am Nachmittag des 5. Dezember 1637 stattete Ludwig Louise wieder einen Besuch ab, bevor er sich auf den Weg nach Saint-Maur machen wollte. Es wurde spät, und als er sie verließ, tobte ein wilder Sturm und der Regen prasselte nur so vom Himmel. An einen Ritt nach Saint-Maur war bei solch einem Wetter nicht zu denken. Da, wie zu jener Zeit üblich, das Bett des Königs bereits vorausgeschickt worden war, blieb Ludwig XIII. nichts anderes übrig, als die

Nacht bei Anna im Louvre zu verbringen. Zum allgemeinen Erstaunen sah man also an diesem Abend den König und die Königin nach langer Zeit wieder einmal gemeinsam an einem Tisch speisen und sich dann in das Schlafgemach der Königin zurückziehen.

Und acht Wochen darauf verkündete »La Gazette« die Schwangerschaft der Königin. Nach 23 Jahren Ehe klappte es diesmal. Trotz ihres für eine Erstgebärende hohen Alters brachte Anna genau neun Monate nach dieser Sturmnacht, am 5. September 1638, einen gesunden Knaben zur Welt, Louis-Dieudonné, den späteren Ludwig XIV.

Der Jubel war groß. Nur Gaston machte ein langes Gesicht, das noch länger wurde, als Anna zwei Jahre darauf, am 21. September 1640, wieder einem Sohn das Leben schenkte, Philippe, der einmal den Titel des Herzogs von Orléans von seinem Onkel erben sollte.

Das Ereignis dieser Geburt war so erstaunlich, daß viele von einem Wunder sprachen. Andere allerdings suchten nach einer weitaus prosaischeren Erklärung, nämlich einem anderen Vater. Das Getuschel trieb gar seltsame Blüten, verdächtigte man doch sogar Buckingham und Mazarin, dieses »Gottesgeschenk« bewirkt zu haben. Dabei war der eine bereits seit 1628 tot, und der andere weilte zwischen 1636 und 1639 erwiesenermaßen in Rom.

Ludwig XIII. hatte jedenfalls keinen Zweifel an seiner Vaterschaft. Er war glücklich über seinen Sohn. Seine Gefühle für Anna allerdings hatten sich auch dadurch nicht geändert. Kälte und Mißtrauen herrschten auch weiterhin zwischen ihnen. Immerhin aber hatte sich Annas Position nun ein wenig gefestigt. Sie war die Mutter des künftigen Königs.

* * * *

In Rom sehnte sich inzwischen Giulio Mazarini nach Frankreich zurück. Obwohl noch immer in päpstlichen Diensten, war er längst zum geheimen Gesandten Richelieus geworden und vertrat im Vatikan die Belange seiner künftigen Heimat. Im April 1639 wechselte er die Nationalität und aus Giulio Mazarini wurde Jules Mazarin. Und am 5. Januar 1640 erfüllte sich schließlich sein langgehegter

Wunsch: Er trat in die Dienste des Königs von Frankreich ein, womit eine der erstaunlichsten Karrieren der Geschichte begann.

Richelieu war damals bereits ein von Krankheit gezeichneter Mann. Manchmal waren die Schmerzen so stark, daß ihm das Schreiben unmöglich war. Um das gewaltige Arbeitspensum eines Ersten Ministers zu erledigen, brauchte er daher die Unterstützung eines Mannes, der ihm an Intelligenz das Wasser reichen und dem er auch vertrauen konnte und der vor allem auch das Vertrauen des Königs besaß. Dieser Mann war Mazarin. Ihn wollte Richelieu zu seinem Nachfolger aufbauen. Rasch wuchs der Italiener in seine Aufgabe als rechte Hand des Kardinals hinein, und sein Gönner sorgte dafür, daß er im Dezember 1641 endlich den ersehnten Kardinalshut erhielt.

Die rote Robe verlieh Mazarin einen Rang, der Respekt gebot und ihn auf die Stufe der Prinzen von Geblüt stellte, so daß er nun vom König mit »mon cousin« angesprochen wurde.

Seit über einem Jahrzehnt regierte Richelieu nun Frankreich mit eiserner Hand und hielt den rebellischen Adel in Schach. Außer Ludwig XIII. schien der Kardinal jedoch kaum Freunde zu haben, denn eine Verschwörung gegen ihn jagte die andere. Diesmal entsprang ein Komplott sozusagen direkt im Schlafzimmer des Königs.

Nach dem Intermezzo mit den Damen Hautefort und La Fayette hatte Ludwig XIII. wieder einem jungen Mann seine Gunst geschenkt. Er hieß Henri Coiffier de Ruzé d'Effiat, Marquis de Cinq-Mars, war schön wie der Tag, und der König, der ihn geradezu abgöttisch liebte, las ihm jeden Wunsch von den Augen ab. Doch Cinq-Mars war die Zuneigung des Königs offenbar zu Kopf gestiegen. Er wollte mehr, er wollte das Unmögliche: den Posten des Ersten Ministers. Hatte er denn bereits vergessen, daß es Richelieu gewesen war, der ihm zu seiner Favoritenstellung verholfen hatte?

Ludwig XIII. aber hielt bei aller Vernarrtheit in den schönen Jüngling loyal zu seinem Premierminister. Er wußte nämlich ganz genau, was er an Richelieu hatte und was dieser für Frankreich bedeutete. Nie würde er ihn freiwillig fallen lassen. Also beschloß Cinq-Mars, den Kardinal aus dem Weg zu räumen. Mitverschwörer für den Plan waren rasch gefunden: natürlich wieder Gaston von Orléans, aber auch der Herzog von Bouillon, der Herzog von Guise, César von Vendôme, der Halbbruder des Königs, und dessen beide Söhne, die Herzöge von Beaufort und Mercœur. Sie alle haßten Richelieu, weil er dabei war, die absolute Monarchie zu errichten, die den Adel völlig auf das Abstellgleis verdammte. Im Sommer 1641 begann man die verschiedenen Varianten des Mordkomplotts zu diskutieren und nahm auch Verbindung mit Philipp IV. von Spanien auf, der vertraglich militärische Unterstützung zusagte.

Die Königin war über die finsteren Vorgänge informiert, beteiligte sich aber nicht aktiv an der Verschwörung. Anna spielte ein doppeltes Spiel, jederzeit bereit, sich auf die Seite zu schlagen, die ihr und vor allem ihren Kindern den größeren Vorteil bot. Ihr Leben war seit der Geburt ihrer Söhne nicht viel leichter geworden. Ludwig XIII. war eifersüchtig auf die Liebe, die seine Söhne ihrer Mutter entgegenbrachten. Er reagierte zornig, als der kleine Ludwig jedesmal in seiner Gegenwart in Tränen ausbrach. Er gab Anna dafür die Schuld und drohte, ihr die Kinder wegzunehmen und sie einem Erzieher anzuvertrauen.

Wer konnte es unter diesen Umständen Anna übelnehmen, wenn sie mit den Gegnern ihres Gemahls sympathisierte? Trotzdem blieb sie auf der Hut, aus Angst um ihre Regentschaft, die angesichts des Gesundheitszustandes von Ludwig XIII. wohl in absehbarer Zukunft auf sie zukam. Plötzlich witterte sie mit dem sicheren Instinkt einer wachsamen Mutter, daß Richelieu etwas von dem Komplott ahnte. Möglicherweise hatte es der schlaue Kardinal auch so arrangiert, daß die Königin bemerken mußte, daß er gewarnt war. Sofort warf sich Anna auf die Seite der wahrscheinlichen Sieger, also auf Richelieus Seite. Am 9. Juni 1642 ließ sie ihm eine Nachricht zukommen, in der sie ihm vermutlich das Vorhaben der Verschwörer verriet. Sechs Tage später erhielt sie den erhofften Lohn: Ihr Gemahl bat sie schriftlich, bei den Kindern zu bleiben. Kurz darauf wurden die Hauptbeteiligten des Komplotts verhaftet, und Cinq-Mars, dem der unzuverlässige Gaston von Orléans die ganze Schuld in die Schuhe schob, bestieg das Schafott.

Die Verschwörer hätten sich ihre Mordpläne gegen Richelieu sparen können, denn er starb am 4. Dezember 1642. Nur einen Tag später kündigte Ludwig XIII. Mazarins Eintritt in den Staatsrat an: »Da in unseren Räten dieselben Personen verbleiben, die uns so würdig dienen, haben wir unseren sehr lieben Vetter, den Kardinal Mazarin, hinzuberufen, dessen Fähigkeit und Hingabe in unserem Dienst wir bei den verschiedensten Aufgaben, die wir ihm auftrugen, erfahren haben und der uns so treue und bedeutende Dienste geleistet hat, daß wir ihm nicht weniger vertrauen, als wäre er als unser Untertan geboren.«

Ludwig XIII. fühlte sich dem Tode nahe und machte sich Sorgen um die Zukunft seines Reiches. Da er seiner Gemahlin immer noch nicht über den Weg traute, seinem Bruder aber schon gar nicht, entschloß er sich, Frankreichs Schicksal in die Hände des Verwalterssohnes aus Rom zu legen, indem er ihn anläßlich der offiziellen Taufe des Dauphins am 21. April 1643 zu dessen Paten bestellte. Eine hohe Ehre für Mazarin, vor allem aber ein kluger Schachzug von Ludwig XIII., der den Kardinal damit sowohl an den Knaben als auch an Frankreich band. Nachdem er derart seine Angelegenheiten geregelt hatte, starb der König wenige Tage später, am 14. Mai 1643, im Alter von erst 41 Jahren.

Anna von Österreich konnte aufatmen. Nach 27 Jahren unglücklicher Ehe stand sie am Höhepunkt ihres Lebens. Als Mutter des neuen Königs von Frankreich, des noch nicht fünfjährigen Ludwigs XIV., war sie nun Regentin des mächtigsten Reiches Europas. Doch noch fehlte ein kleiner Schritt zur ganz großen Macht, noch mußte sie zittern, denn sie wußte nicht, wie sich Gaston von Orléans oder der Prinz von Condé verhalten würden. Ihr mißtrauischer Gemahl hatte nämlich verfügt, daß ihr ein unabsetzbarer Regentschaftsrat zur Seite gestellt werden sollte.

Am Montag, den 18. Mai 1643 traf sie mit dem kleinen König zur Parlamentseröffnung ein. Trotz der Ängste, die sie in diesem heiklen Augenblick ausstand, empfand Anna unendliche Genugtuung, denn nach Jahren der Demütigung wurde sie nun zum ersten Mal wie eine Königin behandelt. Sie sah sehr blaß aus unter ihrem schwarzen Trauerschleier, aber auch sehr würdevoll. Mit zitternder Stimme hob sie zum Staatsstreich an, indem sie die volle Autorität für sich während der Minderjährigkeit des Königs forderte. Erleichtert hörte sie, wie Gaston von Orléans, der Vorsitzende des Regentschaftsrates, und der Herzog und Condé sich ihrer Forderung anschlossen. Beide waren überzeugt, eine allein regierende Anna künftig besser beeinflussen zu können. Da sich kein Widerspruch regte, beschloß das Parlament daraufhin einstimmig die Aufhebung des Testaments des verstorbenen Königs, das es vor wenigen Tagen erst registriert hatte, und legte die uneingeschränkte Macht in Annas schöne, weiße Hände.

Wer allerdings wie Orléans und Condé geglaubt hatte, das schwache, in politischen Dingen völlig unerfahrene Weib nun manipulieren zu können, der wurde sehr rasch eines Besseren belehrt. Anna, die oberflächliche Frau, die bisher keiner ernst genommen hatte, verblüffte alle Welt. Sie erwies sich als stark und zielstrebig und vor allem als Französin mit Leib und Seele. Vor kurzem noch des Verrats verdächtigt, hielt sie an der Politik ihres Gatten und Richelieus fest und setzte wider alle Erwartungen den Krieg gegen das Habsburgerreich fort, das heißt gegen ihren eigenen Bruder, Philipp IV. von Spanien, und gegen ihren Vetter und Schwager, Kaiser Ferdinand III. Hinter dieser unerwarteten und spektakulären Entscheidung stand ein Mann, der sich bisher im Hintergrund gehalten hatte: Kardinal Jules Mazarin.

Zwei Tage nach ihrem Staatsstreich hatte ihn Anna zu ihrem Ersten Minister ernannt. Die Prinzen waren zunächst fassungslos. Nachdem sie sich aber von ihrer Überraschung wieder gefangen hatten, fanden sie, daß Mazarin eigentlich gar keine so schlechte Wahl sei, denn die meisten hielten ihn für unbedeutend, rückgratlos und leicht lenkbar. Der Italiener hatte sich immer sehr bescheiden gezeigt, war stets zuvorkommend und devot gegenüber jedem und hatte es mit seiner liebenswürdigen Art fertiggebracht, mit beinahe allen in diesem Lande auf gutem Fuß zu stehen. Das sollte sich jedoch nun schlagartig ändern. Wie bei Anna täuschten sich die machthungrigen, überheblichen Adeligen auch bei Mazarin. Hinter der sanften, geschmeidigen Art des Kardinals steckte nämlich ein eiserner Wille, mit dem er seine Ziele verfolgte, Ziele, die sich mit denen Annas deckten: die Erhaltung des Reiches und der unangetasteten Macht für den minderjährigen König.

Anna hatte ihre guten Gründe, ausgerechnet Mazarin ihr Vertrauen zu schenken: Sie brauchte ihn. Sie war klug genug zu erkennen, daß Mazarin der einzige war, der die Macht, die sie nun besaß, auch umzusetzen und für ihren Sohn zu bewahren vermochte. Tatsächlich zeigte der Kardinal auch schnell, daß er Richelieu um nichts an Talent und Durchsetzungskraft nachstand und die Zügel genauso fest in der Hand hatte. Zähneknirschend mußte der französische Hochadel zur Kenntnis nehmen, daß er sich von der Spanierin und dem Italiener ins Abseits hatte drängen lassen. Ihr Neid und ihre Wut waren grenzenlos. Aus dem bisher allseits beliebten »Signor Giulio« wurde plötzlich der »sizilianische Schurke«, der Emporkömmling, der es wagte, mit einer Autorität, die ihm keiner zugetraut hatte, die Geschicke Frankreichs zu lenken, wo man doch gehofft hatte, endlich vom Joch des eisernen Richelieu befreit zu sein. Doch während der verstorbene Kardinal zwar gefürchtet, aber gleichzeitig doch in gewisser Weise als einer von ihnen respektiert gewesen war, begegnete man Mazarin mit einer Mischung aus Haß und Verachtung. Was man ihm am meisten vorwarf, war, daß er Ausländer war und von niedriger Herkunft. Die Prinzen und Herzöge Frankreichs ertrugen es nicht, daß sie jetzt bei einem römischen Verwalterssohn vorstellig werden mußten, wenn sie irgendeine königliche Gunst erbitten wollten.

Es gärte also in den französischen Adelskreisen, und die Opposition gegen Mazarin ließ nicht lange auf sich warten. In ihrem Zentrum stand natürlich Gaston von Orléans, der seine Hoffnungen auf den Thron noch nicht endgültig begraben wollte, vor allem als Annas Söhne im Herbst 1647 nacheinander schwer erkrankten. Aber die Knaben waren von robuster Natur und erholten sich zu seiner Enttäuschung wieder.

Die königliche Familie war und blieb ein Unruheherd, ein Verschwörernest. Neben Orléans lauerten auch Condé und sein Bruder Conti, der Herzog von Longueville, die Bouillon-Brüder und nicht zu vergessen die Vendômes darauf, Mazarin zu stürzen. Unter den Intriganten befand sich auch Madame de Chevreuse, die aus dem Exil zurückgekehrte einstmals engste Freundin der Königin. Doch Anna hatte offenbar in der Zwischenzeit den Charakter dieser Dame durchschaut und war auf Distanz zu ihr gegangen, zumal die Chevreuse versuchte, sie gegen Mazarin einzunehmen. Noch zeigte sich der Unmut der Aristokratie nicht offen, noch waren die Eifersüchtigen untereinander uneins, doch man beobachtete Mazarin. Und bald hatte man seine Achillesferse gefunden. Sein Verhältnis zur Königin.

Als sie die Regentschaft antrat, war Anna 42 Jahre alt und stand am Höhepunkt ihrer Schönheit. Zwar war sie mit den Jahren ein wenig rundlicher geworden, doch das verlieh ihr höchstens noch mehr Würde. Auch wenn sie sich als trauernde Witwe gab, war kaum zu übersehen, daß sie regelrecht aufgeblüht war. Obwohl sie seit dem Tod des Königs kein Rouge mehr auflegte, war ihr Teint immer noch sehr schön. Ihr blondes Haar, das zu einem einfachen Knoten mit seitlichen Locken frisiert war, hatte immer noch seine außergewöhnliche Fülle, war jetzt aber eher von einem kastanienfarbenen Ton. Annas Kleider waren stets von schlichtem Schnitt, dafür jedoch aus edlen Stoffen. Dazu trug sie fast ausschließlich eine Kette aus dreißig großen Perlen mit dazupassenden Ohrgehängen. Sie verstand es hervorragend, gleichzeitig würdevoll und liebenswürdig zu erscheinen. Durch ihre Mildtätigkeit sicherte sie sich zudem die Liebe des Volkes, das große Hoffnungen in sie setzte. Vielleicht aber war es nicht nur ihre neue Stellung, die sie so erstrahlen ließ, vielleicht hatte auch ihr Premierminister damit zu tun.

Die gute Beziehung der Königin zu Mazarin fiel auf, und ihre Hofdamen meinten, Anzeichen von Verliebtheit zu erkennen. Von Madame de Brienne einmal darauf angesprochen, erwiderte die Königin kryptisch: »Ich gebe zu, daß ich ihn liebe. Ich kann sogar sagen, zärtlich liebe, aber die Zuneigung, die ich ihm entgegenbringe, geht nicht bis zur Liebe, jedenfalls nicht daß ich wüßte; meine Sinne haben daran kein Teil, nur mein Geist ist entzückt von der Schönheit seines Geistes. Kann das sündhaft sein?«

Trotzdem hielten sich die Gerüchte. Immerhin war auch Mazarin mit Mitte Vierzig noch eine sehr stattliche und elegante Erscheinung.

Jules Mazarin (1602–1661)

Sie gaben eigentlich ein schönes Paar ab, diese blonde Spanierin und der Italiener in der roten Kardinalsrobe, und es wundert keineswegs, daß sie einander mochten. Abgesehen von dem gemeinsamen politischen Ziel, verband sie eine ausgeprägte Vorliebe für Luxus, gutes Essen, Theater und Musik. Endlich durfte Anna, die an der Seite eines Gatten, der jedem Vergnügen abhold gewesen war, viele Jahre fast wie eine Gefangene gelebt hatte, hofhalten, Gesellschaften geben, Opern und Ballette besuchen, so wie es eben der barocken Lebensart entsprach.

Und noch etwas hatten Anna und Mazarin gemeinsam: Sie legten beide großen Wert auf Körperpflege und verfügten – damals eine Seltenheit – jeder über ein eigenes Badezimmer in ihren Appartements. Annas besondere Aufmerksamkeit galt natürlich ihren schönen Händen. Nach ihrem Tod fand man nicht weniger als 350 Paar Handschuhe in ihrem Besitz. Auch bei ihrer Unter- und Bettwäsche war die Königin sehr wählerisch; sie haßte das herkömmliche grobe Leinen und ließ nur zartesten Batist an ihre Haut.

Das unerwartete, erstaunlich gute Einvernehmen zwischen der Königin und dem Kardinal gab Anlaß zu Gerede. In der Umgebung des Hofes zerriß man sich das Maul. Der gutaussehende, galante Italiener und die schöne Spanierin haben ein Verhältnis miteinander, hieß es, bald nachdem Mazarin gleich gegenüber dem Palais Royal Wohnung genommen hatte. Das uneingeschränkte Vertrauen, das Anna in ihren Minister setzte, irritierte zunehmend, und es gab kaum jemanden, der den Grund dafür allein in Mazarins hervorragenden staatsmännischen Fähigkeiten sah.

Seit über dreihundert Jahren streiten die Historiker nun darüber, ob Anna von Österreich die Geliebte Mazarins war. Es gibt nicht den geringsten Beweis dafür, aber jede Menge Gründe, die eine Liebesbeziehung durchaus wahrscheinlich erscheinen lassen. Und die Gründe, aus denen sich zwei Menschen ineinander verlieben, sind seit Ewigkeiten die gleichen und kennen auch keine Standesunterschiede. Zum einen kannten die beiden einander bereits seit elf Jahren. Sie waren einander von Anfang an sympathisch. Nun brauchten sie einander und waren durch ein gemeinsames Ziel verbunden. Die tägliche Arbeit des Regierens, das tägliche Zusammensein brachte sie einander näher. Aus Sympathie wurde Zuneigung, je größer die Probleme und Gefahren um sie herum wurden. Und aus Zuneigung wurde dann schließlich irgendwann Liebe. Wann, wie und wo, das läßt sich kaum sagen, denn es gibt nur vereinzelte, verdeckte Hinweise darauf, daß »da etwas war«. Der Beweis einer Beziehung zwischen Anna von Österreich und Kardinal Mazarin wird wohl nie erbracht werden können. Und gerade das macht sie so interessant. Trotz fehlender Fakten wurde diese wahre oder erfundene Liebesgeschichte über die Jahrhunderte hinweg immer wieder aufgewärmt. Die Vermutungen und Hypothesen reichen bis hin zu einer heimlichen Heirat, obwohl es dafür weder einen kirchlichen Eintrag noch irgendwelche Zeugen gibt. Annas Schwiegertochter, die klatschsüchtige Lieselotte von der Pfalz*, schien es allerdings ganz genau zu wissen, obwohl sie erst fünf Jahre nach Annas Tod nach Paris kam: »Die Königinmutter, Witwe Ludwigs XIII.«, schrieb sie in einem ihrer zahlreichen Briefe, »hat noch Schlimmeres getan, als Mazarin zu lieben: *Sie hat ihn geheiratet! ...* Man kennt nun alle Umstände. Der Geheimweg, den er jede Nacht genommen hat für seine Zusammenkünfte mit ihr, ist noch im Palais Royal.« Den Gang gibt es tatsächlich, als Beweis für ein intimes Verhältnis der beiden kann er jedoch nicht dienen, denn ein Erster Minister mußte immer raschen und direkten Zugang zum Herrscher haben.

Eines ist jedoch sicher: Es war ein ganz besonderes Verhältnis, das Anna von Österreich und Kardinal Mazarin miteinander verband, wie immer es auch geartet war, wie weit es auch gegangen sein mag. Das war wohl auch schon ihren Zeitgenossen bewußt, weshalb auch die Gerüchte um die beiden nicht verstummen wollten. Noch munkelte man hinter vorgehaltener Hand, aber schon bald sollte das Geraune zu einem bösartigen Gerede anschwellen, bis es sich in einer schmutzigen Flut aus Schmähungen über die Regentin und ihren Ersten Minister ergoß.

Sowohl Anna als auch Mazarin unterschätzten die Atmosphäre der Unzufriedenheit, die sie umgab. Sie kümmerten sich nicht besonders um den schwelenden Unmut in der Aristokratie, sie hatten andere Sorgen. Gemäß seinem Interesse und seiner Begabung stürzte sich Mazarin in die Außenpolitik. Auf diesem Gebiet gab es ja tatsächlich jede Menge zu tun. Noch immer hielt der Dreißigjährige Krieg Europa in seinen blutigen Klauen, lähmte den halben Kontinent im Namen der Religion. Mazarin gelang es, die Streitparteien in Münster an einen Tisch zu bekommen, doch die Verhandlungen zogen sich über ganze vier Jahre hin. Wieder war es das außerordentliche diplomatische Geschick des wendigen, klugen Italieners, das schließlich im Oktober 1648 den Westfälischen Frieden

* Sie war die zweite Gemahlin Philippes von Orléans.

97

zustande brachte. Den protestantischen Kleinstaaten wurde eine weitgehende Unabhängigkeit in religiösen wie politischen Belangen zugesichert, was nicht nur das Ende der Religionsstreitigkeiten in Europa, sondern auch das Ende der habsburgischen Vorherrschaft im deutschen Sprachraum bedeutete.

Die Welt streute Mazarin Lorbeeren, in seiner Heimat jedoch ignorierte man die Leistung des Kardinals weitgehend. Ohne daß er es bemerkt hatte, waren ihm die Zügel entglitten. Und statt mit Lob und Anerkennung wartete man ihm mit einer Welle von Kritik und Anfeindung auf.

Mazarin war mit seiner außenpolitischen Aufgabe so beschäftigt gewesen, daß ihm darüber die Entwicklungen in Frankreich entgangen waren. Plötzlich fand er sich statt in der Rolle des Helden in der des Sündenbocks, Sündenbock für sämtliche Probleme des Landes. Tatsächlich gab es deren viele. Aufgrund des nun schon über ein Jahrzehnt währenden Krieges mit Spanien war die Bevölkerung in jeder Hinsicht »ausgeblutet«. Mehrere Mißernten hintereinander vergrößerten Hunger und Not der Bevölkerung noch zusätzlich, die ohnedies schon unter der wegen der Kriegskosten drückenden Steuerlast stöhnte. Doch es war nicht das Volk, das sich auflehnte, sondern das Parlament. Die Deputierten machten sich zum Anwalt des Volkes, in Wirklichkeit ging es ihnen jedoch um ihre eigenen Ziele.

Das Pariser Parlament jener Zeit war eine Art Gerichtshof, welcher auch die Aufgabe hatte, von der Regierung erlassene Gesetze zu registrieren. Es setzte sich in erster Linie aus Männern der Oberschicht zusammen, dem sogenannten Amtsadel, der sorgsam seine mit der Zeit erworbenen Privilegien hütete. Offenbar hatten die Parlamentarier bei ihren Kollegen in England Anleihe genommen und strebten seit einigen Jahren immer lauter werdend nach Mitwirkung an der Regierungsarbeit. Jenseits des Kanals war es den Deputierten bereits gelungen, die absolute Macht des Königs zu brechen; mehr noch: Karl I. war seit kurzem sogar Gefangener der republikanischen Puritaner.

Auch die französischen Abgeordneten begannen an der königlichen Allmacht zu rütteln, und nur noch mit dem drastischen, aber legalen Mittel des »lit de justice«* konnte Mazarin seine Steuergesetze im Januar 1648 durchdrücken. So ging der Vorhang auf für den ersten Akt der sogenannten »Fronde«, die gewissermaßen die Generalprobe für die große Revolution von 1789 darstellte.

Der Sturm der Entrüstung brach los, als die Regierung im August 1648 eine neue Steuer beschloß. Um Schwierigkeiten bei der Registrierung von vornherein auszuschalten, ließ Mazarin die Anführer der parlamentarischen Opposition verhaften. Unter ihnen befand sich jedoch auch der 73jährige Broussel, ein wegen seiner Rechtschaffenheit vor allem beim einfachen Volk äußerst beliebter Mann. Die Verhaftung Broussels trieb die Pariser auf die Barrikaden. Zahlreiche Adelige schlossen sich der Revolte an.

Die stolze Königin war empört über eine derartige, nie dagewesene Unbotmäßigkeit von Untertanen. Sie war nicht bereit, einen solchen Angriff auf die göttliche königliche Macht zu tolerieren. Das war sie ihrem Sohn schuldig. Doch die prekäre Situation verlangte es, zumindest zum Schein auf einige Forderungen des Parlaments einzugehen und Broussel freizulassen. Doch Anna hatte sich nur verstellt. Sie wartete bloß auf den richtigen Zeitpunkt, um zurückzuschlagen. Dieser kam in der Nacht vom 6. auf den 7. Januar 1649. Gelassen verbrachte die Königin den Abend damit, ihren Söhnen beim Spiel zuzusehen, so daß niemand etwas von ihrer inneren Anspannung ahnte. Doch kaum hatte sich der Hof zur Ruhe begeben, nahm Anna ihre Kinder und verließ mit kleinem Gefolge und natürlich mit Mazarin das Schloß. Wie rund 140 Jahre später Ludwig XVI. und seine Familie floh damals auch die Regentin aus dem unsicheren Paris. Doch während 1791 die Flucht nach Varennes kläglich scheiterte, war das Glück dem Monarchen im Jahre 1649 noch hold. Trotzdem war dies eines der eindringlichsten Erlebnisse für den späteren »Sonnenkönig«, das er nie vergessen sollte, denn nie hat ein König unter solch unwürdigen Bedingungen leben müssen. Es war kalt in Saint-Germain, Möbel gab es so gut wie keine, und die meisten Höflinge mußten auf Strohsäcken die Nacht

---

* Großer Gerichtstag; er wurde vom König im Parlament gehalten, der damit die Registrierung eines Gesetzes erzwingen konnte.

verbringen. Sieben Monate mußte Ludwig XIV. »darben«; es gab nicht einmal ausreichend Wäsche für ihn und seinen Bruder. Hinzu kam die Angst, als Anfang Februar die Nachricht von der Hinrichtung Karls I. eintraf. Henrietta-Maria, die Königin von England, befand sich seit beinahe fünf Jahren mit dreien ihrer Kinder im französischen Exil. Am Beispiel seiner Tante und ihres Gemahls lernte der damals elfjährige Ludwig XIV., wie wichtig die Autorität eines Königs war.

Die Flucht des Königs war das Signal für den Bürgerkrieg. In Paris war der Teufel los. Das Parlament hetzte gegen Mazarin und erklärte ihn zum »öffentlichen Feind«. Das focht den tapferen Kardinal jedoch nicht an. Es gelang ihm, die beiden großen Heerführer Frankreichs, die Prinzen von Condé und Turenne, bei der Stange zu halten, die Versorgung der Hauptstadt wurde abgeschnitten, und im August mußten die Pariser ihren Widerstand aufgeben. Die Rückkehr des Königs wurde zum Triumph, doch noch war der Kampf um die Macht nicht ausgestanden.

Das Parlament war vorerst niedergerungen und schwieg. Doch hinter den Kulissen formierte sich bereits der nächste Gegner des Kardinals: die Aristokratie. Condé war wegen seiner entscheidenden Rolle hochmütig geworden und spielte sich jetzt auf. Er verwand es nicht, daß der verhaßte Mazarin immer noch im Sattel saß. Gemeinsam mit dem Großteil des französischen Hochadels, darunter der Onkel des kleinen Königs und dessen Tochter, Marie de Montpensier, genannt »La Grande Mademoiselle«, rüstete er zu einer Hetzkampagne gegen den Kardinal. Die einen zettelten in den Provinzen Aufruhr und Unruhe an, während der Herzog von Beaufort den Abschaum von Paris aufhetzte, was ihm den Titel »König der Hallen« einbrachte. Seltene Einigkeit hatte den französischen Adel erfaßt.

Die Fronde raste unerbittlich gegen den verhaßten Kardinal, dem nicht einmal sein glanzvoller Sieg bei Rethel gegen die Spanier mehr nützen konnte. Immer neue, immer gemeinere Schmähschriften gegen den Kardinal – insgesamt zählte man 5000 dieser sogenannten Mazarinaden – tauchten auf. Selbst die Königin blieb von den schmutzigen Anwürfen nicht verschont.

Im Februar 1650 mußte Mazarin die Aussichtslosigkeit seiner Lage einsehen: So konnte es nicht weitergehen. Er wagte sich kaum noch auf die Straße aus Angst vor einem Anschlag. In der Nacht vom 6. auf den 7. Februar 1650 floh er daher in Verkleidung aus Paris. Anna, die mit den Kindern nachkommen sollte, schaffte die Flucht nicht mehr. Sie saß in der Falle. Ihr Schwager und seine Anhänger ließen sie nicht mehr aus den Augen. Sie war diesen Leuten ausgeliefert, nichts anderes als eine Gefangene, und sie mußte um ihre Regentschaft fürchten. Die Atmosphäre in Paris atmete Gefahr und Verrat. Das Gerücht, die Königin wolle mit dem König Paris verlassen, um zu Mazarin zu gelangen, wühlte das Volk derart auf, daß Anna einmal sogar um ihr und ihrer Kinder Leben zittern mußte. Eine erregte Menge war in den Palast eingedrungen, um sich von der Anwesenheit des Königs zu überzeugen. Anna von Österreich verhielt sich in diesem gefährlichen Augenblick großartig. Sie behielt die Nerven, wie später auch Ludwig XVI. im Juni 1792. Schon immer hatte sie es verstanden, sich volkstümlich zu geben und bei den kleinen Leuten anzukommen. Gelassen begrüßte sie die Eindringlinge und führte sie durch den Palast bis in das Zimmer, in dem Ludwig XIV. lag und sich auf Geheiß seiner Mutter schlafend stellte. Freundlich und huldvoll sprach sie mit dem Anführer der Abordnung, bis diese unter Begeisterungsrufen auf die Königin wieder abzog.

Weitaus schwieriger war es, mit dem Adel zurechtzukommen. Um zu verhindern, daß man ihr die Regentschaft entriß, mußte sich Anna verstellen, heucheln, sich scheinbar fügen. Aus diesem Grunde erklärte sie Mazarin sogar zum Staatsfeind, ein Akt, der sie jedoch sehr schmerzlich ankam. Sogleich versicherte sie ihn daher in einem privaten Schreiben ihrer Zuneigung. Es war eine schlimme Zeit für Anna. Sie mußte zusehen, wie das Parlament den Besitz des Kardinals einzog und viele der wertvollen Gemälde und Statuen, die er im Laufe der Zeit zusammengetragen hatte, versteigern ließ. Mit Mühe gelang es ihr, zumindest einen Teil seiner Kunstsammlung und seiner Möbel ins Palais Royal zu retten.

Paris war in einem wahren Freudentaumel. Es regnete die unflätigsten Hetzschriften gegen den Kardinal und seine Nichten. Die

Königin aber hielt felsenfest zu Mazarin, obwohl sich der ganze Unmut der Bevölkerung an seiner Person entzündet hatte. Jeder andere Monarch hätte unter diesen Umständen wohl seinen Minister fallengelassen, um seinen Thron nicht zu gefährden. Nicht so Anna. Sie blieb dem Kardinal auch in diesen schweren und gefahrvollen Stunden treu. Und auch Mazarin, der sich nach Brühl, in der Nähe von Köln, gerettet hatte, ließ die Regentin und den kleinen König nicht im Stich. Ein verlockendes Angebot der Spanier, das ihm den Posten eines Premierministers, Geld und hohe Ehren versprach, hatte er ausgeschlagen. Sein Platz war an Annas Seite. Von seinem Exil aus regierte er Frankreich. Täglich wurden Briefe von Brühl nach Paris und umgekehrt gesandt. Mazarin erteilte der Regentin Ratschläge, gab Anweisungen, machte ihr Mut. Zeit gewinnen und durchhalten war seine Parole, durchhalten bis zum 5. September 1651, dem magischen Datum der Großjährigkeit Ludwigs XIV. Gehorsam führte Anna aus, was Mazarin ihr auftrug. Sie zeigte sich als gelehrige Schülerin, wenn sie den Prinzen und den Anführern der Fronde Zugeständnisse machte, die sie niemals einzuhalten gedachte.

Diese ungewöhnliche Treue, dieses Zueinanderhalten macht die Beziehung zwischen Anna von Österreich und Mazarin vielleicht am meisten »verdächtig«, vermutlich noch mehr als jene verschlüsselten Briefe, die sich damals unter die staatsgeschäftlichen Depeschen mischten. Es sind klassische Liebesbriefe, im blumig-schwülstigen Stil der Zeit verfaßt, hinter deren zahlreichen Chiffren und Zeichen sich zärtliche Worte verbergen. So schrieb etwa am 11. Mai 1651 Mazarin an die Königin: »Mein Gott, wie wäre ich glücklich und Ihr zufrieden, wenn Ihr in mein Herz sehen könntet, oder wenn ich Euch schreiben könnte, wie es darin aussieht. Ihr hättet dann keine Mühe, mir zuzustimmen, daß es niemals eine Freundschaft gab, die an jene herankam, welche ich für Euch empfinde. Ich gestehe Euch, daß ich mir nicht hätte vorstellen können, daß sie so weit gehen könnte, mir die Ruhe zu rauben, wenn ich mit etwas anderem beschäftigt bin als damit, an Euch zu denken ...« Je mehr Zeit verging, umso unruhiger wurde Mazarin in seinem Exil, in dem er zwar wie ein regierender Fürst residierte, was ihm jedoch auf Dauer nicht genügen konnte. Zwar erhielt er laufend Annas Beteuerungen ihrer Zuneigung, doch im Juli packte ihn erstmals die Eifersucht: »Ich erfahre«, schrieb er, »daß Sie Lionne [ein Mitglied des Staatsrates] mehrmals gefragt haben, warum er nicht meine Gemächer nehme, und Sie bezeigen ihm eine Freundlichkeit, mit der er sich am Hof brüstet. Das hat mich zwei Nächte hintereinander um den Schlaf gebracht, und ähnliche Vorkommnisse könnten mir den Tod bringen.«

Wie eng die Beziehung zwischen der Königin und dem Kardinal war, zeigt auch das Siegel, das Annas Briefe aus dieser und der späteren Zeit ziert. Es trägt nämlich die verschlungenen Initialen AA (Anne d'Autriche) und ICM (Jules, Cardinal Mazarin). Es ist schon recht ungewöhnlich, daß eine Regentin ihre Initialen mit jenen ihres Ersten Ministers verbindet, eine stolze, standesbwußte Habsburgerin ihren Namen mit jenem eines römischen Verwalterssohnes verknüpft, wie das sonst nur Liebende tun. Das Rätselraten um ein mögliches Verhältnis zwischen Anna von Österreich und Mazarin geht also weiter. Eines steht jedoch fest: Es ist wohl der außergewöhnlichen Beziehung zwischen diesen beiden Menschen zu verdanken, daß Ludwig XIV. seine königliche Macht ungeschmälert übernehmen konnte.

Endlich war er da, der 5. September 1651. Anna hatte es geschafft. An diesem Tag wurde alles anders. Nun konnte ihr niemand mehr die Regentschaft nehmen, denn nun lag die Macht in den Händen der geheiligten Person des Königs, ihres Sohnes. Es war nur ein symbolischer Akt, aber er war von großer Bedeutung: für Ludwig XIV., für Anna und für Mazarin, als der junge König vor das Parlament trat und zu seiner Mutter gewandt erklärte: »Madame, ich danke Euch für die Sorgfalt, mit der Ihr Euch meiner Erziehung und der Verwaltung meines Reiches gewidmet habt. Ich bitte Euch, mir auch weiterhin Euren Rat zu gewähren; ich wünsche, daß Ihr, nach mir an zweiter Stelle, den Vorsitz meines Rates übernehmt.«

Annas Triumph war jedoch nur von kurzer Dauer. Ludwig XIV. war erst dreizehn Jahre alt und ohne einen starken Berater an seiner Seite. Diese Tatsache machten sich die Frondeure zunutze. Sie ließen sich vom halbgottähnlichen Status des Königs nicht beeindrucken und gingen daran, ihm die Macht zu entwinden. Der Bürgerkrieg flammte wieder auf, im ganzen Land kam es zu Aufständen, und Condé hatte sich auch noch mit den Spaniern verbündet. Wieder floh Anna mit ihrem Sohn aus dem brodelnden Paris. Sie hoffte, in den Provinzen Unterstützung zu finden. In dieser bedrängten Lage richtete der alte Marschall Du Plessis-Praslin, der Erzieher Ludwigs XIV., einen Hilfeschrei an Mazarin: »Kommen Sie! Alles wird sich ändern! Wenn Sie nicht kommen, befürchte ich nichts Gutes für den König ... Ich bin überzeugt, daß am Beginn ihrer Rückkehr es einen großen Lärm geben wird, daß das aber auch das Ende aller Übel sein wird.«

Mazarin wartete schon ungeduldig in seinem Exil, doch es dauerte noch bis Dezember 1651, bis auch Ludwig XIV. ihn rief.

Es stand schlecht um die Sache des jungen Königs, wie der Herzog von York, Ludwigs Cousin, in seinen Memoiren berichtet: »Zu Beginn jenes Jahres [1652] lag der Hof in den letzten Zügen: Nur noch wenige Untergebene waren dem König treu geblieben. Selbst solche, deren persönliches Interesse sie zu überzeugten Vertretern der Rettung des Staates hätte machen müssen, waren zu Werkzeugen jenes aufrührerischen Geistes geworden, welcher das Land unter dem fadenscheinigen Vorwand verwüstete (der Aufständischen schon so oft dazu gedient hat), sie müßten den König vor schlechten Ratgebern bewahren. Damit dieser Einwand plausibler erschien, griffen sie vor allem den Minister [Mazarin] an und brüllten, es sei eine Schande, daß Frankreich von einem Ausländer regiert werde, während so viele Prinzen von königlichem Geblüt nicht nur mehr Anrecht auf diesen Posten hätten als der Kardinal, sondern ihn auch fähiger bekleiden könnten. Diese Prinzen führten die Aufständischen an, und die meisten Adligen des Reiches und Personen von Rang folgten ihnen. Die größten Städte und die Mehrzahl der Parlamente hatten sich ihnen angeschlossen.«

Kaum hatte man ihn gerufen, wurde Mazarin auch schon wieder aktiv. Es gelang ihm, Turenne, der ohnedies mit Condé immer zerstritten war, für die Sache des Königs zu gewinnen. Bevor er sich mit 7000 Soldaten auf den Weg machte, versicherte er Ludwig

XIV. in einem Brief noch seiner Treue und Anna seiner Zuneigung: »Entweder geht alles zugrunde, oder ich sehe Sie in zwei Wochen. Bei diesen Worten gerate ich außer mir.« Anna fieberte in Poitiers, wohin sie sich mit ihrem Sohn geflüchtet hatte, Mazarins Rückkehr entgegen. Sie war kaum fähig, ihre Gefühle im Zaum zu halten, als er am 28. Januar 1653 endlich eintraf, so daß ein Beobachter, der Staatsrat Michel Le Tellier, erklärte: »Entweder ist sie vom Kardinal behext oder sie ist mit ihm verheiratet.« Doch nur eine knappe Woche blieb ihnen, ihr Wiedersehen zu genießen. Schon riß die Politik Mazarin wieder von Anna fort. Es ging um Frankreich, es ging um die Erhaltung der königlichen Autorität. Energisch nahm Mazarin, der ehemalige Hauptmann, die Zügel wieder in die Hand. Er eilte mit seinen Soldaten durch das Land und stellte die Ruhe in den aufständischen Gebieten wieder her: Tours, Amboise, Blois, Orléans, eine Stadt nach der anderen ging auf die Seite des Königs über. Nur in Paris loderte noch immer das Feuer des Widerstandes. In den Herbsttagen des Jahres 1652 hatte die Tochter von Gaston, Mademoiselle de Montpensier, die leibliche Cousine Ludwigs XIV., ihren großen Auftritt als Rebellin. Einer Amazone gleich führte sie die Fronde an und ließ auf die herannahenden Truppen des Königs schießen, während der Herzog von Beaufort versuchte, die Massen bei der Stange zu halten. Doch das Volk, das in dieser Zeit der Wirren noch mehr zu leiden hatte als sonst, war müde geworden, und auch das Parlament, das sich längst wieder mit dem Adel zerstritten hatte, sprang ab. Die Fronde begann sich aufzulösen. Als sich schließlich Condé, der einzige fähige Heerführer der Rebellen, absetzte, brach der Widerstand endgültig zusammen. Paris gab auf.

Am 21. Oktober 1652 konnte Ludwig XIV. unter dem Jubel der Bevölkerung wieder Einzug in seine Hauptstadt halten. Unverzüglich ging er daran, die Verursacher der Rebellion zu bestrafen. Er beschnitt sämtliche Funktionen des aufsässigen Parlaments und verwies es für die nächsten 60 Jahre wieder zurück in seine ursprüngliche Aufgabe eines Gerichtshofes. Condé, der nach Spanien geflüchtet war, wurde in absentia zum Tode verurteilt. Erst 1659, nach dem Pyrenäenfrieden, sollte er rehabilitiert werden und nach Frankreich zurückkehren, um als Oberbefehlshaber der Armee dem Lande und seinem König noch große Dienste zu leisten. Auch mit Onkel und Cousine und den zahlreichen Mitgliedern des Hochadels, die sich gegen ihn gestellt hatten, verfuhr Ludwig XIV. streng. Sie wurden alle ins Exil geschickt oder zumindest für die nächsten Jahre auf ihre Güter verbannt. Anstatt die Monarchie zu schwächen, hatte die Fronde den Weg zum Absolutismus geöffnet.

Mazarin selbst, dem der König all das zu verdanken hatte, zog zu jener Zeit immer noch kämpfend durch das Land. Nicht nur die Aufständischen, auch die Spanier waren zu schlagen, denn immer noch herrschte Krieg mit dem Nachbarland.

Anna verzehrte sich unterdessen nach ihm, wie aus ihren Briefen hervorgeht.

Am 26. Januar 1653 schrieb sie: »Ich weiß nicht mehr, wann ich Ihre Rückkehr erwarten soll, da sich jeden Tag neue Hindernisse auftürmen. Alles, was ich Ihnen sagen kann, ist, daß ich mich sehr danach sehne und daß ich diese Verzögerung höchst ungeduldig ertrage. Und wenn 16 [Mazarin] wüßte, wie sehr 15 [Anna] in dieser Hinsicht leidet, bin ich sicher, er würde darüber sehr gerührt sein. Ich bin es im Augenblick so stark, daß ich nicht die Kraft habe, ausführlich zu schreiben, und ich weiß nicht recht, was ich sage. Ich habe fast jeden Tag Briefe von Ihnen erhalten, und wäre dem nicht so, ich wüßte nicht, was geschehen würde. Schreiben Sie mir weiterhin ebenso oft, da Sie mir in dem Zustand, in dem ich mich befinde, Linderung verschaffen. ... Adieu, ich kann nicht mehr.«

Am 3. Februar 1653 traf endlich auch Mazarin in Paris ein. Er wurde mit solchem Jubel empfangen, als hätte es nie eine Fronde gegeben. »Am nächsten Tag«, schreibt der Zeitzeuge Montglat, »begaben sich alle Beamten der Krone und die hochstehenden Persönlichkeiten, die in Paris waren, nach Dammartin, um ihm die Reverenz zu erweisen und ihrer Freude über sein Eintreffen Ausdruck zu geben. Der König fuhr ihm bis Le Bourget entgegen, ließ ihn in seiner Karosse Platz nehmen und führte ihn zur Begrüßung der Königin in den Louvre. Sie war in einem Freudenrausch, der nicht beschrieben werden kann ...«

Sofort ging der Kardinal wieder an die Arbeit, denn Ludwig XIV.

war noch jung und widmete sich lieber dem Vergnügen und der Jagd als den Staatsgeschäften. Vertrauensvoll überließ er alles seinem Ersten Minister. Doch nun wurde es langsam höchste Zeit, ihn mit den Regierungsangelegenheiten vertraut zu machen. »Ich werde sehr zufrieden sterben«, schrieb Mazarin an den König, »in dem Augenblick, wo ich Sie in der Lage sehe, selbst zu regieren, indem Sie sich Ihrer Minister nur bedienen, um ihre Ratschläge zu hören und davon profitieren, wie es Ihnen gefällt, und indem Sie ihnen dann die Befehle geben, was sie zu tun haben«. Ludwig XIV. würde sich an diesen Rat halten und als absoluter Monarch herrschen. Wie sehr er sich schon als Jüngling der Leistung des Kardinals bewußt war, zeigte sein respektvoller Umgang mit ihm. Er stattete Mazarin regelmäßig Besuch ab, wenn dieser wieder einmal krank darnieder lag, was jetzt immer häufiger vorkam. Durch die übermenschlichen Anstrengungen der letzten Jahre war dieser Mann früh verbraucht. Doch trotz eines schmerzhaften Gichtleidens schonte er sich nicht und arbeitete weiter seine 18 Stunden pro Tag. Ludwig XIV. lohnte ihm seine aufopfernden Dienste mit dem Herzogstitel und zahlreichen einträglichen Ämtern und Würden, die ihn zu einem der reichsten Männer Frankreichs machten.

Mazarin, der nie in seinem Leben ein Asket gewesen war, verbrachte die letzten Jahre seines Lebens in großem Luxus und trug mit Leidenschaft Bücher, Gemälde und Kunstgegenstände in seinem Palais Mazarin, in dem sich heute die Französische Nationalbibliothek befindet, zusammen. Bei seinem Tod fand man eine Bibliothek mit 9000 Bänden, 120 griechische und römische Statuen, 78 Gobelins sowie herrliche Möbel und zahlreiche Diamanten von schier unschätzbarem Wert. Er konnte es sich leisten, denn seine Einnahmen aus den verschiedenen Funktionen, die er bekleidete, waren enorm. 204000 Livres* pro Jahr hat man errechnet. Dazu kamen noch die Einkünfte aus seinen zahllosen Landbesitzungen wie den Herzogtümern Nevers, Rethel oder der Baronie Mayenne. Doch nicht immer floß das Geld auf ganz geraden Wegen in seine Taschen. So ließ er sich etwa die Vergabe von einträglichen Ämtern teuer bezahlen. Im-

---

* 1 Livre = ca. 400 öS, ca. 58 DM

merhin galt es ja eine große Familie zu versorgen. Seine beiden verheirateten Schwestern, Laura-Margherita Martinozzi und Gerolama Mancini, hatten dem Kardinal insgesamt sieben Nichten und zwei Neffen beschert. Vor allem die Nichten sorgten nun wegen ihrer exquisiten, südländischen Schönheit für großes Aufsehen am französischen Hof. Die Auffallendste unter ihnen, Olympia Mancini, wurde sogar die Geliebte des jungen Königs. Aus Sorge um ihren guten Ruf arrangierte der mächtige Onkel daraufhin unverzüglich die Vermählung mit Eugen-Moritz von Savoyen-Carignan, dem Grafen von Soissons. Denn nach dem Moralverständnis jener Zeit durfte sich nur eine verheiratete Frau ein außereheliches Verhältnis leisten; die Tugend junger Mädchen dagegen wurde sorgsam behütet. Derart gut versorgt, konnte die schöne Olympia also wieder ihre Beziehung zum König aufnehmen. Ludwig XIV. erwies sich ganz im Gegensatz zu seinem spröden Vater als heißblütig und sinnesfreudig und geriet damit viel mehr seinem Großvater Heinrich IV. nach, dem er offenbar auch hinsichtlich der Zahl seiner späteren Mätressen nachzueifern gedachte.

So wie für Olympia fanden sich auch für die übrigen Mazarin-Nichten Ehepartner aus den angesehensten Familien des Landes. Nun plötzlich wollte sich der französische Adel mit dem mächtigen Kardinal, den er einst so verfolgt hatte, gutstellen. Laura Mancini bekam den Herzog von Mercœur, einen Enkel Heinrichs IV. und seiner Geliebten Gabrielle d'Estrées. Marie-Anne Mancini wurde Herzogin von Bouillon, und Hortense Mancini ehelichte den Marquis von Meilleraye, der einmal den Titel eines Herzogs von Mazarin erben sollte. Laura Martinozzi wurde mit Alphons II. von Modena vermählt und durfte sich rühmen, Mutter einer Königin zu sein, denn ihre Tochter Marie-Beatrice wurde die Gemahlin Jakobs II. von England. Ihre Schwester, Anne-Marie Martinozzi, heiratete in das französische Königshaus ein. Sie bekam Armand von Bourbon, den Prinzen von Conti, zum Gemahl, und durch sie gelangte das Mazarin-Blut in fast alle europäischen Herrscherhäuser bis hin zu Albert II. von Belgien und Juan Carlos von Spanien (siehe Stammtafel 4).

Mazarin brachte seine Nichten bestens unter, denn man riß sich in den hohen und höchsten Kreisen regelrecht um die schönen Italienerinnen, nicht zuletzt wegen der beachtlichen Mitgift, die sie mitbrachten. Mit bis zu 600 000 Livres stattete der Kardinal seine Nichten aus. Eine ganz schöne Summe, wenn man bedenkt, daß damals im Hochadel ein Sechstel, also rund 100 000 Livres, üblich waren und in gutbürgerlichen Kreisen etwa 5000 Livres. Zum Vergleich, um sich die Relationen zu vergegenwärtigen: Ein gewöhnlicher Arbeiter verdiente zu jener Zeit 10 Livres, ein Facharbeiter oder ein Gemeindepfarrer etwa 20 Livres pro Monat.

Mazarin war ein ausgesprochen großzügiger Onkel. Die Königinmutter und selbst den jungen König hielt er dagegen in finanziellen Dingen äußerst kurz und mahnte ständig zur Sparsamkeit. Überhaupt hatte sich sein Verhalten gegenüber Anna seit seiner Rückkehr geändert. Es schien, als hätte sie für ihn an Bedeutung verloren. Politisch hatte sie kein Gewicht mehr. Mazarin arbeitete nur noch mit dem König und informierte Anna meist erst im nachhinein über seine Entscheidungen. Auch in seinem Umgang mit ihr war er schwierig geworden. Er ließ es oft am nötigen Respekt fehlen und benahm sich in seinen letzten Jahren wie ein mürrischer alter Geizkragen aus einem Molière-Stück, wenn er ihr ständig Vorhaltungen wegen ihrer Ausgaben machte. Vielleicht war auch seine Krankheit an seinem veränderten Verhalten schuld. Mazarin war ein alter Mann, der seine Launen an der Frau ausließ, die ihn liebte. Anna ertrug ihn bis zum Schluß und pflegte ihn, wenn er krank war. Kaum je hörte man ein böses Wort über ihn aus ihrem Munde.

Im Frühjahr 1659 allerdings wäre es fast zum Zerwürfnis zwischen Anna und Mazarin gekommen. Schuld daran war die siebente seiner Nichten: Marie Mancini. Sie war 1657 als letzte der Mazarin-Nichten an den französischen Hof gekommen. Eigentlich entsprach sie überhaupt nicht dem damals gängigen Schönheitsideal, denn sie war groß und überschlank, hatte riesige, schwarze Augen und dunkles Haar. Ludwig XIV. aber gefiel sie. Die ernste, tiefgründige Marie Mancini entflammte das Herz des romantischen jungen Königs. Sie war seine erste oder, wie manche auch meinen, seine einzige wirkliche große Liebe. Ludwig XIV. war so sehr verliebt, daß er allen Ernstes daran dachte, sie zu heiraten. Und das Mädchen selbst war überzeugt davon, daß ein König alles konnte, was er wollte. Anna und Mazarin waren entsetzt. So viele Jahre hatten sie um die königliche Autorität gekämpft, und nun wollte dieser verliebte Teenager alles kaputt machen, indem er eine unstandesgemäße Ehe einging! Außerdem war der junge König drauf und dran, das von Mazarin mühsam zustande gebrachte große politische Werk mit einem Schlag wieder zunichte zu machen: den Frieden zwischen Spanien und Frankreich, der mit einer Ehe Ludwigs XIV. mit seiner Cousine Maria Teresa besiegelt werden sollte. Offenbar traute Anna dem Ehrgeiz Mazarins – sollte ihm die Aussicht, Onkel der Königin von Frankreich zu sein, vielleicht doch gefallen? – nicht ganz über den Weg, denn ihre Worte waren von ungewohnter Schärfe, als sie zu ihm sagte: »Ich glaube nicht, Monsieur le Cardinal, daß der König sich feige benehmen könnte; aber wenn er es jemals erwägen sollte, so warne ich Sie, daß Frankreich sich in einem Aufstand gegen Sie beide erheben würde und daß ich mich an die Spitze der Rebellen stellen würde, und meinen [jüngeren] Sohn dazu.«

Das war deutlich. Der arme Mazarin hatte alle Mühe, die Dinge wieder ins Lot zu bringen. Denn die verliebten jungen Leute waren uneinsichtig und wollten nicht von einander lassen. Da gab es nur eines: Marie mußte so rasch wie möglich verheiratet werden. Der Auserwählte war der Fürst von Colonna, Nachfahre des einstigen Arbeitgebers von Mazarins Vater. Unter Tränen nahmen Ludwig und Marie voneinander Abschied. Ludwig XIV. war trotz seines tief empfundenen Kummers doch noch zur Räson gekommen. Mazarin hatte ihn ins Gebet genommen und ihm am 12. Juli 1659 folgenden Brief geschrieben: »Ihr werdet mir gestatten, Euch mit allem Respekt und Gehorsam, den ich Euch schulde, darauf hinzuweisen, daß, obwohl meine Bereitschaft, Euren Wünschen zu entsprechen, immer außerordentlich groß war, solange ich mich in der Lage sah, dies zu tun, ohne dadurch meine Pflicht Euch gegenüber zu verletzen oder Euer Ansehen zu schädigen, und obwohl ich mir wünsche, ich könnte in diesem Falle ebenso verfahren, diesmal mein eigenes Ansehen auf dem Spiel steht, ebenso wie dasjenige einer Person, der Ihr die Ehre Eurer Gunst zuteil werden laßt, und daß dieses Ansehen zweifellos bleibenden Schaden nehmen wird, wenn Ihr Euch nicht bereit erklärt, die Beziehung, die Ihr in solchem Maße in aller Öffentlichkeit aufrechterhaltet, zu unterbinden. Ich flehe Euch an, Eure Zustimmung zu geben. Und da Ihr der liebenswürdigste und vernünftigste unter den Menschen seid, kann ich nicht daran zweifeln, daß Ihr mir allein aus den genannten Gründen diesen Gefallen tun werdet; darüber hinaus aber möchte ich diesen Gefallen als die größte Belohnung entgegennehmen, die Ihr mir geben könnt für die geringen Dienste, die ich so glücklich war, Euch erweisen zu dürfen; und zum dritten wage ich zu sagen, daß Ihr es Euch in der gegenwärtigen Situation schuldig seid, steht Ihr doch im Begriff, eine Unternehmung auszuführen, die vereitelt würde, wenn Ihr das besagte Verhältnis fortführt, denn in dieser Form ist der Schaden, den es Euch zufügt, noch größer, als wenn die fragliche Person weiterhin am Hofe weilte und Ihr Euch ihr gegenüber so verhieltet, wie Ihr es in Paris zu tun geruhtet ...« Mazarin wies den König geschickt auf seine Pflicht hin. »Pflicht« war das Stichwort jener Zeit, oft beschworen in den Dramen von Corneille, fast immer im Kampf gegen die Liebe und fast immer siegreich. Auch bei Ludwig XIV. siegte das Pflichtgefühl.

Die Schwierigkeiten mit Marie hatten Mazarin ziemlich zu schaffen gemacht. Von Krankheit schwer gezeichnet, konnte er gerade noch sein politisches Werk vollenden. Am 7. November 1659 wurde auf der Fasaneninsel im Bidassoa-Fluß der Pyrenäenfriede geschlossen und damit der seit 1635 andauernde Krieg mit Spanien endlich beendet. Gleichzeitig wurde die Ehe Ludwigs XIV. mit der Infantin Maria Teresa beschlossen, der Tochter Philipps IV. aus seiner ersten Ehe mit Elisabeth von Frankreich.

Anna von Österreich war stolz und glücklich, ihre neue und ihre alte Heimat derart vereint zu sehen. Mit großem Pomp begleitete sie ihren Sohn in die Grenzstadt Saint-Jean-de-Luz, wo am 9. Juni 1660 die Hochzeit stattfand. Nach 45 Jahren gab es für Anna auch ein Wiedersehen mit ihrem Bruder, Philipp IV. Zur Begrüßung entschuldigte sie sich dafür, daß sie fünfzehn Jahre lang gegen ihn Krieg geführt hatte: »Ich glaube, Eure Majestät werden mir verzeihen, daß ich eine so gute Französin geworden bin: Ich war es dem König, meinem Sohn, und Frankreich schuldig.«

Kaum war diese Hochzeit des Jahrhunderts, die einmal die französischen Ansprüche auf den spanischen Thron sichern würde, beendet, sackte Mazarin, der Meister der Diplomatie, in sich zusammen. Er war erschöpft, hatte seine Lebensaufgabe erfüllt. Ihm blieb nichts mehr zu tun, als zu sterben.

Anna und Ludwig XIV. verweilten oft viele Stunden an seinem Bett und versuchten, seine Schmerzen zu lindern. Am 7. März 1661 nahm Mazarin Abschied von der königlichen Familie und ließ sich nach Vincennes bringen, wo er am 9. März 1661 gegen 2 Uhr morgens starb.

Was bisher noch keinem Minister zuteil geworden war, wurde dem toten Mazarin gewährt: Der Hof trug Trauer. Ludwig XIV., für den der Kardinal nicht nur ein unersetzlicher Erster Minister, sondern auch Lehrer und Vaterersatz gewesen war, zeigte offen seine tiefe Erschütterung und bemühte sich erst gar nicht, seine Tränen zurückzuhalten. Im Gegensatz zu ihrem Sohn trug Anna den Tod Mazarins mit Fassung. Wollte sie nicht zeigen, wie tief ihr Schmerz wirklich war, oder aber empfand sie vielleicht ein wenig Erleichterung? Sie hatte es während der letzten Jahre nicht leicht mit Mazarin gehabt. Er war aufgrund seiner zahlreichen Leiden oft gereizt gewesen und hatte seinen Unmut an ihr ausgelassen.

Nach Mazarins Tod zog sich Anna aus dem politischen und höfischen Geschehen weitestgehend zurück. Sie wollte nicht denselben Fehler machen wie ihre Schwiegermutter, sondern sie überließ den Platz der regierenden Königin, ihrer Nichte, Marie-Thérèse.

Bis jetzt war Anna stets von erstaunlich robuster Gesundheit gewesen, doch nun, mit Mitte Sechzig, begann sie plötzlich zu kränkeln. Ende 1664 wurden die Schmerzen in der rechten Brust immer stärker: Die Königinmutter hatte Krebs. Mit großer Geduld ertrug die tiefreligiöse Frau ihre Krankheit über ein Jahr lang bis zum bitteren Ende. Als eines Abends ihr Blick auf ihre einst wegen ihrer Schönheit so sehr gerühmten Hände fiel, sagte sie: »Meine Hand ist geschwollen, es ist Zeit zu gehen.« Tags darauf, es war der 20. Januar 1666, war Anna von Österreich tot.

Macht und Leidenschaft

Katharina II., Poniatowski, Orlow und Potemkin

Poniatowski und die Großfürstin

Nach einer entsetzlich anstrengenden, mehrwöchigen Reise entlang der von Winterstürmen gepeitschten Ostsee erreichten Sophie Friederike Auguste, Prinzessin von Anhalt-Zerbst, und ihre Mutter am 9. Februar 1744 endlich Moskau. Trotz der überstandenen Strapazen war Sophie glücklich und aufgeregt, denn eine bis vor kurzem noch unvorstellbare, brillante Zukunft erwartete sie. Die Zarin Elisabeth hatte ausgerechnet die Tochter des völlig unbedeutenden deutschen Fürsten Christian August von Anhalt-Zerbst als Gemahlin für ihren Neffen und Erben, Karl Peter Ulrich von Holstein-Gottorp, auserkoren. Für Sophies Mutter, die ehrgeizige Johanna Elisabeth, war ein Traum in Erfüllung gegangen, und urplötzlich sah sie ihre Tochter mit ganz anderen Augen. Bisher hatte sie nämlich für ihr erstes, am 2. Mai 1729* geborenes Kind nur wenig übrig gehabt, denn ihre ganze Liebe galt ihren Söhnen. Johanna Elisabeth war eine ziemlich oberflächliche und egozentrische Frau, die der festen Überzeugung war, ihre Tochter sei häßlich. Allein schon aus diesem Grunde schenkte sie ihr kaum Beachtung. Bis am 1. Januar 1744 die Einladung der Zarin eintraf.

Daß Elisabeth Petrowna, die Tochter Peters des Großen, die seit ihrem Staatsstreich im Jahre 1741 die Zarenkrone trug, unter den vielen europäischen Prinzessinnen gerade Sophie erwählt hatte, war wohl in erster Linie auf eine sentimentale Anwandlung zurückzuführen. Die Zarin war nämlich einmal mit Sophies Onkel Karl August von Holstein-Gottorp** verlobt gewesen. Der Bräutigam war jedoch kurz vor der Hochzeit den Pocken erlegen.

---

* 21. April nach dem bis 1918 in Rußland gültigen julianischen Kalender.
** Karl August von Holstein-Gottorp, 1706–1727, war der Bruder von Sophies Mutter.

Elisabeth hatte nicht mehr geheiratet und war kinderlos geblieben. Daher hatte sie ihren Neffen Peter, den Sohn ihrer Schwester Anna Petrowna und des Herzogs Karl Friedrich von Holstein-Gottorp, als ihren Erben und Nachfolger eingesetzt.

Sophie, die mit ihrem Übertritt zum russisch-orthodoxen Glauben am 28. Juni 1744 zu Jekaterina Alexejewna wurde, hatte sich den Voraussagen ihrer Mutter zum Trotz zu einem recht hübschen Mädchen entwickelt. Sie war gesund, fröhlich und sehr lebendig, vor allem aber verfügte sie über einen sehr stabilen Charakter und einen überaus wachen Verstand. Das junge Mädchen war sich der Ehre, die ihr zuteil geworden war, durchaus bewußt, und sie war entschlossen, sich derselben würdig zu erweisen, indem sie Peter eine gute Frau sein wollte. Der um ein Jahr ältere Peter war ihr übrigens kein Unbekannter. Über das Haus Holstein waren sie sogar miteinander verwandt,* und im Alter von zehn oder elf Jahren waren sie einander schon einmal begegnet. Damals hatte sie Peter eigentlich ganz sympathisch gefunden.

Nun aber, sechs Jahre später, fiel es ihr schwer, für Peter Zuneigung zu empfinden, denn abgesehen von seinem schwächlichen Körper war er nicht nur von erschreckender geistiger Unreife, sondern auch seelisch ein Krüppel. Der bedauernswerte, früh verwaiste Junge war das Produkt einer lieblosen Erziehung, die aus unverantwortlicher Vernachlässigung und manchmal geradezu sadistischer Strenge bestanden hatte. Eine Pockenerkrankung kurz vor der Hochzeit entstellte den leidlich hübschen Peter dann auch noch äußerlich derartig, daß er sein psychisches Gleichgewicht offenbar völlig verlor. Dies äußerte sich in einem bisweilen höchst anormalen Verhalten und einem unübersehbaren Hang zur Grausamkeit, vor allem aber in einem zunehmenden Haß auf seine ihm in jeder Hinsicht überlegene Braut, die ihm schließlich am 21. August 1745 in St. Petersburg angetraut wurde.

Die Vermählung des russischen Thronerben war natürlich ein Ereignis, das die ganze zaristische Prachtentfaltung erforderte. Mit be-

---

* Peters Großvater, Herzog Friedrich IV. von Holstein-Gottorp, und Katharinas Großvater mütterlicherseits, der Bischof von Lübeck, Christian August, waren Brüder.

geistertem Staunen begrüßte die Menge den Konvoi aus 84 vergoldeten und mit allegorischen Bildern bemalten Karossen, der sich den Weg zur Kirche der Mutter Gottes von Kasan bahnte. Es war, als prallten hier zwei Welten aufeinander, so scharf kontrastierten die seidenen Gewänder der bis zu den Schuhschnallen mit Edelsteinen behängten geladenen Gäste mit den Lumpen des sich gaffend in den Gassen von St. Petersburg drängenden einfachen Volkes. Hinter der Zarin, die eine ausladende Robe aus braunem, goldbesticktem Seidenrips trug, traf das Brautpaar ein. Katharinas Brautkleid – das heute noch im Kreml-Museum zu bewundern ist – war aus schimmerndem Silberbrokat gefertigt und am Oberteil ganz mit Silberfäden bestickt. Von den Schultern fiel ihr eine lange Schleppe, und im dichten, kastanienbraunen Haar glitzerte eine diamantene Krone. Ein schönes Paar, hätte man meinen können. Doch der Gesichtsausdruck der beiden jungen Menschen sprach eine andere Sprache. Sorgen und Angst vor der Zukunft überschatteten Katharinas kindliche Züge, während Peter seine Befangenheit hinter einer gleichgültigen Miene zu verbergen suchte. Wieder einmal wurde hier mit einer glanzvollen Fürstenhochzeit der Vorhang zu einer menschlichen Tragödie gehoben.

Auf rosa-seidene Kissen gebettet, wartete die völlig unaufgeklärte Braut auf ihre Hochzeitsnacht. Zwei Stunden lag sie regungslos in dem riesigen Himmelbett, bis endlich Peter, schon ziemlich angetrunken, ins Zimmer taumelte. Er warf sich neben sie aufs Bett, murmelte etwas wie: »Die Domestiken wird es amüsieren, uns zusammen im Bett zu sehen«, drehte sich um und schlief ein. Und so wie diese Nacht verliefen auch die Nächte während der nächsten neun Jahre für Katharina. Denn selbst wenn Peter sie geliebt hätte, wäre es zu keiner Hochzeitsnacht gekommen, denn er war schlicht und einfach impotent. Ob dies nun an einem körperlichen Defekt lag, der mit einem kleinen chirurgischen Eingriff zu beheben gewesen wäre, oder ob das Unvermögen des Großfürsten psychische Ursachen hatte, darüber wird in Historikerkreisen bis heute diskutiert. Katharinas Schuld war es gewiß nicht. Sie war viel zu jung, um Peters Problem zu verstehen. Doch ausgerechnet ihr machte man Vorwürfe, als sich nach jahrelanger Ehe immer noch kein Nachwuchs einstellte.

Es war eine Zeit der Einsamkeit und der Demütigungen für Katharina, denn Peters Impotenz hinderte ihn nicht daran, ständig für irgendwelche Hofdamen zu schwärmen und seiner Frau von den Reizen der anderen zu berichten. Die junge Großfürstin litt sehr unter dieser Zurücksetzung, und die Kluft zwischen den Eheleuten wurde von Tag zu Tag größer. Es spricht für Katharinas psychische Gesundheit, daß sie all diese Enttäuschungen und Kränkungen relativ unbeschadet überstand. Sie hatte bei Hofe niemanden, dem sie sich anvertrauen konnte, denn auf Befehl der Zarin wurde sie auf Schritt und Tritt von der gestrengen und engstirnigen Frau Tschoglokowa überwacht, die man ihr als eine Art Erzieherin zugeteilt hatte. In ihrem Kummer und ihrer Einsamkeit zog sich Katharina zurück und widmete sich verstärkt der Lektüre. Damals begann sie, sich mit den Werken Montesquieus und Voltaires zu befassen, sie schulte ihren Intellekt, und ihr Interesse für die Ideen der Aufklärung, für Politik und für das Spiel der Macht erwachte.

1752 fiel nach sieben trostlosen Jahren endlich ein Sonnenstrahl auf Katharinas unglückliches Dasein, denn ein neuer Kammerherr kam an den »jungen Hof«, wie die Umgebung des Großfürstenpaares genannt wurde. Er hieß Sergej Saltykow, sah blendend aus und machte der traurigen Großfürstin bald ganz offensichtlich den Hof. Überraschenderweise schritt die Tschoglokowa nicht ein. Vielleicht hatte die Zarin, die so ungeduldig auf einen Erben wartete, beschlossen, daß Katharina schwanger werden mußte, egal von wem. Und Saltykow kam da gerade recht. Er stammte aus einer der ältesten und angesehensten Familien Rußlands, die sogar schon einmal eine Zarin gestellt hatte,* und Katharina schien ihn zu mögen. Warum also sollte nicht Saltykow das tun, was Peter seit sieben Jahren nicht vermochte? Man ließ ihn also ungehindert seine Verführungskünste spielen. Katharina wußte von alldem natürlich nichts. Im Gegenteil, ängstlich versuchte sie, sich Saltykow zu entziehen, als dessen Interesse an ihr immer deutlicher wurde. Bis die Tschoglokowa sie eines Tages mit recht eindeutigen Worten geradezu zum Ehebruch aufforderte. Zuerst vermutete Katharina eine

---

* Die Gemahlin Iwans V. (1682–1696), des Halbbruders Peters des Großen, war eine Saltykowa gewesen.

Katharina II. (1729–1796)

Falle, dann aber ließ sie ihren Gefühlen freien Lauf. Sie war jetzt 23 Jahre alt, immer noch Jungfrau und bis über beide Ohren in ihren gutaussehenden, gewandten Anbeter verliebt. Saltykow war auch genau der Typ, der das Herz jedes jungen Mädchens höher schlagen ließ. »Er war schön wie der Tag«, schrieb Katharina später in ihren Memoiren, »und sicherlich konnte sich niemand mit ihm vergleichen ... Es fehlte ihm nicht an Geist und nicht an jener Feinheit der Bildung, des Benehmens und des Auftretens, wie sie die große Welt verleiht ... Er war sechsundzwanzig Jahre alt. Er war, um es kurz zu sagen, durch Geburt und durch viele andere Eigen-

117

schaften ein vollendeter Kavalier ...« Katharina, die weder als Kind noch als junge Ehefrau je wirkliche Zuneigung und Wärme erfahren hatte, sehnte sich nach Liebe und Zärtlichkeit, und ihr gesunder, junger Körper forderte sein Recht. Nachdem sie sich das ganze Frühjahr und den Sommer hindurch gewehrt hatte, gab sie Saltykows Werben schließlich nach und wurde seine Geliebte.

Im Frühjahr 1754 zeitigte die Affäre Folgen. Katharina war guter Hoffnung. Höchste Zeit also, Peter ins Spiel zu bringen, um die Legitimität des Kindes nicht in Frage zu stellen. Man hatte ihn inzwischen durch eine erfahrene Witwe in die Freuden der Liebe einweihen lassen, die er nun mit wechselnden Mätressen ausgiebig genoß. Angewidert mußte auch Katharina wohl oder übel die plumpen Umarmungen ihres Gatten gelegentlich über sich ergehen lassen. Als sie im September 1754 mit einem Sohn, dem späteren Paul I., niederkam, stellte niemand Peters Vaterschaft in Frage.

Mit der Geburt eines Erben hatte Katharina ihre oberste Pflicht und die Erwartungen der Zarin erfüllt, und man hätte meinen können, daß ihr nun eine bedeutende Stellung zukam. Doch das Gegenteil war der Fall. Das freudige Ereignis wuchs sich zu einem traumatischen Erlebnis für die junge Frau aus, denn man nahm ihr das Kind augenblicklich weg. Die Zarin hatte beschlossen, höchstpersönlich für ihren »Enkel« zu sorgen. Die Kindesmutter dagegen wurde in ihrem Wochenbett allein gelassen und völlig vernachlässigt. Aber damit nicht genug. Nun sandte man auch noch ausgerechnet Saltykow nach Sachsen und Schweden, um an den dortigen Höfen die Geburt des russischen Thronerben zu verkünden. Welch grausamer Zynismus! Und zu alledem mußte Katharina dann auch noch erfahren, daß ihr geliebter Sergej auch nicht der Mann war, für den sie ihn gehalten hatte. Er war weder treu noch diskret. Ungeniert plauderte er im Ausland über sein Verhältnis mit der Großfürstin, und als er nach St. Petersburg zurückkehrte, mußte die verstörte Katharina feststellen, daß sein Interesse an ihr erlahmt war. Er war völlig verändert. Er ließ sich erst lange bitten, bis er sich zu einem Besuch bei ihr bequemte, oft kam er gar nicht oder ließ sie stundenlang warten. Der einst glühende Liebhaber zeigte sich plötzlich kalt und gefühllos. War sie in ihrer jugendlichen Naivität auf die schönen leeren Worte eines windigen Verführers hereingefallen, oder erfolgte Saltykows Rückzug auf allerhöchsten Befehl? War er ihrer tatsächlich überdrüssig, oder hatte man ihm nahegelegt, sich zurückzuziehen, nachdem er seine Aufgabe als Deckhengst zur Zufriedenheit erledigt hatte? Was auch immer der Grund für Saltykows wenig ehrenvolles Verhalten war, für Katharina war es auf jeden Fall ein Schock. Sie litt unsäglich und vergoß viele Tränen. Ihre erste große Liebe endete mit einer großen Enttäuschung und schweren Demütigung. Es brauchte lange, bis sie sich von ihrem Liebeskummer erholt hatte und die Wunden auf ihrer Seele halbwegs vernarbt waren.

Zumindest äußerlich aber hatte der Schmerz keine Spuren hinterlassen. Katharina war schöner denn je, als sie wieder in der Öffentlichkeit erschien. In einem hinreißenden, tiefdekolletierten Kleid aus blauem Samt mit Silberstickerei zog sie alle Blicke auf sich. Sie war keine klassische Schönheit, dafür waren ihre Züge zu unregelmäßig. Aber sie hatte eine schlanke, geschmeidige Figur und eine durch und durch königliche Haltung. Ihr Gesicht war ein wenig zu lang, doch ihre strahlenden, vor Intelligenz blitzenden blauen Augen und ihre schönen weißen Zähne machten diesen Makel wieder wett. Das dichte, kastanienbraune Haar, ihr blendend weißer Teint und ihre jugendliche Fröhlichkeit machten ihre besondere Attraktivität aus. Außerdem verstand sie es, durch einfache, geschmackvolle Kleidung ihre Vorzüge zu unterstreichen. »Ich war nicht schön, aber ich gefiel«, schrieb sie später selbst über sich. Kein Wunder also, daß sich bald ein Tröster für die verletzte Seele der Großfürstin fand.

Im Frühjahr 1755 kam der neue englische Gesandte nach St. Petersburg, Sir Charles Hanbury-Williams, der von der ersten Sekunde an von der Intelligenz der Großfürstin beeindruckt war. Auch Katharina schätzte den Engländer sehr, nicht zuletzt weil er ihr immer wieder aushalf, wenn Kleiderkäufe und Spielverluste sie in finanzielle Nöte brachten. Was ihr Hanbury-Williams aber besonders teuer machte, war sein junger Begleiter, ein 23jähriger Pole namens Stanislaus-August Graf Poniatowski, den er ihr im Sommer 1755 bei einem Fest in Oranienbaum vorstellte.

Als Katharinas fröhlich blitzende blaue Augen dem seelenvollen Blick des jungen Polen zum ersten Mal begegneten, sprühten die Funken. Poniatowski, der aus einer der einflußreichsten Familien Polens stammte und bei Hanbury-Williams die Kunst der internationalen Diplomatie erlernen sollte, sah nämlich nicht nur ausgesprochen gut aus, sondern er war auch hochgebildet und von kultivierten Umgangsformen.

Katharina war bezaubert von seiner geistreichen Konversation, seinem Kunstsinn, vor allem aber von seiner sanften, einfühlsamen, etwas schüchternen Art, die in ihr eine große Wärme und ein starkes Gefühl der Zuneigung erweckte: »Ich schätze und liebe ihn mehr als die ganze übrige Menschheit«, sollte sie bald sagen. Poniatowski seinerseits war nicht minder hingerissen von der schönen Großfürstin: »Zu der Zeit hatte sie diejenige Stufe ihrer Schönheit erreicht, die für eine Frau, wenn es ihr überhaupt beschieden ist, schön zu sein, den Höhepunkt bedeutet. Ihre Haare waren schwarz [sic!], ihre Haut blendend weiß und leuchtend rot, sie hatte große blaue, runde, sehr ausdrucksvolle Augen, schwarze, sehr lange Wimpern, eine griechische Nase, einen Mund, der nach Küssen zu schmachten schien; ihre Arme und Schultern waren vollendet schön, ihr schlanker Wuchs eher groß als klein; ihr Gang war sehr beschwingt, aber dennoch voller Noblesse, der Klang ihrer Stimme war angenehm und ihr Lachen ebenso fröhlich wie ihr Gemüt.«

Vorsichtig und ganz langsam entspann sich zwischen den beiden eine heimliche Liaison. Obwohl auch am Zarenhof die gleichen freizügigen Sitten herrschten wie an den anderen europäischen Höfen des 18. Jahrhunderts, war eine Affäre mit der Großfürstin eine heikle Sache. Das Verhältnis mit Saltykow war eine Ausnahme und von der Zarin wahrscheinlich höchstpersönlich genehmigt gewesen. Poniatowski wußte um die Gefährlichkeit seiner Leidenschaft und reagierte entsprechend zurückhaltend, ja er erwies sich als ausgesprochen schüchtern und ängstlich. Man versteht ihn, ging man doch in Rußland nicht gerade zimperlich mit Männern um, die sich in allerhöchste Ehen einzumischen wagten. Er wäre nicht der erste gewesen, den man nach Sibirien expedierte. Doch nicht nur der Gedanke an Sibirien hielt ihn zurück, den ersten Schritt zu tun.

Stanislaus-August Poniatewski (1732–1798)

Obwohl weitgereist und ein Liebling der Frauen, hatte er, wie er in seinen Erinnerungen zugab, bis dahin noch keinerlei sexuelle Kontakte gehabt.

Eines Abends aber, es war inzwischen Herbst geworden, ging Poniatowski an den Privatgemächern der Großfürstin vorbei. Die Tür stand offen, und als er eintrat, fand er Katharina in einem schlichten Kleid aus weißem Satin mit leichtem Spitzenbesatz und rosa Bändern. Sie »sah so bezaubernd aus, daß sie einen allein schon durch ihren Anblick die bloße Existenz Sibiriens vergessen ließ«.

Der romantische Poniatowski war genau der Mann, der die Wunden, die Saltykow Katharina zugefügt hatte, heilen konnte. Er betete sie geradezu an, war einfühlsam und zärtlich und überglücklich, »ihr etwas [zu] bieten, was noch niemand vor ihr besessen hatte«. Er war so anders als die lüsternen, gefühl- und sittenlosen Verführertypen bei Hofe. Seine Liebe war unschuldig und aufrichtig und zu uneingeschränkter Hingabe fähig. Er paßte mit seiner Romantik so gar nicht in dieses unmoralische 18. Jahrhundert, dem die Goetheschen »Leiden des jungen Werthers« noch völlig fremd waren.

Der Winter 1755/56 war eine wundervolle Zeit für die Liebenden. Die Gefahr und die Heimlichkeit gaben ihrer Beziehung einen besonderen Reiz.

Im Frühjahr 1757 war Katharina wieder schwanger. Auch diesmal wagte es niemand, die Legitimität des werdenden Kindes anzuzweifeln, obwohl die Sympathien der Großfürstin für den polnischen Gesandten an dem klatschsüchtigen Zarenhofe mittlerweile trotz aller Vorsicht bemerkt worden waren. Das Mädchen, das Katharina in der Nacht vom 8. auf den 9. Dezember 1757 zur Welt brachte, erhielt den Namen Anna Petrowna und wurde wie der kleine Paul ebenfalls sofort von der Zarin in Obhut genommen. Doch das Kind war von Geburt an schwächlich und starb bereits im März 1759. Zu diesem Zeitpunkt weilte sein Vater schon nicht mehr in Rußland.

Inzwischen war in Europa infolge des »Umsturzes der Bündnisse« der Siebenjährige Krieg ausgebrochen. Rußland trat der französisch-österreichischen Allianz gegen Preußen und England bei.

Die Atmosphäre am russischen Hof war gespannt. Auf der einen Seite stand die regierende Zarin, die einen totalen Sieg über die Preußen wünschte, auf der anderen Peter, der Thronfolger, der ein bekannter Verehrer Friedrichs II. war. Noch zählte seine Meinung nicht, doch sie konnte schon bald das Maß aller Dinge sein, denn Elisabeth lag jetzt immer öfter krank darnieder, und niemand wagte in diesen Monaten des Jahres 1757, eindeutig Stellung zu beziehen. Alles war in der Schwebe, fiel und sank mit dem Gesundheitszustand der Zarin. Elisabeth war zwar erst 48 Jahre alt, aber von ihrem ausschweifenden Lebenswandel früh verbraucht. Seit dem Vorjahr siechte sie regelrecht dahin, und jeder rechnete mit ihrem baldigen Ableben.

Katharina blieb in diesen Monaten nicht untätig. Sie sorgte sich um die Zukunft und machte gemeinsam mit Rußlands Großkanzler, dem Grafen Bestushew, Pläne. Aufgrund der beschränkten geistigen Fähigkeiten und des unberechenbaren Charakters des Großfürsten setzte der Kanzler für die Zeit nach Elisabeth auf Katharina. Ihm schwebte eine Mitregentschaft der künftigen Zarin vor. Katharina jedoch dürfte schon damals mit einer Palastrevolution zu ihren Gunsten spekuliert haben und wartete bereits ungeduldig auf Elisabeths Tod. Offensichtlich hatte sie ihren Geliebten in ihre Pläne eingeweiht, denn Poniatowski schrieb damals in sein Tagebuch: »Du [Elisabeth] bringst uns zur Verzweiflung! Stirb, so schnell du kannst!« Doch Elisabeth starb nicht, und fast wären der Großfürstin ihr Ehrgeiz und ihre Ungeduld zum Verhängnis geworden.

Am 15. Februar 1758 erfuhr sie durch Poniatowski, daß Bestushew verhaftet worden war. Schon mied man Katharina, deren Kontakte zu Bestushew allseits bekannt waren, bei Hofe, schon gab es Gerüchte, man würde sie in ihre Heimat zurückschicken, was zweifellos noch die mildeste Strafe gewesen wäre. Katharina zitterte in diesen Tagen vor Angst, besaß jedoch die Geistesgegenwart, unverzüglich ihre gesamte Korrespondenz zu vernichten. Wieder war es der Geliebte, dem sie die erleichternde Nachricht verdankte, daß es Bestushew gelungen war, ebenfalls alles belastende Material zu vernichten. Stanislaus Poniatowski hatte die gefährliche Rolle des Vermittlers zwischen dem unter Hausarrest gestellten Großkanzler und der Großfürstin übernommen. Er war es auch, der Katharina riet, sich in der Öffentlichkeit zu zeigen. Also nahm die junge Frau ihren ganzen Mut zusammen, straffte den Rücken und trat die Flucht nach vorne an. Gelassen, als wäre nichts geschehen, nahm sie an den Hofgesellschaften teil, setzte ihr bezauberndstes Lächeln auf und konversierte charmant wie immer. Doch während sie neben Poniatowski in der Oper saß, klopfte ihr das Herz vor Aufregung bis zum Hals. Diese Tage und Wochen im Frühjahr 1758 kamen ihr wie eine Ewigkeit vor, zerrten an ihren Nerven. Aber

Katharina war stark, eine Kämpferin und gleichermaßen geschickte Taktiererin, und ihr Durchhalten wurde nach acht qualvollen Wochen, am 13. April 1758 belohnt. Was niemand mehr für möglich gehalten hatte, trat ein: Die Zarin gewährte der Großfürstin eine Unterredung. Demütig und eloquent zugleich gelang es Katharina, Elisabeth von ihrer Unschuld zu überzeugen und ihre Gunst zurückzugewinnen.

Einziger Wermutstropfen ihres Triumphes war die Abreise Poniatowskis im August 1758. Die Politik – er war wegen seiner Verbindung zu Hanbury-Williams suspekt – zwang ihn zu gehen. Erst dreißig Jahre später sollte er Katharina unter völlig veränderten Umständen wiedersehen.

Grigorij Orlow – Der Weg an die Macht

Kummer, Einsamkeit und Zukunftsängste bestimmten Katharinas Leben seit Poniatowskis Weggang, denn die Zarin siechte zusehends dahin, und Peter und seine Anhänger standen bereits in den Startlöchern, die Macht zu übernehmen. Je näher seine Thronbesteigung rückte, umso mehr offenbarte sich Peters Haß auf die Gemahlin. Immer wenn er sie sah, fühlte er seine Unterlegenheit. Er sprach bereits offen davon, sie in ein Kloster zu stecken, sich scheiden zu lassen und seine Mätresse, die häßliche Elisabeth Worontzowa, zu heiraten. Katharina hatte wirklich Angst. Doch sie ließ es sich nicht anmerken. Nach außen hin bewahrte sie Ruhe und heitere Gelassenheit. In ihrem Kopf aber war es nicht ruhig. Sie wußte, sie würde handeln müssen, wenn sie nicht untergehen wollte. Es ging schlicht darum: Peter oder sie.

Katharina war nicht allein. Die Zahl ihrer Freunde und Verehrer wuchs täglich. Sie wuchs in dem Maße, in dem Peter unbeliebter wurde. Hauptgrund für seine Unbeliebtheit war seine hysterische Preußenfreundlichkeit, seine Verehrung für Friedrich II., mit dem Rußland damals Krieg führte. Verständlich, daß sich die meisten Offiziere und viele der Soldaten darüber erbosten und ein bewunderndes Auge auf die Großfürstin warfen, die nicht damit hinter dem Berg hielt, daß sie die Ansichten ihres Gemahls nicht teilte. Ihr ehemaliger Hauptverbündeter, Graf Bestushew, war in der Verbannung, aber da gab es noch Graf Nikita Panin, den Erzieher ihres Sohnes, ein Mann von großen geistigen Fähigkeiten und liberaler Auffassung, der Katharina lieber als Regentin für den kleinen Paul gesehen hätte als den unberechenbaren Peter als Zaren. Vor allem einer aber sollte das Schicksal der ehrgeizigen Großfürstin bestimmen: Grigorij Orlow.

Grigorij Orlow entstammte einer unbedeutenden, nichtadeligen Familie, die ihren Aufstieg der Kaltblütigkeit eines ihrer Mitglieder verdankte. Grigorijs Großvater, Iwan Orlow, hatte 1689 als einfacher Soldat am Aufstand der Strelitzen gegen Peter den Großen teilgenommen und war dafür zum Tode verurteilt worden. Als man ihn zum Schafott führte, zeigte dieser Mann nicht die geringste Furcht, sondern stieß lässig den blutigen Kopf des vor ihm hingerichteten Kameraden mit dem Fuß beiseite und ging dann seelenruhig auf den Richtblock zu. Peter I. war von diesem kaltblütigen Verhalten derart beeindruckt, daß er den Mann begnadigte und in seine Armee aufnahm. Orlow wurde ein treuer Diener des Zaren und brachte es bis zum Offizier. Sein Sohn, Grigorij Iwanowitsch, wurde sogar Gouverneur von Nowgorod und heiratete mit 53 Jahren eine adelige Dame namens Sonowjewa, die ihm neun Kinder schenkte, von denen fünf Söhne am Leben blieben: Iwan, Grigorij, Feodor, Alexej und Wladimir, die allesamt ihren Großvater nicht verleugnen konnten, waren sie doch ebenso verwegen wie dieser. Von geistiger Beschäftigung hielten sie wenig, dafür zeichneten sie sich durch körperliche Robustheit, hohes Ehrgefühl und eine unbedingte Liebe zu ihrem Regiment aus. Wein, Kartenspiel und Frauen genossen sie im Übermaß; das und ihr bis zur Tollkühnheit reichender Mut brachten ihnen die Verehrung der einfachen Soldaten ein.

Der 1734 geborene Grigorij war der zweitälteste der fünf Orlow-Brüder und zweifellos der attraktivste. Seine regelmäßigen Züge und sein sanfter Blick kontrastierten eigenartig mit seinem athletisch gebauten Körper. Im Alter von 25 Jahren eilte ihm bereits der Ruf eines Helden voraus, nachdem er in der blutigen Schlacht von

Zorndorf 1758 trotz dreifacher Verwundung bis zum Ende in vorderster Front weitergekämpft hatte.

Doch nicht nur auf militärischem Gebiet war dieser Orlow für seinen Wagemut berühmt, auch auf amourösen Gefielden hatte er sich bereits einen Namen gemacht. Seine spektakulärste Aktion war sicherlich die Ver- und Entführung der Prinzessin Helena Kurakin, die just die Mätresse seines Vorgesetzten, des Generals Peter Schuwalow, war. Dieses tolldreiste erotische Abenteuer hätte ihn Kopf und Kragen, zumindest aber seine Karriere, kosten können. Doch wer wagt, gewinnt: Der gehörnte General starb, bevor er sich rächen konnte.

Zum Lohn für sein heldenhaftes Verhalten im Kriege wurde Grigorij Orlow 1759 mit der Bewachung des prominentesten Gefangenen, des Grafen Schwerin, betraut, den er nach St. Petersburg geleiten sollte. Er hatte allerdings mit dieser zweifelhaften Auszeichnung wenig Freude, denn wie die meisten russischen Offiziere und Soldaten ärgerte es ihn, daß Großfürst Peter den Preußen wie einen Ehrengast hofierte.

Als Orlow im Sommer 1759 also Schwerin eines Abends wieder zu einem Empfang des Großfürsten geleitet hatte, versah er vor dem Palast Wache, als plötzlich die Großfürstin auf den Balkon in die sternenklare Nacht trat, um frische Luft zu schöpfen. Ihr Blick kreuzte den des schönen Offiziers, und das gegenseitige Interesse war geweckt.

Es war typisch für Orlow, daß er sich nicht die geringste Sorge machte wegen Katharinas hoher Stellung. Im Gegenteil, genau das reizte ihn. Instinktiv erkannte er, daß diese nicht mehr ganz junge Frau – Katharina war damals 30 – die kommende Macht verkörperte. Doch es war an Katharina, die erste Begegnung herbeizuführen, denn äußerste Vorsicht war geboten. In der heiklen Lage, in der sie sich befand, konnte sie sich keine Affäre leisten. Peter hätte eine Eheverfehlung sofort gegen sie verwendet, um sie loszuwerden. So war es die Gräfin Prascowia Bruce, ihre treue Freundin, die ein Treffen in einem kleinen Haus auf einer Newa-Insel arrangierte. Katharina und Grigorij fühlten sich sofort voneinander angezogen. Er war fünf Jahre jünger als sie, und seine männliche, forsche, fast brutale Art faszinierte sie nach den ergebenen Zärtlichkeiten des romantischen Poniatowski. Orlow aber war nicht nur sexuell der richtige Partner für die sinnliche Katinka, wie er sie bald nannte, sondern auch in politischer Hinsicht der Mann, den sie brauchte.

Er bestimmte fortan ihr Leben und das Schicksal Rußlands. In Grigorij Orlows Armen konkretisierten sich ihre Gedanken, wuchsen ihr Mut und ihr Wille zur Macht. Mit ihm konnte sie es schaffen. Das verwegene Unternehmen, das bald stattfinden sollte, konnte nur mit einem tollkühnen Kerl wie Orlow gelingen. Und: Orlow hatte mit seinen vier Brüdern die Armee auf seiner Seite.

Am 5. Januar 1762 starb Elisabeth Petrowna. Doch alle, die erwartet hatten, daß Katharina die Macht an sich reißen würde, wurden enttäuscht. Ohne daß sich eine Stimme erhob, bestieg Peter III. den Thron und schlug auch jene politische Richtung ein, die von ihm zu befürchten gewesen war. Sofort beendete er den Krieg mit Preußen, obwohl Rußland knapp vor dem Sieg stand. Er gab sogar die eroberten Gebiete an Friedrich II. zurück und erklärte sich bereit, auf Seite Preußens gegen Österreich, das immer noch mit Rußland verbündet war, zu kämpfen. Stolz trug er den Orden des Schwarzen Adlers, den ihm Friedrich II. verliehen hatte, auf der Brust. Sodann verordnete er den russischen Soldaten nicht nur den preußischen Drill, sondern zwang sie auch, die preußischen Uniformen zu tragen. Kein Wunder, daß er sich damit die Kritik der Armee zuzog.

Als nächstes machte sich der neue Zar die Kirche zum Feind, indem er einen Großteil ihrer Güter verstaatlichte. Die russische Kirche war der größte Grundbesitzer des Landes, und ausgerechnet auf diesen Domänen war das Los der Leibeigenen besonders schlimm. Doch in Rußland hatten die Popen enormen Einfluß, die Religiosität war im Volk so tief verwurzelt, daß diese im Grunde richtige Maßnahme als viel zu rasch und viel zu radikal empfunden wurde. Es wäre ungerecht, Peter eine völlige Regierungsunfähigkeit nachzusagen, denn immerhin erließ er auch einige durchaus vernünftige Edikte. Doch sein unberechenbarer, labiler Charakter, sein zügelloser Lebenswandel und seine übertriebene Verehrung für den Preußenkönig und alles Deutsche überhaupt schufen ihm mehr Gegner als Freunde im eigenen Land, ein Land, das er im übrigen haßte und nach dessen Krone er nie gestrebt hatte. Daß es Peter III. an politischer Vernunft und an Weitblick fehlte, bewies auch sein Entschluß, einen Krieg gegen Dänemark vom Zaun zu brechen, um sein geliebtes Schleswig-Holstein zu befreien.

Katharina zeigte unverhohlen, daß sie das Verhalten und die Politik ihres Gemahls mißbilligte, und schuf sich damit eine wachsende Zahl von Freunden und Verehrern. Im Gegensatz zu Peter nahm sie große Rücksicht auf die religiösen Gefühle des Volkes. Sie trug Trauer um die verstorbene Zarin, die bei den einfachen Menschen sehr beliebt gewesen war, und immer wieder sah man sie am Sarg Elisabeths beten. Peter hingegen zeigte keine Spur von Respekt vor seiner verstorbenen Tante und machte sich sogar über das orthodoxe religiöse Zeremoniell lustig. Während der Begräbnisfeierlichkeiten schnitt er Grimassen und benahm sich wie ein ungezogenes Kind.

In seiner unbeherrschten Art ließ Peter nun auch seinem ganzen Haß auf seine Gemahlin freien Lauf. Er ging sogar so weit, sie in aller Öffentlichkeit als dumme Gans zu beschimpfen. Katharina ertrug diese Demütigungen mit würdevoller Haltung, was ihr bei Hofe gleichermaßen Mitleid und Bewunderung einbrachte. Es sah ganz so aus, als hätte sie resigniert. Doch nicht alle ließen sich von diesem Eindruck täuschen. So schrieb etwa der französische Botschafter Breteuil am 18. Januar 1762 an seinen Außenminister, den Herzog von Choiseul: »Ich kann mir nicht vorstellen, daß im Kopf dieser Fürstin, von der ich weiß, wie kühn und leidenschaftlich sie ist, nicht früher oder später ein verwegener Plan entstehen sollte. Ich weiß, daß sie Freunde hat, die sie zu besänftigen versuchen, aber alles für sie wagen würden, sobald sie es verlangt.« Fast gleichlautend das Urteil von Mercy d'Argenteau, der an Maria Theresia berichtete: »Es ist kaum denkbar, daß sich hinter dem Anschein von Ruhe nicht ein geheimer Plan verbirgt.«

Die Herren Gesandten hatten völlig recht. Nur äußerlich schien Katharina resigniert zu haben, innerlich aber hatte sie Peter längst den Kampf angesagt und wartete nur auf den richtigen Augenblick, um loszuschlagen. Ihre bisherige Zurückhaltung hatte einen äußerst simplen, aber streng geheimen Grund: Sie war von Orlow schwanger. Diesmal aber bestand keine Chance, Peter das Kind unterzuschieben. Er hätte sie wegen erwiesener Untreue sofort verstoßen. Gelobt seien die Reifröcke und weiten Roben der Zeit, gelobt auch Peters völliges Desinteresse an seiner Frau! Um sie zu demütigen, hatte er sie in einen abgelegenen Flügel des Winterpalais verbannt, nicht wissend, welchen Gefallen er ihr damit erwies. Katharina gelang es, ihren Zustand bis zum letzten Augenblick zu verbergen. Am 11. April 1762 setzten die Wehen ein. Um nur ja von seiner Herrin abzulenken, steckte Katharinas treuer Diener Schkurin in jener Nacht sein eigenes Haus in Brand. Es war bekannt, daß Peter eine perverse Vorliebe für Feuersbrünste hatte, und tatsächlich eilte er sofort mit seinem Gefolge an den Unglücksort, um sich am Schauspiel der Flammen zu weiden. Indessen kam Katharina ganz allein mit einem Knaben nieder, der den Namen Alexej Grigorowitsch und später den Titel eines Grafen Bobrinsky erhielt. Das Kind wurde in einen Biberpelz gewickelt und von Schkurin zu Verwandten aufs Land gebracht.

Katharina war rasch wieder auf den Beinen. Niemand hatte etwas bemerkt. Die Geburt war wirklich zum richtigen Zeitpunkt gekommen, denn Anfang Juli war man zum Handeln gezwungen.

Peter stand kurz vor seiner Abreise zu seinem Heer, um gegen Dänemark zu marschieren. Zuvor aber befahl er Katharina, sich nach Peterhof zu begeben und dort ein Fest anläßlich seines Namenstages vorzubereiten. Katharina schwante Böses. Wollte er sie etwa bei dieser Gelegenheit verhaften lassen, wie er es erst kürzlich angedroht hatte? Hatte er vielleicht gar von ihren geheimen Plänen Wind bekommen?

Dann überstürzten sich die Ereignisse. Am 8. Juli wurde ein gewisser Leutnant Passek verhaftet, weil er sich in betrunkenem Zustand abfällig über den Zaren geäußert hatte. Passek gehörte zum Kreis der Verschwörer innerhalb der Armee. Die Orlow-Brüder hatten gute Arbeit geleistet und erfolgreich Propaganda für Katharina gemacht.

Jetzt war keine Zeit mehr zu verlieren. Jede Minute zählte. Kyrill Rasumowski, Bruder des Favoriten der verstorbenen Zarin und Anhänger Katharinas, ließ unverzüglich ein Manifest zu ihrer Thronbesteigung und zur Absetzung Peters drucken. Obwohl es keinen einheitlichen Plan über die Vorgehensweise gab, lief alles wie von unsichtbarer Hand gesteuert.

Im Morgengrauen des 9. Juli 1762 traf Alexej Orlow in Peterhof ein und schlich sich zu Katharina, die im Pavillon »Mon Plaisir« logierte. »Sie müssen aufstehen, es ist Zeit! Alles ist bereit, um Sie zur Kaiserin ausrufen zu lassen. Passek ist verhaftet worden. Wir müssen handeln«, rief er. Katharina verstand sofort, zögerte keinen Augenblick. Rasch legte sie ein einfaches schwarzes Kleid an, und wenige Minuten später saß sie mit ihrer Kammerfrau in der Kutsche. Plötzlich mußte sie trotz aller Anspannung hell auflachen, denn in der Eile hatte sie vergessen, ihre Nachthaube abzulegen.

Eine rasende Fahrt in Richtung Hauptstadt begann. In der Aufregung hatte man vergessen, für frische Pferde unterwegs zu sorgen. Also mußte man die völlig erschöpften Tiere gegen die beiden Ackergäule eines gerade vorbeikommenden Bauern eintauschen. Katharina fiel ein Stein vom Herzen, als ihnen kurz darauf Grigorij Orlow entgegenkam, um seine Geliebte auf dem Weg zum Ruhm zu eskortieren. Kurz vor sieben Uhr kamen sie beim Ismailowski-Regiment an, wo sie von begeisterten Soldaten begrüßt wurden, die unverzüglich den Eid auf die Zarin ablegten. Weiter ging es zum Semjonowskij und dann zum Preobraschenskij-Regiment. Überall derselbe Jubel. Katharina wußte, daß sie dies den Orlows zu verdanken hatte.

Drei Stunden später stand die Zarin in der Kirche der Mutter Gottes von Kasan vor dem Erzbischof von Nowgorod, der sie als Alleinherrscherin begrüßte und ihr den Segen gab. Inzwischen wurde das Manifest verteilt, in dem es hieß: »Wir, Katharina II., von Gottes Gnaden Kaiserin und Selbstherrscherin aller Russen ... haben angesichts der Gefahr, die Unseren getreuen Untertanen droht, Uns genötigt gesehen, mit der Hilfe Gottes, besonders aber auf den ausdrücklichen ungeheuchelten Wunsch aller Unserer getreuen Untertanen hin den Thron als Selbstherrscherin aller Russen zu besteigen.«

Inzwischen war es Mittag geworden, und Peter wußte immer noch von nichts. Er hatte wieder einmal die Nacht durchgezecht und schlief seinen Rausch aus. Als er erfuhr, was geschehen war, reagierte er völlig konfus. Sein halbherziger Fluchtversuch scheiterte kläglich. Widerstandslos ergab er sich, dankte kurz darauf ebenso kampflos ab und ließ sich in Ropscha gefangensetzen. Der Staatsstreich war vorüber, und kein Tropfen Blut war geflossen. Dann aber fiel ein dunkler Schatten auf das glanzvolle Unternehmen.

Am 17. Juli 1762 erhielt Katharina von Alexej Orlow folgende hastig hingeworfene Zeilen: »Mütterchen, gnädige Kaiserin! Wie soll ich erklären, was geschehen ist? Nicht wirst du deinem treuen Knecht glauben, aber wie vor Gott werde ich die Wahrheit sagen. Mütterchen! Ich bin bereit zum Tode, aber ich weiß nicht, wie das Unheil geschehen ist. Wir sind verloren, wenn du nicht Gnade für uns hast. Mütterchen! Er weilt nicht mehr auf der Welt. Aber niemand hat das gedacht, und wie sollten wir auf den Gedanken kommen, die Hände gegen den Kaiser zu erheben? Aber Kaiserin, das Unheil ist geschehn! Er kam bei Tisch mit Fürst Fedor [Bariatinskij] in Streit; wir konnten sie nicht mehr auseinanderbringen und schon war er nicht mehr. Wir erinnern uns selbst nicht, was wir getan haben, aber wir alle bis zum letzten sind schuldig und haben den Tod verdient. Habe Gnade mit uns und sei es nur um meines Bruders willen! Ich habe mein Geständnis abgelegt und zu untersuchen ist nichts. Verzeih oder befiehl, rasch ein Ende zu machen! Ich mag das Licht nicht sehen; wir haben dich erzürnt und unsere Seele ewig ins Verderben gestürzt.«

Katharina war bestürzt, als sie diese Zeilen las, die sie fortan in den Verdacht der Gattenmörderin bringen sollten. Sie hatte Peter gehaßt, vielleicht auch in Gedanken mehr als einmal seinen Tod gewünscht, seine Ermordung aber hatte sie weder gewollt noch befohlen. Trotzdem machte sie sich nun in gewisser Weise schuldig, indem sie die Mörder deckte und offiziell verlautbaren ließ, Peter sei an einer Hämorrhoidenkolik gestorben. Konnte sie denn die Orlows wirklich bestrafen? Den Bruder ihres Geliebten, den Mann, der ihr zum Thron verholfen hatte? Außerdem konnte sie nicht leugnen, daß ihr Peters Verschwinden äußerst gelegen kam. Selbst als Gefangener wäre er eine ständige Bedrohung für sie gewesen.

Unzufriedene hätten sich seiner bedienen können. Sie war eine Last los, aber zurück blieb der erste dunkle Punkt ihrer Herrschaft. Ob sie wohl an Maria Stuart dachte, der 200 Jahre zuvor der mysteriöse Tod ihres Gatten zum Verhängnis geworden war? Aber Katharina war aus anderem Holz geschnitzt als die emotionelle Schottin. So leidenschaftlich sie auch in Liebesdingen sein konnte, so kühl und klar dachte sie, wenn es um die Politik ging.

Am 23. September 1762 fand in Moskau Katharinas feierliche Krönung statt. Da das Geld knapp war, verwendete man einfach die Garderobe der verstorbenen Zarin, um daraus neue Livreen für die Diener zu schneidern. Immerhin hatte die putzsüchtige Elisabeth nicht weniger als 15 000 Kleider hinterlassen, von denen man nun die Edelsteine heruntertrennte und einer anderen Verwendung zuführte. Ein Teil fand sich auf der Krone wieder, die eigens für Katharina angefertigt wurde. Darauf funkelten 15 000 kleine und 44 große Diamanten, schimmerten 38 große Perlen, und ein riesiger Rubin strahlte in der Mitte. Katharina bot einen herrlichen Anblick, als sie in einem Kleid aus hermelinbesetztem, goldenem Seidenbrokat die Kirche betrat, um nach einer langen Zeremonie den Purpurmantel und die Insignien der Macht zu empfangen.

Während das Volk ihr zujubelte, fielen die ausländischen Zeitungen über sie her. Tatsächlich hatte sie nicht den geringsten Anspruch auf den russischen Thron, kein Tropfen Romanow-Blut floß in ihren Adern. Aber sie hatte hehre Absichten, den aufrichtigen Willen, das russische Volk glücklich zu machen und ihre neue Heimat zu Ruhm und Größe zu führen. Doch durch den Makel der Usurpation galten für Katharina andere Spielregeln als für einen legitimen Herrscher. Sie war in hohem Maße abhängig von der öffentlichen Meinung, auch wenn es um ihr Privatleben ging. Peter der Große hatte es sich ohne weiteres leisten können, seine erste Frau zu verstoßen und eine gewöhnliche livländische Magd, die spätere Katharina I., zur Zarin zu machen.

Katharina II. waren solche Freiheiten verwehrt.

Grigorij Orlow und seine Brüder erlebten nach dem gelungenen Staatsstreich einen sagenhaften Aufstieg. Alle wurden in den Grafenstand erhoben, erhielten Ländereien, großzügige Geldgeschenke und hohe Ämter. Grigorij selbst genoß Katharinas Liebe und ihr uneingeschränktes Vertrauen. Immer war er an der Seite der Kaiserin zu sehen, als wäre er ihr Ehemann. Und so benahm er sich auch im privaten Kreis. Da war keine Spur von Respekt vor der Majestät, im Gegenteil, Orlow benahm sich wie ein Pascha. Als die Fürstin Daschkowa eines Tages die Gemächer der Kaiserin betrat, fand sie zu ihrem Entsetzen dort Orlow auf einem Diwan ausgestreckt und Staatspapiere öffnend. Kurz darauf betrat Katharina das Zimmer, doch der Favorit machte keine Anstalten, sich zu erheben. Ja, die Zarin befahl sogar den Dienern, den für das Abendessen gedeckten Tisch zum Diwan zu tragen, damit Grigorij liegen bleiben konnte. Was die Fürstin betroffen machte, fand Katharina offenbar ganz normal. Sie liebte diesen Mann nicht nur, sie war ihm auch zutiefst dankbar, denn ohne ihn wäre sie wahrscheinlich niemals auf den Thron gelangt. Wie selbstverständlich ordnete sie sich ihm unter, als wäre sie eine ganz gewöhnliche russische Bürgersfrau.

Orlow häufte in seiner Zeit als Favorit der Kaiserin nicht nur Reichtümer an, sondern auch hohe und höchste Ämter. Er wurde Großmeister der Artillerie und Mitglied des Großen Rates. Obwohl seine Kompetenz außer in militärischen Belangen eher fragwürdig war, zog ihn Katharina fast immer zu Rate. In ihrer Verliebtheit hielt sie Grigorij für ein Genie. Vor allem aber wollte sie ihn auf keinen Fall verlieren. Sie wußte, daß er nicht der Mann war, der sich einer Frau unterordnete, auch nicht einer Kaiserin. Es war daher nur logisch, daß Orlow auf eine Heirat drängte. Die Rolle des Favoriten behagte ihm ganz und gar nicht. Er wollte Katharina völlig besitzen, wie es einem russischen Mann nach den herrschenden Sitten nun einmal zukam. Liebte er sie so sehr, oder war es ihre Macht, die sie für ihn so begehrenswert machte? Er wußte es wahrscheinlich selbst nicht so genau. Er liebte sie auf seine Art, und die war eben männlich-besitzergreifend und nicht bedingungslos und unterwürfig wie jene von Poniatowski, dem man ja wirklich keinerlei Ehrgeiz unterstellen konnte. Der Pole liebte die Frau in Katharina, Orlow wohl eher in erster Linie die Zarin.

Schon kurz nach der Krönung kursierten Heiratsgerüchte im Lande. Wieviel dieser Orlow der Zarin bedeutete, war kaum zu übersehen. Auch Katharina selbst wollte wohl damals die Ehe mit dem geliebten Mann. Sie war ihrer späteren Biographie zum Trotz im Grunde eine fast biedere, von Natur aus treue Frau. »Hätte ich einen Gatten gehabt, den ich hätte lieben können, wäre ich ihm ein Leben lang treu geblieben, denn ich habe keine Neigung zur Ausschweifung«, bekannte sie in ihren Memoiren. Außerdem war sie eine Frau, die sich nach einer Stütze sehnte, einem starken Arm und gleichzeitig nach dauerhafter Liebe und Zärtlichkeit, die sie in ihrer Kindheit so sehr vermißt hatte. So paradox es im Zusammenhang mit Katharina der Großen klingt, sie wünschte sich nichts mehr als ein geordnetes, ruhiges, bürgerliches Privatleben. Es wundert also nicht, daß sie schon bald ihre Fühler bei ihren Beratern ausstreckte, um zu sondieren, wie diese eine Heirat mit Orlow aufnehmen würden. Bis auf den Orlow-Clan stieß sie fast überall auf Ablehnung. Graf Panin soll klipp und klar erklärt haben: »Die Kaiserin von Rußland kann tun, was sie will, aber eine Frau Orlow wird niemals Kaiserin sein.« Selbst der Versuch, mit einer morganatischen Ehe einen Kompromiß zu finden, scheiterte.

Es galt allgemein als offenes Geheimnis, daß die verstorbene Zarin Elisabeth ihren Favoriten, den zum Grafen erhobenen ukrainischen Schafhirten Alexej Rasumowski, heimlich geheiratet hatte. Wenn sich dies nun beweisen ließe, hätte man einen Präzedenzfall. Also sandte Katharina ihren Vizekanzler Worontzow zu Rasumowski, um ihn um einen schriftlichen Beweis für seine Ehe mit Elisabeth zu bitten. Dabei soll sich folgende Szene abgespielt haben: Der alte Graf, der sich stets diskret im Hintergrund gehalten hatte, nahm aus einer Schatulle eine Papierrolle, die von einem rosa Band zusammengehalten war, küßte sie und warf sie sodann ins Feuer mit den Worten: »Es gibt keine Beweise.« Wenn diese Anekdote stimmt, dann wollte Rasumowski, der große Sympathie für Katharina hegte, offenbar damit verhindern, daß sie ihre mühsam errungene Macht durch eine unüberlegte, gefühlsbetonte Handlung rasch wieder verlor. Sein Instinkt sollte sich als richtig erweisen.

Der kometenhafte Aufstieg der Orlows verursachte nicht nur in Hofkreisen großen Unmut, sondern sorgte auch in der Armee für

böses Blut. Grigorij und seine Brüder waren arrogant und selbstge-
fällig geworden, und so mancher von denen, die den Orlows einst
bedingungslos ergeben gewesen waren, wandte sich nun gegen sie.
Im Frühjahr 1763 heckte ein junger Offizier namens Chitrowo aus
Grigorij Orlows Regiment gemeinsam mit 40 Verschwörern einen
Plan zur Ermordung des Favoriten aus. Doch die Sache flog recht-
zeitig auf, Chitrowo wurde verhaftet und verhört. Bei den Verneh-
mungen wurde Katharina klar, daß dieser junge Mann die Mei-
nung der Öffentlichkeit vertrat und nichts gegen sie persönlich im
Schilde geführt hatte, sondern nur Grigorij für einen der Zarin von
Rußland unwürdigen Gemahl hielt. So kam es, daß Chitrowo
nicht bestraft, sondern lediglich auf seine Güter verbannt wurde.
Katharina aber sprach von diesem Tag an nie wieder ein Wort von
Heirat.

Poniatowski – König von Katharinas Gnaden

Orlow war allerdings nicht der einzige, der damals um die Hand
der Zarin warb. Der zweite Bewerber saß im fernen Polen.
Seit vier Jahren verzehrte sich Stanislaus-August Poniatowski vor
Sehnsucht nach Katharina. Seine Liebe war noch genauso stark
und uneigennützig wie am ersten Tag, und er wünschte nichts
sehnlicher, als möglichst bald nach Rußland zurückkehren zu können. Er wußte ja nicht, daß er seit geraumer Zeit einen Rivalen
hatte. Ahnungslos jubelte er, als er im Sommer 1762 von Katharinas Staatsstreich erfuhr, und noch mehr, als ihn die Nachricht
vom Tode Peters III. erreichte. Jetzt war seine Sophie – er hatte
Katharina stets bei ihrem ursprünglichen Namen genannt – frei,
frei für ihn! Schon sah er sich als Prinzgemahl an ihrer Seite. Sofort
wollte er zu ihr eilen, doch ihre Briefe mahnten ihn zur Zurückhaltung: »Ich bitte Sie inständig, nicht überstürzt hierherzukommen,
denn Ihre Anwesenheit wäre unter den gegenwärtigen Umständen
gefährlich für Sie und brächte mir großen Schaden ...«, schrieb ihm
Katharina wenige Tage nach ihrer Machtergreifung. In seiner Verliebtheit glaubte Stanislaus-August natürlich jedes Wort, das aus

dem Mund oder der Feder seiner Angebeteten kam, und bemerkte nicht, daß der Ton ihrer Briefe von Mal zu Mal geschäftsmäßiger wurde.

Katharina wand sich. Sie wollte Poniatowski nicht verletzen, indem sie ihm die Wahrheit sagte, noch weniger aber wollte sie, daß er nach Rußland kam. Sie hatte ganz anderes mit ihm vor: Er sollte nach dem Tode Augusts III. König von Polen werden.

Stanislaus aber war über Katharinas Vorschlag alles andere als begeistert. Er hatte keinerlei Ehrgeiz, König zu werden, und wollte nur eines: der geliebten Frau nahe sein. Enttäuscht und fassungslos flehte er sie an: »Machen Sie mich nicht zum König, sondern lassen Sie mich zu Ihnen kommen!«

Doch Katharinas Gefühle für Poniatowski waren längst erloschen. Sie dachte im Zusammenhang mit ihm nur noch als Herrscherin. Als solche sah sie in einem schwachen, weitgehend von Rußland abhängigen Polen eine Voraussetzung für ihre Außenpolitik: alle von Russen bewohnten Gebiete dem Zarenreich einzuverleiben und die Grenzen im Norden bis zur Ostsee und im Süden bis zum Schwarzen Meer auszudehnen. Der ehemalige Liebhaber schien ihr der geeignete Mann, um dieses Ziel zu erreichen. Sie kannte Stanislaus gut genug, kannte seine Willensschwäche, seine Nachgiebigkeit, seine Güte und seine aufrichtige Liebe zu ihr, so daß er hervorragend die Marionette abgeben würde, die sie sich auf dem polnischen Thron wünschte.

Am 5. Oktober 1763 starb Kurfürst August von Sachsen, seines Zeichens August III. von Polen, und sofort begann das internationale Intrigenspiel um seine Nachfolge, denn Polen war seit 1572 eine Adelsrepublik mit einem Wahlkönigtum. Doch diese in Europa einzigartige Institution hatte das Land zum Spielball fremder Mächte werden lassen.

Mit Bestechungsgeldern und einer Demonstration seiner militärischen Stärke setzte Rußland seinen Kandidaten durch. Und am 7. September 1764 wurde Stanislaus-August Poniatowski in einer »freien« Wahl vom Reichstag einstimmig zum König von Polen erkoren. Ein Unglück für ihn und ein Unglück für Polen.

Der Druck aus Rußland brachte alle seine Reformversuche zum

Grigorij Orlow (1734–1783)

Scheitern, so daß Poniatowskis Ansehen bei den Polen bald schwer angeschlagen war. Man beschuldigte ihn, sein Land an das Zarenreich ausgeliefert zu haben, und ein blutiger Bürgerkrieg brachte Polen schließlich an den Rand der Anarchie. Diese verworrene Situation machten sich nun die Großmächte Rußland, Preußen und Österreich, die sich in seltener Einigkeit zusammengefunden hatten, zunutze, um ihre Grenzen zu erweitern. Im August 1772 kam es zur Ersten polnischen Teilung, bei der das Land fast 30 Prozent seines Territoriums und etwa vier Millionen Einwohner verlor. Katharina hatte Poniatowski gegenüber nicht das geringste Mitleid

gezeigt. Dafür war Orlow einer der großen Nutznießer der Teilung
Polens. Er erhielt riesige Ländereien in den neuerworbenen Gebieten. Noch immer stand er hoch in der Gunst der Zarin. »Er ist Kaiser in allem außer dem Namen nach«, schrieb der französische Botschafter, Breteuil, »und er nimmt sich seiner Monarchin gegenüber
Freiheiten heraus, wie sie in einer wohlerzogenen Gesellschaft keine
Mätresse bei ihrem Liebhaber dulden würde.«
Seit zehn Jahren lebten Katharina und Orlow nun schon wie Mann
und Frau, doch allmählich wich die einstige Leidenschaft einem
mühseligen Zusammensein, das von ständigen Streitereien geprägt
war. Orlow war nicht für die Rolle des Favoriten geschaffen und
schon gar nicht für das manirierte Hofleben. Er blieb zeit seines Lebens ein rauher Soldat, zu ungebildet, um in den intellektuellen
Zirkeln Katharinas mithalten zu können. Zwar gab er sich anfangs
Mühe, seine Wissenslücken zu schließen, und er begann sogar eine
Korrespondenz mit Rousseau, doch es fehlte ihm an echtem Interesse und an Ausdauer. Dort, wo er brillieren konnte, auf dem
Schlachtfeld, dorthin wollte ihn Katharina aus Angst um sein Leben nicht lassen. Es war sein Bruder Alexej, der sich im seit 1768
tobenden Türkenkrieg die Lorbeeren verdienen durfte, während
Grigorij Orlow im höfischen Klima dahinvegetierte und sich
unnütz und nicht ernst genommen fühlte. Er wurde immer übel-
launiger und ließ seine Frustration an Katharina aus. Er behandelte
sie ohne Respekt, kehrte immer öfter den Herrn heraus. Sogar vor
anderen Leuten behandelte er sie manchmal so grob, daß ihr die
Tränen in die Augen stiegen. Die große Zarin aber, die Selbstherrscherin, war immer noch so verliebt, daß sie sich kaum gegen diese
Behandlung zur Wehr setzte. Sie ahnte, woher seine Unzufriedenheit rührte, und versuchte ihn durch großzügige Geschenke zu besänftigen. Ein wenig schwang in ihrer Unterordnung wohl auch
Angst mit und sogar die Furcht, daß Grigorij, der sie auf den
Thron gebracht hatte, vielleicht auch die Kraft haben könnte, ihn
ihr wieder wegzunehmen, wenn sie seinen Zorn erregte.
Doch weder Reichtum noch Ämter konnten Grigorij Orlow wieder
zu dem machen, was er einmal war: ein schneidiger, mutiger Haudegen. Er hörte nicht auf, sich zu beklagen. Besonders kränkend

war es für Katharina, als er sie mit ihren Hofdamen zu betrügen begann. Aber immer noch verzieh sie ihm.

Im Jahre 1771 endlich durfte Grigorij wieder einmal zeigen, was für ein Mann er war. In Moskau war die Pest ausgebrochen, der innerhalb weniger Wochen Tausende Menschen zum Opfer fielen, was Panik unter der Bevölkerung auslöste. Katharina beauftragte ihren Geliebten, in Moskau für Ordnung zu sorgen. Tatsächlich erwies sich Grigorij als mutiger Organisator. Er veranlaßte die Trennung der Kranken von den Gesunden, ließ die Kleider und Bettücher der Infizierten verbrennen. Da man vermutete, daß die Epidemie von Soldaten eingeschleppt worden war, verordnete er für jeden, der von der Front kam, eine mehrwöchige Quarantäne. Innerhalb kürzester Zeit hatte man die Seuche in den Griff bekommen, und Orlow wurde als »Retter von Moskau« gefeiert. Katharina ließ zu seinen Ehren einen Triumphbogen errichten und eine Gedenkmünze prägen.

Im Sommer 1772 entsandte sie ihn schließlich zu den Friedensverhandlungen mit den Türken nach Foscani im heutigen Rumänien. Mit großem Pomp, als wäre er selbst Zar, reiste Orlow ab. Durch sein hochfahrendes Auftreten stieß er jedoch die türkischen Unterhändler gleich zu Beginn seiner Mission vor den Kopf. Im Grunde wollte er gar keinen Frieden, sondern einen neuerlichen Krieg. Er wollte den alten russischen Traum, das sogenannte »griechische Projekt«, nämlich die Eroberung von Konstantinopel, für Katharina verwirklichen.

Da platzte wie eine Bombe die Nachricht herein, daß die Zarin einen Liebhaber hatte. Katharina hatte damit auf Orlows neuestes Verhältnis, diesmal mit seiner dreizehnjährigen Cousine Katharina Sinowjewa, reagiert. Sie war darüber so bestürzt und verletzt gewesen, daß sie ihre Ängste vergaß und endlich den Mut aufbrachte, diese demütigende Beziehung zu beenden. Im September 1772 nahm sie sich kurzerhand einen jungen Mann namens Alexander Wassiltschikow zum neuen Liebhaber.

Von Wut und Eifersucht gepackt, ließ Orlow die Verhandlungen platzen, schwang sich aufs Pferd und erreichte in einem vierzehntägigen Gewaltritt St. Petersburg. Glücklicherweise gab es die von ihm selbst angeordnete vierwöchige Quarantäne, die ihn vorerst auf seinem Gut Gatschina verweilen ließ. Dort konnte sich sein Temperament abkühlen. Katharina, die immer noch vor ihm zitterte, behandelte ihn aus der Entfernung mit ausgesuchter Höflichkeit, ließ ihm wertvolle Geschenke zukommen, darunter ein Speiseservice aus purem Silber für 100 Personen und eines aus Sèvres-Porzellan für den täglichen Gebrauch. Außerdem erhob sie ihn in den Fürstenstand und übereignete ihm einen Palast in St. Petersburg, der ganz aus Marmor errichtet war.

Als Orlow schließlich seiner Ex-Geliebten gegenübertrat, wirkte er ziemlich verwirrt. Er hatte einen stechenden Blick, sprach in abgehackten Sätzen und behandelte Wassiltschikow wie einen Schuljungen. Offensichtlich hielt er das Ganze für eine vorübergehende Laune Katharinas. Daß sie es mit der Trennung ernst meinte, merkte er wohl erst, als sie ihn bat, ihr diamantgefaßtes Porträt, das er als einziger am Knopfloch tragen durfte, zurückzusenden. Orlows Reaktion war typisch für ihn und ließ noch einmal durchblicken, weshalb die allmächtige Zarin von Rußland diesem Mann so viele Jahre hindurch verfallen war. Er retournierte ihr den Diamantrahmen, behielt sich jedoch das Bildnis. Fast wäre Katharina über diese schmeichelhafte Geste wieder schwach geworden, aber ihre Liebe zu Grigorij war bereits seit einiger Zeit erloschen und hatte einer Mischung aus Bewunderung, Dankbarkeit und Achtung Platz gemacht.

Orlow trug seine Situation als abgelegter Liebhaber zumindest nach außen hin mit Fassung. Er zeigte sich für Katharinas Großzügigkeit erkenntlich, indem er ihr zum Namenstag das wohl kostbarste Geschenk machte, das je eine Frau erhalten hat: den berühmten Orlow-Diamanten, den er für nicht weniger als 460 000 Rubel in Amsterdam bei einem armenischen Juwelier erworben hatte, ein Stein von bläulich-grüner Tönung und 199 Karat, der einst im Besitze des Schahs gewesen war. Katharina ließ den Diamanten in die Spitze ihres Szepters einfassen, vielleicht als kleine Andeutung, daß sie nicht vergessen hatte, daß sie ihren Thron Grigorij Orlow verdankte.

In Wahrheit aber litt Orlow mehr unter der Trennung, als er sich anmerken ließ. Er verkehrte zwar weiterhin bei Hofe und genoß alle Ehren wie eh und je, nur in den Gemächern des Favoriten wohnte jetzt ein anderer. Sein Trost war seine junge Cousine, die der nunmehr 43jährige durch Katharinas Vermittlung 1776 heiraten durfte.* Sie ging sogar so weit, der Braut ihres Ex-Liebhabers den Katharinenorden an die Brust zu heften, den sonst nur königliche Hoheiten erhielten.

Lange sollte Orlows neues Liebesglück allerdings nicht dauern. Während einer ausgedehnten Europareise verschied seine junge Frau 1781 plötzlich in Lausanne. Der harte Soldat, der so oft auf den Schlachtfeldern mit dem Tod konfrontiert gewesen war, verkraftete diesen Schicksalsschlag nicht. Weinend brach er an ihrem Grab zusammen. Seine Brüder mußten den völlig verwirrten und von einem Schlaganfall gezeichneten Mann nach St. Petersburg zurückbringen, wo sich Katharina persönlich um ihn kümmerte. Doch sein Zustand verschlimmerte sich täglich, und man mußte ihn schließlich in einer geschlossenen Anstalt unterbringen. Dort soll er von wilden Phantasien, die angeblich ständig um die Ermordung Peters III. kreisten, heimgesucht worden sein, bevor er am 12. April 1783 in völliger geistiger Umnachtung verstarb. In einem Brief an ihren Freund Friedrich Melchior Grimm setzte Katharina ihrem ehemaligen Geliebten ein letztes Denkmal: »Obwohl ich auf das Ereignis vorbereitet war, muß ich gestehen, daß es mir einen tiefen Schmerz verursacht hat. Ich habe in ihm einen Freund verloren und vor allem einen Mann, dem ich großen Dank schuldig bin. Vergebens sagt man mir und ich sage mir selbst alles, was bei diesen Gelegenheiten gesagt werden kann. Ströme von Tränen sind meine Antwort, und ich habe seit dem Augenblick, da ich die verhängnisvolle Nachricht erhielt, entsetzlich gelitten ... Fürst Orlows natürliche Begabung war sehr groß, sein Amt war, glaube ich, das non plus ultra allen Mutes; er wußte stets im kritischen Augenblick genau, was getan werden mußte, damit die Dinge so entschieden wurden, wie er es wünschte; und er besaß, wenn es erforderlich war, eine Beredsamkeit, der niemand widerstehen konnte.«

---

* Die russische Kirche verbot normalerweise Ehen unter Verwandten. Durch die Intervention der Zarin wurde jedoch ein Dispens erteilt.

Orlows riesiges Vermögen ging an den Sohn, den er mit Katharina gezeugt hatte, Alexej Grigorjewitsch, Graf Bobrinsky, der allerdings seiner Mutter wenig Freude machte. Er war widerspenstig und wild und verbrachte nach seiner Ausbildung an der Kadettenschule lange Zeit in Paris, wo er einen zügellosen Lebenswandel führte, bevor er heiratete und sich auf den Landsitz seines Vaters zurückzog. Einige seiner zahlreichen Nachkommen spielten später eine bedeutende Rolle in der russischen Politik.

Potemkin – der Herr der Zarin

Es war während des Staatsstreiches, als Katharina zum ersten Mal jenem Mann begegnete, der sie einmal beherrschen und alle Favoriten vor und nach ihm in den Schatten stellen sollte.

An jenem ereignisreichen Sommertag des Jahres 1762 trat Katharina in der Uniform eines Gardeoffiziers vor die versammelten Regimenter, um sie, falls es nötig würde, gegen die Armee Peters III. zu führen, als sie plötzlich bemerkte, daß sie ihr porte-épée vergessen hatte. Da trat spontan ein junger Gardist an sie heran und reichte ihr das seine. Es war der damals dreiundzwanzigjährige Grigorij Potemkin*. Katharina sollte sein vor Begeisterung glühendes Gesicht nie vergessen.

Grigorij Alexandrowitsch Potemkin entstammte einer angesehenen, zarentreuen Familie. Sein Großvater Peter Potemkin hatte im vorigen Jahrhundert als russischer Gesandter in Kopenhagen Aufsehen erregt. Er sollte vom erkrankten König Christian V. in dessen Schlafzimmer empfangen werden. Als Vertreter des Zaren hielt es Potemkin jedoch für unangemessen, daß er stehen sollte, während sein Gesprächspartner im Bett lag. Also verlangte er, daß man ihm ein Bett brachte, damit er auf gleicher Ebene verhandeln konnte.

Sein Sohn, Alexander Potemkin, machte auf ganz andere Weise auf sich aufmerksam. Als er als 56jähriger die um 29 Jahre jüngere Darja Skuratowa heiratete, stellte sich heraus, daß er bereits eine

* Auch Potjomkin.

Frau hatte. Glücklicherweise zeigte die vergessene Gemahlin Verständnis, gab ihren Mann frei und zog sich in ein Kloster zurück.

Darja schenkte Potemkin fünf Kinder, vier Töchter und den 1739 geborenen Grigorij. Vater Potemkin starb, als Grigorij sechs Jahre alt war, so daß er seine gute Erziehung in erster Linie seiner tatkräftigen und klugen Mutter verdankte. Grigorij erwies sich schon in jungen Jahren als äußerst begabt und fiel an der Universität von Moskau durch seine hervorragenden Leistungen auf. Für seine theologische Abhandlung erhielt er sogar eine Goldmedaille und wurde der Zarin Elisabeth vorgestellt. Alles sprach dafür, daß er eine glänzende geistliche Karriere machen würde, als er von einem Tag auf den anderen das Interesse am Theologiestudium verlor.

Potemkin war schon als junger Mann ein schwieriger und widersprüchlicher Charakter, der ständig zwischen Extremen hin- und hergerissen wurde. Die Theologie sollte ihn zwar sein Leben lang fesseln, doch genauso reizte ihn eine militärische Laufbahn. Groß, kräftig und gutaussehend, wie er war, packte ihn plötzlich eine überschäumende Lebenslust. Er trieb sich in den Schenken herum, frönte der Liebe und vernachlässigte sein Studium so lange, bis er schließlich von der Universität ausgeschlossen wurde.

Als Potemkin zum Regiment kam, befand sich gerade der Stern der Orlow-Brüder im Aufgehen. Bald war der junge Potemkin, der sich durch Witz und Wagemut auszeichnete, einer von ihnen und gehörte auch zu den Hauptbeteiligten am Putsch der Zarin. Das Ereignis wurde für seine Zukunft entscheidend. Potemkin erlag der Faszination Katharinas.

Es war Grigorij Orlow, der Potemkin eines Tages zu einem Souper bei der Zarin mitnahm. Der Favorit wußte, daß Katharina gerne geistreiche Gespräche führte und ebensogerne lachte. Und Potemkin war nicht nur intelligent und gebildet, er konnte auch ein großer Spaßmacher sein. Katharina erinnerte sich sofort an den jungen Mann, der ihr einst sein porte-épée geliehen hatte. Sie war begeistert von seiner hohen Bildung, aber auch von seiner Selbstsicherheit, einer Eigenschaft, die sie ganz besonders an Männern schätzte. Als sie ihn bat, etwas von seiner vielgepriesenen Imitationskunst zum besten zu geben, machte er ausgerechnet ihre durch einen immer noch vorhandenen deutschen Akzent auffallende Stimme nach. Während die Anwesenden über diese »Majestätsbeleidigung« pikiert das Gesicht verzogen, brach Katharina in ein schallendes Gelächter aus. Sie hatte etwas übrig für Männer mit Schneid und Esprit, und Potemkin gefiel ihr ganz besonders.

Die Sympathie beruhte auf Gegenseitigkeit. Obwohl zehn Jahre jünger als die Zarin, verliebte sich Grigorij leidenschaftlich. Katharina war damals Mitte Dreißig und längst nicht mehr so schlank und rank wie ehedem, aber ihr herzliches Lachen und ihre vor Intelligenz blitzenden blauen Augen verliehen ihr immer noch eine gewisse Jugendlichkeit. Natürlich schmeichelte ihr die Verehrung des jungen Mannes, doch gegen Orlow hatte er keine Chance. Noch nicht.

Katharina genoß die Gesellschaft Potemkins sehr, und sie fragte sofort nach ihm, als er urplötzlich vom Hof verschwunden war. Sie erfuhr, daß ihn eine Infektion das linke Auge gekostet hatte und er unter dieser Entstellung so sehr litt, daß er völlig dem Trübsinn verfallen war und nur noch Trost in der Religion suchen wollte. Die Zarin war betroffen. Fast täglich erkundigte sie sich nach seinem Befinden, und es gelang ihr schließlich, ihn aus seinem Eremitendasein in die Welt zurückzuholen. Längst hatte sie seine großen Fähigkeiten erkannt, und sie berief ihn in den Ausschuß der neugegründeten gesetzgebenden Versammlung sowie in die zivile und geistliche Kommission. Potemkins Selbstbewußtsein stieg wieder. Doch da seine Liebe zur Zarin unerfüllbar schien und er ihr als Einäugiger nicht mehr gegenüberzutreten wagte, meldete er sich freiwillig an die Front und zeichnete sich als Kommandant der Kavallerie gegen die Türken mehr als einmal durch besonderen Mut aus. Während der ganzen langen Zeit, die er sich im Krieg befand, stand er mit Katharina in Briefwechsel. Die Zarin war überaus beeindruckt von seinen militärischen Leistungen und beförderte ihn zum Generalmajor. Immer öfter dachte sie an Potemkin, an die Abende, an denen sie mit ihm gelacht oder ganz ernst philosophiert hatte. Immer öfter dachte sie an den Tag, an dem er sich ihr zu Füßen geworfen hatte und ihr seine Liebe gestanden hatte.

Inzwischen hatte sich Katharina nach elf gemeinsamen Jahren von

Orlow getrennt, glücklich aber war sie nicht. Der neue Favorit, Alexander Wassiltschikow, hatte sich als langweiliger Dummkopf erwiesen. Sie sehnte sich nach einem Mann, der ihr intellektuell das Wasser reichen konnte und sie als Frau beherrschte. Sie sehnte sich nach Grigorij Potemkin. Im Dezember 1773 griff sie schließlich zur Feder und schrieb an ihn, der sich noch immer auf dem blutigen Schlachtfeld von Silistria befand: »Herr Generalleutnant und Chevalier! Wahrscheinlich sind Sie so sehr davon in Anspruch genommen, nach Silistria hinüberzustarren, daß Sie keine Zeit haben, meine Briefe zu lesen. Und wenn ich auch nicht weiß, ob Ihr Bombardement erfolgreich war, so bin ich doch gewiß, daß alles, was Sie unternehmen, nichts anderem zuzuschreiben ist, als Ihrer Ergebenheit für meine Person und für das teure Vaterland, welch beiden Sie freudig dienen. Da ich meinerseits aber ängstlich darauf bedacht bin, mir eifrige, tapfere, intelligente und tüchtige Leute zu erhalten, so bitte ich Sie, sich keiner Gefahr auszusetzen. Wenn Sie diesen Brief gelesen haben, werden Sie vielleicht fragen: in welcher Absicht wurde er geschrieben? Darauf will ich antworten: in der Absicht, Ihnen Gewißheit meiner Gedanken über Sie zu geben, denn ich bin immer Ihre Ihnen sehr wohlwollende Katharina.«

Potemkin verstand diesen Brief genau so wie er gemeint war: als Aufforderung, als Liebeserklärung. Unverzüglich eilte er in freudiger Erregung und mit allzu hochgesteckten Erwartungen nach St. Petersburg, wo er Anfang 1774 eintraf. Sein übersteigertes Selbstbewußtsein erfuhr jedoch eine herbe Enttäuschung, denn Wassiltschikow hatte noch immer die Funktion des kaiserlichen Favoriten inne, und auch Fürst Orlow ging im Palast ein und aus, als wäre nichts geschehen. Potemkin reagierte auf eine für ihn charakteristische Weise. Ob es tatsächlich Ausdruck seiner tiefsten Gefühle war, der Kummer über seine unerfüllte Leidenschaft oder ob es vielmehr Schauspielerei und Strategie war, daß er sich kurz darauf in das Alexander-Newskij-Kloster zurückzog und erklärte, er wolle der Welt entsagen und Mönch werden, das läßt sich bei Potemkin nicht so genau sagen. Wie auch immer. Wenn es ein Schachzug war, dann erwies sich dieser Mann als guter Psychologe, denn Katharina reagierte, wie er es erhofft hatte. Sie setzte alles in Bewegung, um ihn von seinem Vorhaben abzubringen. Schließlich schickte sie ihm die Gräfin Bruce, um ihm mitzuteilen, daß er mit ihrer »allergrößten Gunst« rechnen könne, wenn er wieder an den Hof käme.

Bescheidenheit war niemals Potemkins Sache. Bevor er ihrem Wunsche nachkam, forderte er den Posten eines Generaladjutanten ihrer Majestät, was nichts anderes war als eine Umschreibung für den kaiserlichen Favoriten. Potemkin wollte alles, und er bekam es. Wassiltschikow wurde großzügig beschenkt und entlassen, und am 1. März 1774 bezog Grigorij Potemkin die Gemächer des Favoriten im Winterpalast. Auf der Treppe begegnete er damals Orlow, der auf die Frage, was es denn Neues gebe, ironisch antwortete: »Nichts weiter; Sie steigen herauf und ich hinab.« Er kannte seine Katinka besser als jeder andere und wußte wohl schon seit längerem ihr auffallendes Interesse an dem einstigen Gardeoffizier zu deuten. War er nicht vor einigen Jahren eifersüchtig auf ihn gewesen?

Bei Hofe allerdings war man anfangs ein wenig verwundert über die Wahl der Zarin. Potemkin war alles andere als ein Schönling, und er paßte so gar nicht unter die aufgeputzten, Perücken und Spitzenärmel tragenden Höflinge. Er war jetzt 34 Jahre alt, aber die Zeit hatte ihre Spuren an ihm hinterlassen. Sein fleischig gewordenes Gesicht glich durch das fehlende linke Auge beinahe einer furchterregenden Fratze, zumal er sich nicht die Mühe machte, eine Augenbinde zu tragen, und mit seiner hühnenhaften, massigen Gestalt erinnerte er an einen jener Riesen aus den Märchen. Potemkin legte nicht viel Wert auf seine äußere Erscheinung, besonders unansehnlich aber waren seine Hände, denn er hatte die Angewohnheit, ständig an seinen Fingernägeln zu kauen. Unter den Damen des Hofes gingen die Meinungen über Potemkin weit auseinander, die einen fanden ihn geradezu abstoßend, während die anderen von seiner männlichen, beinahe animalischen Ausstrahlung fasziniert waren.

Katharina gehörte zweifellos zur zweiten Gruppe. Sie war hingerissen von der Stärke und Wildheit, die von diesem Mann ausgingen, und sein Aussehen störte sie, die sonst sehr viel Wert auf Ästhetik legte, nicht im geringsten. In seiner Art war Potemkin Orlow sehr

Grigorij Potemkin (1739–1791)

ähnlich. Auch er war männlich und dominant, was ihn jedoch über diesen erhob, war seine Intelligenz, die der Katharinas durchaus ebenbürtig war. Endlich hatte sie einen Mann gefunden, der nicht nur ihre Sinne betörte, sondern mit dem sie auch philosophische und politische Gespräche führen konnte. Die große Zarin war ihm total verfallen und unterwarf sich ihm völlig. Kein Favorit vor ihm und nach ihm hat je solche Macht über eine Herrscherin besessen wie Potemkin über Katharina II. von Rußland.

Potemkin weihte Katharina in erotische Genüsse ein, die sie bisher nicht gekannt hatte. Sie tauchte in einen Rausch der Sinne und Gefühle ein, der sie verwirrte und gleichzeitig beglückte: »Ich empfinde jetzt Gefühle, die ich früher für schwachsinnig, übertrieben und unvernünftig hielt«, schrieb die 45jährige an ihren Geliebten. »Ich kann meine blöden Augen nicht von Dir wenden; ich vergesse alles, was mir die Vernunft gebietet, und bin ganz benommen, sooft ich bei Dir bin.« – »Oh Monsieur Potjomkin, welch erbärmliches Wunder haben Sie bewirkt, so sehr einen Kopf in Unordnung zu bringen, der vordem in der Welt für einen der besten Europas galt.« – »Ich vergesse die ganze Welt, wenn ich mit Dir zusammen bin. Ich bin noch nie so glücklich gewesen.« Und wie ein junges Mädchen bedachte sie ihn mit allen möglichen Kosenamen.

Abgesehen von der sexuellen Harmonie war die Beziehung zwischen den beiden von gegenseitiger Bewunderung geprägt. Viele standen dieser Vernarrtheit der Zarin in den häßlichen »Zyklopen« mit Unverständnis gegenüber, ein einfühlsamer Beobachter jedoch brachte es auf den Punkt: »Kein Wunder, daß sie so vernarrt ist in ihn. Sie lieben sich, denn sie sind genau gleich.« Tatsächlich waren sich Katharina und Potemkin in vielem ähnlich; sie hatten in politischen Dingen meist die gleichen Ansichten, liebten Rußland über alles und waren beide ehrgeizig bis zum Größenwahn. Katharina allerdings war bei weitem der stabilere Charakter, und sie litt bisweilen sehr unter Potemkins Launenhaftigkeit und seinem ausgesprochen schwierigen, herrischen Wesen. Außerdem war er rasend eifersüchtig, obwohl sie ihm keinen Anlaß dazu gab. Er warf ihr sogar ihre früheren Liebhaber vor, so daß sie sich verpflichtet fühlte, sich in einem Brief zu rechtfertigen: »Bei dem ersten [Saltykow] geschah es durch Zwang, bei dem vierten [Wassiltschikow] aus Verzweiflung.«

Besonders eifersüchtig war er offenbar auf seinen Vorgänger Orlow, der ja nach wie vor alle Ehren genoß, doch da zeigte sich Katharina höchst loyal gegenüber ihrem früheren Liebhaber, unter dem sie zwar als liebende Frau viel zu leiden gehabt hatte, dem sie aber als Zarin sehr viel verdankte: »Ich bitte Dich, mich nicht gegen die Orlows einnehmen zu wollen, denn darin würde ich eine große Undankbarkeit von Dir sehen. Es gibt niemand in der Welt, von dem der Fürst [Orlow] so viel Gutes zu reden pflegte und den er besser leiden konnte als Dich. Wenn der Fürst seine Fehler hat, so steht es nicht Dir oder mir zu, sie zu rügen und die Aufmerksamkeit der Leute auf sie zu lenken. Er ist Dir sehr zugetan gewesen, und was mich betrifft, so sind er und sein Bruder Alexej meine guten Freunde, und ich werde sie nie im Stich lassen.«

Wie Orlow wollte sich auch Potemkin nicht mit der Rolle einer männlichen Kurtisane begnügen. Und auch diesmal wünschte sich Katharina nichts sehnlicher als ein geordnetes Privatleben. Was Orlow versagt geblieben war, gelang nun Potemkin. Zwar gibt es keine überlieferten schriftlichen Beweise, doch gilt es heute als so gut wie erwiesen, daß Katharina und Potemkin Ende 1774 in einer Kirche außerhalb von St. Petersburg geheiratet haben. Als Trauzeugen dürften der Kammerherr Tschertkow und Potemkins Neffe Samoilow fungiert haben. Diesmal befand sich die Zarin in einer weitaus stärkeren Position als 1762 und saß fest auf ihrem Thron, und so konnte sie es jetzt wagen, ihrem Herzen zu folgen. Natürlich wurde diese Ehe nie offiziell bekanntgegeben. Katharinas Briefe aber stellen einen hinlänglichen Beweis dar, daß sie tatsächlich geschlossen worden ist. Mehr als einmal spricht sie Potemkin darin als »lieber Gatte« oder »mein Gemahl« an, und einmal schreibt sie: »Warum Deinen Fieberphantasien mehr Glauben schenken als den Tatsachen, die alle die Worte Deiner Frau bestätigen? Ist sie Dir nicht nun schon seit zwei Jahren durch die heiligsten Bande verbunden?«

Über zwei Jahre führten die beiden eine glückliche Ehe, die erfüllt war von sexueller Befriedigung und gemeinsamer Arbeit. Mit Potemkin an ihrer Seite erklomm Katharina den Gipfel ihres Ruhmes. Er selbst stieg auf zum ersten Mann im Staate, wurde Mitglied des Geheimen Rates, Vizepräsident des Kriegsrates, Kommandierender General und schließlich Fürst von Tauris. Sein Name war bald in aller Munde. Er gab Befehle an die Minister, und die Zarin entschied nichts, ohne vorher Potemkins Rat einzuholen. Tatsächlich erwies er sich auf vielen Gebieten als außerordentlich kompetent, so daß sich Katharina in Lobeshymnen über seine Genialität erging. Das Ausland nahm die Machtposition Potemkins zur Kenntnis: Friedrich II. verlieh ihm den Schwarzen-Adler-Orden,

Dänemark den Elefantenorden, Schweden den Seraphimsorden und – Pikanterie am Rande – einer seiner Vorgänger im Bett der Zarin, nämlich der König von Polen, heftete ihm den Weißen-Adler-Orden an die Brust. Maria Theresia machte ihn auf Drängen ihres Sohnes und Mitregenten, Joseph II., sogar zum Fürsten des Römischen Reiches. Nur Georg III. von England verweigerte ihm den Hosenbandorden und Ludwig XVI. den Orden vom Heiligen Geist.

Bei aller Bewunderung für seine unbestreitbaren Fähigkeiten konnten Katharina aber die Schwächen ihres Gemahls nicht verborgen bleiben. Auch er war ein Mann, der sich nicht unterordnen konnte, der keinen Widerspruch duldete und leicht beleidigt war. Wenn er schlechter Laune war, behandelte er Katharina oft schlecht, demütigte sie oder verweigerte ihr die Liebe, so daß sie sich oft in ganz unterwürfigen Briefen an ihn beklagte. Sein höchst schwieriger Charakter ließ ihn häufig in tiefe Depression und völlige Lethargie verfallen. Dann zog er sich oft tage- oder wochenlang zurück, um sich der Mystik zu widmen. Er, der sich bisher hemmungslos den Genüssen des Lebens bis zur Ausschweifung hingegeben hatte, wandte sich urplötzlich mit aller Inbrunst der Religion und der Beschaulichkeit zu. In dieser Zeit verschloß er sich vollkommen, wusch sich kaum noch und lag regungslos auf seiner riesigen Ottomane herum. Wenn diese »Identitätskrisen«, die ihn in regelmäßigen Abständen heimsuchten, vorbei waren, sprühte er wieder vor Aktivität und kehrte zu seiner mittlerweile bekannten Maßlosigkeit in allen Dingen zurück.

Katharina bekam den Wankelmut ihres Gemahls oft und oft zu spüren, wenn er sie grob und respektlos behandelte und den Ehemann hervorkehrte. Potemkin ertrug es einfach nicht, daß sie die Zarin war, obwohl er sie als Herrscherin gleichzeitig bewunderte. Irgendwann erkannte Katharina, daß sie auch diesen Mann nicht völlig besitzen konnte. Sie zitterte um ihre Beziehung. Wenn sie Grigorij nicht verlieren wollte, mußte sie auf ihn verzichten und ihm die große Aufgabe übertragen, die er brauchte. Vielleicht aber war auch ihre gegenseitige sexuelle Anziehung nach der ersten großen Leidenschaft bereits ein wenig abgeflaut, so daß sie ihn schließlich ziehen ließ. Sie machte ihn zum Generalgouverneur der südlichen Provinzen des Reiches, wo er die religiösen Minderheiten versöhnen und das Land kolonialisieren sollte.

So endete 1776 mit Potemkins Weggang aus St. Petersburg seine körperliche Beziehung zu Katharina. Ihr geistiges Verhältnis aber blieb bestehen, und sein Einfluß war stärker denn je. Fünfzehn weitere Jahre sollte er noch über die Zarin und über Rußland herrschen. Wenn er sie auch nicht mehr begehrenswert fand – immerhin war sie nun schon 47 Jahre alt und bereits ziemlich korpulent –, die Herrscherin und die Macht, die sie verkörperte, faszinierten ihn immer noch. Katharina war mehr für ihn als nur eine Frau, sie war Rußland, und Potemkin liebte Rußland. Bis zu seinem Tod würde er Katharina daher in aufrichtiger Ergebenheit dienen, und in dieser Hinsicht trug er zum Wohl seiner Heimat und zum Ruhm der Zarin bei. Sein Einfluß auf die Moral seiner Herrin jedoch war verderblich.

Obwohl Potemkin genau wußte, wie sehr ihm Katharina hörig war, traf er dennoch Vorkehrungen, um sie nicht zu verlieren. Er kannte sie mittlerweile so gut, daß er wußte, daß diese Frau nicht ohne Liebe und körperliche Zärtlichkeiten leben konnte. Also führte er ihr kurz vor seiner Abreise einen Liebhaber zu, einen jungen Mann namens Peter Zawadowsky, den er selbst ausgewählt hatte und der ihm ergeben war. Widerspruchslos ging Katharina auf das seltsame Arrangement ein. Sie ließ es zu, daß Potemkin fortan ihr Privatleben bestimmte. Er führte ihr die Sexualpartner zu, die immer jünger wurden, je älter die Zarin wurde, und nahm sie ihr wieder weg, wenn es ihm beliebte oder wenn sich die jungen Männer zuviel herausnahmen oder ihm gar gefährlich zu werden drohten. Ein Wort von ihm genügte, und der Günstling wurde verabschiedet und durch einen neuen ersetzt. Der Fürst Potemkin wurde zum Zuhälter, denn er ließ sich für seine Vermittlungsdienste bezahlen, allerdings nicht von Katharina, sondern vom jeweiligen Liebesdiener. Der Posten des kaiserlichen Favoriten war nämlich ausgesprochen begehrt, und es bürgerte sich ein, daß der Erwählte 100 000 Rubel an Potemkin zahlte. Bei einer Zahl von angeblich fünfzehn Liebhabern während der folgenden vierzehn Jahre kam da schon ein ganz schönes Sümmchen für den Fürsten heraus, der zwar dank der Großzügigkeit der Zarin zu den reichsten Männern Rußlands zählte, jedoch aufgrund seiner bald europaweit bekannten Verschwendungssucht und seinem Hang zur Gigantomanie ständig Bares brauchte.

Das zweite geschmacklose Detail dieses arrangierten Liebeslebens am Zarenhof war die Tatsache, daß der neue Favorit vor »Amtsantritt« vom Leibarzt der Zarin untersucht wurde und sodann auch noch seine Männlichkeit bei einer »éprouveuse« unter Beweis stellen mußte. Katharinas unersetzliche Freundin, die Gräfin Bruce, testete zu diesem Zwecke höchstpersönlich die Liebeskunst des Neuen, bevor er das Schlafzimmer der Zarin betreten durfte.

Trotz dieser peinlichen Prozedur standen die jungen Gardisten und Adeligen Schlange um die Rolle des Favoriten, denn dieser Posten war äußerst einträglich. Für ein paar hunderttausend Rubel, einen Palast und diverse Ländereien waren nicht wenige bereit, der alternden, immer fetter werdenden Frau mit den grauen Haaren und dem zahnlosen Mund sexuelle Befriedigung zu verschaffen. Katharinas diesbezügliche Bedürfnisse waren ganz erstaunlich. Noch als Sechzigjährige war ihr Verlangen wie das einer jungen Frau.

Mit Potemkin änderte sich Katharinas Privatleben von Grund auf. Sie, die nach eigener Aussage »keine Neigung zur Ausschweifung« hatte und nie etwas anderes wollte, als »einem Gatten, den sie hätte lieben können, ein Leben lang treu zu bleiben«, frönte nun im Alter der Promiskuität und der Wollust und wurde damit in den Augen der Welt zur Hure auf dem Kaiserthron, zur unersättlichen, männerverzehrenden Messalina. Mit diesem sittenlosen Treiben, das zwar für das 18. Jahrhundert nicht unbedingt außergewöhnlich war, befleckte Katharina ihr Ansehen als Herrscherin vor der Nachwelt und ließ es zu, daß ihre privaten Ausschweifungen ihre zum Teil bemerkenswerten Fähigkeiten und Taten als Zarin in den Schatten stellten.

Potemkin selbst hielt sich in seinem unterirdischen Palast auf der Krim einen regelrechten Harem. Er lebte in einer orientalischen Üppigkeit, die ganz seinem Wesen entsprach. Nur in eine Art Kaftan gekleidet und mit leichten Pantoffeln an den Füßen verbrachte er manchmal Tage träge auf einem Sofa, aß und trank Unmengen und ließ sich von seiner »Lieblingsfrau«, seiner Nichte Alexandra Engelhardt, verehelichte Gräfin Branicka, verwöhnen.

Trotz dieses Lebenswandels vollbrachte Potemkin in den folgenden Jahren beachtliche Leistungen. Er holte Menschen aus Rußland und dem Ausland in den Süden, damit sie das Land urbar machten, und gewann ausländische Spezialisten, damit sie den Leuten beim Aufbau der Landwirtschaft und von Handwerksbetrieben behilflich waren. Er ließ Dörfer anlegen und baute Häfen, gründete Städte wie Sewastopol, Cherson oder Jekaterinoslaw. In sieben Jahren verwandelte er den größten Teil des Südens in eine friedliche, blühende Provinz. Außerdem griff Potemkin das von Orlow angeregte »griechische Projekt« auf. 1783 eroberte er die Halbinsel Krim, wo er sein Kolonialisierungswerk fortsetzte. Der Hafen von Sewastopol wurde auf seine Initiative hin unter Anleitung eines englischen Admirals gebaut.

1787 jährte sich zum 25. Male die Thronbesteigung Katharinas. Dieses Jubiläum nahm Potemkin zum Anlaß, um ihr seine Leistungen zu präsentieren. Wie immer bei ihm war auch diese historisch gewordene Krimreise der Zarin ein Ereignis von außerordentlicher Pracht und übermäßigem Pomp. Alles, was Rang und Namen hatte, und das gesamte diplomatische Korps nahmen an der Besichtigungsreise in den Süden teil. Sogar Kaiser Joseph II., im Gegensatz zu seiner Mutter ein großer Verehrer der Zarin, war mit von der Partie.

In sieben goldverzierten und mit rotem Brokat ausgeschlagenen Galeeren bewegte sich die riesige Gesellschaft im Frühjahr 1787 von Kiew aus auf dem Fluß Dnjepr gen Süden. In Kaniew kam es zu einer außergewöhnlichen Begegnung. Die Kaiserin empfing den König von Polen. Nach 28 Jahren sahen sie einander wieder. Poniatowskis Hoffnung, durch zärtliche Jugenderinnerungen das Los seines Landes zu lindern, blieben jedoch unerfüllt. Katharina hatte nur noch freundliche Gleichgültigkeit für ihn übrig. Begleitet von 80 Versorgungsbooten und 3000 Matrosen und Bedienten, ging die Reise weiter. Es war eine perfekte Inszenierung. Wo immer Katharina vorüberkam, waren die Häuser geschmückt und frisch ge-

strichen, Kapellen spielten auf, und überall jubelten ihr hübsch ge-
kleidete, fröhliche Menschen zu, so daß sich mancher Mitreisende
fragte, ob das, was er sah, wirklich echt war. So entstand die Legende von den »Potemkinschen Dörfern«, die später vor allem von
Katharinas Feinden im Ausland gerne kolportiert wurde. Potemkin
aber hatte tatsächlich Großes vollbracht, wenngleich noch vieles
unfertig oder verbesserungswürdig war.

Katharina jedenfalls war begeistert und empfand große Dankbarkeit für den Fürsten, der ihr schließlich auf der Krim ein unvergleichliches Fest bot, dessen Abschluß mit einem Feuerwerk aus
30 000 Raketen gekrönt wurde, die das Monogramm der Zarin in
den nächtlichen Himmel malten.

Nach Katharinas Abreise überkam Potemkin jedoch wieder einmal
der Lebensüberdruß. Er verfiel in Trübsinn und totale Passivität.
Man war solche Krisen von ihm bereits gewohnt, doch gerade jetzt
war dafür der schlechteste Zeitpunkt, denn seit kurzem herrschte
wieder Krieg mit der Türkei, und Potemkin war der Oberkomman-
dierende sowohl der Flotte als auch der Armee. Katharina und Potemkin hatten diesen Krieg gewünscht, nun war er da, und der Weg
nach Byzanz stand offen. Doch Potemkin rührte sich nicht. Statt die
wichtige Festung Otschakow zu nehmen, lag er in tiefer Depression
in seinem Hauptquartier von Jassy auf einem Diwan und starrte ins
Leere. Monatelang geschah nichts. Katharina war von doppelter
Sorge erfüllt. Einerseits befürchtete sie bereits eine Niederlage, andererseits sorgte sich um Potemkins Gesundheit. Brief um Brief
schrieb sie ihm, versuchte ihn aufzurichten, sprach ihm mit müt-
terlicher Fürsorge zu wie einem kleinen Kind und versicherte ihn
immer wieder ihrer Liebe und ihres Vertrauens. Katharina und Rußland gerieten ob der Lethargie Potemkins immer stärker in Bedrängnis, denn nun hatte auch der nördliche Nachbar, Schweden, den
Krieg erklärt. Da endlich, sozusagen im letzten Augenblick, raffte
sich Potemkin auf, und nach mehr als einem Jahr der Belagerung
nahm er Ende 1788 die Festung Otschakow ein. Glücklich schrieb
ihm Katharina: »Ich nehme Dich bei beiden Ohren und küsse Dich
in Gedanken, mein Herzensfreund Grischenka!«

Potemkin war wieder der gefeierte Held und strotzte vor neuer

Energie. Eigentlich hätte er sehr zufrieden sein können, wenn da nicht eine Kleinigkeit gewesen wäre, die ihn störte. Katharina hatte ihren letzten Liebhaber, Sergej Mamonow, entlassen und ihn im Sommer 1789 durch Platon Zubow ersetzt. Zum ersten Mal hatte sie es gewagt, sich selbständig einen Favoriten zu wählen. Instinktiv fühlte Potemkin, daß sich damit auch für ihn eine Wende abzeichnete. Zwischen den Zeilen von Katharinas Briefen las er heraus, wie vernarrt sie in diesen um 40 Jahre jüngeren Mann war und welchen Einfluß dieser und seine Clique langsam über die Zarin gewannen. Das wollte er keinesfalls dulden. Im Winter 1791 verließ er den Kriegsschauplatz, und wie weiland Orlow raste er von Eifersucht getrieben nach St. Petersburg.

Katharina empfing ihn mit allen Ehren wie einen Helden und behandelte ihn mit größter Liebenswürdigkeit, doch er merkte, daß sich etwas geändert hatte. Trotz seiner Bitten, trotz seiner Warnungen weigerte sie sich, von Zubow zu lassen. Zubow war mehr als ihr Liebhaber, er ersetzte ihr auch den Sohn. Denn ihr Verhältnis zu Paul war ausgesprochen schlecht und von Haß und gegenseitiger Verachtung belastet. In ihrer Hingabe für diesen jungen Mann bemerkte sie nicht, wie sie seinen und seines Clans unseligen Einflüsterungen erlag. Potemkin sah das voraus, doch er hatte nicht mehr die Macht, es zu verhindern.

Noch einmal versuchte er, Katharina in gewohnter Weise zu beeindrucken. Am 28. April 1791 veranstaltete er zu ihren Ehren und zur Feier des russischen Sieges über die Türken ein Fest, dessen Großartigkeit alles bisher Dagewesene übertraf. Sogar das einfache Volk durfte vor den Toren des Tauris-Palastes daran teilhaben und sich an Speisen und Wein laben.

Ein Lichtermeer aus Tausenden von Kerzen empfing die Kaiserin, und als sie durch das Spalier der 3000 geladenen Gäste schritt, spielte das Orchester eine eigens für sie komponierte Hymne. Am Eingang des Palastes wurde sie von Potemkin erwartet, der in ein goldbesticktes, scharlachrotes Gewand gehüllt war, über der Schulter einen mit einem Diamanten befestigten schwarzen Mantel. Er geleitete Katharina zu einem Thron, von wo aus sie die Darbietungen verfolgen konnte. Nach einer Ballettvorführung, bei der die beiden Enkelsöhne der Kaiserin, Alexander und Konstantin, mitwirkten, defilierten zu ihrer Huldigung die von Rußland unterworfenen Völker in ihrer Nationaltracht vorbei, und eine Ode an die Kaiserin, verfaßt vom Dichter Derschawin, wurde verlesen. Das Mahl wurde auf goldenem und silbernem Geschirr serviert und bot die erlesensten Köstlichkeiten Europas und Asiens. Als sich Katharina gegen zwei Uhr nachts von ihrem Gastgeber mit freundlichen Worten des Dankes verabschiedete, fiel Potemkin vor ihr auf die Knie, küßte ihre Hand und brach in Schluchzen aus. Er fühlte, daß trotz dieses Aufwandes seine Zauberkraft erloschen war. Der Bann, in dem Katharina fast zwanzig Jahre lang gefangen war, nun war er gebrochen: Sie würde Platon Zubow nicht aufgeben.

Traurig, enttäuscht und in seinem maßlosen Stolz verletzt, verließ Potemkin im Juni 1791 St. Petersburg, um die Friedensverhandlungen mit den Türken zu führen. Doch der kraftstrotzende Riese schien auf einmal in sich zusammengesunken, ein gezeichneter Mann. Als er im Juli in Jassy eintraf, war er bereits schwer erkrankt. Sein Lebenswille war gebrochen. Nur seine Nichte und Geliebte Alexandra konnte ihm ein wenig Trost spenden und die Briefe der Zarin, die er weinend immer wieder las. Plötzlich hielt er es nicht mehr aus in Jassy: »Mütterchen, huldreiche Kaiserin«, schrieb er an Katharina, »ich kann meine Leiden nicht mehr ertragen. Die einzige Hoffnung, die es für mich noch gibt, besteht darin, diese Stadt zu verlassen; ich habe deshalb befohlen, mich nach Nikolajew zu bringen. Ich weiß nicht, was aus mir werden wird. Dein treuester und dankbarster Untertan – Potemkin. Abzureisen ist meine einzige Rettung.« Doch er konnte dem Tod nicht mehr entrinnen. Man schrieb den 16. Oktober 1791, als er nach wenigen Meilen Fahrt gequält hervorstieß: »Es ist genug. Wir brauchen nicht weiterzufahren. Ich sterbe. Ich möchte auf freiem Feld sterben.« Man bereitete ihm am Straßenrand ein Lager, und wenige Minuten später verstarb Grigorij Potemkin, Fürst von Tauris, in den Armen seiner getreuen Nichte.

Als Katharina die Nachricht vom Ableben ihres Gemahls erreichte, fiel sie in Ohnmacht. »Wie soll ein solcher Mann jemals ersetzt werden können!« rief sie aus, nachdem sie wieder zu sich gekommen war. »Er hat mich nie an andere verkauft, und man konnte ihn nicht kaufen. Nichts wird je wieder sein wie zuvor.«

Katharina hatte recht. Mit Potemkin hatte sie die größte Stütze ihrer Regierung verloren. Gewiß, er hatte viele Fehler gehabt, doch war er bis zu seinem Tode seiner Herrscherin treu ergeben gewesen. Von nun an geriet die einsame alte Kaiserin immer stärker in eine beschämende Abhängigkeit von ihrem Favoriten, Platon Zubow, und dessen Clan. Verblendet ließ sie sich von ihm ausnützen. »Potemkin verdankte seine hohe Stellung fast ausschließlich sich selber«, schrieb ein Beobachter, »Zubow dagegen verdankte seine nur der Altersschwäche Katharinas. Je mehr Katharina an Tatkraft, Stärke und Genius einbüßte, desto mehr gewann Zubow Macht, Einfluß und Reichtum ...« Es war erschütternd und peinlich zugleich, wie die große Zarin sich vor diesem anmaßenden Menschen, der keinerlei Fähigkeiten besaß und sich nicht das geringste Verdienst erworben hatte, demütigte und erniedrigte.

Doch nicht nur in persönlicher Hinsicht, auch politisch begann für Katharina die Große der Abstieg. Aus der aufgeklärten Herrscherin von einst, die mit so großen Zielen den Thron bestiegen hatte, wurde eine erbitterte und verbitterte Reaktionärin. Nur wenige ihrer hochfliegenden Reformpläne hatte sie verwirklichen können. So existierte etwa immer noch die unselige Leibeigenschaft, die erst von ihrem Urenkel, Alexander II., 1861 abgeschafft werden sollte. Katharina hatte sich im Laufe ihrer Herrschaft immer mehr den Umständen angepaßt und viele ihrer Ideen der Sicherung ihrer Macht geopfert. Statt dessen hatte sie eine äußerst erfolgreiche Außenpolitik betrieben und Rußland zur wichtigsten Macht in Europa gemacht. Am Ende ihrer Regierungszeit wurde Katharina II. zwar zu Recht »die Große« genannt, den Titel einer »aufgeklärten Herrscherin« jedoch hatte sie längst eingebüßt, wie ihr Vorgehen gegen das unglückliche Polen bewies.

Nachdem sich Polen von dem Schock über die Teilung von 1773 langsam erholt hatte, erlebte es in den folgenden Jahren unter König Stanislaus eine wirtschaftliche und kulturelle Blüte.

Der Ausbruch des russisch-türkischen Krieges im Jahre 1787 machte dem Land wieder Mut, denn er trieb einen Keil zwischen die Teilungsmächte. Österreich und Rußland waren zwar noch miteinander verbündet, doch Preußen hatte sich den Türken angeschlossen. König Friedrich Wilhelm II., der Neffe Friedrichs des Großen, betrieb überdies eine Annäherung an Polen, die im März 1790 in ein Bündnis mündete, das Poniatowski im Falle eines russischen Angriffs die Hilfe Preußens zusicherte. Die polnische Regierung fühlte sich dadurch so gestärkt, daß sie am 3. Mai 1791 die erste geschriebene Verfassung Europas verabschiedete.

Katharina war empört über diese Unbotmäßigkeit der Polen. Die Nachrichten aus Frankreich machten ihr seit geraumer Zeit große Angst. Sie befürchtete den Zusammenbruch der alten Ordnung. Die Aufklärer, deren Werke sie als Großfürstin mit Begeisterung verschlungen hatte, wurden zu ihrem Feindbild, und sie ließ die Büste des von ihr einst so verehrten Voltaire in den Keller verbannen. Und nun hatte in ihren Augen »die französische Pest« auch schon auf Warschau übergegriffen und stand damit vor den Toren ihres Reiches. Diesem gefährlichen Jakobiner-Treiben mußte schleunigst ein Ende gemacht werden!

Von Zubow getrieben, ließ Katharina ihre und Potemkins Träume von Byzanz fahren, und sobald der Friede mit der Türkei geschlossen war, setzte sie zum vernichtenden Schlag gegen das aufsässige Polen an. Im Mai 1792 marschierten 100 000 Russen in Polen ein. Preußen, das zu jenem Zeitpunkt mit der Schlacht von Valmy gegen die französischen Revolutionäre beschäftigt war, ließ seinen Bündnispartner unter einem fadenscheinigen Vorwand – die Verfassung sei ohne sein Einverständnis beschlossen worden – schmählich im Stich. Es war ein aussichtsloser Kampf, der nur zwei Monate währte. Ende Juli 1793 kapitulierte Poniatowski und beugte sich dem russischen Druck.

Inzwischen hatten sich Friedrich Wilhelm II. und Katharina auf eine neuerliche Teilung Polens geeinigt. Die Zarin kannte keine Gnade, obwohl Poniatowski sie anflehte, sein Land zu schonen, und ihr sogar anbot, ihren Enkel Konstantin als seinen Erben einzusetzen. Im September 1793 zwangen die Sieger den in Grodno einberufenen Reichstag, die Teilungsverträge zu ratifizieren. Doch diesmal wollten sich die Polen nicht so einfach fügen wie vor zwanzig Jahren, zumal der ihnen verbliebene Rest ihres Landes keinen lebensfähigen Staat mehr abgab. Eine Welle des Patriotismus setzte ein, und angeführt von Tadeusz Kosciuszko, einem ehemaligen Kämpfer im amerikanischen Unabhängigkeitskrieg, begann im März 1794 das Volk gegen die russischen Unterdrücker zu rebellieren.

Moralische Schützenhilfe erhielten die Aufständischen von Robespierre, ein Grund mehr für Katharina, in dieser Volkserhebung eine zweite Französische Revolution zu sehen. Die Bestürzung über die Nachricht von der Hinrichtung Ludwigs XVI. und Marie Antoinettes im vergangenen Jahr saß ihr noch tief in den Knochen. Sie schickte weitere Truppen nach Polen, und mit preußischer Unterstützung wurde der Aufstand schließlich im Oktober 1794 blutig niedergeschlagen. Warschau mußte kapitulieren. Ein Jahr danach, am 24. Oktober 1795, ging zwischen Österreich, Preußen und Rußland die dritte und letzte Teilung Polens über die Bühne, die das unglückliche Land endgültig von der Landkarte verschwinden ließ. Stanislaus August Poniatowski, der letzte König von Polen, dankte ab. Man überließ ihm den Palast von Grodno, wo er als Gefangener der Zarin seine Zeit in tiefer Resignation und wehmütigen Erinnerungen mit dem Verfassen seiner Memoiren verbrachte. Bis zuletzt aber kam nie ein böses Wort über Katharina, die ihm so viel Leid zugefügt hatte, über seine Lippen.

Die Zarin dagegen hatte nur noch Verachtung für ihren ehemaligen Geliebten übrig. Nach der Auslöschung Polens begann sich die 67jährige mit ihrer Nachfolge zu beschäftigen. Mit ihrem Sohn verband sie so gut wie nichts. Sie hatte dieses Kind, das sie so sehr an die leidvollste Zeit ihres Lebens erinnerte, nie geliebt. Und Paul, dem natürlich weder das Gerede über seinen Vater noch die

Gerüchte um dessen gewaltsamen Tod entgangen waren, haßte seine kalte, furchteinflößende Mutter. Sein einziges Bestreben schien es zu sein, Peter III. zu rehabilitieren und zu rächen. Außerdem vertrat er politische Auffassungen, die zu denen Katharinas in völligem Gegensatz standen. Aus diesem Grunde hätte die Zarin wohl lieber ihren ältesten Enkel, Alexander, als Erben eingesetzt. Doch sie kam nicht mehr dazu. Am 17. November 1796 riß ein Schlaganfall sie aus dem Leben.

Eine der ersten Handlungen Pauls I. war es, den Exkönig von Polen anläßlich seiner Krönung nach St. Petersburg einzuladen und ihm den prunkvollen Marmorpalast als angemessenen Alterssitz anzubieten. Es war jener Marmorpalast, den Katharina einst für Grigorij Orlow hatte erbauen lassen, für jenen Mann, der ihn vor vierzig Jahren aus ihrem Herzen verdrängt hatte. Dort beendete Stanislaus August Poniatowski am 12. Februar 1798 in glanzvollem Rahmen sein glückloses Leben.

Eine verhängnisvolle Affäre

Caroline Mathilde von Dänemark und Johann Friedrich Struensee

Am 14. Januar 1766 starb Friedrich V. von Dänemark im Delirium tremens. Er hatte sich zu Tode gesoffen. Doch trotz seines Hanges zum Alkohol und zum barocken Lebensgenuß hatte sich dieser König bei seinem Volk großer Beliebtheit erfreut, einer Beliebtheit, die er nicht zuletzt seiner ersten Gemahlin, der wegen ihrer Mildtätigkeit fast wie eine Heilige verehrten, jung verstorbenen Louise von England verdankte.

Louise hatte ihm vier Kinder hinterlassen, drei Töchter* und einen Sohn. Letzterer bestieg nun im Alter von gerade 17 Jahren als Christian VII. den Thron von Dänemark. Ganz Kopenhagen jubelte ihm zu, und wie bei jedem neuen Herrscher erhofften sich die Menschen auch jetzt wieder eine Verbesserung ihrer Lebenssituation, sehnten sie sich nach Wohlstand und Frieden. Nur eine konnte sich dem allgemeinen Jubel und der freudigen Stimmung nicht anschließen: Christians Stiefmutter, Juliane Marie von Braunschweig-Wolfenbüttel, die Friedrich V. in zweiter Ehe geheiratet hatte und die ihm ebenfalls einen Sohn, den 1753 geborenen Erbprinzen Friedrich, geschenkt hatte. Juliane Marie war zweifellos eine gute Partie, immerhin war sie die Schwester der Königin von Preußen** und die Nichte der Kaiserin***, glücklich war der Dänenkönig jedoch nicht mit ihr geworden, denn die deutsche Prinzessin erwies sich als kalt, ehrgeizig und berechnend.

Auch jetzt motivierte Berechnung ihr Handeln, als sie Ergeben-

---

* Sophie Magdalene, 1746–1813, Gemahlin Gustavs III. von Schweden, Karoline, 1747–1820, Gemahlin Wilhelms I. von Hessen-Kassel, und Luise, 1750–1831, Gemahlin Karls von Hessen-Kassel.
** Elisabeth von Braunschweig-Wolfenbüttel war die Gemahlin von Friedrich II.
*** Elisabeth-Christine von Braunschweig-Wolfenbüttel war die Gemahlin Kaiser Karls VI. und Mutter Maria Theresias.

heit gegenüber ihrem Stiefsohn heuchelte, während sie innerlich von Neid zerfressen und von Haß gegen ihn erfüllt war, denn viel lieber hätte sie ihren eigenen Sohn auf dem dänischen Thron gesehen. Aber Juliane Marie gab nicht so schnell auf, vor allem weil sie die nicht ganz unberechtigte Hoffnung hegte, daß ihr Wunsch doch noch in Erfüllung gehen könnte. Bei Christian VII. machten sich nämlich damals bereits Anzeichen einer beginnenden Geisteskrankheit bemerkbar. Er war schon immer etwas sonderbar gewesen, dieser auffallend kleine und körperlich zarte Knabe, was angesichts der Umstände seiner Kindheit allerdings nicht wundernimmt.

Nachdem er im Alter von drei Jahren seine sanfte, liebevolle Mutter verloren hatte, war er einem unfähigen und groben, ja geradezu sadistischen Erzieher, einem gewissen Detlev Reventlow, anvertraut worden. Christian lebte in ständiger Angst vor diesem Mann, der ihn selbst wegen kleiner Vergehen vor versammelter Dienerschaft verprügelte. Wenn er die sonntägliche Predigt nicht Wort für Wort wiederholen konnte, setzte es wieder Schläge. Dabei war Christian ein ausgesprochen intelligentes und interessiertes Kind. Als einer der wenigen bei Hofe lernte er Dänisch, was ihm die Sympathien seines Volkes einbrachte, denn seit 1488 das Haus Oldenburg auf den dänischen Thron gekommen war, war Deutsch die Hof- und Amtssprache.

Christian las mit Begeisterung die Schriften Voltaires und der anderen Philosophen des Jahrhunderts, und er hatte alle Anlagen, ein aufgeklärter Herrscher zu werden und sich auf eine Stufe mit seinen großen Zeitgenossen Friedrich II. und Katharina II. zu stellen. Mit überschwenglichen Worten lobte Voltaire Ende 1767 die tolerante Haltung des jungen Dänenkönigs in Fragen der Religion: »Eure Majestät bieten in jungen Jahren ein erhabenes Beispiel. Eure Wohltaten dringen in Regionen, die der übrigen Welt fast unbekannt sind. Sie schaffen Ihnen neue Anhänger in all denen, die von Ihrem wohltätigen Edelmut sprechen hören. Man muß von jetzt ab nach Norden reisen, um vorbildliches Denken und Fühlen kennenzulernen. Wenn meine Hinfälligkeit und Kränklichkeit es mir gestatteten, dem Drange meines Herzens zu folgen, würde ich aufbrechen, um mich Eurer Majestät zu Füßen zu werfen.«

Die deutsche Übersetzung dieses Briefes war im Altonaer Merkur erschienen und mit J.F.S. gezeichnet gewesen. Nachforschungen ergaben, daß es sich bei dem Autor um den Stadtphysikus von Altona handelte, einen jungen Mediziner namens Johann Friedrich Struensee, der damals natürlich nicht ahnen konnte, welche Bedeutung diese Übersetzung bald für sein Leben haben sollte.

Das ausgeprägte Interesse für die Ideen der Aufklärung verdankte Christian in erster Linie seinem Französischlehrer, dem Schweizer Elie Salomon François Reverdil, der jedoch den Schaden, den Reventlows brutale Erziehungsmethoden bei dem sensiblen und erblich vorbelasteten Knaben bereits angerichtet hatten, nicht mehr gutmachen konnte.

Denn kaum war Christian König und damit den Klauen seines Erziehers entkommen, ließ er sich gehen, begann maßlos zu trinken und sich sexuellen Ausschweifungen hinzugeben. Gemeinsam mit seinen Freunden zog er nachts randalierend durch die Straßen von Kopenhagen, schlug Fenster und Laternen ein und sorgte für einen Skandal nach dem anderen. Die Bevölkerung war betroffen und enttäuscht von ihrem jungen König. Vor allem Christians Sex-Eskapaden schadeten seinem Ruf in einem lutherisch geprägten Land wie Dänemark.

Der Premierminister, Graf Bernstorff, ein fähiger und weitblickender Mann, war um Schadensbegrenzung bemüht und machte sich eiligst auf die Suche nach einer passenden Gemahlin für seinen Herrn, in der Hoffnung, ihn dadurch zu einem anständigen und gemäßigten Leben zu bewegen. Das war jedoch selbst nach den Maßstäben der damaligen Zeit ein nutzloses Unterfangen, denn das Verhalten des Königs war äußerst beunruhigend und manchmal so absonderlich, daß sowohl sein Schwager, Karl von Hessen, als auch Bernstorff eine geistige Störung befürchteten. Dennoch waren sie bereit, ihn einer Frau zuzumuten. Die Wahl fiel auf Christians leibliche Cousine ersten Grades: Prinzessin Caroline Mathilde von England (siehe Stammtafel 6).

Caroline Mathilde war vierzehn Jahre alt, als ihr Bruder, Georg III.

von England, ihr seinen Entschluß mitteilte, sie mit dem König von Dänemark zu verheiraten. Das Mädchen war über diese Aussicht alles andere als erfreut, denn sogar bis nach England war die Fama von Christians Geisteskrankheit gedrungen. Doch Georg III. tat derartige Berichte als böse Gerüchte ab, mit denen Übelmeinende dem König von Dänemark schaden wollten. Im übrigen machte er seiner Schwester klar, daß sie gefälligst stolz zu sein habe, wenn sie eine regierende Königin werden konnte. Widerstand und Ströme von Tränen halfen der Unglücklichen nicht. Sie mußte sich in ihr Schicksal ergeben, das Schicksal so vieler Königstöchter, die auf dem Altar der hohen Politik geopfert wurden.

Auch die Mutter war ihr keine große Hilfe. Augusta, geborene Prinzessin von Sachsen-Gotha, war eine verbitterte Frau. Sie hatte ihr Leben als ungeliebte, ständig betrogene Gemahlin des Prinzen von Wales verbracht und machte sich wohl keine Illusionen über Caroline Mathildes Zukunft.

Eigentlich hatte man dem Mädchen noch etwas Zeit lassen wollen, doch die Dänen drängten. Auch Christian, der sich damit abgefunden hatte, daß man ihm eine Frau aufzwang, wollte die Auserwählte nun so bald wie möglich kennenlernen. Seine Ansichten über die Ehe waren allerdings erschreckend, hatte er doch erklärt, eine Ehe »à la mode« führen zu wollen, was nichts anderes bedeutete als eine Absage an eheliche Treue und Gattenliebe. Von dieser selbst für das frivole 18. Jahrhundert abwegigen Einstellung ihres Gemahls hatte Caroline Mathilde freilich keine Ahnung, als sie am 1. Oktober 1766 in der St. James Kapelle per procurationem mit Christian vermählt wurde und bereits am folgenden Tag die Reise über den Kanal antrat. Sie hatte sich mittlerweile mit ihrem Los abgefunden, ihre Tränen flossen spärlicher, und sie war gewillt, eine würdige Königin von Dänemark zu werden.

Die Reiseroute führte sie zuerst über Rotterdam und Utrecht und schließlich Hannover, welches ja in Personalunion mit England verbunden war.* Der freundliche Empfang, den ihr die Niederländer und dann die Deutschen bereiteten, erfüllte Caroline Mathilde

---

* Georg I. von England, der 1714 den Thron bestiegen hatte, entstammte dem Hause Hannover.

mit Freude und Stolz und ließ sie ihre Angst und Aufregung für kurze Zeit vergessen. Überall jubelten ihr die Leute zu, denn sie war allerliebst anzusehen mit ihren blauen Augen und dem silberblonden Haar. Alles in allem war sie mit ihrer aufgeworfenen Unterlippe und den etwas hervortretenden Augen zwar keine perfekte Schönheit, aber sie wirkte anmutig und ausgesprochen feminin.

Endlich erreichte der Brautzug das dänische Altona, von wo Caroline Mathilde ein kurzes Schreiben an ihren Gemahl sandte, der sich sofort von Kopenhagen aus auf den Weg machte, um ihr entgegenzureiten. In Roskilde, der ehemaligen Hauptstadt des Reiches, bekamen die beiden jungen Leute einander zum ersten Mal zu Gesicht, und beide erlebten eine durchaus positive Überraschung. Christian fand seine Frau reizend, und Caroline Mathilde ihrerseits mußte das düstere Bild, das sie sich von ihrem Gemahl gemacht hatte, revidieren. Christian war zwar ziemlich klein und reichte ihr kaum bis zur Schulter, aber er sah leidlich hübsch aus, hatte schöne blaue Augen und war sehr gut gekleidet. Er wirkte ein wenig nervös und ängstlich, was Caroline Mathilde eine gewisse Selbstsicherheit gab und in ihr augenblicklich so etwas wie mütterliche Gefühle weckte.

Kopenhagen war in Feststimmung, als am 8. November 1766 die offizielle Hochzeit stattfand. Die Dänen waren von der kleinen Engländerin entzückt, die in einem silberfarbenen, hermelinbesetzten Kleid und mit einem funkelnden Diamantdiadem im Haar zur Kirche fuhr, und sie setzten große Hoffnungen in sie, denn bei vielen war noch die Erinnerung an die gütige Königin Louise wach, Caroline Mathildes Tante.

Das junge Mädchen freute sich über die Zuneigung, die man ihr überall entgegenbrachte – selbst Juliane Marie mimte die liebevolle Schwiegermutter. Doch Caroline Mathildes Freude währte nur kurz, denn bereits während des Hochzeitsbanketts zeigte ihr Gemahl sein anderes Gesicht: Er trank viel zu viel und legte ein derart schlechtes Benehmen an den Tag, daß seine kleine Braut zutiefst erschrak. Ihre Befürchtungen, daß mit Christian etwas nicht stimmte, bestätigten sich. Nur dank der Überredungskunst seines Kammerdieners konnte der König dazu bewogen werden, die Hochzeitsnacht bei seiner Frau zu verbringen. Reverdil, Christians ehemaliger

Lehrer, weist in seinen Erinnerungen auf sexuelle Probleme seines Schülers hin. So habe Christian nur mit der Königin geschlafen, weil man an seine Eitelkeit appelliert und ihm vorgehalten habe, man könnte an seiner Männlichkeit zweifeln, wenn seine Ehe kinderlos blieb.

Tapfer ertrug Caroline Mathilde den Gemahl, den man ihr nun einmal zugedacht hatte, und bemühte sich anfangs sehr, ihm gefällig zu sein und seine Liebe zu erringen. Doch dann hörte sie auf den Rat ihrer Ersten Hofdame, der altjüngferlichen, gestrengen Frau von Plessen, der man die junge Königin anvertraut hatte. Die Plessen, die noch vom alten Schlag war und außerordentlich viel von Etikette und Zeremoniell hielt, war von Christians Benehmen derart angewidert, daß sie der Königin einredete, sie solle ihren Gemahl auf Distanz halten und verlangen, daß er sie mit dem ihr gebührenden Respekt behandelte. So müsse sie darauf bestehen, daß er erst anfragte, ob sie ihn empfangen wolle, bevor er ihre Gemächer betrat. Nur wenn sie Christian mit kühler Würde begegnete, würde sie seine Liebe und Anbetung erringen. Der Rat der Plessen war zwar gut gemeint, wirkte sich aber fatal auf das königliche Eheleben aus. Denn genau das Gegenteil trat ein. Christian war von der plötzlichen Reserviertheit seiner Gemahlin irritiert, und anstatt sie anzuschmachten und um ihre Zuneigung zu betteln, wandte er sich von ihr ab und begann sie fortan zu ignorieren. So war die Ehe des dänischen Königspaares schon eine Woche nach der Hochzeit zerrüttet. Ernüchterung befiel die junge Königin, sie bekam schreckliches Heimweh, denn sie mußte feststellen, daß sie hier am dänischen Hof eigentlich niemanden hatte, der ihr wirklich nahestand, bei dem sie sich aussprechen und Rat suchen konnte. Die Dänen hatten ja darauf bestanden, daß ihre neue Königin ohne englisches Gefolge kam. Madame Plessen und ein Fräulein von Eyben waren die einzigen, mit denen sie ein gewisses Vertrauensverhältnis verband. Sie wußte allerdings nicht, daß erstere sie für die Interessen der französischen Partei bei Hofe gewinnen wollte und die andere wahrscheinlich eine Spionin der Königinwitwe Juliane Marie war. Diese rieb sich die Hände, weil die Ehe ihres Stiefsohnes nicht funktionierte. Sie war es auch, die die Gerüchte ausstreute, Caro-

Caroline Mathilde (1751–1775)

line Mathilde würde Christian zu seinen abscheulichen Ausschweifungen anstiften.

Arme Caroline Mathilde. Sie geriet immer mehr in die Isolation.
Mit ihren sechzehn Jahren begriff sie noch nichts von den Intrigen
rund um sie herum. Sie fühlte sich elend und unglücklich. Kaum
jemand nahm von ihr Notiz, denn auch Christians engere Umgebung, jene charakter- und skrupellosen jungen Männer rund um
den Grafen Holck, imitierten das Benehmen ihres Herrn und igno-
rierten die Königin einfach.

Kaum zu glauben, daß die spärlichen Besuche Christians bei seiner Gemahlin doch zu einer Schwangerschaft führten. Doch statt zu einer Annäherung der beiden Gatten zu führen, vertiefte dieser Umstand nur noch die Kluft, die zwischen ihnen bestand. Christian fiel nämlich nichts Besseres ein, als sich über Caroline Mathilde und ihren schwellenden Bauch lustig zu machen und sie zum Gaudium seiner verderbten Freunde in aller Öffentlichkeit mit obszönen Bemerkungen über ihr Verhalten im Bett bloßzustellen. Die junge Frau schrieb verzweifelte Briefe an ihre Mutter und ihren Bruder nach England, doch erhielt sie nur die ernüchternde Antwort, sie solle sich in Geduld fassen, sich auf ihre Pflicht besinnen und alles mit Würde ertragen.

Die Demütigungen und Beleidigungen, die Caroline Mathilde durch ihren Gatten zu erleiden hatte, fanden kein Ende. Nun begann Christian auch noch eine Affäre mit einer Frau von äußerst zweifelhaftem Ruf. Ihr Name war Anna Katharina Benthaken, besser bekannt als Stiefeletten-Katrine, weil sie vorzugsweise in Männerkleidern auftrat. Sie war die uneheliche Tochter eines Offiziers und wahrlich kein Kind von Traurigkeit. Sie hatte ihre Gunst bereits dem englischen und dann dem österreichischen Gesandten geschenkt, bevor sie nun den grölenden König auf seinen nächtlichen Streifzügen durch die Stadt begleitete und an den wilden Orgien seines Freundeskreises teilnahm. Christian fand den maskulinen Aufzug seiner Mätresse überaus erotisierend, während ihn die sanfte, blonde Weiblichkeit der Königin abstieß. Die Öffentlichkeit war über Christians Benehmen schockiert, zumal er auch noch die Unverfrorenheit besaß, seiner Mätresse eine Loge in der Oper anweisen zu lassen, welche genau gegenüber jener der Königin lag. Als er Stiefeletten-Katrine auch noch zur Baronin und zur maîtresse en tître machen wollte, war der Unmut der Bevölkerung kaum noch zu überhören. Bernstorffs eindringliche Warnungen veranlaßten Christian schließlich, sich von Katrine zu trennen und sie ins Exil nach Hamburg zu schicken.

Am 28. Januar 1768, einen Tag vor Christians neunzehnten Geburtstag, brachte Caroline Mathilde einen Knaben zur Welt, der auf den Namen Friedrich getauft wurde. Das Kind war kränklich, doch seine Mutter umschloß es mit ihrer ganzen Liebe. Nun endlich hatte sie jemanden, dem sie ihre Zuneigung und Wärme schenken konnte. Nur so auch konnte sie all die Erniedrigungen und Schikanen ertragen. Denn kurz nach der Geburt wurde ihre Vertraute, Frau von Plessen, auf Druck der russischen Partei bei Hofe entlassen. Die frankophile Haltung der Hofdame und ihr Einfluß auf die Königin waren Premierminister Bernstorff ein Dorn im Auge gewesen. Doch damit nicht genug! Ausgerechnet die Schwester seines liederlichen Freundes Holck, den Mathilde haßte, weil er sie so respektlos behandelte, machte Christian zur neuen Haushofmeisterin seiner Gemahlin.

Das Frühjahr 1768 schien plötzlich einen Lichtblick für Caroline Mathilde zu bringen. Ihr Gemahl plante eine Europareise, die ihn unter anderem auch nach England führen sollte. Sie sehnte sich nach einem Wiedersehen mit ihrer Familie, nach ein wenig Zuspruch und Trost. Doch Christian bestand darauf, allein zu reisen. Alle Einwände, alle Bitten halfen nichts. Traurig und einsam zog sich die Königin mit ihrem Sohn nach Schloß Hirschholm zurück, wo sie den ganzen Sommer verbrachte, während Christian unterwegs war.

Die Reise des Königs von Dänemark bereitete den Verantwortlichen einiges Kopfzerbrechen, denn mittlerweile wurde Christians geistige Störung immer öfter bemerkbar. Es gab bereits deutliche Anzeichen von Schizophrenie, Perioden völliger Gesundheit wechselten mit Phasen tiefer Depression und totaler Apathie. Man befürchtete, er könnte im Ausland einen schlechten Eindruck machen oder gar durch sein Verhalten einen Skandal verursachen. Aus diesem Grund suchte man nach einem tüchtigen Reisearzt für den König, denn der alte Dr. Berger fühlte sich gesundheitlich nicht in der Lage, die beschwerliche Tour mitzumachen. Da erinnerte man sich an den jungen Arzt in Altona, der im Jahr zuvor Voltaires Brief an Christian übersetzt hatte und dessen Kunst in adeligen Kreisen mittlerweile in hohem Ansehen stand. Man sprach von dem deutschen Doktor namens Struensee nur in den höchsten Tönen.

Johann Friedrich Struensee war 1737 in Halle als zweiter Sohn eines Pastors zur Welt gekommen und zeigte ebenso wie sein Bruder schon früh eine hohe Begabung. Karl August Struensee wurde Mathematikprofessor an der Universität von Leipzig, während Johann Friedrich in Fortsetzung der Familientradition mütterlicherseits den Beruf des Arztes ergriff. Schon sein Großvater, Dr. Johann Samuel Carl, war von 1736 bis 1742 Leibarzt Christians VI. von Dänemark gewesen.

Struensee entwickelte sich zu einem Freigeist, der den Ideen der Aufklärung offen gegenüberstand. Er fühlte sich im militärisch geprägten Deutschland Friedrichs II. ebenso unwohl wie in der engen bigotten Umgebung seines Elternhauses und ließ sich daher im dänischen Altona als Arzt nieder. Hier avancierte er aufgrund seiner medizinischen Fähigkeiten bald zu einer Art Modearzt, der vor allem bei den Damen sehr beliebt war. Dies lag wohl nicht nur an seiner Heilkunst, sondern auch an seinem Aussehen. Struensee war groß und breitschultrig, ein männlicher Typ mit großer Nase und durchdringenden Augen. Aber es waren natürlich auch seine neuen Methoden, die allgemein Aufsehen erregten. So wandte er bei den gefürchteten Blattern statt der herkömmlichen Schwitzkuren kalte Umschläge an, die nicht nur schmerzlindernd wirkten, sondern auch den enormen Vorteil hatten, daß sie keine Narben hinterließen. Außerdem setzte sich Struensee stark für seuchenprophylaktische Maßnahmen ein, wie etwa das Verbrennen der Kleider und Gegenstände von Erkrankten oder das Verbot von Bewirtungen im Sterbehaus ebenso wie des Aufbahrens der Toten im offenen Sarg. Darüber hinaus begann er die Pockenimpfung einzuführen. Zuerst »inokulierte« er, wie man damals sagte, das Gesinde auf den Herrenhöfen und dann auch vermehrt die Kinder aus den holsteinischen Adelsfamilien, deren Vertrauen er genoß.

Ganz im philantropischen Zeitgeist betätigte sich Struensee nebenbei auch als Armenarzt und fand überdies noch Zeit für mehrere wissenschaftliche Abhandlungen über Geburtshilfe, über die Blattern und deren Impfung, die »Lustseuche und was dagegen zu thun sey«, aber auch über den Aberglauben und die Quacksalberei. Interessant erscheinen vor allem seine für die damalige Zeit geradezu revolutionären Ansichten über den Umgang mit Geisteskranken. Da liest man nichts von der tradierten unmenschlichen Behandlung, sondern: »Man muß mit den meisten unter ihnen (d.h. Gemütskranken) als mit Kindern umgehen. Die Hälfte der Bemühungen müssen dahin gehen, ihnen die Angst zu nehmen, die andere Hälfte, sie zu beschäftigen.«

Struensee erfreute sich in Altona großen Ansehens als Arzt und fand bald Eingang in die vornehme Gesellschaft. Er erwarb sich zahlreiche Freunde, darunter den Juristen Enevold von Brandt, den ehemaligen Kammerjunker des dänischen Königs, der durch den Grafen Holck verdrängt worden war, den Oberst Seneca Otto Falkenskjold und den Grafen Schack-Rantzau, den früheren Chef des Regiments des Kronprinzen von Dänemark. Letzterer war ihm zu großem Dank verpflichtet, nachdem er seine Gemahlin von den Pocken geheilt hatte, ohne daß auch nur eine einzige Narbe ihr schönes Gesicht verunzierte. Der junge Mediziner genoß das gute Leben und so manchen Luxus, nachdem er dem strengen Vater entkommen war, ebenso wie den gesellschaftlichen Umgang mit Wissenschaftlern und Künstlern. Er durfte sich rühmen, keinen Geringeren als Lessing zu seinen Bekannten zu zählen, der damals gerade seine »Minna von Barnhelm« zur Uraufführung brachte.

Trotzdem war das Leben des jungen Arztes nicht frei von Schwierigkeiten – vor allem in finanzieller Hinsicht, denn sein aufwendiger Lebenswandel kostete viel Geld. Um seinen Gläubigern zu entkommen, beschloß er, nach Malaga oder nach Ostindien auszuwandern, als er am 5. April 1768 plötzlich zum Reisearzt des Königs von Dänemark bestellt wurde.

Am 6. Juni 1768 wurde Struensee auf Schloß Ahrensburg dem in Altona eingetroffenen König vorgestellt. Christian war vom ersten Augenblick an von dem Arzt fasziniert. Die ruhige Autorität und die sanfte, aber bestimmte Redeweise Struensees vermittelten dem durch die schleichende Krankheit unsicheren Geist des Monarchen das Gefühl von Halt und Sicherheit. Struensee selbst war erleichtert darüber, Christians Sympathie gefunden zu haben, denn die neue Stellung war für ihn ungemein wichtig, befreite sie ihn doch, zumindest für eine Zeitlang, aus seiner prekären finanziellen Lage.

Die Reisegesellschaft, die aus einem Gefolge von 56 Personen bestand, konnte also aufbrechen. Erste Station war Celle im Kurfürstentum Hannover, wo Christian mit seinen Schwestern Karoline und Luise zusammentraf, die beide ins benachbarte Hessen geheiratet hatten. Weiter ging die Reise nach Amsterdam, Den Haag und Brüssel. Überraschenderweise ging alles gut. Überall empfing man den König von Dänemark mit Begeisterung. Christian zeigte sich auch von seiner besten Seite. Keine Spur von Krankheit oder geistiger Verwirrung. Er war höflich, sympathisch und fröhlich.

Am 10. August schließlich traf die dänische Gesellschaft in London ein, obwohl Georg III. versucht hatte, den Besuch seines Schwagers zu verhindern oder zumindest hinauszuschieben. Er war nicht sonderlich erpicht auf eine Begegnung mit dem Mann, der seine Schwester so schändlich behandelte. Den König von England muß das schlechte Gewissen geplagt haben, als er nun selbst feststellte, daß mit Christian etwas nicht stimmte. Auf die Frage, was ihm denn an Caroline Mathilde so sehr mißfalle, antwortete der Dänenkönig achselzuckend: »Oh, sie ist so blond.« War das nun die Antwort eines verwirrten Geistes, oder wollte Christian damit nur einer Diskussion über seine schlechte Ehe aus dem Wege gehen?

Georg III., der nicht ahnte, daß ihn selbst einmal das Schicksal seines Schwagers ereilen sollte, war nicht der einzige, dem Christians seltsames Benehmen Sorge bereitete. Auch Struensee hatte sich im Verlauf der Reise ein Bild über den Zustand seines Patienten gemacht und stellte sich auf den Umgang mit einem Geistesgestörten ein.

Der König hatte während der vergangenen Wochen eine enge Beziehung zu seinem Arzt entwickelt und schenkte ihm immer größeres Vertrauen. Struensee seinerseits hatte durchaus erkannt, daß Christian trotz seiner Krankheit sehr intelligent und gebildet war, und versuchte das Interesse des Regenten für die Staatsgeschäfte zu wecken. In der sinnvollen Beschäftigung seines Patienten sah er das beste Mittel, um die Krankheit hinauszuzögern. Vor allem aber hielt er eine gesunde und gemäßigte Lebensführung für unabdingbar, und er ermahnte den König, seinen Alkoholkonsum und seine Ausschweifungen einzuschränken. Damit kam Struensee jedoch mit dem Grafen Holck in Konflikt, der ständig bemüht war, Christian mit irgendwelchen zweifelhaften Zerstreuungen abzulenken.

Christian VII. (1749–1808)

Außerdem wurde Holck bald eifersüchtig, als er bemerkte, daß der König immer mehr auf seinen Arzt hörte statt auf ihn.

In Paris allerdings, das er als letzte Station seiner Europareise im Oktober besuchte, stürzte sich der König noch einmal ins Vergnügen, bis er sich plötzlich von einem Tag auf den anderen müde und krank fühlte. Die Heimreise wurde angetreten, und am 14. Januar 1769 traf der König mit seinem Gefolge wieder in Kopenhagen ein. Zu Struensees großer Erleichterung bot ihm Christian eine fixe Anstellung als Hofarzt an. Damit hatte er den ersten Schritt zu einer der erstaunlichsten und gleichzeitig tragischsten Karrieren der Geschichte gesetzt.

Es war offenkundig, daß der neue Arzt einen äußerst positiven Einfluß auf den König hatte. Das bemerkten sowohl Christian selbst als auch seine Umgebung.

Durch den neuen, maßvollen Lebenswandel fühlte er sich deutlich wohler und kräftiger, und auch seine geistige Verfassung schien damals stabiler als früher. Struensees Beschäftigungstherapie hatte Früchte getragen. Christian arbeitete jetzt »mit Lust und las Alles, was zu den Affairen gehörte«. Dennoch war die Krankheit des Königs nicht auf Dauer aufzuhalten. Das wußte Struensee. Gleichzeitig erkannte er damals wohl auch in Christians Krankheit seine eigene große Chance. Denn je schwächer sich der König fühlte, um so mehr stützte er sich auf seinen Arzt, den er bereits im Mai 1769 zum Staatsrat ernannte. Mit dieser Ernennung erhielt Struensee auch Zugang zum Hofe, ein Privileg, welches nur den ersten drei der neun Rangklassen der dänischen Gesellschaft zuteil war. Gewiß, Struensee war ein Menschenfreund, ein begeisterter Arzt, der sich mit Hingabe seinen Patienten widmete, gleichzeitig aber war er auch alles andere als ein Asket, sondern ein Mensch des Barock mit einer ausgeprägten Vorliebe für gutes Leben und Luxus. Was Struensee aber besonders auszeichnete, war sein Ehrgeiz. Mit dem ihm eigenen übersteigerten Selbstbewußtsein fühlte er sich den meisten anderen Menschen weit überlegen und zu hohen Aufgaben berufen. Sein kluger Kopf war voll großer und hehrer Ideen, die ganz im Sinne der Aufklärung waren und auf eine Verbesserung der Lebensumstände der Menschen abzielten, auf mehr Freiheit für den einzelnen, auf Humanität, Wohlstand und soziale Fürsorge. Als Arzt waren seine Möglichkeiten, solche Ideen zu verwirklichen, beschränkt. Er brauchte Handlungsspielraum und Macht. Je mehr Christians Krankheit also fortschritt, um so konkreter wurde der Gedanke, über den regierungsunfähigen König das Land zu lenken. Struensee war allerdings nicht der einzige, der mit dieser Idee spekulierte. Auch Premierminister Bernstorff und natürlich die ehrgeizige Königinwitwe warteten nur darauf, die Zügel der Macht in die Hand zu bekommen. Juliane Marie wurde nicht müde, die Autorität und das

Ansehen des Königspaares zu untergraben, indem sie Gerüchte über Christians geistige Schwäche und über Caroline Mathildes verderblichen Einfluß auf ihn ausstreute. Sie merkte allerdings nicht, daß der neue Hofarzt im Begriff war, ihre Pläne zu durchkreuzen. Zunächst ahnte überhaupt niemand, welch große Vorhaben in dem bisher kaum beachteten Hofarzt schlummerten. Die meisten hielten ihn für politisch völlig ehrgeizlos. Hatte er nicht erst unlängst die Ländereien abgelehnt, welche der König ihm schenken wollte? Doch diese falsche Bescheidenheit war wahrscheinlich bereits so etwas wie Taktik, denn Struensee wußte, daß er mit Bedacht vorgehen mußte und die bedingungslose Gunst des Königs mehr brauchte als Reichtümer oder Titel. Eine offene politische Ambition hätte ihm augenblicklich Christians und vor allem des Hofes Mißtrauen eingebracht und jede Menge Neider und Feinde auf den Plan gerufen. Er zog es also vor, sich hinter seiner ärztlichen Tätigkeit zu verschanzen und vorerst im Hintergrund zu agieren. Dafür reüssierte er einstweilen auf dem höfischen Parkett, denn er sah nicht nur gut aus, sondern hatte auch ein hervorragendes Auftreten und bewegte sich in der hochadeligen Gesellschaft, als hätte er schon immer dazugehört.

Nur die junge Königin stand als eine der wenigen dem Arzt skeptisch gegenüber. Sie empfand alles andere als Sympathie für den jungen Mann, der sich so sehr in Christians Vertrauen geschlichen hatte, daß dieser ohne ihn gar nicht mehr auskam. Mit Argwohn beobachtete Caroline Mathilde den Aufstieg Struensees, hielt sie ihn doch für ebenso oberflächlich und liederlich wie Holck und Konsorten. Hatte er nicht erst unlängst versucht, Christian eine Mätresse zuzuführen? Tatsächlich wollte Struensee seine Bekannte, die Gräfin Gabel, mit Christian verkuppeln, wahrscheinlich um ihn noch besser lenken zu können. Die Dame jedoch hatte das Ansinnen abgelehnt. Christians rüder Umgang mit Frauen und sein Hang zum Exzeß hatten sie wohl abgeschreckt.
Entsprechend kühl empfing Caroline Mathilde Struensee daher im Sommer 1769, nachdem Christian darauf bestanden hatte, daß sie sich von seinem neuen Leibarzt untersuchen ließ. Sie fühlte sich seit geraumer Zeit schlecht und niedergeschlagen. Das war aller-

dings kein Wunder, denn sie litt unsäglich unter der Lieblosigkeit ihres Gemahls und den Intrigen ihrer Schwiegermutter.

Struensee erkannte wohl ziemlich schnell, daß die Königin deutliche Symptome einer Depression aufwies. Er verordnete ihr daher viel Bewegung in frischer Luft, am besten durch regelmäßige Ausritte. Tatsächlich waren die Depressionen bald wie weggeblasen, und auch der Arzt erschien Caroline Mathilde auf einmal in einem ganz anderen Licht. Sie mußte ihr Urteil über ihn revidieren. Er sah ja wirklich gut aus, so groß und stark, so männlich, ganz das Gegenteil des zwergenwüchsigen Christian. Und seine Stimme war so sanft und doch so fest. Er war interessiert an ihr, hörte zu, ging auf sie ein, war höflich und aufmerksam. Schon lange hatte niemand sie mit so viel Respekt behandelt. Bald wollte sie die Gesellschaft des Doktors nicht mehr missen, so sehr genoß sie die Unterhaltung mit ihm. Ihre Sympathie für Struensee wuchs mit jedem Tag, und sie schenkte ihm mehr und mehr ihr Vertrauen. Sie schüttete ihm ihr Herz aus, klagte über ihre unglückliche Ehe, die Demütigungen und die Vernachlässigung, denen sie ausgesetzt war, und Struensee versprach, ihr zu helfen. Vertrauensvoll folgte die Königin seinen Ratschlägen. Wenn sie die Liebe ihres Gemahls neu erringen wolle, müsse sie ihm entgegenkommen, sich seinem Geschmack und seinen Vorlieben anpassen, etwa indem sie sich anders kleidete. Also zog die Königin auf Ratschlag von Struensee wie einst Stiefeletten-Katrine Männerkleidung an, die ihr allerdings gar nicht gut stand, denn sie war rundlich geworden, vor allem um die Hüften. Was jedoch noch viel schlimmer war: Die puritanische Bevölkerung empfand den Aufzug ihrer Königin als skandalös. Christian aber gefiel es, und er verliebte sich in seine Frau aufs neue. Dahinter stand Struensee, der ihn dazu animierte, höflicher gegen seine Gattin zu sein, da sie doch der einzige Mensch sei, auf den er sich verlassen könne. Je kränker Christian wurde, umso anhänglicher wurde er. Wie an einer Mutter hing er bald an Caroline Mathilde. Diese empfand unendliche Dankbarkeit für den Doktor, der ihre unerträglich gewordene Ehe gerettet hatte.

Mit einer gewissen Sprachlosigkeit beobachtete man in den Kreisen der Aristokratie den Aufstieg des bürgerlichen Arztes, der immer höher in der königlichen Gunst stieg. Innerhalb weniger Monate war er zum Favoriten beider Majestäten geworden. Auf Schritt und Tritt begleitete er das Königspaar, wich kaum mehr von dessen Seite, und im Januar 1770 bezog er sogar eine Wohnung in Schloß Christiansborg.

Langsam machten sich nun doch Argwohn und Eifersucht, Neid und Mißgunst gegen den Emporkömmling breit. Die russischen Gesandten Saldern und Filisofow waren die ersten, die sich durch Struensees ständige Anwesenheit irritiert fühlten. Man kam kaum mehr an den König allein heran. Filisofows Abneigung gegen Struensee dürfte jedoch weniger ein politisches denn ein privates Motiv gehabt haben. Angeblich hatte ihm der fesche Doktor die Geliebte, eine gewisse Frau von Gähler, ausgespannt. Aus diesem Grunde dürfte es wohl auch in der Wintersaison 1769/70 zu dem Eklat in der Oper gekommen sein.

Filisofow, der in der Loge des Königs Platz genommen hatte, hinter dem der unvermeidliche Struensee saß, tat, als wäre der Arzt überhaupt nicht anwesend. Plötzlich wandte er sich um und spuckte Struensee aufs Knie. Dieser behielt die Nerven, tat, als handle es sich um ein Versehen, und wischte sich mit seinem Spitzentaschentusch ab. Doch Filisofow spuckte noch einmal, diesmal auf Struensees Hemd. Das war dem Arzt nun doch zuviel. Aufgebracht schleuderte er dem Russen seine Forderung hin. Doch Filisofow, ob aus Feigheit oder von höherer Stelle dazu angehalten, lehnte ein Duell ab. Er verschanzte sich hinter seiner Immunität und erklärte, er wolle sich nicht mit einem Menschen von solch niederer Herkunft wie Struensee schlagen. Dies war natürlich nur eine Episode, doch sie zeigte, daß die Zeiten vorbei waren, in denen kaum jemand den deutschen Leibarzt zur Kenntnis nahm.

Während rundherum das Mißtrauen gegen Struensee aufkeimte, wuchsen Mathildes Vertrauen und Zuneigung zu ihm. Sie hörte nur noch auf ihn, vor allem, wenn es um ihr geliebtes Kind ging, dessen schwächliche Konstitution ihr ständig Sorgen bereitete. Struensee empfahl eine Pflege und Erziehung des Kleinen ganz im Rousseauschen Sinne. Er verordnete Abhärtung durch regelmäßige kalte Bäder und leichte Kleidung. Außerdem sollte der Knabe nur einfache, dafür jedoch gesunde und nahrhafte Kost mit reichlich Obst, Milch und Brot erhalten. Den Zeitgenossen erschien ein solcher Speiseplan für ein Königskind allzu kärglich, und viele sprachen von einer sträflichen Vernachlässigung des Kronprinzen durch Struensee und die Königin.

Als im Herbst 1769 in Dänemark eine Pockenepidemie ausbrach, der allein in Kopenhagen 1200 Kinder zum Opfer fielen, befand sich Caroline Mathilde in heller Aufregung und schrecklicher Angst um ihren Sohn. Zwar entging der kleine Friedrich einer Ansteckung, doch um eine spätere Gefahr auszuschließen, riet Struensee zu einer Impfung. Was jedoch für heutige Verhältnisse simpel klingt, war im 18. Jahrhundert noch mit recht hohem Risiko verbunden, zumal der kleine Kronprinz ein besonders zartes Kind war. Dennoch entschloß man sich zu dem Schritt. Anfang Mai ritzte der Arzt also die Haut des Zweijährigen und brachte einige Tropfen Blut eines Patienten, welcher an einer leichten Form der Pocken erkrankt war, auf die Wunde. Nun dauerte es mehrere Tage, bis der Kleine selbst erkrankte und die sogenannte Krise heil überstand. Die gemeinsame Sorge und Pflege des Kindes während jener Tage brachten Caroline Mathilde und Struensee einander näher. Die Bewunderung und die Dankbarkeit der Königin für den deutschen Arzt kannten keine Grenze.

Für die erfolgreiche Impfung des Kronprinzen wurde Struensee zum Konferenzrat und zum Vorleser des Königs sowie zum Privatsekretär der Königin ernannt. Dies bedeutete gleichzeitig den Aufstieg in die zweite Rangklasse und damit das Recht, mit den Majestäten zu speisen. Als Vorleser des Königs erhielt er nun auch Einblick in sämtliche Staatspapiere, während ihm der Posten als Privatsekretär der Königin den Zugang zu Caroline Mathildes Gemächern sicherte. Die inoffizielle und für ihn weitaus bedeutendere Belohnung aber war wohl die leidenschaftliche und bedingungslose Liebe der Königin. Die junge Frau hatte sich in den um 14 Jahre älteren Arzt verliebt, dessen salbungsvolle Rede und dessen Überlegenheit gepaart mit gespielter Ergebenheit und Verehrung sie tief beeindruckten. Caroline Mathilde verfiel Struensee mit Leib und

Seele und war bereit, für ihn »bis zur Hölle zu gehen«. Die Gefühle der jungen Königin waren aufrichtig, stark und rein. Sie, die man als halbes Kind in eine von vornherein zum Scheitern verurteilte Ehe getrieben hatte, strahlte nun geradezu vor Glück und machte überhaupt kein Hehl aus ihrer Liebe. Ständig war sie mit Struensee zusammen, unternahm lange Ausritte mit ihm allein, ja selbst in der Öffentlichkeit erschien sie oft und oft an seinem Arm. Nach Struensees eigenen Angaben wurde sein Verhältnis zur Königin in jenem Frühjahr 1770 intim.

Und er? Liebte er die Königin? Wahrscheinlich nicht. Zumindest aber waren seine Gefühle bei weitem nicht so stark wie die ihren. Er nützte eher die Gunst der Stunde. Struensee war hocherfreut über Caroline Mathildes Zuneigung, denn sie konnte seinem Vorhaben nur dienlich sein. Eine verliebte Frau, noch dazu die Königin, war genau das, was er brauchte. Mit ihr bekam er alle Fäden in die Hand, durch sie war er nun von allen Seiten gedeckt. Er benutzte die junge, naive Frau wohl eher, als daß er sie liebte. Caroline Mathilde aber war viel zu selig, um es zu bemerken. Doch obwohl Struensee keinen Augenblick lang in jenem Rausch der Leidenschaft schwelgte wie Caroline Mathilde, tat er nichts, um sie zur Vorsicht zu mahnen.

Ganz Dänemark tuschelte bereits über das Verhältnis seiner Königin zum Arzt ihres kranken Gatten. Solche Indiskretion, wie Caroline Mathilde sie ungeniert an den Tag legte, war selbst im frivolen 18. Jahrhundert für eine Königin höchst unpassend. Eine diskrete Affäre hätte man ihr bestimmt gegönnt, aber so öffentlich, wie Caroline Mathilde sie betrieb, und noch dazu mit einem Bürgerlichen, das war nun doch zuviel. Mit Unbehagen stellte man auch fest, daß der Umgang bei Hofe seit Struensees Auftritt immer familiärer wurde – und das in einer Zeit, in der Etikette und Zeremoniell ihre Hochblüte erlebten. Auch der Kronprinz von Schweden, Christians Schwager und spätere Gustav III., mokierte sich bei seinem Besuch darüber, wie bürgerlich es am Hofe von Kopenhagen zuging. Christian VII. und Caroline Mathilde allerdings schien diese Zwanglosigkeit sehr zu gefallen.

Besonderen Anstoß aber erregte die Tatsache, daß die Königin ihre religiösen Pflichten immer mehr vernachlässigte. Offenbar war sie in den Sog von Struensees freidenkerischen Ansichten geraten, denn statt in die Kirche ging sie nun lieber auf die Jagd. Ihr Benehmen war natürlich Wasser auf die Mühlen von Juliane Marie und ihrer Clique, die nichts eiliger zu tun hatten, als dafür zu sorgen, daß die Geschichte möglichst ausgeschmückt in der Bevölkerung verbreitet wurde. Auch Wohlmeinendere als Juliane Marie warnten die Königin. So etwa ihr Schwager Karl von Hessen, den sie während einer Holsteinreise im Juni 1770 besuchte. Karl zeigte sich geradezu bestürzt über Struensees Einfluß auf das Königspaar, insbesondere auf Caroline Mathilde, und seinen formlosen, manchmal sogar ziemlich barschen Umgangston. Entsetzt berichtet er in seinen Erinnerungen, wie Struensee einmal beim abendlichen Kartenspiel die Königin richtiggehend anfuhr: »Nun spielen Sie doch, haben Sie nicht gehört!« Karl von Hessen versuchte, seiner Schwägerin klarzumachen, wie sehr ihr Ruf durch ihre Beziehung zu dem Hofarzt Schaden nahm, doch seine Warnungen blieben ungehört. Die verliebte Frau ignorierte jede Kritik im Zusammenhang mit dem Mann ihres Herzens. Auch Caroline Mathildes Mutter Augusta konnte daran nichts ändern, als sie, obwohl schon von ihrer Brustkrebserkrankung schwer gezeichnet, im August anreiste, um ihrer Tochter die Leviten zu lesen. Augusta machte dabei den Fehler, Struensee wie einen Lakaien zu behandeln, womit sie nur Caroline Mathildes Trotz herausforderte und jede Gesprächsbasis von vornherein zunichte machte. Die Königin zeichnete den Arzt daraufhin vor aller Augen aus und bestand auf seiner Anwesenheit während der Unterredung. Caroline Mathilde, die jetzt in ihrem 19. Lebensjahr stand, war in den vergangenen Monaten vom verschüchterten kleinen Mädchen zu einer selbstsicheren Frau geworden, die wie eine Herrscherin agierte, eine Herrscherin jedoch, die nichts anderes war als die Marionette ihres Liebhabers. Mit großem Unbehagen stellten Beobachter fest, daß der Arzt den kranken König und die verliebte Königin vollkommen in seiner Hand hatte.

Diese Holsteinreise im Sommer 1770 bedeutete den Wendepunkt in Struensees Karriere. Bis jetzt hatte er im Hintergrund agiert,

Johann Friedrich Struensee (1737–1772)

gleichsam als »Graue Eminenz«, nun aber trat er aus dem Schatten hervor.

Auf Schloß Traventhal wurden die Weichen für Dänemarks und Struensees Zukunft gestellt. Dorthin hatte sich das Königspaar mit seinem Favoriten und einigen wenigen Vertrauten zu geheimen Verhandlungen zurückgezogen. Für Struensees und Caroline Mathildes Feinde Anlaß genug, um Gerüchte über orgiastische Feste in Umlauf zu setzen, die sich auf Schloß Traventhal abgespielt hätten. In Wirklichkeit ging es um wichtige Reformen für das Land. Am 4. September unterzeichnete Christian VII. drei von Struensee

181

konzipierte Kabinettsordern, deren bedeutendste die Gewährung der absoluten Pressefreiheit zum Inhalt hatte. Diese Maßnahme brachte Christian den Titel eines »Reform-Königs« ein und einmal mehr das Lob Voltaires. Der nächste entscheidende Schritt war die Entlassung Holcks und Bernstorffs. Gleichzeitig sorgte der Arzt dafür, daß die wichtigsten Posten mit seinen Anhängern besetzt wurden: Enevold Brandt wurde Holcks Nachfolger als Hofmarschall, Falkenskjold und Rantzau übernahmen hohe Ämter in der Armee, und Struensees Bruder, Karl August, wurde zum Finanzprokurator berufen. Wie weit Christian VII. zu jenem Zeitpunkt noch in der Lage war, Entscheidungen zu treffen, ist schwer zu sagen. Struensee jedenfalls bestritt später in seiner Verteidigungsschrift jede Manipulation oder Beeinflussung des Königs. »Im Hinblick auf den Willen des Königs«, schrieb er, »waren keine succesiven Demarchen dazu nöthig, denn Se. Majestät waren mehr als bereit, solche Veränderungen vorzunehmen ... Man weiß, daß Se. Majestät vom Anfang Dero Regierung Veränderungen in dem Ministerio gewollt haben.« Trotzdem spricht man von den folgenden Monaten wahrscheinlich nicht zu Unrecht von der »Ära Struensee«, denn zweifellos ging die Reformflut, die nun über Dänemark hereinbrach, auf die Initiative des Arztes zurück.

Von nun an ging es Schlag auf Schlag mit den Neuerungen, so rasch, als hätte Struensee gewußt, daß ihm nicht viel Zeit blieb. Innerhalb von nicht einmal eineinhalb Jahren wurden mehr als 1800 Kabinettsordern erlassen. Vieles war gut und richtig, was er in Angriff nahm. Neben der Pressefreiheit setzte er am 30. September 1771 die Abschaffung der Folter sowie die Aufhebung der Leibeigenschaft und der Gerichtsbarkeit der Gutsherren durch. Außerdem förderte er die Errichtung von Entbindungsanstalten für ledige Mütter, von Krankenhäusern und Waisenheimen. Seinen Freund Falkenskjold beauftragte er mit einer Heeresreform, die endlich mit dem abscheulichen Spießrutenlaufen und der Prügelstrafe für Soldaten Schluß machte. Auch sollte fürderhin eine Beförderung nicht mehr von einer adeligen Geburt, sondern nur noch von der persönlichen Leistung abhängig sein.

Struensee befand sich in einem wahren Reformrausch, beendete die

Vetternwirtschaft bei Hofe, schränkte »die allzu freigiebige Verteilung von Privilegien und Pensionen« ein, strich eine beträchtliche Anzahl von Hofämtern und setzte die Zahl der Pferde in den königlichen Reitställen von 800 auf 100 herab. Derlei Sparmaßnahmen waren bitter nötig, brachten dem Arzt jedoch immer mehr Feinde ein. In adeligen Kreisen ereiferte man sich bereits lautstark gegen den Fremden, den bürgerlichen Emporkömmling, den Usurpator. Nicht viel besser waren das Großbürgertum und die Kaufmannschaft auf Struensee zu sprechen, denn er schob den damals weitverbreiteten Schmiergeldzahlungen einen Riegel vor und hob Einfuhrverbote und Zunftprivilegien der Handwerker auf. Die unteren Bevölkerungsschichten jedoch profitierten zum Großteil spürbar von den Reformen, mit Ausnahme vielleicht jener Tausenden, die von den Entlassungen in den unrentablen Manufakturen betroffen waren. Der ganz von den Physiokraten beeinflußte Struensee hatte diese kurzerhand schließen lassen. Statt auf die verlustreiche Produktion von Luxusgütern für den Hof setzte er auf eine gesunde Landwirtschaft. Er schränkte den Frondienst ein und begann mit der Schaffung von Grundeigentum für die Bauern. Trotzdem gelang es Struensee nicht, das Volk auf seine Seite zu ziehen. Das war allerdings in erster Linie sein eigener Fehler, ein Fehler, der sich bald bitter rächen sollte. Struensee agierte in seinem Reformeifer kopflos und ohne auf die Traditionen und Eigenheiten der Dänen Rücksicht zu nehmen, weshalb er auch gerne mit Joseph II. verglichen wird, dessen wohlmeinende und durchaus fortschrittliche Maßnahmen ihrer Zeit so weit voraus waren, daß sie von den Menschen nicht verstanden und daher abgelehnt wurden. Außerdem war Struensee zweifellos arrogant, und in seinem überheblichen Sendungsbewußtsein mangelte es ihm völlig an Einfühlungsvermögen für die Menschen, ihre Sitten und Gebräuche. Er hielt es nicht einmal für nötig, die Landessprache zu erlernen, und erließ sämtliche Gesetze in Deutsch, das zwar seit Generationen Amts- und Hofsprache war, nun jedoch im Zusammenhang mit dem Aufsteiger Struensee in Verruf kam. Über kurz oder lang schlich sich eine gewisse Ausländerfeindlichkeit in der Bevölkerung ein, die sich letztlich vor allem gegen den umtriebigen Doktor wandte.

Für große Aufregung, vor allem beim orthodoxen Klerus, sorgte auch die Verordnung vom 26. Oktober 1770, die viele religiöse Feiertage abschaffte, unter anderem den dritten Weihnachts- und Osterfeiertag sowie mehrere Marienfeiertage. Hinter dieser Maßnahme stand die nicht unberechtigte Auffassung, daß diese Feiertage mehr dem Alkoholismus und dem Vergnügen dienten als Gebet und Andacht und daß sie außerdem einen beträchtlichen Verdienstentgang für die meisten Familien bedeuteten. Schließlich ließ Struensee die Arbeiten an der Marmorkirche einstellen, welche seit 18 Jahren im Gange waren und bereits über 500 000 Taler gekostet hatten, was zur Folge hatte, daß mit einem Schlag zahlreiche Kopenhagener Handwerker arbeitslos wurden. Der Aufschrei im Klerus und in den strenggläubigen Kreisen der Bevölkerung war entsprechend groß. In dieser Hinsicht hatte der Freidenker und Agnostiker Struensee über das Ziel hinaus geschossen. Wenn es um die Religion ging, war man in jenen Zeiten noch sehr sensibel, und viele sahen in ihm einen gottlosen Menschen, der den kranken König in seine Gewalt gebracht und die Königin behext hatte. Mit Empörung bemerkte man, daß der Hof kaum noch an öffentlichen Gottesdiensten teilnahm, dafür jedoch sogar an Sonntagen Theateraufführungen veranstaltete.

Immer wieder erhebt sich die Frage, wieweit Christian VII. zu jenem Zeitpunkt noch zurechnungsfähig war. Vielleicht stimmte es tatsächlich, was Struensee später in seiner Verteidigungsrede sagte: »Der König arbeitete damals alles selbst aus und schrieb es mit eigener Hand. Zuweilen habe ich Concepte oder die Haupt-Momente einer Sache vorher aufgesetzt, die Se. Majestät veränderten oder beybehielten, wie Sie es gut befanden. Öfters aber setzte der König solche gleich aus dem Kopfe auf, der Cabinets-Sekretär brachte es darauf ins Reine und der König sah es noch einmal durch, ehe es abgeschrieben und ausgefertigt wurde ...«

Von seiner Einstellung her war Christian gewiß mit Struensee auf einer Linie, auch er war ein Verehrer von Voltaire, auch er hatte sich schon früh gegen die allzu starre Etikette gewehrt und sich oft und oft über das steife Hofzeremoniell lustig gemacht. Einmal, als mehrere Adelige zu Mitgliedern des Staatsrates ernannt worden waren, hatte er auch seinem Hund »Gourmand« eine Bestellungs-urkunde ausstellen lassen. Aber war das noch beabsichtigte, bissige Ironie oder bereits ein Anzeichen beginnenden Wahnsinns? Zumindest im Anfangsstadium seiner Krankheit konnte man sich bei Christian darüber nie ganz sicher sein. Doch die Schizophrenie schritt unaufhaltsam und erbarmungslos fort, bemächtigte sich immer öfter und immer länger seines Geistes. Die Phasen völliger geistiger Klarheit wurden immer kürzer.

Struensees Macht stieg mit der fortschreitenden Depravation des Königs. Der einst so bescheidene und zurückhaltende Arzt war ein anderer geworden. Er war dick und schwerfällig geworden, und seine Züge hatten sich verhärtet. Durch sein überhebliches und autoritäres Auftreten machte er trotz seiner liberalen Haltung den Eindruck eines Despoten. Der Eindruck verstärkte sich, als Christian auf Struensees Vorschlag hin am 27. Dezember 1770 den Staatsrat auflöste.

Der König konnte sich nur noch schwer konzentrieren, weshalb ihm die Ratssitzungen sehr auf die Nerven gingen, zumal sich die Mitglieder dort stets in komplizierten und langwierigen Ausführungen verbreiteten. Meist saß Christian nur apathisch auf seinem Platz und ließ alles über sich ergehen, aber immer öfter hatte er nun auch Anfälle von Aggressivität, weshalb Struensee zu einer Auflösung des Rates riet. Die Vorträge der Minister sollten künftig schriftlich erfolgen ebenso wie die Resolutionen des Königs, der sich die endgültigen Entscheidungen in den Staatsgeschäften allein vorbehielt. Dieser Schritt glich einer Rückkehr zum Absolutismus. In seiner Verteidigungsschrift aber führte Struensee medizinische Gründe für seinen Vorschlag an, der den Vorteil gehabt habe, daß der König, der in den Sitzungen überfordert gewesen war, nun die Vorträge mehrmals und in Ruhe lesen und überdenken konnte. Andererseits war es nicht zu leugnen, daß die Auflösung des Staatsrates natürlich auch dem ehrgeizigen Hofarzt sehr entgegenkam, konnte er nun doch ungehindert und allein agieren. Denn der König dürfte zu jenem Zeitpunkt bereits alles unterschrieben haben, was Struensee ihm vorlegte. Er vertraute seinem Arzt bedingungslos wie ein Kind und war völlig von ihm abhängig.

Bei Hofe dagegen wuchs die Opposition gegen Struensee von Tag zu Tag, denn nicht genug, daß dieser Mann den kranken Regenten völlig zu beherrschen schien, erfreute er sich auch noch der bedingungslosen Gunst der Königin. Am 29. Januar 1771, dem 22. Geburtstag des Königs, wurde er gemeinsam mit neun anderen hochgestellten Persönlichkeiten des Reiches mit dem neugeschaffenen Caroline-Mathilde-Orden ausgezeichnet. Die Königin strahlte bei dieser Zeremonie vor Glück, denn sie war wieder schwanger. Und wenn es auch keine Beweise dafür gibt und später alle möglichen Versuche unternommen wurden, um die Ehre der Königin reinzuwaschen, es war mit ziemlicher Sicherheit Struensees Kind, das sie unter dem Herzen trug.

Die Beziehung zwischen Caroline Mathilde und dem Arzt war ein offenes Geheimnis, denn die Königin tat sich keinerlei Zwang an, ihre Gefühle zu verheimlichen. Dafür lag ein Schleier des Schweigens über der Krankheit des Königs. Christians Zustand war zu einem Problem geworden, denn er neigte nun vermehrt zu Tobsuchtsanfällen, war aggressiv sowohl gegen andere als auch gegen sich selbst. Er stieß Selbstmorddrohungen aus und verfiel oft in tiefe Depressionen. Aus diesem Grunde war es nötig, ihn ständig unter Beobachtung zu halten. Öffentliche Auftritte wurden immer schwieriger, Christian ermüdete leicht und hielt solche Repräsentationsverpflichtungen kaum noch durch. Die Menschen wunderten sich bereits über das seltsame Benehmen ihres Herrschers, doch anstatt die Bevölkerung über den Zustand des Königs zu informieren, versuchte Struensee, ihn zu verheimlichen. Daher übersiedelte der Hof im Frühjahr 1771 in die außerhalb von Kopenhagen gelegene Sommerresidenz Hirschholm, wo man einigermaßen ungestört war. Doch die Gerüchteküche brodelte weiter. Die ungeduldig auf ihre und ihres Sohnes Chance lauernde Königinwitwe sorgte dafür, daß von seltsamen Drogen die Rede war, die der Arzt dem König verabreiche, um ihn willenlos zu machen. Auch der Kronprinz würde auf Veranlassung von Struensee total vernachlässigt und brutal behandelt. Er wolle den Tod der beiden, um später die Königin zu heiraten. Schon verglich man ihn mit Orlow und Caroline Mathilde mit Katharina II. Das Verhältnis der Königin von Dänemark zu ihrem Hofarzt und Kabinettsminister hatte sich zu einer Staatsaffäre ausgewachsen.

Die Atmosphäre um das Paar herum wurde zunehmend feindseliger, Caroline Mathilde und Struensee gerieten immer mehr in die Isolation. Dennoch sahen sie offenbar immer noch keinen Grund, Vorsicht walten zu lassen. So war Struensee nicht nur anwesend, als die Königin am 7. Juli 1771 von einer Tochter entbunden wurde, sondern er verbrachte auch die folgenden Tage an Caroline Mathildes Bett, trank mit ihr Kaffee und führte mit ihr vertrauliche Gespräche. Die Öffentlichkeit reagierte entsprechend irritiert auf ein derartiges Benehmen. Beim Dankgottesdienst für die glückliche Geburt herrschte eisiges Schweigen unter der Bevölkerung, kein einziger Hochruf auf die Königin war zu hören. Und das Kind, das den Namen Luise Augusta erhielt, wurde bald nur noch despektierlich »Prinzessin Struensee« genannt.

Weder Struensee noch Caroline Mathilde schienen sich jedoch um die allgemeine Unzufriedenheit, die Schmähungen und die stumme Protesthaltung der Bevölkerung zu kümmern. Im Gegenteil, kurz darauf, genau am 15. Juli 1771, ließ sich Struensee von Christian zum Geheimen Kabinettsminister ernennen. Gleichzeitig erhielten er und sein Freund Enevold Brandt die Grafenwürde. Es gilt zwar als erwiesen, daß Struensee sich niemals bereicherte und auch nicht nach Ehren und Titeln strebte, dennoch war auch er nicht frei von Eitelkeit. Er, der sonst das »lächerliche Adelsthum gründlich verspottete«, war ziemlich stolz auf seine neue Würde und ließ sich sein Wappen mit der symbolträchtigen heraldischen Spielerei sogar auf den Wagenschlag seiner Kutsche malen.

Vater Struensee war allerdings weniger stolz als vielmehr besorgt, als er von der Erhebung seines Sohnes in den Grafenstand erfuhr, und er meinte damals zu dessen Bruder: »Ich hätte es lieber gesehen, wenn dein Bruder Friedrich ... Stadtphysicus in Altona geblieben wäre, denn der Fußboden der Höfe ist so glatt und schlüpferig wie ein Aal, und mancher, der ... fest zu stehen geglaubt hat, ist in demselben Augenblick ausgeglitten und hat sich den Hals gebrochen. Gott schütze meinen armen Sohn Friedrich.«

Prophetische Worte eines alten Mannes. Doch es war nicht so sehr

Struensees Aufstieg in einen hohen Adelsstand, der den allgemeinen Unmut weiter anheizte – es war ja nicht das erste Mal, daß ein Günstling geadelt wurde –, als vielmehr jene umstrittene Vollmacht, die er sich von Christian mit seiner Ernennung zum Geheimen Kabinettsminister hatte erteilen lassen. In dieser Vollmacht hieß es unter Punkt 4: »Alle von ihm [Struensee] ausgefertigten Ordern sollen dieselbe Gültigkeit haben, als die von mir eigenhändig unterschriebenen, und sollen sowohl von allen Collegien wie von allen Unterbeamten derselben pünktlich und genau befolgt werden ... Christian.« Mit diesem Dokument konnte Struensee nun Kabinettsordern an Stelle des wahrscheinlich bereits völlig umnachteten Königs unterschreiben. »Auf Befehl des Königs – Struensee« stand fortan unter den Erlässen, die in schier unaufhaltsamer Flut über die Dänen hereinprasselten. Die absolute Königsmacht in den Händen eines Emporkömmlings. Das konnte nicht lange gutgehen!

Der Herbst zog ins Land, und immer noch war der Hof in Hirschholm. Fast hat es den Anschein, als hätten Struensee und Caroline Mathilde versucht, die Zeit ihres Glücks so lange wie möglich hinauszuzögern, weil sie die drohende Gefahr ahnten.
Unheil braute sich gegen den Minister zusammen. Die von Struensee durchgesetzte Pressefreiheit wandte sich nun mit herber Kritik gegen ihn selbst. Schmähschriften und Pamphlete fielen über den »Dänenfeind« und den »dänischen Cromwell« her. In einer Schrift, deren Original sich heute in der Königlichen Bibliothek von Kopenhagen befindet, stand etwa zu lesen: »Da der Verräter Struensee fortfährt, den lieben König zu mißhandeln, seine getreuen Untertanen zu verhöhnen und von Tag zu Tag immer mehr von der königlichen Macht an sich reißt, so werden vorgenannter Struensee und seine Anhänger hierdurch für vogelfrei erklärt und derjenige, der diese verräterische Seele ausbläst, soll zur Belohnung fünftausend Taler erhalten, sein Name verschwiegen bleiben und ihm jedenfalls königliche Begnadigung zuteil werden.«
Erste Warnungen erreichten Struensee, die dieser jedoch in den Wind schlug. Sogar jene seines Freundes Enevold Brandt, der ihm

in jenen Tagen einen bemerkenswerten Brief schrieb: »Ich muß Ihnen unangenehme Dinge sagen«, heißt es unter anderem darin, »allein sie sind wahr. Ich alleine spreche freimütig zu Ihnen. Sie haben allen Menschen Furcht und Schrecken eingejagt. Kein Despot hat sich jemals eine solche Gewalt angemaßt. Die Pagen und Domestiken des Königs zittern bei dem geringsten Vorfall. Angst bemächtigt sich aller, die Sie, den Minister, umgeben, ja sogar der Königin, die nicht einmal im Hinblick auf ihre Garderobe und die Wahl der Farben einen eigenen Willen hat ...«

Struensee aber antwortete darauf nur, es beunruhige ihn nicht im geringsten, daß man ihn fürchte, denn »Nachsicht und Gutmütigkeit seien Schuld an Dänemarks Verfall gewesen«. Außerdem war er zutiefst davon überzeugt, daß ihn die Lauterkeit seiner Absichten und seiner Person vor jeglichem Vorwurf schützte.

Brandt jedoch fühlte sich gar nicht mehr wohl auf seinem Posten und wollte von seiner anstrengenden und würdelosen Tätigkeit, den König zu zerstreuen und gleichzeitig zu beaufsichtigen, entbunden werden. Vor allem nachdem es zu einem unangenehmen Zwischenfall gekommen war, der Brandt letztlich zum Verhängnis werden sollte. Christian wurde immer schwieriger. Seit jeher hatte er überdies die Angewohnheit, seine körperliche Stärke unter Beweis zu stellen, indem er andere tätlich angriff und zum Raufen aufforderte. Das bedeutete für seine Umgebung nicht nur eine peinliche, sondern auch eine schwierige Situation, galt es doch als Majestätsbeleidigung, die Hand gegen die geheiligte Person des Monarchen zu erheben. Für solch ein Vergehen sah das Gesetz immerhin die Todesstrafe vor. Bisher war Brandt den Aufforderungen Christians nach einer Balgerei immer ausgewichen. Eines Morgens jedoch war der König so aggressiv, daß es zu einem Handgemenge kam, bei dem ihn Brandt in den Finger biß. Christian war darüber keineswegs verärgert. Im Gegenteil, wenige Tage später ernannte er Brandt – ob aus eigenem Antrieb oder auf Initiative von Struensee ist allerdings die Frage – zum Grand-Maître de la garderobe du Roi, und die ganze Angelegenheit schien vergessen. Doch Brandts Feinde hatten dieses Vergehen gegen die Majestät des Königs genau vermerkt und sollten es zu gegebener Zeit zur Sprache bringen.

Struensee nahm den Vorfall zum Anlaß, um Christians früheren Lehrer, den Schweizer Reverdil, nach Kopenhagen zurückzuberufen, damit er Brandt ablöse. Dieser wurde gleich bei seiner Ankunft mit der feindseligen Atmosphäre konfrontiert, die in Dänemark herrschte: »Am meisten erstaunte mich der Abscheu, den die Namen Struensee und Brandt hervorriefen. Der öffentliche Haß hätte nicht heftiger und allgemeiner sein können.« Angesichts des Zustandes seines ehemaligen Schützlings hatte Reverdil verständlicherweise »nicht viel Lust, den Narrenwächter zu spielen«. In seinem Bericht über die geistige Zerrüttung des Königs finden sich jedoch einige interessante Details. Demnach zeigte Christian etwa das für die Schizophrenie typische Symptom der Personenverwechslung, wenn er etwa die Königin für seine Mutter und Struensee für den König von Preußen hielt. Und dann sagte er einmal zu Reverdil, der König von Preußen schlafe bei der Königin Mathilde. Wußte er etwas von der Beziehung zwischen seiner Frau und seinem Arzt?

Die Warnungen an Struensee mehrten sich und wurden immer deutlicher. Der englische Sondergesandte Robert Keith beobachtete ebenfalls mit zunehmender Besorgnis die dunklen Wolken, die sich über dem dänischen Hof zusammenzogen. Er bot Struensee eine schöne Summe Geldes, wenn er das Land verlasse. Doch dieser schlug das Angebot aus. Er betrachtete es als seine Pflicht, auf seinem Posten auszuharren, obwohl es ihm doch nicht entgangen sein konnte, wie einsam und isoliert und wie verhaßt er bereits war.

Spätestens der sogenannte Matrosenaufstand im September 1771 mußte ihm doch vor Augen geführt haben, daß ihn die Leute für sämtliche Mißstände verantwortlich machten. Weil sie schon seit Monaten wegen der Schlamperei ihrer Vorgesetzten keinen Sold mehr bekommen hatten, machten sich Hunderte norwegische Matrosen auf den Weg nach Hirschholm, um vom König ihr Geld zu fordern. Es war nur ein kleiner Aufstand, der mit einigen Zugeständnissen rasch beschwichtigt war, doch Struensee bekam es damals ordentlich mit der Angst zu tun und befürchtete bereits, »ihm könnte dasselbe Schicksal wie Concino Concini bevorstehen«. Mut war offenbar nicht seine Sache. Trotzdem wollte er nicht auf den Rat seines Freundes Falkenskjold hören, künftig mit mehr Bedacht vorzugehen und mehr Rücksicht auf die Gewohnheiten der Bevölkerung zu nehmen. »Man wird Sie, wenn irgend möglich, aufs Blutgerüst bringen. Seien Sie also wenigstens darauf bedacht, Ihre Papiere in Ordnung zu halten«, warnte ihn der Freund eindringlich.

Struensee aber beging kurz darauf den nächsten Fehler. Aus ökonomischen Gründen, aber auch unter dem Eindruck des Matrosenaufstandes ließ er im Dezember 1771 das Gardebataillon auflösen, in dem sich zahlreiche dieser aufrührerischen Norweger befanden. Doch der Minister hatte nicht bedacht, wie beliebt diese Leibgarde auch bei den Kopenhagenern war. Es kam zu heftigen Protesten. »Nieder mit dem hergelaufenen Grafen Struensee«, brüllten die Gardisten, unterstützt von der Bevölkerung, und zogen nach Schloß Friedrichsberg, wohin der Hof mittlerweile übersiedelt war. Auf Bitten von Caroline Mathilde, aber auch aus eigener Ängstlichkeit entschloß sich Struensee damals, die Maßnahme teilweise zurückzunehmen. Es brodelte bereits gehörig im Staate Dänemark, und Struensees Feinde witterten Morgenluft.

Auf Schloß Frederiksborg herrschte in letzter Zeit ein reges Kommen und Gehen. Angewidert vom unzeremoniellen Umgang bei Hofe und beleidigt über die mangelnde Aufmerksamkeit, die man ihr und ihrem Sohn zuteil werden ließ, hatte sich die Königinwitwe mit ihrem Sohn in das etwas außerhalb von Kopenhagen gelegene Frederiksborg zurückgezogen. Weder Juliane Marie noch der Erbprinz Friedrich war im Volke sonderlich beliebt. Auch in ihrer engeren Umgebung hatte die arrogante und kalte Frau nur sehr wenige Freunde. Doch das änderte sich jetzt zusehends. Unzufriedenheit und der Haß auf Struensee ließen immer mehr hochrangige Männer auf die Seite der Königinwitwe wechseln. Die jüngsten Tumulte brachten ihr auch aus den Kreisen der Armee Anhänger wie etwa die Offiziere Beringskjold, von Eickstädt oder Köller, die sich alle in irgendeiner Weise von dem deutschen Emporkömmling beleidigt oder übergangen fühlten und seinen Sturz herbeisehnten. Und noch jemand befand sich unter den Verschwörern auf Schloß Frederiksborg: Graf Karl Rantzau. Auch er war auf Struensee schlecht zu sprechen, weil dieser seine kriegshetzerische Haltung gegenüber Rußland mißbilligte und ihn deshalb auf einen Posten nach Norwegen abgeschoben hatte. Das aber wollte sich der aufbrausende Graf nicht so einfach gefallen lassen, und er beteiligte sich kurzerhand an dem schändlichen Komplott gegen seinen ehemaligen Freund.

Am 8. Januar 1772 kehrte der Hof nach achtmonatiger Abwesenheit wieder in die Hauptstadt zurück. Die Rückkehr des Königs nach Kopenhagen bedeutete gleichzeitig auch die Eröffnung der Wintersaison mit einer Reihe von Bällen und Empfängen.

Die Königin war in ihrem Element. Sie liebte Tanz und Gesellschaften und freute sich auf jede Veranstaltung. Struensee allerdings dürfte, auch wenn er stets erklärte, sich nicht um die Anfeindungen gegen seine Person zu kümmern, doch ein wenig mulmig zumute gewesen sein. Zumindest hatte er die Sicherheitsmaßnahmen in den Straßen von Kopenhagen verstärken und die Wachen vor dem Schloß verdoppeln lassen.

Erster Höhepunkt der Ballsaison sollte am 16. Januar 1772 ein Bal paré en Domino, ein Maskenball, auf Schloß Christiansborg werden. Schon am frühen Morgen ging es daher in der Stadt und im Palast sehr geschäftig zu. Essen und Getränke mußten herangeschafft werden, und die Vorbereitungen für das Fest nahmen das gesamte Personal in Anspruch. Das Orchester hielt letzte Proben ab, während Lakaien noch mit der Dekoration der Säle beschäftigt waren. Köche und Mägde waren im Großeinsatz. Überall wurde geputzt und geschrubbt, gerupft, gebraten und gebacken.

Auch die Verschwörer blieben nicht untätig an diesem Tag. Der Zeitpunkt schien günstig, den perfiden Plan in die Tat umzusetzen, denn die Regimenter von Köller und Eickstädt hatten an diesem Abend Wachdienst im Schloß. Sie würden den Befehlen ihrer Vorgesetzten widerspruchslos Folge leisten.

Um ja keinen Verdacht zu erregen, wurde beschlossen, daß alle auf dem Ball erscheinen sollten. Allein Rantzau verließ in letzter Minute der Mut. Er versuchte Struensees Bruder zu sprechen, der ihn jedoch auf den folgenden Tag vertröstete, da er gerade dabei war, sich für den Ball umzukleiden. Um wenigstens sich selbst zu retten, falls der Plan fehlschlug, schützte Rantzau einen Gichtanfall vor und ging zu Bett. Doch seine Mitverschwörer verstanden keinen Spaß. Sie wollten kein Risiko eingehen und zwangen Rantzau, auf dem Fest zu erscheinen.

Es war ein glanzvoller Ball. Alle waren anwesend. Sogar Juliane Marie und der Erbprinz. Die Königin im weißseidenen Kleid, das mit rosa Rosen bestickt war, strahlte, als sie am Arm des Königs durch das Defilee der Gäste schritt. Natürlich entging niemandem, wie stolz und liebevoll ihr Blick auf der stattlichen Gestalt von Struensee ruhte. Er war in Kniehosen aus rosafarbener Seide und einen hellblauen Rock gekleidet, auf dem der Diamant des Caroline-Mathilde-Ordens prangte. Die Königin wirkte sehr glücklich und gelöst an diesem Abend, und sie tanzte die ganze Zeit nur mit dem Minister, während sich der arme König die Zeit mit einer Partie Whist vertrieb, bis man ihn gegen Mitternacht zu Bett brachte.

Um zwei Uhr morgens verließ dann auch Caroline Mathilde das Fest, und langsam legte sich Stille über das Schloß. Kaum aber lag alles in tiefem Schlaf, huschten gegen drei Uhr früh mehrere verhüllte Gestalten durch die dunklen Korridore des Palastes. Zielstrebig bewegten sie sich in Richtung der Gemächer des Königs.

Christian erschrak entsetzlich, als er von seiner Stiefmutter und den sie begleitenden Offizieren geweckt wurde. Mit geheuchelter Sanftmut versuchte Juliane Marie ihren Stiefsohn zu beruhigen. Man sei gekommen, um ihn zu warnen, zu retten, denn er habe dem falschen Manne vertraut. Struensee sei ein Verräter und plane ein Komplott gegen ihn, seinen König. Christian war offenbar trotz seiner Angst in diesem Augenblick im Besitz seiner geistigen Kräfte, denn er verlangte Beweise für diese furchtbaren Anschuldigungen. Doch das kurze Aufflackern von klarem Verstand erlosch gleich wieder. Die Einschüchterungen und die Angst hatten bei diesem kranken Menschen Wirkung gezeigt. Er fügte sich und wurde wieder zu der willenlosen Marionette, die er die meiste Zeit über war. Widerstandslos unterschrieb er die von den Verschwörern bereits aufgesetzten Haftbefehle für Brandt, Struensee und die Königin.

Während dies geschah, war Oberst Köller bereits mit einigen Offizieren in Struensees Schlafzimmer eingedrungen und hatte ihn ohne schriftlichen Befehl verhaftet. Struensee war völlig überrascht. Zuerst wollte er gar nicht glauben, was hier geschah. Er verlangte den Befehl des Königs zu sehen. Statt dessen hielt ihm Köller das Schwert an die Brust. Da begriff Struensee, daß er verloren war.

Man ließ ihm gerade Zeit, die noch auf dem Stuhl liegenden Kleider vom Ball überzuziehen, die rosaseidenen Hosen und den hellblauen Rock, dann band man ihm die Hände auf den Rücken, verfrachtete ihn in eine bereitstehende Kutsche und eskortierte ihn zur Zitadelle. Mit Brandt verfuhr man auf die gleiche Weise.

Man sperrte die beiden in getrennte finstere Verliese. Während Brandt die ganze und auch die folgende Zeit über eine heitere Miene zur Schau trug, verfiel Struensee ins Grübeln. Blanke Angst überfiel ihn. Vor Verzweiflung soll er mit dem Kopf gegen die Wand geschlagen haben, so daß man ihn daraufhin in Fesseln legte. Mit 18 Pfund schweren Eisenketten schmiedete man seine rechte Hand und seinen linken Fuß an die Wand. Er konnte sich kaum bewegen und saß zusammengekauert auf seiner strohgedeckten, schmutzigen Bettstatt. Um zu verhindern, daß er sich sonst irgendwie das Leben nahm, entfernte man sogar die Knöpfe von seinem Rock. Angeblich hatte er bereits einen der Knöpfe verschluckt, in der Hoffnung, daran zu ersticken. Auch Messer und Gabel oder Rasierzeug wurden ihm fast die ganze Zeit über verweigert, und als er in den Hungerstreik trat, drohte man ihm mit Züchtigung und zwang ihn mit Gewalt zur Nahrungsaufnahme.

Es war bitter kalt in dem Gefängnis, und sein Mantel konnte ihn kaum wärmen. Nach wenigen Wochen starrten seine Kleider vor Schmutz, die Fesseln hatten seine feinen weißen Seidenstrümpfe völlig zerfetzt, und das Fleisch an Hand und Fuß war aufgerieben. Der einst so gepflegte und überhebliche Mann glich mit seinem schmutzigen, herabhängenden Haar und dem struppigen Bart einer verwahrlosten Kreatur.

Nachdem sich Struensee beruhigt hatte, wurde ihm langsam klar, daß sein Spiel verloren war. Sein phantastischer Höhenflug war zu Ende. Wahrscheinlich rechnete er auch damit, daß er sein Leben verwirkt hatte, vielleicht aber hatte er noch einen Funken Hoffnung: die Königin.

Vergebliche Hoffnung, denn auch Caroline Mathilde war unmittelbar nach ihm verhaftet worden. »Madame! Ihr Betragen zwingt mich, Sie nach Kronberg zu schicken. Ich bin darüber sehr empört, aber es ist nicht meine Schuld. Ich wünsche Ihnen eine ernsthafte Reue«, lautete der Befehl des Königs. Caroline Mathilde schleuderte die Zeilen, die ihr Rantzau hinhielt, von sich. Sie wollte zu Christian, doch gewaltsam hielt man sie zurück. Sie rief nach Struensee, doch man erklärte ihr: »Madame, es gibt keinen Grafen Struensee mehr.« Trotz ihrer Verzweiflung bewahrte die Königin Haltung. Ihre ganze Sorge galt ihren Kindern, die sie unbedingt bei sich haben wollte. Doch nur ihre Tochter durfte sie ins Gefängnis mitnehmen, weil sie diese – ungewöhnlich für eine Königin – selbst stillte. Man brachte sie nach Kronberg, Hamlets einstigem Schloß bei Helsingör an der Küste zu Schweden, einem massiven Gemäuer auf einem Felsvorsprung, umspült von der grauen See, das jetzt als Staatsgefängnis diente. In dem hohen achteckigen Turm an der Ostseite der Festung befand sich Caroline Mathildes Zelle. Der Raum war klein und kalt, der Boden aus Stein, die dicken und feuchten Mauern hatten winzige, vergitterte Fenster. Die Einrichtung bestand aus einem schmalen Bett, einem Betschemel und einer Kommode. Ohne eine innere Regung zu zeigen, ließ Caroline Mathilde alles über sich ergehen, und erst als man sie allein ließ und ihre Bewacher sich in den Nebenraum zurückzogen, ließ sie ihren Gefühlen freien Lauf und brach in Tränen aus.

In Kopenhagen dagegen herrschte Freudenstimmung. Das Volk jubelte über die Nachricht, daß sein König von der deutschen Clique befreit sei. Juliane Marie verordnete »Dankgottesdienste« für die Errettung des Königs und bildete sofort eine neue Regierung. Der arme, völlig verwirrte Christian begriff nichts, als man ihn in einer Kutsche durch die Stadt fuhr, um ihn der Menge vorzuführen. Immer wieder verlangte er vergeblich nach Caroline Mathilde und nach Struensee, jenen beiden Menschen, deren Nähe er gewohnt war.

Der von Rantzau und Konsorten künstlich aufgehetzte Pöbel geriet vor lauter Freude außer Rand und Band und fiel plündernd über die Häuser und Wohnungen von Struensee und dessen Freunden her. Es gab Kundgebungen gegen den ehemaligen Minister, und sogar von den Kanzeln hetzten die Priester gegen Struensee und die Königin, so daß manchem Beobachter das Blut in den Adern gefror. Vor allem dem englischen Gesandten wurde angst und bang. Denn noch bevor es überhaupt einen Prozeß gab, waren die Urteile schon gesprochen.

Am 20. Februar 1772 begann die Untersuchung gegen Struensee. In neun Hauptanklagepunkten warf man ihm unter anderem vor, er habe die Mißhandlung des Königs durch Brandt veranlaßt, den Kronprinzen vernachlässigt und sich die Rechte des Souveräns angemaßt. Am schwersten wog jedoch der Vorwurf, er habe eine verbrecherische Verbindung zur Königin unterhalten.

Zunächst leugnete Struensee standhaft sämtliche ihm zur Last gelegten Verbrechen, selbst als man ihm mit der Folter drohte. Immer noch klammerte er sich an die Hoffnung, Caroline Mathilde könnte ihn retten. War sie nicht die Königin dieses Landes und damit unangreifbar?

Die Verhöre waren anstrengend und zogen sich über den ganzen Tag hin. Erschöpfung befiel Struensee, was sich die Ankläger zunutze machten und immer weiter bohrten. Als sie ihn schließlich mit der Tatsache konfrontierten, daß Caroline Mathilde bereits seit einem Monat auf der Festung Kronberg gefangen war, brach er zusammen. Alles war verloren. Der Mann, der noch vor kurzem mit fester Hand die Geschicke Dänemarks gelenkt hatte, schluchzte wie ein Kind. Er konnte nicht mehr, und in seiner totalen Schwäche wurde er nun zum gemeinen Verräter. Glaubte er etwa gar, auf Kosten der Königin sein Leben retten zu können? Was auch immer Struensee dazu bewogen haben mag, Caroline Mathilde zu kompromittieren, dieses Geständnis wurde zum dunklen Punkt an seiner sonst so integren Persönlichkeit. Er bekannte, daß seine Beziehung zur Königin bis zur intimsten Vertraulichkeit gegangen war. Doch es war nicht allein dieses Geständnis, sondern die Unverschämtheit und Detailgenauigkeit, mit der er vier Tage später, am 25. Februar 1772, sein Bekenntnis wiederholte und ergänzte. Er versuchte, der Frau, die ihn so sehr liebte, die ganze Schuld zuzuschieben, indem er erklärte, Caroline Mathilde habe ihn verführt, sei so aufdringlich gewesen, bis er schließlich nachgegeben habe. Ständig habe sie ihn zu Spaziergängen aufgefordert, habe trotz seiner wiederholten Bitten dabei auf die Begleitung ihrer Hofdamen verzichtet. Nur aus Angst, ihr Vertrauen zu verlieren und damit seine Zukunft zu ruinieren, habe er ihrem Drängen schließlich nachgegeben.

Doch statt sich damit zu retten, stürzte sich Struensee mit dieser höchst unehrenhaften Aussage ins Verderben und riß Caroline Mathilde mit sich. Denn während alle übrigen Anklagepunkte wohl nur schwer für eine Verurteilung ausgereicht hätten, war mit dem eingestandenen Ehebruch der Tatbestand der Majestätsbeleidigung eindeutig erfüllt.

Am 8. März 1772 traf eine kleine Delegation in Kronberg ein, um die Königin zu verhören. Man brauchte unbedingt eine Bestätigung von Struensees Geständnis. Als Caroline Mathilde die ihr vorgelegten Zeilen las, schrak sie zurück. Nie und nimmer konnte sie glauben, daß ihr Geliebter solches gesagt hatte, nie und nimmer würde sie solch eine Lüge unterschreiben. Diese Aussage sei von Struensee erzwungen worden, erklärte sie stolz. Doch mit einem perfiden Trick entrang man der Königin schließlich doch die Unterschrift. Man gaukelte ihr vor, sie könne Struensees Leben retten, wenn sie den Ehebruch ebenfalls eingestand. Mit zitternder Hand setzte Caroline Mathilde also ihren Namen unter das schändliche Papier, bevor sie ohnmächtig zusammensank.

Zwei Wochen später, am 24. März 1772, begann der Ehescheidungsprozeß gegen die Königin von Dänemark. Caroline Mathilde war bei den Verhandlungen nicht anwesend, so daß es ihr erspart blieb, die bisweilen höchst peinlichen Zeugenaussagen mitanzuhören. Kammermädchen, Lakaien und Hofdamen bestätigten mit zum Teil recht zweifelhaften Argumenten den Ehebruch ihrer Herrin. Da war von beschmutzter Bettwäsche die Rede, von Schritten während der Nacht, von ausgestreutem Mehl, auf dem am nächsten Tag die Fußspuren eines großen Mannes deutlich zu sehen waren, usw. Caroline Mathilde wurde schließlich wegen Untreue am 6. April 1772 von ihrem Gatten geschieden. »Der König hat keine Gemahlin mehr. Es gibt keine Königin von Dänemark mehr«, teilte man den ausländischen Gesandten mit. Der Ehebruch einer Königin galt in Dänemark als Hochverrat, ein Verbrechen, auf das die Todesstrafe stand. Bekanntlich hat Heinrich VIII. von England im 16. Jahrhundert unter weitaus dubioseren Umständen gleich zwei seiner Gemahlinnen auf das Schafott geschickt. Vor allem Juliane Marie wollte auch Caroline Mathilde diesen Weg gehen sehen. Doch Keith, der rührige englische Gesandte, setzte alle diplomatischen Hebel in Bewegung, um die junge Frau zu retten. Georg III. drohte sogar mit Krieg, wenn seiner Schwester ein Leid geschähe.

Wochen vergingen, und immer noch saß Caroline Mathilde auf der Festung Kronberg, immer noch war über ihr weiteres Schicksal nicht entschieden. Über das von Struensee und Brandt allerdings bestand kein Zweifel mehr.

Struensee hatte sich wieder gefaßt. Angst und Verzweiflung waren von ihm gewichen. Er war jetzt ganz ruhig. Und jetzt erst fand er zu einer gewissen Größe und Würde und blickte mit Fassung dem Tod ins Auge. Er setzte sich nieder und verfaßte eine umfangreiche Verteidigungsschrift, in der er den ganzen Weg seiner Karriere am dänischen Hof nachzeichnete, genau die Krankheit des Königs und die damit verbundenen Schwierigkeiten schilderte, seine ärztlichen Maßnahmen und die Beweggründe seiner Handlungen. »Die Begierde nützlich zu werden und Handlungen zu vollbringen, die einen weiten, ausgebreiteten Einfluß zum Nutzen der Gesellschaft, in der ich lebte, haben könnten, beschäftigte mich allein«, begann er, bevor er jeden einzelnen Vorwurf des Machtmißbrauchs entkräftete und logisch widerlegte. Dennoch vermochte er sich dadurch nicht mehr zu retten. Auch seinen Freund Brandt konnte er nicht retten, indem er ihn von jeder Verantwortung freisprach. Sein Verhältnis zur Königin bestritt er jedoch auch in diesem Dokument nicht, das er am 14. April 1772 mit den Worten beendete: »Ich nehme das Bewußtseyn meines Gewissens mit mir in die Ewigkeit, daß ich den König und das Land nicht habe unglücklich machen wollen.«

Am 25. April 1772 wurde nach viertägigem Prozeß das Urteil über den ehemaligen Minister und seinen Freund wegen mehrfacher Majestätsbeleidigung gefällt. Es war von vornherein festgestanden, und es ist grotesk, daß man nun mit genau denselben Mitteln, welche man Struensee zur Last gelegt hatte, nämlich den kranken König als willenlose Marionette benützt zu haben, Christian die Unterschrift unter die Todesurteile für Struensee und Brandt abrang.

Ungeduldig harrte das Volk bereits der Hinrichtung des verhaßten Deutschen. Es wurde eine Hinrichtung, die an Barbarei und Grausamkeit kaum mehr zu überbieten war, und man wähnte sich eher im finsteren Mittelalter denn im aufgeklärten 18. Jahrhundert, als Struensee und Brandt am 28. April 1772 das Blutgerüst bestiegen. Als erster kam Brandt an die Reihe, während Struensee in einer Kutsche warten mußte. Er ließ die Vorhänge geschlossen, um die Abschlachtung seines Freundes nicht mitansehen zu müssen. Dann zerrte man auch ihn auf das Schafott, das bereits von Brandts Blut getränkt war. Er trug einen Pelzrock und darunter einen Anzug aus veilchenblauem Samt mit Perlmutterknöpfen. Den Hut in der Hand hörte er ruhig die Verlesung des Urteils an und ließ sich von dem Geistlichen segnen. Dann trat der Scharfrichter in Aktion, zerbrach das Wappenschild des Grafen und warf es auf den Boden. Struensee zeigte keinerlei Regung, legte Hut, Rock und Weste ab, entblößte seinen Hals und seinen rechten Arm. Dann kniete er nieder, legte den Kopf auf den Block und den Arm auf einen anderen, danebenliegenden. Die Axt des Henkers sauste herab und hieb ihm die rechte Hand ab. Kurz bäumte sich der Körper des Delinquenten in rasendem Schmerz auf, bevor das Beil erneut fiel und Struensees Kopf vom Rumpf trennte. Doch das grausige Spektakel war noch nicht zu Ende. Der Schinderknecht ergriff den Leichnam, entkleidete ihn und schnitt ihm das Geschlecht ab, dann riß er ihm die Eingeweide heraus, die er samt der Hand und dem Geschlecht in einen Korb warf. Schließlich schnitt er unter dem Beifall des Publikums den verstümmelten Körper in vier Teile und warf alles in einen Karren, in dem bereits Brandts Überreste lagen. Man brachte sie zum Galgenberg, wo die acht Leichenteile auf Räder gelegt und die beiden Köpfe mitsamt den abgehauenen Händen auf Schandpfähle gepflanzt wurden.

Caroline Mathilde sank ohnmächtig zu Boden, als sie die Nachricht von Struensees Tod erhielt. Ihr Geständnis hatte den Geliebten nicht retten können! Doch sie würde niemals aufhören, ihn zu lieben. Ihre Liebe war so groß, daß sie Struensee sogar sein unehrenhaftes Verhalten verzieh, mit dem er sie mit in sein Verderben gerissen hatte.

Dem unermüdlichen Bemühen des englischen Gesandten verdankte Caroline Mathilde wahrscheinlich ihr Leben und ihre Freiheit. Keith hatte argumentiert, daß die Königin nach ihrer Scheidung wieder als englische Prinzessin zu behandeln sei, und es gelang ihm, ihre Ausreise zu erwirken. Caroline Mathilde hatte gehofft, in ihre Heimat, in den Schoß ihrer Familie zurückkehren zu dürfen, doch dieser Wunsch wurde ihr nicht erfüllt. Die Bigotterie und Engherzigkeit der englischen Gesellschaft verurteilten ihr unwürdiges und unmoralisches Benehmen. Caroline Mathilde wurde zur Ausgestoßenen. Selbst ihre todkranke Mutter hatte nie wieder ihren Namen hören wollen. Auch die Königin von England, die Gemahlin Georgs III., Sophie-Charlotte von Mecklenburg-Strelitz, hatte kein Mitleid mit der Schwägerin. Sie hielt es mit ihrer Moral nicht vereinbar, eine Frau wie die Exkönigin von Dänemark an ihrem Hof zu empfangen.

Georg III., der seine Schwester liebte, beugte sich dem Widerstand in der Familie und stellte Caroline Mathilde das herzogliche Schloß in Celle zur Verfügung. Mit Celle verband man die Erinnerungen an ein ähnliches Frauenschicksal. Es war die Geburtsstadt von Caroline Mathildes Urgroßmutter, Sophie-Dorothea von Celle, der Gemahlin des Kurfürsten von Hannover und späteren Georgs I. von England. Auch sie war wegen Untreue geschieden worden und hatte auf dem nahegelegenen Schloß Ahlden 31 Jahre lang für ihre Affäre mit dem Grafen Königsmarck gebüßt.

Am 31. Mai 1772 bestieg Caroline Mathilde eine englische Fregatte, die sie nach Hannover brachte. Der Abschied brach der Königin fast das Herz, denn zu ihrem größten Kummer mußte sie ihre beiden Kinder zurücklassen. Auch die kleine Luise Augusta, die wider alle Erwartungen nicht für illegitim erklärt worden war, nahm man ihr weg. Es war die Staatsräson, die hierbei gesiegt hatte, denn immerhin hatte Christian VII. niemals seine Vaterschaft in Frage gestellt und ein Jahr zuvor allen europäischen Höfen die Geburt sei-

ner Tochter verkündet. Luise Augusta wurde später auch standes-
gemäß mit dem Herzog von Holstein-Augustenburg verheiratet,
und ihre Urenkelin sollte einmal als Gattin Wilhelms II. eine Kaiserin werden (siehe Stammtafel 6). Ihre Enkelin, Henriette von
Holstein-Augustenburg, hingegen wurde durch einen Ausspruch
berühmt, mit dem sie Anspielungen auf ihre zweifelhafte Abstammung parierte: »Ich will lieber von einem gescheiten Arzt abstam-
men als von einem vertrottelten König.«

Am 5. Juni 1772 traf Caroline Mathilde in Hannover ein. Ein Besuch bei ihrer älteren Schwester, Auguste von Braunschweig-Wolfenbüttel, und deren Gemahl sowie der warme Empfang, den ihr
die Bevölkerung bereitete, taten der leidgeprüften jungen Frau
wohl, bevor sie sich in das Schloß in Celle begab. Es blieben ihr
nur noch drei Jahre, die sie sehr still und zurückgezogen mit Hand-
arbeiten und Spaziergängen verbrachte. Wegen ihrer karitativen
Tätigkeit vor allem für die Kinder der Umgebung wurde sie im
Volk nur noch die »gute Königin« genannt. Ihr größtes Glück in
jener Zeit erlebte Caroline Mathilde, als sie 1774 auf Umwegen ein
Bild ihres nunmehr 6jährigen Sohnes erhielt. Es war ihr nicht mehr
vergönnt mitzuerleben, welch guter König einmal aus ihm werden
sollte. Sie starb, erst 23 Jahre alt, am 11. Mai 1775 wahrscheinlich
an Typhusfieber.

Mit wieviel Stolz und Genugtuung hätte es diese vom Schicksal so
hart getroffenen Frau erfüllt, hätte sie Zeugin werden dürfen, wie
ihr Sohn im Jahre 1784 die Vormundschaftsregierung seines geisteskranken Vaters stürzte und die Mitregentschaft übernahm, bis
er 1808 selbst König von Dänemark wurde. Unverzüglich führte er
die Reformen des hingerichteten Struensee wieder ein, die Juliane
Marie und ihr Klüngel 1772 fast alle zurückgenommen hatten. Da
Friedrich VI. jedoch ohne männlichen Erben blieb, ging die Krone
Dänemarks auf die Nachkommen des Erbprinzen Friedrich über,
so daß die ehrgeizige Juliane Marie schließlich doch noch zur
Stammmutter der Dynastie von Dänemark, aber auch jener von England, Griechenland, Rußland und Norwegen wurde.*

---

* Siehe Stammtafel im Anhang.

Liebe im Schatten der Guillotine

Marie Antoinette und Axel von Fersen

Am 2. November 1755 gegen fünf Uhr nachmittags mußte Kaiserin Maria Theresia ihren Schreibtisch verlassen, von dem aus sie soeben noch wichtige Depeschen diktiert hatte. Die Wehen hatten eingesetzt. Drei Stunden später wurde sie von ihrem fünfzehnten Kind entbunden, einem Mädchen, das den Namen Maria Antonia Anna Josepha Johanna erhielt.

Ans Gebären gewöhnt und von robuster Konstitution, gönnte sich die Kaiserin kaum ein paar Stunden Ruhe, dann verlangte sie schon wieder nach ihrem Sekretär und den Staatspapieren. Obwohl Maria Theresia wegen ihrer zweifellos beeindruckenden Kinderzahl von der Nachwelt als »Mutter auf dem Kaiserthron« gefeiert wurde, war sie doch in erster Linie Monarchin und agierte nicht anders als andere Fürsten ihrer Zeit. Auch sie betrachtete ihre Kinder als Figuren auf dem Schachbrett der großen Politik und nahm kaum je Rücksicht auf deren Wünsche oder Neigungen.

Durch den berühmten »Umsturz der Bündnisse« im Jahre 1756 befand sich Österreich plötzlich auf der Seite seines alten Erbfeindes, Frankreich; eine Allianz, die gefestigt werden wollte. So kam es in der Folge zu einer Reihe von Heiraten zwischen den Häusern Bourbon und Habsburg. Maria Theresias ältester Sohn, Joseph, heiratete in erster Ehe Isabella von Parma, eine Enkelin Ludwigs XV., seine Schwester Maria Amalia Isabellas Bruder, Ferdinand von Parma. Der zweite Sohn der Kaiserin, Leopold, bekam Marie Louise von Spanien und ihre Tochter Maria Karoline Ferdinand I. von Neapel-Sizilien, beide ebenfalls Bourbonensprößlinge. Als Krönung ihrer Heiratspolitik aber betrachtete die Kaiserin die Vermählung ihrer jüngsten Tochter mit dem Dauphin von Frankreich, dem ältesten Enkel Ludwigs XV. Maria Antonia sollte einmal Königin des schönsten und mächtigsten Reiches Europas werden und durch ihre

Nachkommen die österreichisch-französische Allianz für immer besiegeln.

Die Regierungsgeschäfte ließen der Kaiserin kaum Zeit, sich um die Erziehung ihrer Kinder zu kümmern. Lediglich bei Joseph, ihrem Nachfolger, achtete sie darauf, daß er die bestmögliche Ausbildung erhielt. Der übrige Nachwuchs wurde mehr oder weniger kompetenten Gouvernanten und Lehrern anvertraut, so daß die Bildung bei so manchem der Kaiserkinder bisweilen sehr zu wünschen übrigließ. Ganz besonders war dies bei der lebhaften und unaufmerksamen Toinette der Fall, und als die Heirat der kleinen Erzherzogin Ende 1768 schließlich per Vertrag beschlossen war, mußte Maria Theresia zu ihrem Entsetzen feststellen, daß ihre Tochter eine halbe Analphabetin war. Sie besaß so gut wie keine tiefer gehenden Kenntnisse. Ihre deutsche Orthographie war haarsträubend (allerdings war auch die Kaiserin darin nicht immer sattelfest, wie übrigens die meisten ihrer Zeitgenossen), ihre Französischkenntnisse waren mehr als mangelhaft, ganz zu Schweigen von ihrer Allgemeinbildung. Also versuchte man in einem Schnellkurs die junge Dame in wenigen Monaten zu einer Königin zu formen. Sie erhielt extra Lektionen in französischer Aussprache und Geschichte, mußte die Namen und Verdienste der Adelsfamilien ihres künftigen Heimatlandes ebenso auswendig lernen wie die strengen Etikettevorschriften, die in Versailles zu befolgen waren. Für die diffizile Aufgabe der Einschulung der künftigen Dauphine von Frankreich war eigens der Abbé de Vermond nach Wien entsandt worden. Der arme Mann hatte allerdings seine liebe Not, der unkonzentrierten, quirligen Erzherzogin etwas beizubringen. Nur die Tanzstunden bei Maître Noverre machten ihr Spaß; da war Marie Antoinette in ihrem Element, denn Grazie und anmutige Bewegung waren ihr bereits in die Wiege gelegt worden. Ihr unvergleichlicher Gang ließ so manchen ins Schwärmen geraten, denn keine schwebte mit solcher Eleganz dahin wie sie. Die Malerin Elisabeth Vigée-Lebrun, die Marie Antoinette, als diese bereits Königin von Frankreich war, so oft porträtierte, schrieb bewundernd: »Sie verstand von allen Frauen Frankreichs am besten zu gehen; den Kopf erhoben, schritt sie mit einer Majestät einher, die sie inmitten ihres

Hofes sogleich als Herrscherin erkennen ließ, ohne doch im geringsten ihrem lieblichen und wohlwollenden Anblick Eintracht zu tun.«

Marie Antoinette war alles andere als eine vollkommene Schönheit, doch sie hatte unzweifelhaft das »gewisse Etwas«, Ausstrahlung und Charme. Ihr ganzes Auftreten, ihre Haltung, ihre Bewegungen waren dazu angetan, jeden Makel ihres Gesichts sofort vergessen zu machen. »Es ist übrigens sehr schwer«, fährt Elisabeth Vigée-Lebrun in ihren Erinnerungen fort, »demjenigen, der die Königin nicht gesehen hat, einen Begriff davon zu geben, wieviel Anmut und Hoheit sie vereinigte. Ihre Züge waren keineswegs regelmäßig zu nennen, sie hatte das längliche schmale Oval ihrer Familie geerbt, eine Eigentümlichkeit der österreichischen Nation. Die Farbe ihrer nicht sehr großen Augen war beinahe blau zu nennen; ihr Blick war geistvoll und mild, ihre Nase fein und hübsch, ihr Mund nicht zu groß, obgleich ihre Lippen ein wenig stark waren. Aber das Bemerkenswerteste war ihre Gesichtsfarbe; ich habe nie einen so strahlenden Teint gesehen, und ›strahlend‹ ist das richtige Wort dafür, denn die Haut war so durchsichtig, daß sie gar keinen Schatten zeigte. Auch konnte ich es mir gar nicht zu Dank machen, den Eindruck kaum richtig wiedergeben, für diese Frische fehlten mir die Farben, die feinen Töne, die eben nur diesem entzückenden Gesicht eigen waren und die ich nie bei irgendeiner anderen Frau wiedergesehen habe.«

Äußerlich war Marie Antoinette also von Natur aus mit allen Vorzügen ausgestattet, die sie zur Königin des elegantesten Hofes von Europa geradezu prädestinierten, doch intellektuell und charakterlich hätte sie noch viel zu lernen gehabt. Dazu aber fehlte die Zeit. Am 19. April 1770 wurde sie, gerade erst vierzehneinhalb Jahre alt, per procurationem in der Wiener Augustinerkirche dem Dauphin von Frankreich angetraut. Zwei Tage später verließ sie ihre Heimat für immer, ausgestattet mit vielen guten Ratschlägen ihrer kaiserlichen Mutter, doch im Grunde völlig unvorbereitet für die schwierige Aufgabe, die sie erwartete. Niemand ahnte, welch furchtbarem Schicksal Marie Antoinette entgegenfuhr.

Im Jahre 1770 aber war die Welt noch in Ordnung, nichts deutete auf die Stürme hin, die knapp zwei Jahrzehnte später das ganze Ancien Régime mitsamt seiner Gesellschaft hinwegfegen würden, einer Gesellschaft, zu deren Symbolfigur Marie Antoinette geworden ist.

Glanzvoll war der Empfang, den man ihr in Frankreich bereitete, glanzvoll schien ihre Zukunft. Ludwig XV. bot den ganzen Prunk seines Reiches auf, um seine Schwiegerenkelin gebührend willkommen zu heißen. Angesichts all der schillernden Pracht und jubelnden Festesfreude waren Trennungsschmerz und der Anflug von Heimweh, der die junge Erzherzogin kurz befallen hatte, rasch vergessen. Marie Antoinette tauchte ein in die glitzernde Scheinwelt von Versailles, dieses seltsame Gemisch aus strenger Etikette und frivoler Leichtigkeit. Für ein junges, schönes und lebensfrohes Mädchen, das bisher nur den vergleichsweise biederen Hof von Schönbrunn mit seiner bigotten, sittenstrengen Kaiserin gekannt hatte, übte der Palast Ludwigs XV. natürlich eine besondere Faszination aus. Mit der Arroganz einer Kaiserstochter und einer verblüffenden Nonchalance eroberte die Vierzehnjährige Versailles. Die Sicherheit und die Anmut, mit der sie sich auf dem glatten Parkett des französischen Hofes bewegte, ließ das gespreizte Gehabe der Hofschranzen fast ein wenig lächerlich erscheinen. Marie Antoinettes jugendliche und unbekümmerte Art wirkte wie ein frischer Wind unter den vor lauter Zeremoniell erstarrten Leuten. Doch auch sie mußte sich der überkommenen, teilweise sinnentleerten Etikette unterwerfen. Jede Stunde ihres Tages war genau eingeteilt. Doch das war eben der Preis für die herausragende Stellung einer Dauphine von Frankreich.

Marie Antoinette aber verstand die Bedeutung der Repräsentation für das Königtum nicht, und sie sollte bald jede Gelegenheit nutzen, um dieses enge Korsett abzuschütteln. Zunächst aber sonnte sie sich im Glanz ihrer Position, genoß die Schmeicheleien und die Bewunderung, die man ihr entgegenbrachte. Jung, ahnungslos und naiv wie sie war, ließ sie sich manipulieren und durchschaute nicht, daß so mancher, der scheinbar um ihre Gunst buhlte, ein böses Spiel mit ihr trieb. Die Mutter im fernen Wien, die durch ihren Gesandten, den Grafen Mercy d'Argenteau, ständig auf dem laufenden über das Tun und Lassen ihrer Tochter war, warnte zwar un-

Marie Antoinette (1755–1793)

ermüdlich in ihren Briefen zur Zurückhaltung, doch die Einflüsterungen der neuen Umgebung waren meist stärker. Schon machten
sich die Unterlassungen in Marie Antoinettes Erziehung bemerkbar. Es fehlte ihr an der nötigen Kritikfähigkeit, die sie vielleicht
vor den vielen Unüberlegtheiten bewahrt hätte, die sie im Laufe der
nächsten Jahre beging. Doch Marie Antoinette war nicht dazu geschaffen, sich ernsthafte Gedanken zu machen. Lieber genoß sie die
schönen Dinge des Lebens. Sie ahnte nicht, daß in Versailles viele
mit boshafter Genugtuung beobachteten, wie sie sich durch zuneh-
mende Eskapaden, durch ihre Verschwendung und ihre Modetor-

heiten nach und nach in Verruf brachte. Denn hinter der Fassade der Schöntuerei lauerten Intrige und Verrat.

Ausgerechnet die engste Familie entpuppte sich als das reinste Schlangennest. Da waren die jüngeren Brüder ihres Gemahls, vor allem der eifersüchtige Graf von Provence, der nach der Krone lechzte und dem jedes Mittel recht war, um die Autorität seines Bruders und das Ansehen seiner Schwägerin zu unterminieren. Er erkannte rasch in Marie Antoinette die Schwachstelle der Monarchie, und es gilt heute als so gut wie erwiesen, daß zahlreiche der Pamphlete gegen Marie Antoinette aus seiner Feder stammten. Sie selbst lieferte ihm durch ihr leichtfertiges, unbedachtes Verhalten mancherlei Material für seine Kritik. Sie war sich nicht bewußt, daß jeder ihrer Schritte, jedes ihrer Worte und vor allem jeder Fehler, den sie beging, genau registriert wurden, um dann aufgebauscht und verzerrt weiterverbreitet zu werden.

Dann war da der Sohn des Herzogs von Orléans, Louis-Philippe, damals noch Herzog von Chartres, der von Mißgunst gegen seine Cousins aus der Hauptlinie des Königshauses zerfressen war und zu einem der Hauptakteure der Französischen Revolution werden sollte. Und schließlich gab es auch noch die Tanten, die drei unverheirateten Töchter Ludwigs XV.: Adélaïde, Victoire und Sophie, drei schrullige alte Jungfern Ende Dreißig. Vor allem Madame Adélaïde, die älteste, erwies sich als gekonnte Intrigantin und Meisterin in der Kunst des Verstellens. Mit zuckersüßer Fürsorglichkeit breitete sie anscheinend ihre Fittiche über ihre Nichte aus, während sich hinter ihrer gespielten Mütterlichkeit der blanke Haß gegen Marie Antoinette verbarg. Adélaïde war eine erklärte Gegnerin des Bündnisses mit Österreich. Und es gab viele bei Hofe und in Frankreich, die die österreichfeindliche Haltung der Tochter des Königs teilten. Auch die Eltern des Dauphins hatten dazugehört, und nie hätten sie einer österreichischen Heirat ihres Sohnes zugestimmt. Doch ihr früher Tod* hatte den Weg frei gemacht für die von Maria Theresia heiß ersehnte, vermeintliche »Hochzeit des Jahrhunderts«.

Auch wenn es nach außen hin nicht so schien, im Grunde hatte

---

* Der Sohn Ludwigs XV. starb 1765, seine Gemahlin, Maria Josefa von Sachsen, 1767.

Marie Antoinette kaum wahre Freunde in Versailles. Einer der wenigen war ihr Gemahl. Zum Zeitpunkt seiner Vermählung war er fünfzehneinhalb Jahre alt und so schüchtern, daß er kaum ein Wort herausbrachte. Im Gegensatz zu seiner um ein Jahr jüngeren Gemahlin wirkte er ungeschickt und ziemlich unköniglich. Dabei war er keineswegs unansehnlich, wie auch die bei den Hochzeitsfeierlichkeiten am 16. Mai 1770 anwesende Herzogin von Northumberland in ihrem Tagebuch festhielt: »Ich stellte ihn mir gräßlich vor, doch ganz im Gegenteil gefiel mir seine Erscheinung sehr gut. Er ist groß und schlank, hat ein interessantes Gesicht und kluge Augen, die bei seinem ziemlich blassen Teint sehr groß wirken. Das volle blonde Haar steht ihm sehr gut zu Gesicht.« »Der Dauphin«, berichtet die Herzogin weiter, »wirkte schüchterner als seine kleine Frau. Während des Gottesdienstes zitterte er am ganzen Körper und errötete bis unter die Haarwurzeln, als er ihr den Ring ansteckte. Als die Messe begann, griff Ludwig erleichtert nach dem Gebetbuch, das man ihm reichte, und vertiefte sich darin, um den Blicken der anderen ausweichen zu können.«

Die auffallende Unsicherheit des Jünglings war das Ergebnis der Zurücksetzung, die er in seiner frühen Kindheit erfahren hatte, denn alle Aufmerksamkeit seiner Eltern hatte nur dem älteren Bruder, dem früh verstorbenen Herzog von Burgund, gegolten. Aber auch seine beiden aufgeweckten jüngeren Brüder, die Grafen von Provence und Artois, liefen ihm hinsichtlich Charme und Beliebtheit überall den Rang ab. So entwickelte sich Louis Auguste zu einem verschlossenen und schüchternen jungen Mann, der nicht viel von seinen eigenen Fähigkeiten hielt. Dieses mangelnde Selbstvertrauen sollte zum großen Handicap seines Lebens werden.

Während ihn die blasierte Hofgesellschaft wegen seines ungeschickten, introvertierten Auftretens trotz seines Ranges mehr belächelte als respektierte, begegnete ihm Marie Antoinette von Anfang an mit Sympathie und Achtung. Und auch Louis Auguste widersetzte sich erfolgreich den Einflüsterungsversuchen seiner Tanten und brachte seiner Gemahlin tiefe und aufrichtige Gefühle entgegen. Die beiden Gatten waren einander zugetan, obwohl sie kaum Gemeinsamkeiten hatten. Louis Auguste und Marie Antoinette waren so verschieden, wie zwei Menschen nur sein konnten. Er still und unbeholfen, die Jagd oder die Einsamkeit seiner Schlosserwerkstatt bevorzugend, sie fröhlich und gewandt, süchtig nach Vergnügen und Gesellschaft. Trotzdem hätte es bei aller Verschiedenheit der beiden Partner eine recht harmonische und einigermaßen glückliche Ehe werden können, wäre da nicht das Problem der ehelichen Pflicht gewesen. Sei es aufgrund einer psychischen Hemmung oder wegen eines kleinen körperlichen Defekts, es wollte mit dem Vollzug der Ehe nicht und nicht klappen, so daß sich schließlich halb Europa über dieses höchst intime Thema das Maul zerriß. Das junge Paar litt unsäglich unter dem Tratsch. Louis Auguste zog sich noch mehr zuück, suchte noch mehr die Einsamkeit und wurde immer gehemmter, während Marie Antoinette in den vielfältigsten Vergnügungen Ablenkung suchte. Ihr offizieller Einzug in Paris im Juni 1773 gab ihr endlich Gelegenheit, aus der engen Welt von Versailles auszubrechen. Sie begann Paris zu entdecken, besuchte die Oper, das Theater und in der Wintersaison die zahlreichen Bälle und Festlichkeiten. In Paris ging alles viel ungezwungener zu als in Versailles, und man konnte sich so richtig amüsieren. Sogar der zurückhaltende Dauphin fand Gefallen an dieser neuen Freiheit und begleitete seine Gemahlin fast immer in die Hauptstadt.

Am 30. Januar 1774 fand wieder einmal einer der beliebten Opernbälle statt, zu denen jeder, der entsprechend gekleidet war, Zutritt hatte. Eine schwarze Samtmaske vor dem Gesicht und in einen ausladenden Domino gehüllt, traf Marie Antoinette mit ihrem Gemahl und ihren Freunden kurz nach Mitternacht dort ein und blieb zu ihrer Freude unerkannt. Sie hatte vielleicht eine halbe Stunde auf dem Fest verbracht, als ihr ein außergewöhnlich gutaussehender junger Mann auffiel. Sogleich errinnerte sie sich an ihn: Er war ihr erst im November in Versailles durch den schwedischen Botschafter vorgestellt worden. Es war der junge Graf von Fersen.
Hans Axel von Fersen war am 4. September 1755 in Stockholm zur Welt gekommen. Sein Vater, Graf Friedrich Axel von Fersen, zählte zu den einflußreichsten und vermögendsten Männern Schwedens. Mit seiner Gemahlin, Hedwig-Katharina de La Gardie, hatte er vier

Ludwig XVI. (1754–1793)

Kinder: Hedwig Eleonora, die spätere Baronin Klinckowström, Hans Axel, Eva Sophie, die künftige Gräfin Piper, und Fabian Reinhold. Die auffallende Schönheit der Mutter hatte sich auf alle Kinder, vor allem jedoch auf Hans Axel vererbt. Er hatte ein Gesicht, das man nicht so schnell vergaß, besonders die Frauen nicht. Seine Züge waren vollkommen ebenmäßig, sein scharf gezeichneter Mund wirkte sinnlich, während seine dunklen Samtaugen einen sanften, leicht melancholischen Blick hatten. Er war groß und schlank, hatte breite Schultern und ein sicheres Auftreten. Das Erstaunliche an ihm aber war, daß er trotz seines außergewöhnlich guten Aussehens von sehr zurückhaltendem Wesen war, nie drängte er sich in den Vordergrund, sondern war eher still und diskret.

Im Juni 1770 hatte man den Fünfzehnjährigen mit seinem Erzieher auf eine große Europatour geschickt, damit er seine Ausbildung vervollkommne.

Ein Aufenthalt in Paris galt als das absolute Muß in der Erziehung eines jungen Aristokraten. Die französische Hauptstadt war damals der Nabel der Welt. In ganz Europa kopierte man die Pariser Mode und Sitten; von Stockholm bis Madrid und von London bis St. Petersburg sprach Französisch, wer zur feinen Gesellschaft gehören wollte. Auch der junge Fersen sollte in der französischen Metropole den letzten Schliff erhalten. Noch ahnte er nicht, welche Bedeutung Frankreich einmal für sein Schicksal haben würde.

Wie es sich für einen Aristokratensohn ziemte, wurde er vom Botschafter seines Landes am 19. November 1773 bei Hofe eingeführt, das heißt, er wurde dem König und der königlichen Familie vorgestellt. Kurz darauf, am 6. Dezember 1773, besuchte er seinen ersten »Ball bei Madame la Dauphine«. Fersen war beeindruckt vom gesellschaftlichen Leben in Paris. Während des Karnevals jagte ein Fest das andere, und er wußte oft gar nicht, ob er ins Theater, in die Oper, zu einer Kartenpartie oder zu einem souper dansant gehen oder vielleicht lieber eine Spazierfahrt unternehmen sollte.

Am 30. Januar 1774 entschloß er sich jedenfalls zu einem Besuch auf dem Opernball. Es war gerade eine Stunde vergangen, als ihn eine unbekannte Maske ansprach. Sie war groß und schlank, trug einen weiten Domino und wirkte sehr elegant. Sie sprach mit verstellter Stimme, doch fiel ihm auf, daß sie einen leichten Akzent hatte. Fersen fühlte sich geschmeichelt. Amüsiert ging er auf die Plauderei ein, ohne zu bemerken, daß sich die Leute um sie zu scharen begannen. Plötzlich rief jemand: »Madame la Dauphine!«, und die umstehenden Damen versanken in einem Hofknicks. Da lüftete die schöne Unbekannte kurz die Maske und eilte davon.

Verblüfft und etwas betreten blieb Axel von Fersen zurück. Er befürchtete schon, einen Fehler begangen und die Dauphine beleidigt zu haben. Doch schon wenige Tage später erhielt er eine Einladung zum Ball bei Marie Antoinette.

Es dauerte nicht lange, und der schöne Schwede gehörte zu den regelmäßigen und gern gesehenen Gästen von Versailles. Dabei paßte er eigentlich gar nicht so recht in den Kreis der oberflächlichen, schnatternden Leute, die Marie Antoinette umgaben. Er war so reserviert und still, fast ein wenig kühl, und weder amüsant noch besonders geistreich, Eigenschaften, die doch sonst am französischen Hof ganz besonders geschätzt wurden. Aber vielleicht war es eben gerade diese Zurückhaltung, die, weil sie ihm etwas Geheimnisvolles verlieh, vor allem auf Frauen sehr anziehend wirkte. Die Damenwelt lag ihm zu Füßen, und er sagte nicht nein. Während seines Paris-Aufenthalts hatte er so manche Affäre mit der einen oder anderen Hofschönheit. Dann aber wurde dem unbeschwerten, fröhlichen Treiben rund um die Dauphine ein jähes Ende gesetzt. Ludwig XV. starb am 10. Mai 1774 im Alter von 64 Jahren und hinterließ seinem erst neunzehnjährigen Enkel den Thron. Zwei Tage danach verließ Axel von Fersen Frankreich.

Aller Augen ruhten nun auf dem jungen Königspaar. Mit 18 Jahren war Marie Antoinette früher als erwartet Königin geworden, eine Aufgabe, der sie nicht gewachsen war, im Gegensatz zu Ludwig XVI., der zu Beginn seiner Herrschaft alle überraschte. Er erwies sich als gütiger Landesvater mit hohem moralischen Anspruch und ausgeprägtem Sinn für Gerechtigkeit. Es war unter diesem so oft als schwach und beschränkt verkannten König, daß Frankreich einige der wichtigsten Reformen erfuhr: von der Aufhebung der Fron über die Abschaffung der Folter bis hin zu weitreichenden Verbesserungen im Gesundheits- und Justizwesen; von der Reorganisation des Heeres und der Verwaltung bis hin zu dem Bemühen, die Steuerlast gerechter zu verteilen. Ludwig XVI. aber fehlte die Autorität und die Durchsetzungskraft seiner aufgeklärten Herrscherkollegen Friedrich II. von Preußen, Katharina II. von Rußland, Kaiser Joseph II. oder Gustav III. von Schweden. Diese rückten bei aller Reformbereitschaft keine Handbreit von ihrer absoluten Macht ab. Der König von Frankreich aber ließ es aus persönlicher Schwäche zu, daß Adel und Parlament an seinem Thron rüttelten.

Doch bei so viel gutem Willen, wie Ludwig XVI. ihn an den Tag legte, war seine Person selbst für den erbittertsten Gegner der

Monarchie kaum angreifbar. Dagegen bot die Königin umso mehr Angriffspunkte für Kritik.

Schon ein Jahr nach ihrer Thronbesteigung gab es erste Pamphlete gegen Marie Antoinette. Mit größter Wahrscheinlichkeit waren sie von ihrem Schwager, dem Grafen von Provence, verfaßt worden. Sie bezogen sich vor allem auf die Eheprobleme, aber auch auf den Lebenswandel der Königin. Sie nahm diese Kritik nicht ernst, und fast ein wenig belustigt schrieb sie am 15. Dezember 1775 an ihre Mutter: »Wir befinden uns in einer Epidemie von satirischen Chansons. Man hat solche über alle Personen des Hofes gemacht, Herren und Damen, und die französische Leichtfertigkeit hat sich sogar bis auf den König erstreckt. Die Notwendigkeit der Operation ist das Schlagwort gegen den König gewesen. Auch ich bin nicht verschont worden; man hat mir sehr freigebig beiderlei Neigungen, die für Frauen und Liebhaber, unterstellt. Obwohl die Bosheiten in diesem Lande genug Gefallen finden, sind diese so platt und von so üblem Ton, daß sie keinen Erfolg gehabt haben, weder in der Öffentlichkeit noch in der guten Gesellschaft.«

Es wäre besser gewesen, sie hätte diese Schmähschriften als Warnung verstanden. Natürlich war es die reinste Verleumdung, sie irgendwelcher außerehelicher Affären zu bezichtigen, doch die Vorwürfe hinsichtlich ihrer Verschwendung, ihres Faibles für teuren Schmuck und ihrer Spielleidenschaft trafen schon weit eher zu, auch wenn sie in diesen Flugschriften maßlos übertrieben wurden. Vor allem ihre Großzügigkeit gegenüber ihren Freunden wie der Prinzessin von Lamballe oder den Polignacs wurde heftig kritisiert und erregte Eifersucht bei jenen, die sich übergangen oder von den Günstlingen verdrängt fühlten. Marie Antoinette merkte nicht, daß sie mit dieser Bevorzugung einiger Auserwählter andere vor den Kopf stieß, ebensowenig wie sie merkte, daß die Lamballe und die Polignacs sie schamlos ausnützten und sich bereicherten, wo es nur ging. Selbst scheinbar harmlose Dinge wie der unzeremonielle Umgang, den sie in ihrem engsten Kreis pflegte, boten Übelmeinenden Gelegenheit, über sie herzuziehen.

Leider veranlaßte die neue Würde einer Königin Marie Antoinette nicht dazu, ihre Gewohnheiten zu ändern. Ihre Hauptbeschäftigungen blieben das Theaterspielen, Ausritte und die Wahl ihrer Garderobe. Die hinlänglich bekannten Modetorheiten, zu denen sie sich hinreißen ließ, waren natürlich Wasser auf die Mühlen ihrer Gegner. Dabei verhielt sich die Königin nicht anders als die meisten jungen Frauen heute wie damals. Sie liebte schöne Kleider, putzte sich gerne heraus und machte jede Mode mit. Außerdem wurde von ihr erwartet, daß sie nicht nur die erste, sondern auch die eleganteste Frau Frankreichs war, die Vorführdame französischer Seidenstoffe und französischer Mode sozusagen. Und was damals Mode war, bestimmte in Paris Rose Bertin, eine Modeschöpferin mit wirklich außergewöhnlichen Fähigkeiten und ebensoviel Geschäftssinn. Sie verstand es, einen wahren Kult um die Garderobe der Königin zu treiben. Mit einem ganzen Troß von Näherinnen und Putzmacherinnen traf sie mehrmals wöchentlich in Versailles ein, um, wie sie es bezeichnete, mit der Königin »zu arbeiten«. Tatsächlich war Arbeit gar kein so falsches Wort, denn immerhin zog sich Marie Antoinette dreimal täglich um, brauchte Morgenkleider, Nachmittagskleider und Abendroben mit den stets passenden Accessoires. In den Kreationen der Bertin machte sie in jedem Fall großen Eindruck. Die englische Gräfin Spencer war geradezu hingerissen von dem Kleid, das die Königin 1777 bei den Rennen trug. Es war eher schlicht und bestand aus einem knappsitzendem Oberteil und einem fleischfarbenen Überrock, der bis zur Taille geschlitzt war. Das ganze Ensemble war mit Blumengirlanden in Blau, Braun und Grün bestickt. Dazu trug Marie Antoinette einen weißen Umhang und einen weißen Hut. Dieser modische Aufwand hatte natürlich seinen Preis, denn die Königin bestellte jährlich etwa 170 Kleider, die mit rund 160 000 Livres zu Buche schlugen.

Weitaus teurer als ihre Garderobe war jedoch Marie Antoinettes Vorliebe für Schmuck. Sie, die ohnedies eine Fülle von Diamanten aus Geschenken des Königs besaß, konnte beim Anblick glitzernder Juwelen nicht widerstehen. Anfang 1776 erstand sie ohne Wissen ihres Gemahls Pretiosen im Wert von 460 000 Livres, die sie in vier Jahren aus ihrer Schatulle bezahlen wollte. Doch damit nicht genug. Bereits im Sommer desselben Jahres erwarb sie für 250 000 Livres Armbänder und stürzte sich damit in erhebliche Schulden.

Maria Theresia rang die Hände, als sie durch den Gesandten Mercy davon erfuhr, und machte ihrer Tochter ernste Vorhaltungen. Marie Antoinette aber bezeichnete die Angelegenheit als Bagatelle und schlug die Warnungen der Mutter in den Wind. Dabei waren es geradezu prophetische Worte, die die Kaiserin in ihrem Brief vom 1. Oktober 1776 fand: »Eine Herrscherin erniedrigt sich, wenn sie sich herausputzt, und das um so mehr, wenn sie es – und in was für einer Zeit? – zu so bedeutenden Ausgaben treibt. Ich kenne nur zu sehr diesen Hang zur Verschwendung; ich kann dazu nicht schweigen, weil ich Sie um Ihres Glückes willen liebe und nicht, um Ihnen zu schmeicheln. Verlieren Sie nicht durch solche Frivolitäten das Ansehen, das Sie von Anfang an gewonnen haben; man kennt den König als sehr bescheiden, weshalb die ganze Schuld nur auf Sie fallen würde. Ich möchte eine solche Veränderung nicht überleben.«

Maria Theresia hatte recht: Ludwig XVI. war ausgesprochen bescheiden und sparsam, und er hatte auch die notwendigen Sparmaßnahmen seines Ministers Turgot voll unterstützt, obwohl er sich damit bei den Priviligierten und den Inhabern einträglicher Hofämter herbe Kritik und Proteste einhandelte. Nur bei seiner Frau sah er großzügig über die Verschwendung hinweg, und nicht einmal die Bitte, sie möge sich doch etwas einschränken in Anbetracht der leeren Staatskasse, wagte er auszusprechen, obwohl sie im Jahre 1777 ihr Konto um die beträchtliche Summe von 487 272 Livres überzog. Ohne ein Wort der Kritik kam Ludwig XVI. immer wieder für die Schulden seiner Gemahlin auf. Er wußte, daß er an ihrer Vergnügungssucht nicht ganz unschuldig war, denn auch nach sieben Jahren hatte sich am unbefriedigenden Zustand ihrer Ehe noch nichts geändert.

Es war Marie Antoinettes ältester Bruder, Joseph II., der im Juni 1777 die Initiative ergriff und unter dem Namen eines Grafen von Falkenstein nach Paris reiste. Seine Ratschläge hatten Erfolg. Wahrscheinlich gelang es ihm, Ludwig XVI. zu der vielzitierten Operation zu überreden, denn am 30. August 1777 berichtete eine überglückliche Marie Antoinette ihrer Mutter vom endlich erfolgten Vollzug ihrer Ehe, und im Dezember desselben Jahres bedankte sich Ludwig XVI. überschwenglich bei seinem Schwager für die guten Ratschläge. Ein Jahr darauf, am 19. Dezember 1778, brachte Marie Antoinette ihr langersehntes erstes Kind zur Welt, eine Tochter, die auf den Namen Marie-Thérèse-Charlotte getauft wurde.

Das Jahr 1778 war ein glückliches Jahr für die Königin. Immerhin hatte es ein Wiedersehen mit einem alten Freund gebracht.

Vier Jahre waren seit Axel von Fersens Abreise aus Paris vergangen. In seiner Heimat Schweden war er inzwischen zum erklärten Günstling seines Königs avanciert. Gustav III. saß seit März 1771 auf dem schwedischen Thron und regierte als absoluter, aber aufgeklärter Monarch. Er und Fersen waren vom selben Schlag: schöngeistig, ritterlich, romantisch. Wie schon in Frankreich betörte der schöne Graf auch am Hof von Stockholm die Damenwelt, allen voran die Schwägerin des Königs, Hedwig-Elisabeth Charlotte, Herzogin von Södermanland, geborene Prinzessin von Holstein-Gottorp. Doch trotz dieser »hochrangigen« Eroberung hielt es Axel von Fersen bald nicht mehr in Schweden. Er sehnte sich nach Frankreich zurück, das Land, in dem er sich heimisch fühlte, in das er sich verliebt hatte. Vielleicht aber ging ihm auch die schöne junge Königin von Frankreich einfach nicht mehr aus dem Kopf.

Im Sommer 1778 jedenfalls verließ er Schweden wieder. Seinem Vater zuliebe reiste er zuerst nach England, um dort Catherine Leyel, einer reichen Erbin, die er während seiner Europatour kennengelernt hatte, einen Antrag zu machen. Doch er war im Grunde seines Herzens ganz froh, als die junge Dame ablehnte und er seine Reise in Richtung Frankreich fortsetzen konnte. Am 25. August 1778 wurde er vom Baron von Creutz neuerlich bei Hofe eingeführt und dem Zeremoniell entsprechend dem neuen Königspaar vorgestellt.

Trotz der langen Zeitspanne hatte ihn Marie Antoinette nicht vergessen. »Ah, ein alter Bekannter«, rief sie erfreut aus, als sie Axel erblickte. Die gegenseitigen Sympathien von einst waren sofort wieder da, und für die nächsten Monate erfreute sich der schöne Schwede der allerhöchsten Gunst. Begeistert schrieb er im November 1778 an seinen Vater: »Die Königin behandelt mich stets mit großer Güte. Jedesmal, wenn ich ihr meine Aufwartung bei ihrer Spielgesellschaft mache, spricht sie mich an.«

Diesmal war das Gerede nicht mehr zu vermeiden. Zu offensichtlich war die Vorliebe der Königin für Axel von Fersen. Angeregt plaudernd sah man sie mit ihm auf den Opernbällen promenieren, und wenn er einmal nicht bei einem der Empfänge in Versailles erschien, erkundigte sie sich beim schwedischen Botschafter nach seinem Verbleib. »Die Königin, die liebenswürdigste Fürstin, die ich kenne, hatte die Güte, sich nach mir zu erkundigen«, schrieb Axel nach Hause. »Sie hat Creutz gefragt, warum ich nicht zu ihrer sonntäglichen Spielpartie käme, und als sie hörte, daß ich an einem Tage abgesagten Empfangs gekommen war, hat sie sich gewissermaßen bei mir entschuldigt.«

Als Marie Antoinette erfuhr, daß Gustav III. neue Uniformen für seine Offiziere entworfen hatte, bat sie Fersen, diese doch bei seinem nächsten Besuch vorzuführen. Natürlich beeindruckte er alle, als er beim Lever der Königin im blauen Rock, den weißen, enganliegenden Breeches aus Sämischleder und dem dazu passenden schwarzen Tschako, auf dem eine blaue und eine gelbe Feder steckten, erschien. Marie Antoinette machte ihm ein höfliches Kompliment zum Geschmack seines Königs, doch der bewundernde Blick, mit dem sie den attraktiven Mann bedachte, entging niemandem. Kein Wunder, daß eine solche Bevorzugung Eifersucht bei den anderen jungen Männern des Hofes erregte und Anlaß für Klatsch und Tratsch gab. Denn für die meisten bestand kein Zweifel: Die Königin war verliebt. Mit jedem Augenaufschlag, mit jedem auch nur flüchtigen Erröten verriet sie dem aufmerksamen Beobachter ihre Gefühle. Axel von Fersen, der sich durch das Interesse und die Aufmerksamkeiten der Königin anfangs geschmeichelt fühlte, erschrak plötzlich, als er feststellte, daß seine weitere Anwesenheit die Königin zu kompromittieren drohte. Vielleicht war er sich ja auch seiner eigenen Gefühle für die junge Frau bewußt geworden, einer aufkeimenden Liebe, die keine Aussicht auf Erfüllung hatte. Also entschloß er sich zu gehen, so weit weg wie nur möglich: nach Amerika.

Der schwedische Botschafter war offensichtlich ein guter Beobachter, denn als er von Fersens Entschluß erfuhr, schrieb er an Gustav III.: »Ich muß Eurer Majestät mitteilen, daß der junge Fersen von der Königin so wohl gesehen war, daß dies bei einigen Personen

Verdacht erregte. Ich muß gestehen, ich glaube selbst, daß sie eine Neigung für ihn hat; ich habe zu deutliche Anzeichen davon wahrgenommen, als daß ich zweifeln könnte. Der junge Graf Fersen hat bei dieser Gelegenheit musterhafte Haltung bewiesen durch seine Bescheidenheit, seine Zurückhaltung und vor allem dadurch, daß er sich entschlossen hat, nach Amerika zu gehen. Dadurch, daß er abgereist ist, hat er alle Gefahren ausgeschaltet; einer solchen Versuchung aber zu widerstehen bedingte zweifellos Entschlossenheit über sein Alter. Während der letzten Tage konnte die Königin nicht die Augen von ihm wenden, und wenn sie ihn anblickte, waren sie mit Tränen gefüllt. Ich bitte Eure Majestät, dies Geheimnis für sich und den Senator Fersen allein zu behalten.«

Nachdem er sich bereits im Herbst 1778 zu militärischen Manövern in die Normandie begeben hatte, bestieg Axel von Fersen im März 1780 das Schiff nach Amerika, um dort im Unabhängigkeitskrieg in französischen Diensten für die Sache der Aufständischen zu kämpfen.

Dunkle Gewitterwolken begannen sich über Frankreich und über Marie Antoinette zusammenzuziehen. Der Krieg in Amerika verlor zunehmend an Popularität je höher die Kosten stiegen. Finanzminister Jacques Neckers umstrittener »Compte rendu« vom Februar 1781, jene Auflistung der staatlichen Finanzgebarung, zeigte erstmals schwarz auf weiß, welche Unsummen Versailles trotz aller bereits erfolgten Einsparungen immer noch verschlang. Kurz darauf wurden die Franzosen mit einem Defizit von fast 100 Millionen Livres konfrontiert.

Das durch die zahlreichen Flugschriften und Pamphlete der vergangenen Jahre entsprechend beeinflußte Volk hatte auch bald einen Sündenbock für die Misere des Staates: die Österreicherin. Die Saat von Marie Antoinettes Gegnern war aufgegangen. Es war ihnen gelungen, ein völlig verzerrtes Bild der Königin in der Öffentlichkeit zu verbreiten, so daß die Menschen glaubten, Marie Antoinette sei ein durch und durch verdorbenes Geschöpf, das nichts anderes tue, als das Geld zum Fenster hinauszuwerfen. Die Gerüchte von wüsten Orgien in Versailles und von edelsteingeschmückten Wänden in Trianon fanden Glauben. Und nicht nur das, man beschuldigte Marie Antoinette auch, Geld an ihre Verwandten zu transferieren und mehr die österreichischen Interessen als jene Frankreichs im Sinn zu haben. Daß dieses absurde Gerücht entstehen konnte, war allerdings die Schuld der alten Kaiserin in Wien.

Österreich war 1778/79 in den bayrischen Erbfolgekrieg verwickelt und erhoffte sich dabei die Unterstützung Frankreichs gegen Preußen. Doch Ludwig XVI. dachte nicht daran, sich in einen Krieg hineinziehen zu lassen, der ihn nichts anging. Daraufhin wandte sich Maria Theresia, die doch stets vor einer Einmischung in die Politik gewarnt hatte, an ihre Tochter, sie möge doch bei ihrem Gatten in dieser Sache intervenieren. Überraschenderweise holte sich Marie Antoinette bei Ludwig eine ziemlich eindeutige Abfuhr.

Sechs Jahre später versuchte Joseph II. bei seinem Feldzug gegen die Niederlande noch einmal Frankreichs Unterstützung zu bekommen, doch wieder ohne Erfolg. Marie Antoinettes Gegner aber legten die Dinge so aus, als arbeite die Königin von Frankreich ständig für die österreichischen Interessen.

Das Popularitätshoch, dessen sich Marie Antoinette nach der Geburt des langersehnten Dauphins am 22. Oktober 1781 erfreuen durfte, währte nicht lange. Die Umtriebe ihrer Gegner ließen nicht zu, daß der Haß gegen die Österreicherin einschlief. Sie versorgten die Pamphletisten mit immer neuem Material, und es gab bald nichts mehr, was nicht an Marie Antoinette kritisiert wurde. Dabei hatte sich die Königin in letzter Zeit wegen der ewigen Anfeindungen sehr verändert. Ihre modischen Exzesse und nächtelangen Spiele gehörten längst der Vergangenheit an. Sie gab sich zurückhaltend und bescheiden und ging völlig in ihrer Mutterrolle auf. Doch die Umkehr kam zu spät. Marie Antoinette konnte es einfach niemandem mehr recht machen, und die Kritik an ihrer Person nahm zuweilen groteske Formen an. 1783 etwa löste Elisabeth Vigée-Lebruns Bild »Marie Antoinette en gaulle« einen regelrechten Aufschrei der Empörung aus. Die Königin war darauf in einer Bluse aus »gaulle«, einem einfachem Baumwollstoff, wie er in den Niederlanden hergestellt wurde, abgebildet. Die Aristokraten fanden es würdelos, daß sich ihre Herrscherin in einem solchen Fetzen malen ließ, während ihr das Bürgertum vorwarf, sie fördere damit die Industrie in den Ländern ihres Bruders und gefährde die französischen Seidenproduzenten. Die Malerin zog die Konsequenz und fertigte ein neues Porträt an: »Marie Antoinette à la rose«. Es zeigt die Königin in der gleichen Haltung, nur mit anderem, prunkvollerem Kleid und Hut.

Axel von Fersen, der im Juni 1783 aus Amerika zurückkehrte, war bestürzt über das respektlose Verhalten der Franzosen gegenüber ihrer Königin. Während seiner Abwesenheit hatte sich in Frankreich viel verändert. Überall schwelte Unzufriedenheit und mehr oder weniger offene Opposition. Marie Antoinette hatte sich wegen der haßerfüllten Stimmung fast völlig aus der Öffentlichkeit zurückgezogen. Sie war unendlich froh und glücklich, den Freund wiederzusehen, gerade jetzt brauchte sie Zuspruch und Verständnis.

Ihre Gefühle für Axel hatten sich nicht geändert, und sie blühte auf, wenn sie mit ihm in der ungezwungenen Atmosphäre von Trianon plaudern konnte. Es spricht für Fersens taktvolle Art, daß auch Ludwig XVI. ihn sehr gerne mochte, obwohl ihm doch sicher nicht entgangen war, was seine Gemahlin für den Schweden empfand. Doch er schätzte Fersen wegen seiner Diskretion und weil er es im Gegensatz zu den meisten von Marie Antoinettes Freunden niemals am nötigen Respekt ihm gegenüber fehlen ließ. Tatsächlich gehörte Axel zu den wenigen Menschen, die Ludwigs Charakterstärken, seine Ehrlichkeit und seinen Mut erkannten und zu würdigen wußten. Vielleicht waren die beiden einander aber auch sympathisch, weil sie sich trotz großer äußerlicher Verschiedenheit in ihrer ruhigen, introvertierten, scheuen Art ähnlich waren. Ludwig XVI. kam daher der Bitte seiner Frau gerne nach und ernannte Fersen im September 1783 zum Oberst des Regiments der Royal Suédois mit einem Einkommen von 20 000 Livres.

Um seinen Aufenthalt in Frankreich hinauszuschieben, hatte Axel seinem Vater geschrieben, er wolle Germaine Necker, der Tochter des reichen Schweizer Bankiers, der bis vor kurzem Frankreichs Finanzminister gewesen war, einen Heiratsantrag machen. Axels Bemühungen um die Hand der jungen Dame waren jedoch äußerst bescheiden, und er war gar nicht böse, als sein Freund, der Baron

Magnus von Staël, das Rennen machte. In Wirklichkeit wollte er nämlich überhaupt nicht heiraten, wie er an seine Schwester Sophie schrieb: »Ich habe den Entschluß gefaßt, niemals ein eheliches Bündnis einzugehen, es wäre unnatürlich ... Der einzigen, der ich angehören möchte und die mich liebt, kann ich nicht angehören. So will ich niemandem gehören.«

Diese einzige, der er angehören wollte, war unzweifelhaft Marie Antoinette. Die Königin hatte sich seit der Geburt ihrer Kinder verändert, war voller geworden, was ihrer Schönheit jedoch keinen Abbruch tat, sondern ihr nur etwas Würdevolles verlieh. Die mehr als dreijährige Trennung hatte auch bei Axel das Feuer der Liebe nicht löschen können. Am liebsten wäre er für immer in Frankreich geblieben, um in Marie Antoinettes Nähe zu sein und ihr zu dienen, wenn er ihr schon nicht angehören durfte. Doch da ereilte ihn im September 1783 der Ruf seines Königs. Gustav III. wünschte, daß Fersen ihn auf einer Italienreise begleitete. So mußte sich Axel, kaum aus Amerika zurückgekehrt, schon wieder für neun Monate von der geliebten Frau losreißen, gerade als sie ihn so sehr brauchte. Im Juni 1784 weilte er mit Gustav III. für wenige Tage in Paris, doch dann dauerte es fast ein Jahr, bis sie einander wiedersahen. Im Mai 1785 traf Fersen wieder in Paris ein. Zu seinem Entsetzen mußte er feststellen, daß sich die Situation der Königin in der Zwischenzeit noch weiter verschlechtert hatte.

Marie Antoinette hatte am 27. März 1785 einem zweiten Sohn das Leben geschenkt. Doch die Bevölkerung teilte ihre Freude nicht. Eiseskälte prallte ihr entgegen, als sie nach überstandener Geburt den traditionellen Einzug in Paris hielt. Fersen wurde Zeuge dieser erschütternden Szene. »Die Königin wurde sehr kalt empfangen; es gab keine einzige Akklamation, sondern nur totale Stille ...«, schrieb er am 24. Mai 1785 an Gustav III. Betroffen vernahm er auch die Gerüchte, er, Fersen, sei in Wahrheit der Vater des Kindes. Es war nach dieser stummen Demonstration des Hasses, als Marie Antoinette verzweifelt fragte: »Was habe ich ihnen denn getan?« Für diese Frage und für jede Einsicht aber war es längst zu spät. Schon bahnte sich noch weitaus Schlimmeres für die Königin an: die berühmte Halsbandaffäre.

Diese Halsbandaffäre war ein Intrigen- und Verwechslungsspiel, wie es kein Komödienschreiber hätte besser erfinden können. Drahtzieherin in diesem Betrugsskandal war eine gewisse Jeanne de La Motte. Die Dame, die tatsächlich, wie sie behauptete, Valois-Blut in den Adern hatte, war eine begnadete Hochstaplerin. Um ihrer Person mehr Gewicht zu verleihen, nannte sie sich Gräfin Valois de La Motte, ein klingender Name, mit dem sich leicht Schulden machen ließen. Als ihr jedoch irgendwann die Gläubiger doch auf den Pelz rückten, setzte sie zu einem geradezu genialen Coup an.

Durch eine glückliche Fügung war sie an den Kardinal von Rohan geraten, einen ebenso gutaussehenden wie leichtgläubigen Mann, dessen höchster Wunsch es war, Erster Minister Frankreichs zu werden. Das größte Hindernis dabei war jedoch die Abneigung, die die Königin ihm gegenüber hegte.

Die schlaue falsche Gräfin machte sich den Herzenswunsch des Kardinals zunutze, um aus ihm so viel Geld wie irgend möglich herauszuholen. Obwohl sie in Versailles überhaupt niemanden kannte, brüstete sie sich einer engen Freundschaft mit der Königin und versprach dem Kardinal schließlich, ein gutes Wort für ihn bei Ihrer Majestät einzulegen. Mit gefälschten Briefen und einem inszenierten Treffen machte sie ihn glauben, die Königin wolle ihm ihre Gunst schenken. Rohan ahnte nicht, daß die verschleierte Dame, die ihm ein nächtliches Rendezvous im Park gewährt hatte, nicht Marie Antoinette, sondern eine von der La Motte engagierte Schauspielerin war.

Als die Betrügerin den Kardinal schließlich so weit hatte, daß er ihr aus der Hand fraß und jedes Wort glaubte, erzählte sie ihm, die Königin wolle ein teures Schmuckstück erwerben. Der Kauf solle jedoch heimlich geschehen, weshalb sie ihn bäte, in ihrem Namen bei Boehmer und Bassenge ein Diamantcollier im Werte von 1,6 Millionen Livres zu erstehen. Mit einem weiteren gefälschten Brief bestärkte die La Motte den Kardinal in dem Glauben, daß alles seine Richtigkeit habe. Im übrigen war ja Marie Antoinettes Vorliebe für Schmuck hinlänglich bekannt. Also tätigte der Kardinal am 29. Januar 1785 den Kauf des Halsbandes im Namen der Königin und übergab dann das wertvolle Stück der Gräfin mitsamt dem Vertrag, der eine erste Ratenzahlung am 1. August 1785 vorsah.

Die La Motte und ihr ebenso betrügerischer Gemahl machten unverzüglich einen Teil der Diamanten aus dem Collier in London zu Geld, während Rohan auf seine Ernennung zum Ersten Minister hoffte. Doch Anfang August 1785, als die erste Rate fällig wurde, platzte die Bombe. Die beiden Juweliere, die um ihr Geld bangten, begaben sich nach Versailles, wo ihnen rasch klar wurde, daß sie einem perfiden Betrug aufgesessen waren. Ebenso wie die Königin, die nicht die geringste Ahnung von der ganzen Sache hatte. Ihr Zorn entlud sich verständlicherweise auf den Kardinal. Ludwig XVI. ließ ihn festnehmen und ordnete ein Gerichtsverfahren an. Die Opposition jubelte: »Welch ein großes und vielverheißendes Ereignis! Ein Kardinal als Gauner entlarvt! Die Königin in einen Skandalprozeß verwickelt! Welcher Schmutz an dem Bischofsstab und dem Zepter! Welch ein Triumph für die Idee der Freiheit!«

Der König wollte dem Kardinal, der einer der ersten Familien Frankreichs angehörte, die Möglichkeit geben, sich zu rechtfertigen. Das jedoch erwies sich als großer Fehler. Fersens Brief an Gustav III. gibt die Stimmung wieder, die damals in der französischen Öffentlichkeit herrschte: »Die Geschichten, die namentlich in den Provinzen herumerzählt werden, sind schauerlich. Die Leute wollen nicht glauben, daß der Kauf des Halsbands und die gefälschten Briefe der wahre Grund sind, warum der Kardinal in Ungnade gefallen ist. Sie wollen nicht von der Vorstellung lassen, daß irgendein politisches Motiv dahintersteckte, was sicherlich nicht zutrifft. Selbst in Paris heißt es, die Königin habe sich des Kardinals für ihre eigenen Zwecke bedient, sie habe nur vorgegeben, ihn zu hassen, aber auf bestem Fuß mit ihm gestanden, ihn dazu gebracht, das Halsband zu kaufen, und das Geld an ihren Bruder weitergegeben.«

Was nun folgte, war eine Katastrophe für Marie Antoinette. Die La Motte wurde zwar mit einem »V« für »voleuse« gebrandmarkt und ins Gefängnis geworfen, doch der Kardinal wurde freigesprochen. Das Gericht sah in ihm lediglich das Opfer, dem man alle Schuld hatte zuschieben wollen. Dieses Urteil, das durch politische Unzu-

friedenheit motiviert war, kam einer Auflehnung gegen das Königtum gleich. Und Goethe, der den Prozeß um die Halsbandaffäre
verfolgt hatte, sah darin den Prolog für die Große Revolution.
Tatsächlich wurde durch diesen Skandal die ganze Krise offenbar, in
der sich die französische Monarchie befand. Die Halsbandaffäre
brachte den endgültigen Bruch zwischen Krone und Adel. Noch
konzentrierten sich Kritik und Haß auf die Königin, doch es war
nur noch eine Frage der Zeit, bis man auch die »geheiligte« Person
des Königs angreifen würde. Im ganzen Land gärte es. Überall stieß
Ludwig XVI. auf Opposition. Was auch immer er und seine Minister unternahmen, es wurde kritisiert und sabotiert. Im August 1788
sah sich Ludwig XVI. schließlich gezwungen, der allgemeinen Forderung nachzugeben und für den kommenden Mai die Generalstände einzuberufen. Es schien dies die letzte Hoffnung, um das
drohende Chaos zu verhindern.

Es waren schwere Zeiten für Ludwig XVI. und Marie Antoinette.
Politisch wie privat. Am 18. Juni 1787 starb Marie Antoinettes
jüngste Tochter, die kleine Sophie-Hélène-Béatrice, im Alter von
nicht einmal einem Jahr. Die Königin, die eine überaus liebevolle
und fürsorgliche Mutter war, litt sehr unter dem Verlust. Ihr einziger Trost waren Axels Besuche, sein Verständnis und sein Beistand
in diesen Tagen der Bedrängnis. Fersen pendelte damals zwischen
Versailles und Valenciennes, wo sein Regiment stationiert war, ständig hin und her.

Die häufige Anwesenheit des Schweden im königlichen Palast blieb
natürlich nicht unbemerkt. So mancher sah darin ein eindeutiges
Indiz, daß er der Liebhaber der Königin war. Vor allem Innenmini-
ster Saint-Priest notierte derartiges in seinem Tagebuch. Er war allerdings kein objektiver Beobachter, denn Eifersucht plagte ihn,
war doch seine Gemahlin eine Zeitlang Fersens Geliebte gewesen.
Auch Marie Antoinette war Saint-Priest nicht unbedingt wohlge-
sonnen, nachdem ihre Mutter 1777 seine Berufung zum Botschafter in Wien wegen der niederen Geburt seiner Frau abgelehnt hatte. Er war jedoch bei weitem nicht der einzige, der die Königin
eines Verhältnisses beschuldigte. Die Presse zerriß sich förmlich das
Maul über sie, und laufend flatterten anonyme Briefe auf den

Schreibtisch des Königs. Marie Antoinette reagierte auf die Gerüchte und Vorwürfe mit einem Brief an ihren Gemahl: »Die Sympathie, die ich Herrn von Fersen erweise, geht nicht über das hinaus, was seine bedingungslose Loyalität verdient. Ich erkenne, daß man ihn vom Hofe drängen möchte und uns des einzigen Ausländers berauben will, des einzigen Freundes vielleicht, auf den wir in schwierigen Stunden zählen könnten ...« Sie bot in diesem Schreiben auch an, Fersen nicht mehr zu sehen, wenn es der König wünsche. Doch der ritterliche Ludwig XVI. wollte davon nichts wissen und versicherte sie seiner Liebe und seines Vertrauens.

Wie stand es nun wirklich um das Verhältnis zwischen Marie Antoinette und Axel von Fersen? Die Biographen sind sich bis heute nicht darüber einig, wie weit die Beziehung zwischen den beiden wirklich gegangen ist. Fest steht jedoch, daß sie ineinander verliebt waren, denn das geht unzweifelhaft aus den erhaltenen Briefen hervor, obwohl diese durch einen Nachfahren Fersens aus einer falsch verstandenen Moral heraus zensiert worden sind.

Axel von Fersen verkörperte den gefühlsbetonten, schwärmerisch Liebenden der sich bereits ankündigenden Romantik des 19. Jahrhunderts. Gleichzeitig aber lebte er auch die Frivolität und die Sinnesfreude seiner Zeit aus. Marie Antoinette war nicht die einzige Frau in seinem Leben. Während seiner Reisen hatte er immer wieder das eine oder andere erotische Abenteuer, und sogar aus Amerika hatte er an seine Schwester Sophie von den hübschen und koketten Frauen geschrieben, deren Bekanntschaft er dort gemacht hatte. Doch alle diese Liebschaften und Tändeleien bedeuteten ihm nichts angesichts der tiefen Liebe, die er für die Königin von Frankreich empfand. Nur eine konnte sich neben Marie Antoinette behaupten: Eleonora Sullivan.

Eleonora war eine überaus bemerkenswerte Frau. Fünf Jahre älter als Fersen, muß sie von besonderer Attraktivität und Ausstrahlung gewesen sein, um diesen Mann über so viele Jahre hindurch zu fesseln. Sie hatte bereits ein sehr aufregendes Leben hinter sich, als sie Axel kennenlernte. Die Tochter eines toskanischen Schusters war mit zwölf zum Theater gegangen und als Tänzerin durch Italien gezogen. In Venedig war sie eines Tages dem Herzog von Württemberg aufgefallen, der sie als seine Mätresse mit nach Deutschland genommen hatte. Doch nach wenigen Jahren und nachdem sie ihm zwei Kinder geschenkt hatte, verabschiedete er sie, um sich einer anderen zuzuwenden. Doch eine Frau wie Eleonora blieb nicht lange allein. In Wien beglückte sie kurz Joseph II., bevor sie einen Engländer namens Sullivan heiratete, dem sie auf die Westindischen Inseln folgte. Dort lernte sie einen reichen Schotten namens Quentin Craufurd kennen, der sie Sullivan ausspannte, ihr neuer Lebenspartner wurde und sich mit ihr in Paris niederließ, wo sie im April 1789 schließlich Axel von Fersen begegnete. Mit der Treue nahm es die schöne Eleonora offenbar nicht so genau, denn hinter Craufurds Rücken schenkte sie Axel ihre Gunst. Zwischen den beiden entstand eine tiefe Bindung und großes gegenseitiges Vertrauen. Eleonora wußte von Axels Liebe zur Königin, doch sie war nicht eifersüchtig, sondern sie unterstützte ihn nach Kräften, als er um Marie Antoinettes Leben kämpfte.

Eleonora Sullivan war gewissermaßen das Gegenteil von Marie Antoinette. Sie war erotisch und sinnlich und schenkte Axel wahrscheinlich die sexuelle Befriedigung, die ihm bei der Königin versagt blieb. Im Gegensatz zu den Behauptungen ihrer Feinde war Marie Antoinette alles andere als ein liederliches Frauenzimmer. Sie war weder frivol noch besonders sinnlich, vielmehr ausgesprochen prüde, denn sie trug sogar beim Baden immer ein langes Hemd. Auch Axels Charakter spricht gegen ein Verhältnis. Er handelte stets sehr überlegt und hatte seine Gefühle viel zu gut unter Kontrolle, als daß er den Ruf der geliebten Frau leichtfertig aufs Spiel gesetzt hätte, indem er ihr Liebhaber wurde. Fersen war dabei, als am 4. Mai 1789 der feierliche Einzug der Generalstände in Versailles stattfand. Das historische Ereignis, das mit großem Pomp begangen wurde und in das so viele Leute so große Hoffnungen setzten, führte ihm erneut die Unbeliebtheit Marie Antoinettes vor Augen. Während die Menschen dem König zujubelten, blieben sie ostentativ stumm, als die Kutsche der Königin vorbeifuhr, und mitten in die beklemmende Stille drang plötzlich der Ruf »Es lebe der Herzog von Orléans«. Gemeint war der Vetter Ludwigs XVI., der sich den Vertretern des Dritten Standes angeschlossen hatte.

Marie Antoinette war verletzt durch diese Demonstration der Abneigung, doch war dies alles nichts gegen den Schmerz, den die Mutter empfand, als sie in eben diesen Tagen das qualvolle Sterben ihres ältesten Sohnes mitansehen mußte. Als der siebenjährige Dauphin am 4. Juni 1789 sein junges Leben aushauchte, sank sie auf die Knie und weinte gemeinsam mit ihrem Gemahl. Doch in politisch hochbrisanten Zeiten wie diesen gab es keinen Platz für elterliche Gefühle. Überwältigt von ihrem persönlichen Schmerz, hatten Ludwig XVI. und Marie Antoinette nicht wahrgenommen, daß sie in jenen Tagen auch die Herrschaft über ihr Königreich verloren. Gnadenlos nutzten die Abgeordneten des Dritten Standes die Schwäche des Königs aus, rissen die Macht an sich und ernannten sich zur Nationalversammlung. Dann überstürzten sich die Ereignisse, und mit dem Sturm der Bastille am 14. Juli 1789 waren schließlich alle Schranken gefallen: Die Revolution war da. Ludwig XVI. war wie gelähmt angesichts dieser Entwicklung. Aus Angst vor einem Blutvergießen tat er nichts, was sich jedoch als verhängnisvoller Fehler herausstellen sollte. In Paris und in ganz Frankreich brodelte es, und Fersen schrieb damals an seinen Vater: »Alles ist zusammengebrochen. Der König hat keine Autorität mehr… Überall kommt es zu schrecklichen Übergriffen gegen Schlösser, die geplündert und niedergebrannt werden…«

Fersen war nie ein erklärter Anhänger von politischen Neuerungen gewesen, doch jetzt wurde er zum fanatischen Monarchisten und zum »Volksfeind«. Der blutrünstige, brüllende Mob, den er hier zu sehen bekam, erfüllte ihn mit tiefem Abscheu, und die folgenden Ereignisse entfachten in ihm einen lebenslänglichen Haß gegen das Volk.

Initiator dieser Ausschreitungen aber war ein Aristokrat: der Herzog von Orléans, der seine Chance witterte und das revolutionäre Feuer fleißig schürte. Auch der berühmte Marsch der Frauen nach Versailles am 5. Oktober 1789 ging mit ziemlicher Sicherheit auf sein Konto. Um den Pöbel in Proteststimmung zu bringen, hatte man dafür gesorgt, daß die Lebensmittelzufuhr nach Paris für einige Tage unterbrochen wurde. Gleichzeitig schrieben skrupellose Journalisten, »in Versailles würden Orgien gefeiert, während das

Hans Axel von Fersen (1755–1810)

Volk von Paris kein Brot habe«, und natürlich wußten sie auch, wer
schuld an der Misere war: die Österreicherin. Also: »Auf nach Versailles, um ihr die Knochen zu brechen und die Eingeweide aus
dem Bauch zu reißen ...«

In Versailles selbst unterschätzte man die Gefahr ganz offensichtlich. Ludwig XVI. lehnte eine Flucht ab. Doch für solchen Mut
war jetzt nicht der richtige Zeitpunkt, denn diese Entscheidung
hätte Marie Antoinette beinahe das Leben gekostet. Zwar hatte der
König der inzwischen in Versailles eingetroffenen Menge versprochen, unverzüglich für genügend Brot zu sorgen, was die Leute

tatsächlich zu besänftigen schien. Doch statt wieder abzuziehen, lagerten sie feiernd und saufend vor den Palasttoren. In den Morgenstunden des 6. Oktober drang eine nach Blut lechzende Meute in den Palast ein. Sie hatte es auf die Königin abgesehen. Mit knapper Not konnte sich Marie Antoinette mit ihren Kindern in die Gemächer ihres Gemahls retten. Wenige Stunden später gab Ludwig XVI. der Forderung seines Volkes nach: Er begab sich mit seiner Familie nach Paris.

Axel von Fersen, der sich im Gefolge des Königs befand, wurde Zeuge dieses schrecklichen Schauspiels. Sechseinhalb Stunden dauerte die Fahrt, und die ganze Zeit über wurden sie von einer johlenden Menge begleitet, die triumphierend die auf Piken gespießten Köpfe von zwei königlichen Lakaien vorantrug. Fersen ahnte nicht, daß dies nur ein erster Vorgeschmack war auf das, was Marie Antoinette und Ludwig XVI. noch erwartete.

In den Tuilerien angekommen, versank der König in eine tiefe Lethargie. Marie Antoinette jedoch faßte rasch wieder Mut. Axels Anwesenheit gab ihr Kraft und Zuversicht. Er war der einzige Freund, der ihr noch geblieben war. Alle anderen hatten längst die Flucht ergriffen und saßen im sicheren Exil in Brüssel, London oder Koblenz.

Für die nächsten Monate übernahm der Schwede die Rolle eines Vermittlers zwischen den Tuilerien und der Außenwelt. Durch eine unbewachte Tür gelangte er unbemerkt in den Palast und wieder heraus. So hielt er Marie Antoinette und Ludwig XVI. über die Vorgänge in Paris auf dem laufenden und beförderte die geheime Korrespondenz des Königspaares.

In dieser Zeit der Erniedrigung und der Gefahr kamen Marie Antoinette und Axel von Fersen einander näher. Ihre Liebe wuchs, je verzweifelter ihre Situation wurde. Doch wegen der ständigen Überwachung in den Tuilerien hatten sie kaum Gelegenheit, allein miteinander zu sprechen. Sie mußten sehr vorsichtig sein. »Endlich, am 24. habe ich einen ganzen Tag mit IHR verbracht. Es war der erste. Sie können sich meine Freude vorstellen. Nur Sie können sie nachfühlen«, teilte er am 27. Dezember 1790 seiner Schwester Sophie mit, der er seine Gefühle für die Königin anvertraut hatte.

Fersen bemühte sich, Marie Antoinette in ihrem Unglück zu trösten, und gleichzeitig bewunderte er sie für den Mut und die Größe, mit der sie alles ertrug. Aus dem einstigen Modepüppchen war eine starke, tatkräftige Frau geworden.

Am 3. Juli 1790 empfing Marie Antoinette nach einigem Zögern den Grafen Mirabeau, den großen Wortführer in der Nationalversammlung. Mirabeau hatte erkannt, daß die Revolution außer Kontrolle zu geraten drohte, und war auf die Seite des Königs gewechselt. Er war bereit, alles zu tun, um die Monarchie zu retten. Allerdings ließ er sich seine Hilfe hoch bezahlen. Mit seinem Vorschlag, durch einen Bürgerkrieg die Macht der Krone zurückzugewinnen, stieß er jedoch bei dem friedliebenden Ludwig XVI. und bei Marie Antoinette auf erschrockene Ablehnung. Dabei hätte ein solches Unternehmen zu diesem Zeitpunkt eine sehr reelle Chance auf Erfolg gehabt. Es gelang Mirabeau nicht mehr, das Königspaar für seine Pläne zu gewinnen, denn er starb überraschend im April 1791. Doch er hatte gewissermaßen ein Vermächtnis hinterlassen: die Idee zu einer Flucht des Königs.

Es war Fersen, der die Organisation der Flucht nach Montmédy übernahm. In der Garnisonsstadt an der Grenze zu den Niederlanden stand die königstreue Armee des Marquis von Bouillé, mit deren Hilfe Ludwig XVI. seine Macht wiederherstellen wollte. Sollte dies nicht gelingen, blieb ihm immer noch der Weg ins rettende Ausland.

Bei seinen Vorbereitungen wurde Fersen von seiner Geliebten Eleonora Sullivan und deren Lebensgefährten Craufurd unterstützt sowie von zwei russischen Aristokratinnen, den Damen Korff und Stegelmann, die große Summen Geldes zur Verfügung stellten.

Nach mehrmaliger Verschiebung konnte Axel endlich an Bouillé schreiben: »Aufbruch am Montag 20. [Juni 1791] um Mitternacht; Ankunft Pont-de-Somme-Vesle Dienstag um 2.30 h spätestens; sie können sich darauf verlassen ...«

Trotz strengster Geheimhaltung bei der Organisation wartete halb Europa auf ein Gelingen der Flucht. Es ist daher anzunehmen, daß auch die Nationalversammlung Wind von der Aktion bekommen hatte. Umso erstaunlicher ist es, daß zunächst alles glatt lief. Die königliche Familie entwich ungesehen aus den Tuilerien und bestieg den bereitstehenden Wagen, der von Fersen kutschiert wurde. Doch dann begannen auch schon die unglücklichen Zwischenfälle. Fersen verfuhr sich und verlor dadurch wertvolle Zeit, bis man endlich in den extra angefertigten, riesigen, grün-gelben Reisewagen umsteigen konnte.

»Herr von Fersen, was immer auch passiert, ich werde nie vergessen, was Sie für mich getan haben«, mit diesen Worten dankte der König dem Schweden, während Marie Antoinette beim Abschied Tränen in den Augen hatte. Gerne hätte Axel die königliche Familie bis Montmédy eskortiert, doch auf Ludwigs ausdrücklichen Wunsch mußte er sie an der ersten Station verlassen. Vielleicht war dem König der Gedanke peinlich, für alle Welt sichtbar seinem Rivalen seine Rettung zu verdanken.

Fersen, der Ludwigs Entscheidung respektierte, ritt in einer anderen Richtung zur niederländischen Grenze. Am folgenden Tag erreichte er Mons, wo er mit dem Grafen von Provence zusammentraf, der gleichzeitig mit der königlichen Familie geflohen war. Der Bruder des Königs dankte Fersen für seine Hilfe, und dieser schrieb optimistisch an seinen Vater: »Ich setze meinen Weg entlang der Grenze fort, um den König in Montmédy zu treffen, wenn er dort glücklich angekommen ist.« Doch schon am folgenden Tag ereilte ihn in Arlon die niederschmetternde Nachricht: Der König und seine Familie waren in Varennes erkannt und angehalten worden.

Fersen war verzweifelt. Doch sein Schmerz und seine Verzweiflung wären wohl noch viel größer gewesen, hätte er gewußt, welches Martyrium Marie Antoinette während der Rückfahrt nach Paris durchmachte. Die Leute waren so aufgebracht, daß Soldaten der Nationalgarde die Königsfamilie schützen mußten. Dreck und Steine flogen gegen die Kutsche. Am schlimmsten aber waren die obszönen Beschimpfungen, die sich Marie Antoinette anhören mußte, während sie in dem stickigen Wagen zwischen zwei Abgeordneten der Nationalversammlung eingeklemmt saß.

Als sie endlich wieder in den Tuilerien waren, sandte die gequälte Königin am 28. Juni 1791 folgende Zeilen an den Freund: »Ich lebe noch ... aber ich bin besorgt um Sie, ... kommen Sie jetzt unter keinem Vorwand. Man weiß, daß Sie es waren, der uns hier herausgeholfen hat. Alles wäre verloren, wenn Sie zurückkämen. Wir sind hier Tag und Nacht bewacht ... Adieu ...« Sechs Tage später, am 4. Juli, griff sie wieder zur Feder und ließ ihren Gefühlen freien Lauf: »Ich kann Ihnen nur sagen, daß ich Sie liebe, und habe selbst dafür kaum Zeit. Es geht mir gut, haben Sie um meinetwillen keine Sorge, ich wüßte nur gern von Ihnen das gleiche. Schreiben Sie mir chiffriert, lassen Sie die Adresse von Ihrem Kammerdiener schreiben ... Und sagen Sie mir, an wen ich meine Briefe an Sie adressieren soll, denn ich kann ohne das nicht mehr leben. Leben Sie wohl, liebendster und geliebtester aller Menschen. Ich umarme Sie von ganzem Herzen.« Dieser Brief ist als einziger dem Zensurstift von Fersens Nachfahren entgangen, man darf daher annehmen, daß auch in den übrigen erhaltenen, jedoch zusammengestrichenen Episteln solche und ähnliche Zärtlichkeiten zu lesen waren. Fersens Großneffe, der Baron Rudolf Moritz von Klinckowström, veröffentlichte 1877/78 die zensierte Korrespondenz seines Verwandten mit der Königin von Frankreich. Es handelt sich um 29 Briefe Marie Antoinettes an Fersen und 33 von Fersen an die Königin, alle zwischen dem 28. Juni 1791 und dem 1. August 1792 geschrieben. Offenbar hatte Klinckowström Sorge, das Ansehen der Königin zu beflecken, wenn der vollständige Inhalt der Briefe bekannt würde, weshalb er nach erfolgter Zensur die Originale verbrannte. Trotzdem ist es ihm nicht gelungen, diese tragische, erschütternde und gleichzeitig unendlich zarte und romantische Liebe zwischen diesen beiden Menschen zu verschleiern.

Wochen vergingen, und immer noch erhielt Marie Antoinette kein Lebenszeichen von Axel. In ihrer Verzweiflung schickte sie daher im August einen goldenen Ring an den Grafen Esterházy, der einst zu der fröhlichen Runde in Trianon gehört hatte, mit der Bitte, ihn an Fersen weiterzuleiten. Der Ring trug die Inschrift: »Lâche qui les abandonne«*.

Axel von Fersen war kein Feigling. Er ließ Marie Antoinette nicht im Stich. Im Gegenteil, er war bereit, sich für sie aufzuopfern. Un-

---

* Ein Feigling, wer sie im Stich läßt.

ermüdlich versuchte er, die europäischen Mächte zur Hilfeleistung für das bedrängte französische Königspaar zu bewegen. Sein Herr, Gustav III., war sofort bereit, auch mit Waffengewalt zu intervenieren, doch Leopold II. zögerte. Vor allem als Ludwig XVI. im September 1791 eine Verfassung annahm, entstand Verwirrung unter den Herrschern und Emigranten.

Auch Fersen wußte plötzlich nicht mehr, woran er war. Hatte Ludwig XVI. aus freien Stücken die Verfassung angenommen, oder war er dazu gezwungen worden? Die Annahme der Verfassung hätte das Ende der absoluten Macht des Königs und eine Stärkung des Parlaments bedeutet. Es war bekannt, daß die Mitglieder der königlichen Familie seit Varennes nichts anderes als Gefangene in den Tuilerien waren. War die Verfassung der Preis für ihre Freiheit?

Mehr jedoch als diese Fragen beunruhigten Fersen allerdings die neuesten Gerüchte über Marie Antoinette.

Der Königin war nicht entgangen, daß ein junger Abgeordneter namens Antoine Barnave, der sie auf der Rückfahrt von Varennes begleitet hatte, von ihr beeindruckt war. Sie war entschlossen, ihren ganzen weiblichen Charme und all ihre Klugheit einzusetzen, um diese Tatsache auszunützen. Barnave war ein erklärter Verfechter der konstitutionellen Monarchie. Scheinheilig ging Marie Antoinette auf seine Argumente ein und ließ sich scheinbar von den Vorteilen einer Verfassung überzeugen. Dafür rang sie ihm das Versprechen ab, ihr und ihrer Familie die Freiheit und ihre königliche Würde wiederzugeben. Ihre häufigen Zusammenkünfte mit dem Abgeordneten veranlaßten böse Zungen zu behaupten, die Königin schlafe mit Barnave.

In Fersen regte sich Eifersucht. Doch die Verhandlungen Marie Antoinettes mit Barnave sollten nur ein Ablenkungsmanöver sein, bis ihr Bruder Leopold den ersehnten »bewaffneten Kongreß« gemeinsam mit den anderen europäischen Herrschern einberufen hatte, der Frankreichs Monarchie wiederherstellen sollte. Während sie Barnave gegenüber Einverständnis mit seinen Vorschlägen heuchelte, schrieb sie an Fersen und ihren Bruder, nur ja nichts von ihren offiziellen Äußerungen zu glauben, und in geheimen Briefen an die europäischen Höfe gaben Marie Antoinette und Ludwig XVI. ihrer

Verachtung für die Verfassung und die Nationalversammlung Ausdruck. Doch die erhoffte Hilfe ließ auf sich warten, weil sich die anderen Fürsten nicht auf eine gemeinsame Vorgehensweise einigen konnten.

Inzwischen wurde die Lage des Königspaares immer schwieriger. In Paris und in der Nationalversammlung fand eine Radikalisierung statt. Barnave und seine gemäßigteren Freunde, denen es in erster Linie um die Verfassung gegangen war, verloren immer mehr an Einfluß. Die Jakobiner hatten jetzt das Sagen.

Fersen wurde langsam nervös. Eine Audienz beim Kaiser hatte keinen Erfolg gehabt. Leopold II. war zu keiner Zusage zu bewegen gewesen. Im Februar 1792 entschloß er sich daher, nach Paris zu gehen – trotz der Lebensgefahr, in die er sich damit begab, denn seit Varennes stand eine Belohnung auf seinen Kopf. Als Kuriere für den portugiesischen Hof verkleidet, machten er und sein Adjutant sich auf den Weg. Am 13. Februar 1792 gelangte Fersen durch das Tor, das er schon vor zwei Jahren benutzt hatte, in die Tuilerien. »Ging zur Königin. Nahm meinen üblichen Weg. Angst vor den Nationalgardisten. Ihre Wohnung wunderbar. Sah den König nicht. Blieb dort«, so trocken vermerkte er diesen Besuch in seinem Tagebuch. Doch man braucht wohl nicht viel Phantasie, um sich das Glück der beiden Liebenden auszumalen, als sie einander nach fast achtmonatiger Trennung wiedersahen.

Am nächsten Abend traf Fersen auch den König und versuchte, ihn noch einmal zu einer Flucht zu bewegen. Doch Ludwig XVI. lehnte resignierend ab und meinte nur: »Die ganze Welt hat mich im Stich gelassen.«

Als Fersen einsah, daß er nichts mehr tun konnte, nahm er Abschied von der Königin. Er sollte sie nie mehr wiedersehen.

Glücklicherweise erfuhr Marie Antoinette nie, daß er sie bei dieser letzten Begegnung belogen hatte. Er hatte ihr erzählt, er wolle zur Ablenkung etwaiger Verfolger sogleich nach Tours weiterreisen, um damit seine Tarnung als Kurier für den portugiesischen Hof aufrechtzuerhalten. In Wahrheit aber begab er sich zu Eleonora Sullivan.

Zwei Monate später, im April 1792, brach der Krieg aus. Doch die Hoffnungen, die Fersen und Marie Antoinette damit verbanden, erfüllten sich nicht. Die Anfangserfolge der Österreicher schürten nur noch mehr die Wut des Volkes gegen die Königin. Von den geifernden Zeitungsschreibern aufgehetzt, stürmte die Menge schließlich am 20. Juni 1792 die Tuilerien, um sich die Österreicherin zu holen. Nur dank dem mutigen Einschreiten einiger loyal gebliebender Offiziere entging Marie Antoinette dem Zugriff der wütenden Menge. Es war die Geistesgegenwart des Königs, die damals die Situation rettete. Mutig stellte sich Ludwig XVI. den Eindringlingen, so daß sie schließlich den Rückzug antraten.

Schockiert über den Vorfall und voll Angst richtete Marie Antoinette damals einen Hilfeschrei an Fersen: »Ich lebe noch, doch es ist ein Wunder. Der Tag des 20. Juni war furchtbar ... Ihre Freundin ist in höchster Gefahr. Teilen Sie das Ihren Verwandten mit. Unsere Lage ist schrecklich. Die Zeit drängt, wir können nicht mehr warten.« Es war der Ruf einer Verzweifelten, aber um den Geliebten nicht allzusehr in Besorgnis zu stürzen, fügte sie noch rasch hinzu: »Unsere Lage ist furchtbar, aber beunruhigen Sie sich nicht zu sehr; ich bin mutig und irgend etwas sagt mir, daß wir bald glücklich und gerettet sein werden.« Nie hat sich jemand schlimmer getäuscht!

Die alliierten Mächte nutzten ihre Anfangserfolge nicht. Immer noch zögerten sie. Alles ging viel zu langsam. Wo blieb die Hilfe der habsburgischen Familie? Immerhin saßen in halb Europa Habsburger auf den Thronen. Es war der Herzog von Braunschweig, der sich auf Initiative und auf Drängen von Fersen am 25. Juli 1792 endlich zu einem Manifest durchrang. Er drohte darin, Paris dem Erdboden gleich zu machen, sollte dem König und der Königin auch nur ein Haar gekrümmt werden.

Als der Text am 1. August Paris erreichte, löste er etwas aus, das der Herzog nicht erwartet hatte. Angst und Wut bemächtigten sich der Franzosen. Und in der Nacht vom 9. auf den 10. August 1792 kam es neuerlich zum Sturm auf die Tuilerien. Doch diesmal floß Blut. Mindestens 800 königstreue Soldaten wurden vom Pöbel niedergemetzelt.

Ludwig XVI. und seine Familie kamen zwar gerade noch mit dem Leben davon, doch drei Tage später saßen sie als Gefangene im Temple. Der König war für abgesetzt erklärt worden, und er hatte nur noch den Funken einer Hoffnung: die heranrückenden ausländischen Truppen.

Inzwischen entlud sich der Zorn des von Danton, Marat und Konsorten aufgewiegelten Volkes mit einer schier unvorstellbaren Brutalität und Barbarei in den sogenannten Septembermorden. Zwischen dem 2. und 5. September 1792 stürmte der Pöbel die Gefängnisse und schlachtete ihre der Konterrevolution verdächtigten Insassen regelrecht ab. Etwa 1500 Menschen, zum Großteil Adelige, fanden damals den Tod. Eine davon war die Prinzessin von Lamballe, jene früher so zartbesaitete Freundin der Königin, die aus dem sicheren Exil an die Seite von Marie Antoinette zurückgekehrt war, um ihr beizustehen, bis man sie aus dem Temple geholt und verhaftet hatte. Waren das noch Menschen, die hier am Werk waren? Sie trennten den Kopf der Toten ab, schnitten ihr die Brüste ab und rissen ihr die Eingeweide heraus, dann schleppten sie den massakrierten Körper durch die staubigen Straßen bis vor den Temple und riefen nach der Königin. Als Marie Antoinette ans Fenster trat, hielt man ihr den auf eine Pike gespießten blutigen Kopf mit den schmerzverzerrten Zügen der Freundin hin. Vor Entsetzen sank die Königin in Ohnmacht.

Auf den Blutrausch folgte der Siegesrausch. Mit Valmy zerplatzte für das Königspaar auch die letzte Illusion auf eine Rettung wie eine Seifenblase. Einen Tag später, am 21. September 1792, war die Monarchie in Frankreich zu Ende, die Republik wurde ausgerufen.

Fersen, der so sehr auf einen Erfolg der ausländischen Truppen gehofft hatte, war am Rande der Verzweiflung. Tatenlos mußte er zusehen, wie sich das Netz um Ludwig XVI. und Marie Antoinette immer enger zusammenzog. Er befand sich gerade in Düsseldorf, als er im Dezember 1792 vom Prozeß gegen Ludwig XVI. erfuhr. Nichts und niemand konnte den König mehr retten. Am 21. Januar 1793 bestieg er mit großer Würde und einer Kaltblütigkeit, die ihm in seinem Leben so oft abgegangen waren, das Schafott. Fersen war zutiefst erschüttert, als ihn die Nachricht von der

Hinrichtung Ludwigs XVI. erreichte. Finstere Ahnungen beschlichen ihn, Marie Antoinette könnte dasselbe Schicksal bevorstehen. »Wenn ich wenigstens etwas für ihre Befreiung tun könnte, glaube ich, daß ich weniger leiden würde. Aber nichts zu tun als nur herumzubitten, ist furchtbar für mich«, schrieb er damals in sein Tagebuch.

Doch dann plötzlich ein Lichtblick. Der Tod Ludwigs XVI. hatte die europäischen Mächte wachgerüttelt. Endlich bildeten sie eine Allianz. Es gelang, die Franzosen unter General Dumouriez, die bis in die Niederlande vorgedrungen waren, wieder zu vertreiben. Und dann geschah das Wunder, auf das Fersen so lange gehofft hatte: Im April 1793 lief Dumouriez zu den Alliierten über. Sein Plan war es, mit seiner Armee nach Paris zu marschieren, den Konvent zu stürzen und den kleinen Ludwig XVII. als konstitutionellen Herrscher Frankreichs zu proklamieren. Doch seine Soldaten ließen ihn im Stich.

Inzwischen waren fünf Mitglieder des Konvents eingetroffen, um den abtrünnigen General zu verhaften. Doch dieser war schneller. Er nahm die Abgeordneten gefangen und übergab sie den Österreichern. Zum ersten Mal bot sich eine reelle Chance, Marie Antoinette zu befreien. Die militärisch schwer angeschlagenen Franzosen zeigten sich bereit, im Gegenzug für einen Waffenstillstand dem Austausch der fünf Geiseln gegen die Königsfamilie zuzustimmen. Erleichtert begann Fersen von kommenden besseren Zeiten zu träumen, sah sich bereits als schwedischer Botschafter in Paris am Hofe Ludwigs XVII. und der Regentin, Marie Antoinette. Es war der Wunschtraum eines Verzweifelten. Denn ausgerechnet Österreich verspielte diese riesige Chance und besiegelte damit endgültig Marie Antoinettes Schicksal. Franz II., dem nicht allzuviel an seiner Tante lag, witterte einen großen militärischen Sieg und bedeutende Gebietsgewinne. Er wollte keinen Frieden in diesem günstigen Augenblick.

Fast zur gleichen Zeit durfte sich auch Marie Antoinette, die jetzt nur noch die Witwe Capet hieß, dem schönen Traum von einer Rettung hingeben. Zwei ihrer Wächter waren von Mitleid für die gequälte Königin ergriffen, die soeben ihren Gatten verloren hatte.

Einer von ihnen, ein gewisser Toulan, brachte ihr den Ehering und das königliche Siegel, die ihr Ludwig XVI. hinterlassen hatte, die jedoch von der Kommune beschlagnahmt worden waren. Toulan stellte auch eine Verbindung zu Marie Antoinettes ehemaligem Sekretär, dem Chevalier de Jarjayes, her. Mit Hilfe von gefälschten Pässen wollte man sie, die Kinder und ihre Schwägerin Elisabeth aus dem Temple und über die Grenze bringen. Doch durch eine Denunziation der Frau des Gefängniswärters, Madame Tisan, flog das Komplott auf, Toulan und sein Komplize Lepître wurden verhaftet, die Bewachung der Königin verstärkt. Jarjayes war so lange als irgend möglich in Paris geblieben, um Marie Antoinette vielleicht noch helfen zu können. Doch nun mußte auch er das Land verlassen. Kurz zuvor war es der Königin noch gelungen, ihm den Ehering und das königliche Siegel zu übergeben, damit er es dem Grafen von Provence bringe. Jarjayes wurde zum Boten des letzten Lebenszeichens der Königin: eines Billets für Fersen, auf dem sich der Abdruck eines Siegelrings befand, den er ihr vermutlich bei ihrer letzten Begegnung geschenkt hatte: »Tutto a te mi guida«*, lautete die Inschrift. »Den Abdruck, den ich hier beischließe«, schrieb sie an Jarjayes, »wollen Sie, bitte, der bewußten Persönlichkeit übermitteln, die im vergangenen Winter aus Brüssel zu mir kam. Sagen Sie dem Betreffenden, daß diese Devise niemals gültiger war als jetzt.«

Obwohl die Wächter nun doppelt aufmerksam geworden waren, wagte kurz darauf ein Verwegener einen neuen Befreiungsversuch, der, wäre er gelungen, als der spektakulärste in die Geschichte eingegangen wäre. Es war der berühmte Baron von Batz, der den tollkühnen Plan ausgeheckt hatte. Jener Mann, der schon Ludwig XVI. in letzter Sekunde, während der Fahrt zum Schafott hatte retten wollen, der jedoch von seinen Helfern im Stich gelassen worden war.

So verrückt der Plan auch klang, so reell waren seine Chancen. Äußerst hilfreich für Batz war die herrschende Korruption, die unter den Revolutionären rund um den »Incorrumptible« Robespierre

---

* Alles führt mich zu dir.

herrschte. Mit unwiderstehlichen Summen kaufte er sich Michonis, den Mann, der die Inspektion des Temple inne hatte, sowie den militärischen Leiter Cortey, so daß es gelang, als Nationalgardisten verkleidete Royalisten in den Temple einzuschleusen. In Uniformmäntel gehüllt, sollten Marie Antoinette, Madame Elisabeth und die beiden Kinder von Michonis aus dem Temple geführt werden und mit den falschen Gardisten einfach abmarschieren.

Alles war bereit. Schon hörten die Gefangenen den Gleichschritt der rettenden Patrouille, als der Schuster Simon, ein loyaler Revolutionär, hereinstürzte, um sich von der Anwesenheit der Gefangenen zu überzeugen. Der Plan war gescheitert.

Die siegreichen Österreicher und die ständigen Gerüchte über Verschwörungen und Fluchtversuche der Königin veranlaßten die Machthaber, Marie Antoinette das Schlimmste anzutun, was man einer Mutter antun kann: Man nahm ihr ihren Sohn weg. Denn allein, das wußte man, würde sie niemals fliehen. Es war am Abend des 3. Juli 1793, als sechs Kommissare der Kommune unangemeldet in das Zimmer der Königin traten und ihr mitteilten, daß ihr die Obhut über ihren Sohn entzogen werde. »Niemals!« rief sie aus. »Da müßt ihr mich zuerst töten!« und stellte sich schützend vor ihr Kind. Doch weder die flehenden Bitten noch die Tränen Marie Antoinettes rührten die Männer, im Gegenteil, sie drohten, den Kleinen umzubringen, wenn sie ihn nicht hergebe. Ihre Tochter, die Augenzeugin dieser erschütternden Szene war, berichtete später: »Schließlich gab sich meine Mutter geschlagen; sie mußte ihren Sohn aufgeben, und als ob sie ahnte, daß sie ihn nie wiedersehen würde, überschüttete sie ihn mit ihren Tränen und übergab ihn den Beamten. Der arme Junge küßte uns alle zärtlich und ging schluchzend mit den Wärtern.« Der Achtjährige, der für viele seit dem Tode seines Vaters Ludwig XVII. war, wurde dem Schuster Antoine Simon übergeben, einem brutalen Primitivling und Trinker, der das Kind verwahrlosen ließ und es zu einem Revolutionär umzuerziehen versuchte.

Die folgenden Tage waren furchtbar. Immer wieder hörte Marie Antoinette ihr Kind weinen, ohne ihm Trost spenden zu können. Später, nachdem er sich beruhigt hatte und im Garten spielen durfte, versuchte sie, durch eine Ritze eines Holzverschlags einen Blick auf ihn zu erhaschen. Was dieser Simon aus ihrem Kind machte, sollte sie noch schmerzlich erfahren. Nicht nur, daß er dem Kleinen die Marseillaise und eine Reihe obszöner Ausdrücke beibrachte, er brachte ihn auch dazu, die furchtbarsten Anschuldigungen gegen seine Mutter vorzubringen, Dinge, die er in seinem Alter überhaupt noch nicht verstand.

Nachdem man ihr ihren Sohn genommen hatte, hatte das Leben für Marie Antoinette jeden Sinn verloren. Sie hörte auf zu hoffen, sie hörte auf zu kämpfen. Und sie zeigte kaum eine Gefühlsregung, als man sie einen Monat später abholte und in die Conciergerie brachte, das berüchtigte Gefängnis, aus dem keiner mehr zurückkam.

In einer winzigen Zelle mit bloßem Steinboden und kahlen Steinmauern, die von der Feuchte dampften, mußte Marie Antoinette die letzten Wochen ihres Lebens verbringen. Licht drang nur durch ein schmales vergittertes Fenster in den Raum, dessen einziges Mobiliar ein gewöhnliches Feldbett, zwei Rohrsessel, ein Betschemel und ein kleiner Tisch waren. Angesichts dessen nahm sich der Paravent, hinter dem sie sich umziehen durfte, geradezu als Luxus aus. Aber was machte das alles schon? Irdische Güter hatten längst ihre Bedeutung für Marie Antoinette verloren. Die Zeiten, in denen sie in extravaganten Roben Aufsehen erregte, in denen sie im Lichterglanz von Versailles tanzte und an einem Abend ein paar Tausend Livres beim Spiel verlor, schienen unendlich weit weg. Und auch sie selbst hatte nicht mehr die geringste Ähnlichkeit mit jener sorglosen, oberflächlichen, vergnügungssüchtigen jungen Frau, die sie einst gewesen war. Schrecklich mager war sie geworden, und das schwarze Witwenkleid, das man ihr nach Ludwigs Tod gebracht hatte, hing traurig an ihr herab. Sie war erst achtunddreißig Jahre alt, doch ihr Haar war bereits vollkommen ergraut; mit einer Spange trug sie es nun ganz einfach im Nacken zusammengebunden und darüber ihre Witwenhaube.

Nach all den Grausamkeiten, die man ihr in den letzten vier Jahren angedroht und angetan hatte, wußte Marie Antoinette nun Menschlichkeit und Güte zu schätzen. Der Respekt, das Mitleid und die Fürsorge, die ihr Madame Richard, die Frau des Gefängniswärters, und ihr Mädchen, Rosalie Larmorlière, entgegenbrachten, rührten sie tief.

Da man ihr weder Näh- noch Schreibzeug gestattete, waren die Tage schwer zu ertragen. Immer wieder ging sie in dem kleinen Raum auf und ab, um dann wieder auf ihrem Bett apathisch dazuliegen und zu warten, daß alles endlich vorbei sei. Doch noch war sie nicht so gebrochen, daß sie nicht doch noch nach jedem Strohhalm gegriffen hätte, der sich ihr bot.

Wieder war es Michonis, der oberste Inspektor aller Pariser Gefängnisse, der seine Hände im Spiel hatte. Eines Tages, es war Ende August, kam er in Begleitung eines dunkel gekleideten Mannes von etwa 30 Jahren. Marie Antoinette erkannte ihn sofort, ließ sich jedoch nichts anmerken: Es war der Chevalier de Rougeville, einer jener wackeren Offiziere, der ihr im Juni 1792 beim ersten Sturm auf die Tuilerien das Leben gerettet hatte. Im Vorübergehen warf der Mann eine Nelke hinter den Paravent, ohne daß die Wachen es bemerkten. In der Blume fand Marie Antoinette eine Nachricht: »Wir haben Männer und Geld zu Ihrer Verfügung. Ich werde am Freitag kommen.«

Bis heute ist dieser unter der Bezeichnung »Nelkenverschwörung« in die Geschichte eingegangene Fluchtversuch, in den außer Michonis wahrscheinlich auch die beiden Wachen, Gilbert und Dufresne, eingeweiht waren, mysteriös geblieben. Er fand in der Nacht vom 2. auf den 3. September 1793 statt und wäre beinahe gelungen.

Um Mitternacht kam Michonis mit den beiden Wachen, um die Königin abzuholen. Sie solle in den Temple verlegt werden, hatte er erklärt, und er habe Befehl, sie dorthin zu eskortieren. Niemand wußte, daß in dem vor den Mauern wartenden Wagen Rougeville saß, der Marie Antoinette auf schnellstem Weg über die Grenze bringen wollte. Ungehindert kamen die Königin und ihre Eskorte durch die Gänge der Conciergerie. Ein Tor nach dem anderen schloß Michonis auf, bis nur noch eines sie von der Freiheit trennte. Doch in diesem allerletzten Augenblick pflanzte sich Gilbert vor ihnen auf und versperrte ihnen den Weg. Offenbar hatte er in letzter Minute kalte Füße bekommen.

Marie Antoinette wurde in ihre Zelle zurückgebracht und fortan rund um die Uhr bewacht. Der Paravent wurde ihr genommen, und sogar wenn sie sich wusch oder zur Toilette ging, war sie von nun an den Blicken ihrer Wärter ausgesetzt. Michonis bezahlte das Abenteuer mit seinem Leben. Rougeville gelang gerade noch die Flucht.

Angesichts der drohenden Invasion des Feindes und der ewigen Verschwörungstheorien und Fluchtversuche entschloß man sich, der Königin den Prozeß wegen Hochverrats zu machen. Das war auch die Methode, die Menschen von ihrem Elend abzulenken. Hébert suhlte sich bereits in seinem »Père Duchesne« in seinen schmutzig-sadistischen Phantasien, er konnte es kaum erwarten, »die österreichische Wölfin« endlich abgeschlachtet zu sehen«, und wünschte sich, daß der Henker »mit ihrem Kopf Kegel spielen möge«.

Unterdessen setzte Fersen seinen aussichtslosen Kampf um Marie Antoinettes Leben fort. Immer wieder bedrängte er die österreichische Regierung, doch endlich etwas zu tun, aber er stieß nur auf Gleichgültigkeit. »Wenn ich sie mit meinem Blut retten könnte, wäre dies das größte Glück meiner Seele«, rief er damals verzweifelt aus, um schließlich zu resignieren, als er erfuhr, daß die Königin vor ein Gericht kommen sollte: »Wenn dieser Prozeß stattfindet, ist alles verloren«, trug er in sein Tagebuch ein. »Ihr Tod ist bereits beschlossen, und wir müssen uns darauf vorbereiten und all unsere Kräfte zusammennehmen, um den schrecklichen Schlag zu ertragen.«

Kaum jemand vermag sich vorzustellen, was Marie Antoinette in diesen Tagen zu erdulden hatte. Am 14. Oktober 1793 begann der Prozeß unter dem Vorsitz des berüchtigten Anklägers Fouquier-Tinville. Alles wurde aufgezählt: ihre angeblichen Liebschaften, ihre Verschwendung, die Halsbandaffäre, ihre verräterische Korrespondenz mit dem Ausland usw. usw. Marie Antoinette wußte, daß sie nichts mehr zu verlieren hatte. Mit bewundernswerter Haltung und großer Würde stand sie trotz ihrer körperlichen Schwäche die Gerichtsverhandlung durch. Sie verteidigte sich überraschend klug und sachlich und gab sich nicht die geringste Blöße. Sämtliche Vorwürfe prallten an ihr einfach ab, selbst die perfidesten Gemeinheiten und Lügen nahm sie mit stoischer Ruhe hin. Doch als man sie schließlich sogar des Inzests mit ihrem eigenen Sohn bezichtigte und sie dazu noch mit Aussagen konfrontierte, die das Kind angeblich gemacht hatte, da verschlug es ihr für einen Moment die Sprache. Ihr von den langen Wochen im Kerker fahles Gesicht wurde plötzlich von einer flüchtigen Röte überzogen. Dann stieß sie hervor: »Wenn ich diese Anklage nicht beantwortet habe, so geschah dies, weil die Natur sich weigert, eine solche Anschuldigung gegen eine Mutter überhaupt zuzulassen. Ich berufe mich dabei auf alle Mütter, die hier im Saal sind.«

Nach diesem letzten Aufflackern von Emotion versank Marie Antoinette wieder in ihre steinerne Würde. Sie zeigte nicht die geringste Regung, als man ihr das Todesurteil verlas. Wortlos ließ sie sich in ihre Zelle zurückbringen.

Inzwischen war auch Fersens letzter Versuch, das Leben der geliebten Frau zu retten, ebenso wie alle vorangegangenen gescheitert. Er hatte Mercy dazu gebracht, folgenden eindringlichen Appell an Wien zu richten: »Ich frage mich, ob es mit der Würde des Kaisers und seinen Interessen zu verbinden ist, daß er bloßer Zuschauer des Schicksals bleibt, von dem seine erlauchte Tante bedroht wird, ohne zu versuchen, sie diesem Schicksal zu entziehen oder sogar zu entreißen ... Hat der Kaiser nicht unter solchen Umständen besondere Pflichten zu erfüllen? ... Man darf nicht vergessen, daß die Haltung unserer Regierung eines Tages von der Nachwelt beurteilt wird, und muß man nicht die Strenge dieses Urteils fürchten, wenn Seine Majestät der Kaiser weder Versuche gemacht noch Opfer gebracht hat, um sie zu retten?«

Doch Franz II. reagierte nicht. Marie Antoinette zählte nicht mehr. Sie war eine alte Frau ohne jede Macht und Bedeutung. Man hatte keine Skrupel, sie ihrem Schicksal zu überlassen.

Die Welt ließ sie im Stich, doch Marie Antoinette beschämte sie alle durch die Größe und Würde, die sie in ihren letzten Stunden an den Tag legte. Am 16. Oktober 1793 schrieb sie in den frühen Morgenstunden im Halbdunkel ihrer Zelle – endlich hatte man ihr Schreibzeug gebracht – den letzten Brief ihres Lebens. Er war an ihre Schwägerin Elisabeth gerichtet, der sie ihre Kinder anvertraut hatte. Elisabeth, die selbst im Mai 1794 unter dem Fallbeil sterben sollte, erhielt den Brief nie. Erst 23 Jahre später, während der Restauration der Bourbonen, gelangte er in die Hände von Marie Antoinettes Schwager, Ludwig XVIII. Der Brief enthält eine Stelle, die eindeutig ein Abschied an Axel von Fersen ist: »Ich hatte Freunde«, heißt es da. »Der Gedanke, daß ich von ihnen für immer getrennt bin, und das Bewußtsein ihres Schmerzes gehören zu den größten Leiden, die ich sterbend mit mir nehme. Mögen sie wenigstens wissen, daß ich bis zu meinem letzten Augenblick an sie gedacht habe.«

Marie Antoinette hatte ihr schwarzes Witwenkleid gegen ein weißes Musselinkleid vertauscht. Sie war bereit und sehnte den Tod herbei. Nur noch wenige Stunden, dann würden ihre Qualen für immer vorüber sein.

Um zehn Uhr morgens erschien endlich Sanson, der Henker. Grob band er ihr die Hände auf den Rücken und schnitt ihr die Haare ab. Achtlos setzte er ihr die weiße Haube wieder auf. Ludwig XVI. hatte man noch in einem geschlossenen Wagen zur Guillotine geführt, für die Österreicherin gab es nur einen schäbigen Schinderkarren, der von einem müden alten Gaul gezogen wurde. Man zwang sie, mit dem Rücken zum Kutscher zu sitzen, damit die Schaulustigen sie begaffen konnten.

Es war seltsam still, während der Karren sich den Weg zur Place de la République bahnte, nur vereinzelt waren Beschimpfungen und Obszönitäten zu hören. Immerhin hatte man 30 000 Soldaten aufgeboten, um eventuellen Zwischenfällen vorzubeugen.

Um 12 Uhr mittags kam Marie Antoinette endlich vor dem Schafott an. Ohne Hilfe stieg sie die Stufen empor, widerstandslos ließ sie sich auf die Planke binden, und dann war alles vorbei.

Nach allen vier Seiten zeigte der Henker ihr blutüberströmtes Haupt der Menge, die nun endlich in Hochrufe auf die Republik ausgebrochen war. Den Kopf zwischen den Beinen verscharrte man Marie Antoinettes Leichnam schließlich in einem Massengrab auf dem Magdalenenfriedhof.

Erst am 20. Oktober erreichte Fersen die furchtbare Nachricht. »Ich habe nun alles verloren, was ich auf der Welt besaß«, schrieb er an seine Schwester Sophie, »sie, die mein Glück war, sie, für die ich lebte – ja, liebe Sophie, denn ich habe nie aufgehört, sie zu lieben, und ich hätte ihr auch alles geopfert, das empfinde ich ganz deutlich in diesem Augenblick ... Ach, mein Gott, warum belastest du mich so, womit habe ich deinen Zorn in diesem Maße verdient? Sie lebt nicht mehr! ... Für mich ist alles vorbei. Warum bin ich nicht an ihrer Seite gestorben! Warum habe ich nicht mein Blut für sie vergossen!«

Sein Leben lang verfolgten Axel die Erinnerungen an Marie Antoinette. Ständig sprach er von ihr und sammelte Dinge, die einmal ihr gehört hatten, wie Reliquien. Der Gedanke an die mißlungene Flucht von Varennes quälte ihn. Immer wieder suchte er die Schuld bei sich selbst. Nie vergaß er das Datum des 20. Juni. Jahr für Jahr kehrte es als Fixpunkt in seinen Tagebüchern wieder, um alte Wunden aufzureißen. »Es wäre besser für mich gewesen, wenn ich am 20. Juni gestorben wäre«, schrieb er einmal an einen Freund.

Die Trauer der Emigranten hielt sich dagegen in Grenzen, und auch in Wien reagierte man ziemlich gefühllos auf die Hinrichtung Marie Antoinettes. Nach der üblichen Hoftrauer für eine Verwandte des Kaisers ging man wieder zur Tagesordnung über.

Auch Fersen wurde vom Alltag eingeholt. Anfang 1794 erinnerte er sich an ein Papier, das ihm Ludwig XVI. und Marie Antoinette vor der Flucht nach Varennes gegeben hatten. Es war an Mercy gerichtet: »Wir ersuchen den Grafen Mercy, all unser Geld, das sich in seinem Besitz befindet, rund 1 500 000 Livres, an Graf Fersen zu übergeben; und wir ersuchen Graf Fersen, es anzunehmen als Zeichen unserer Anerkennung und als Entschädigung für alles, was er verloren hat.« Doch Mercy hatte das Vermögen des hingerichteten Königspaares längst an die Österreicher weitergeleitet, so daß für Axel nun ein beschämender Streit ums Geld begann. Er kämpfte dabei weniger für sich als für die Damen Stegelmann und Korff, die hohe Summen für die Flucht nach Varennes zur Verfügung gestellt hatten und sich nun in argen finanziellen Schwierigkeiten befanden. Da seine Korrespondenz mit Wien ohne Erfolg blieb, reiste Fersen Anfang 1796 schließlich in die Kaiserstadt.

Inzwischen hatte sich einiges ereignet. Im Juni 1795 hatte die französische Regierung den Tod des kleinen Königs verkündet und im Dezember desselben Jahres endlich die Freilassung der letzten Überlebenden der unglücklichen Königsfamilie verfügt. Die nunmehr 17jährige Tochter Marie Antoinettes wurde gegen die fünf Geiseln ausgetauscht, die Dumouriez einst den Österreichern übergeben hatte. Das Mädchen, das von den entsetzlichen Geschehnissen schwer traumatisiert war, wurde an den Wiener Hof gebracht. Zuerst hatte man sie eigentlich in einem Kloster verschwinden lassen wollen, doch plötzlich war die Prinzessin interessant geworden. Man hatte entdeckt, daß sie eine reiche Erbin war. Immerhin war ihr der gesamte Schmuck ihrer Mutter zugefallen, den der Friseur Léonard im Zuge der Flucht von Varennes außer Landes gebracht hatte. Die Juwelen hatten einen Wert von 5 Millionen Livres. Hinzu kam die Mitgift Marie Antoinettes, die noch in Wien lag, sowie die Schlösser Rambouillet und Saint-Cloud. Auch die 1,5 Millionen Livres, die Ludwig XVI. und Marie Antoinette Fersen zugedacht hatten, waren in den Besitz von Marie-Thérèse übergegangen. Das Mädchen war also, zumindest was das Vermögen anging, eine gute Partie, weshalb man sie mit dem Bruder des Kaisers, Erzherzog Karl, verheiraten wollte. Im Hinterkopf der österreichischen Minister spukten dabei vielleicht auch vage Spekulationen hinsichtlich eines Anspruchs auf die französische Krone, sollte die alte Ordnung wieder eingekehrt sein.

Marie-Thérèse aber erwies sich als starke Persönlichkeit. Sie ließ sich nicht verschachern. Sie fühlte sich als Französin, als Bourbonin und wünschte sich eine Ehe mit ihrem Cousin, Louis von Angoulême, dem Sohn des Grafen von Artois. 1799 setzte sie schließlich ihren Willen durch, und nach der Restauration der Bourbonen 1815 lebte sie am Hofe ihres Onkels, Ludwig XVIII., und danach ihres Schwiegervaters, Karls X. Im Alter von 46 Jahren wurde sie Dauphine von Frankreich, und fast wäre sie Königin geworden, hätte nicht 1830 eine neuerliche Revolution die Bourbonen vom Thron gefegt. Marie-Thérèse und ihr Gemahl mußten ins Exil, während der Sohn des verachteten Philippe Egalité, Louis-Philippe von Orléans, König der Franzosen wurde. Zwar durften Marie-Thérèse und ihr Gemahl nach Frankreich zurückkehren, doch

1848 mußte sie die dritte Revolution und die Ausrufung der 2. Republik erleben. 1851 starb die Tochter Marie Antoinettes im Exil in Görz. Kinder waren ihr versagt geblieben. Ihre Nichte, Luise Marie von Berry, aber heiratete Karl III. von Parma und wurde die Großmutter der letzten Kaiserin von Österreich.

Als Fersen die Prinzessin 1796 in Wien sah, geriet er ins Schwärmen: »Sie sah über die Menge hinweg in derselben Art und Weise, wie ihre Mutter es zu tun pflegte, um Leute zu finden, die sie kannte, und als sie mich sah, kam sie auf mich zu und grüßte mich im freundlichsten Ton: ›Ich bin so froh, Sie in Sicherheit zu sehen.‹ Ihre Worte machten mir große Freude, während mir gleichzeitig Tränen des Kummers in die Augen traten.« Doch Fersens Freude wich einer tiefen Enttäuschung, in die sich ein zorniger Unterton mischte. Nach vier Monaten hatte er noch keine Antwort auf seine Bitte, ihm das Geld auszuzahlen. Eine Audienz bei der Prinzessin wurde vom Wiener Hof erfolgreich verhindert. »Ich bin angewidert«, schrieb er an seinen Freund Taube. »Jetzt verstehe ich, warum die Menschen Demokraten werden.« Im Juni 1796 verließ er schließlich unverrichteter Dinge Wien. Man hatte seine Dienste vergessen, so wie man Ludwig XVI. und Marie Antoinette vergessen hatte.

Am schwedischen Hof wurde er dagegen mit Freuden empfangen. Gustav IV. Adolf, der Sohn Gustavs III., wurde 1796 volljährig und übernahm die Regierung seines Landes. Wie seinen Vater verband auch ihn eine enge, freundschaftliche Beziehung mit Fersen, dem nun eine große Karriere offenstand. Er wurde Reichsmarschall und einer der einflußreichsten Männer Schwedens.

Nachdem der Onkel Gustavs IV., der Herzog von Södermanland, während seiner Regentschaft allzusehr mit der französischen Republik sympathisiert hatte, kehrte der neue König von Schweden dem revolutionären Frankreich wieder den Rücken. Doch seit dem kometenhaften Aufstieg Napoleon Bonapartes zum gefeierten General zitterte ganz Europa vor den Franzosen. Im November 1797 nahm Fersen als Vertreter Schwedens in Rastatt an den Friedensverhandlungen mit Frankreich teil, doch der Korse lehnte es ab, mit einem Ultraroyalisten zu verhandeln, der noch dazu »mit der Königin geschlafen hat«.

Entgegen Fersens Rat verbiß sich Gustav IV. in den Krieg gegen Napoleon, während die anderen europäischen Länder der Reihe nach Frieden schlossen. Schweden war von allen Seiten bedroht und wandelte am Rande des Ruins. Im Februar 1808 fielen auch noch die Russen in Finnland ein. Das war das Signal für eine Adelsverschwörung unter Oberst Adlersparre und Oberst Adlerkreutz. In einem unblutigen Handstreich zwangen sie am 13. März 1809 Gustav IV. zur Abdankung und riefen seinen Onkel zum König aus.

Da Gustavs Kinder von der Thronfolge ausgeschlossen wurden und Karl XIII. ohne Erben geblieben war, begann die Suche nach einem Nachfolger. Man fand ihn in Christian August, dem Herzog von Holstein-Sonderburg-Augustenburg, einem Verwandten des dänischen Königs, Schwager von Caroline Mathildes Tochter, Luise Augusta. Er wurde von Karl XIII. adoptiert und nannte sich fortan Karl-August, weil der Vorname Christian zu sehr an seine dänische Abstammung erinnerte. Der neue Thronfolger erfreute sich großer Beliebtheit in der Bevölkerung, doch nicht jeder in Schweden war mit dieser Lösung einverstanden. Die Legitimisten protestierten. Sie wollten den Sohn Gustavs IV. auf dem Thron sehen. Angeführt wurde die sogenannte »Gustav-Partei« von der Königin Hedwig Elisabeth Charlotte, der Gemahlin Karls XIII., dessen Schwester, Sophie-Albertine, sowie vom Reichsmarschall Axel von Fersen, dessen Geschwistern und einer Reihe anderer führender Adeliger.

Als am 18. Mai 1810 der Thronfolger Karl-August bei einer Truppeninspektion eine Herzattacke erlitt und starb, löste dies große Aufregung in Schweden aus. Gerüchte wurden verbreitet, Fersen und seine Anhänger hätten Rache geübt und den Augustenburger vergiftet. Ganz Stockholm redete davon. Fersen war nicht sonderlich beliebt in Schweden. Er galt als Repräsentant einer überheblichen Aristokratie, zumal er seit seinen Erfahrungen in Frankreich auch nicht mit seiner Abneigung gegen das gemeine Volk hinter dem Berg hielt.

Als Karl-August zu Grabe getragen wurde, brodelte es in Stockholm. Doch trotz mehrerer Warnungen nahm Fersen an dem Begräbnis teil. Glaubte er sich durch sein reines Gewissen geschützt, oder suchte er den Tod?

Als Reichsmarschall war er in seinem prunkvollen Aufzug für jedermann gut sichtbar. Plötzlich flogen Steine gegen seine Kutsche. »Verräter! Mörder!« schrie ein aufgebrachter Pöbel. Die Garde der Polizei rührte keinen Finger. Verletzt war Fersen im Wagen zusammengesunken, er rettete sich noch in ein Restaurant, vor dem seine Kutsche gerade zum Stillstand gekommen war. Doch die Leute wollten Blut sehen. Man fand ihn, zerrte ihn auf die Straße, wo die rasende Menge über ihn herfiel und ihn zu Tode prügelte. Es war der 20. Juni 1810, der neunzehnte Jahrestag von Varennes.

Sic transit …

Marie Louise von Spanien und Manuel Godoy

Nach dem Tode des letzten spanischen Habsburgers, Karls II., im Jahre 1700 und einem dreizehn Jahre dauernden spanischen Erbfolgekrieg begründete Philipp V., ein Enkel Ludwigs XIV. von Frankreich, die bourbonische Dynastie in Spanien. Aus seiner ersten Ehe mit Marie Louise von Savoyen stammten die nachfolgenden Könige Ludwig I. und Ferdinand VI., die beide kinderlos blieben, so daß schließlich 1759 sein ältester Sohn aus der Verbindung mit Elisabeth Farnese als Karl III. die Nachfolge antrat. Dieser war seit 1735 bereits König von Neapel-Sizilien, während sein jüngerer Bruder, Philipp, 1748 das Herzogtum Parma erhalten hatte, nachdem beide Gebiete von Österreich zurückerobert worden waren. So breiteten sich um die Mitte des 18. Jahrhunderts die Bourbonen wie einst die Habsburger über ganz Europa aus.*

Der asketische Karl III. war wahrscheinlich einer der besten Könige, den Spanien je gehabt hatte. Er regierte im Sinne eines aufgeklärten Absolutismus, und unterstützt von fähigen Männern wie dem Grafen von Aranda als Außenminister und dem Grafen von Floridablanca als Erstem Minister, bescherte er seinem Land einen enormen wirtschaftlichen Aufschwung, welcher sich nicht zuletzt in einem beträchtlichen Anstieg der Bevölkerungszahl von 6 Millionen zu Beginn auf 10,5 Millionen gegen Ende des Jahrhunderts niederschlug.

Das gesellschaftliche Leben dagegen lag zu Zeiten Karls III. nahezu brach. Da auch die Königin von Spanien, Maria Amalia von Sachsen, wie ihr Gemahl ein beschauliches Leben einer turbulenten Geselligkeit vorzog, waren Bälle, rauschende Feste und höfische Vergnügungen eine Seltenheit. Das Dasein im Escorial, in Aranjuez

---

* Siehe auch Stammtafeln im Anhang.

und den anderen königlichen Residenzen war alles andere als aufregend, vor allem für die jüngeren Mitglieder des Hofes. Am meisten litt Karls Schwiegertochter und Nichte, Marie Louise von Parma, unter dieser tödlichen Langeweile.

Marie Louise, geboren am 9. Dezember 1751, war die Tochter Philipps von Parma und der Elisabeth von Frankreich, einer Tochter Ludwigs XV. Ihre ältere Schwester, die schöne Isabella, wurde der Liebling des Wiener Hofes, als sie 1760 den späteren Kaiser Joseph II. heiratete. Entsprechend groß war die Trauer, als sie nach nur dreijähriger Ehe an den Blattern starb.

Ihr Bruder Ferdinand, der künftige Herzog von Parma, ging mit Maria Amalia, einer Tochter der Kaiserin Maria Theresia, ebenfalls eine österreichische Verbindung ein. Marie Louisens Ehe sollte daher die Beziehungen zur spanischen Verwandtschaft wieder stärken. Die jüngere Parma-Prinzessin war bei weitem nicht so hübsch wie Isabella. Mit ihrem flachen Gesicht und ihrer Knollennase war sie alles andere als eine Schönheit. Besonders auffällig waren ihre schmalen Lippen, das starke Kinn und die stechenden, gierig wirkenden Augen, was ihr einen herrischen, zänkischen und eher unsympathischen Zug verlieh, vor allem in späteren Jahren. Selbst als heranwachsendes Mädchen hatte Marie Louise nichts Sanftes oder Liebreizendes an sich. Als sie im Alter von 12 Jahren erfuhr, daß sie mit ihrem Cousin, dem spanischen Thronfolger, verheiratet werden sollte, war ihr Hochmut kaum noch zu bändigen. Sie verlangte von ihrer Umgebung, daß man sie mit entsprechendem Respekt behandle, und zu ihrem Bruder Ferdinand sagte sie: »Du mußt lernen, mir mit Hochachtung zu begegnen, denn ich werde Königin von Spanien werden; du aber wirst niemals etwas anderes sein als ein kleiner Herzog von Parma!«

Marie Louise war ein sehr aufgewecktes Kind, und da ihre Erziehung dem Philosophen Etienne Bonnot de Condillac anvertraut worden war, durfte man einiges von ihr erhoffen. Doch trotz ihrer guten Anlagen enttäuschte sie in intellektueller Hinsicht. Ihr Temperament und ihr feuriges Wesen wirkten sich offenbar in erster Linie auf ihren sexuellen Appetit und ihren Machthunger aus. Sie war dreizehn, als sie nach Spanien verfrachtet wurde, wo 1765 die

Marie Louise (1751–1819)

Vermählung mit dem um drei Jahre älteren Prinzen von Asturien, so der Titel des spanischen Thronfolgers, stattfand.

Karl, Prinz von Asturien, war am 11. November 1748 zur Welt gekommen und galt als einigermaßen gutaussehender junger Mann. Er war groß und stattlich, hatte regelmäßige Züge, jedoch einen etwas einfältigen Gesichtsausdruck. Obwohl nur der zweite Sohn des Königs, sollte er dennoch einmal die Krone Spaniens erben, denn sein älterer Bruder, Philipp-Pascal (1747–1777), war wegen Geistesschwäche von der Thronfolge ausgeschlossen worden. Allerdings war es auch mit Karls Intelligenz nicht gerade weit her. Der junge Mann zeichnete sich durch eine außergewöhnliche geistige Trägheit aus, und er interessierte sich für rein gar nichts außer für handwerkliche Dinge und, wie sein Vater und überhaupt alle Bourbonen, die Jagd. Letztere artete bei ihm jedoch des öfteren in ein regelrechtes Massaker aus. Einmal, so wird berichtet, ließ er sogar mit Kanonen auf eine Herde Wild schießen. Trotz seiner geringen Geistesgaben begriff Karl jedoch ziemlich gut, daß ihn seine Umgebung für beschränkt hielt, weshalb sich bei ihm ein starkes Minderwertigkeitsgefühl, gepaart mit extremer Schüchternheit, breitmachte, das er sein Leben lang nicht los wurde. Schon als junger Mann trat er den Rückzug an und flüchtete sich in die Religion. Er wollte seine Ruhe haben und überließ Entscheidungen gerne anderen. Ein ungestörter, stets gleicher Tagesablauf war ihm so wichtig, daß er dafür später seine Autorität als König und seine Würde als Gatte, ja sogar sein Reich opfern sollte.

Dieser Mann war also das ziemliche Gegenteil seiner Gemahlin Marie Louise, die aktiv und energiegeladen war und Vergnügen, Ablenkung und vor allem Sex suchte. Liebe kam zwischen den beiden verständlicherweise nicht auf, aber der phlegmatische Karl war mit seiner Frau zufrieden, wenngleich er in der Ehe nur eine lästige Pflichterfüllung sah. Immerhin aber übte er diese Pflicht sehr gewissenhaft aus, denn er schwängerte Marie Louise regelmäßig. Von den zwölf Kindern, die sie zur Welt brachte, überlebten insgesamt sieben: Carlota Joaquina, die spätere Königin von Portugal, Maria Amalia, Marie Louise, die spätere Herzogin von Parma und Königin von Etrurien, der Thronfolger und nachmalige Ferdinand VII.

sowie Karl, der spätere »Karlistenkönig«, und schließlich die beiden jüngsten: Maria Isabella, die künftige Königin von Neapel, und der Infant Franz von Paula. Die Historiker sind sich allerdings ziemlich einig darüber, daß der Vater dieser beiden letzten Kinder nicht Marie Louises Gemahl, sondern ihr Liebhaber war: Manuel Godoy.

Offenbar schlug Marie Louise nach ihrem liebestollen Großvater, Ludwig XV., denn die Bemühungen ihres Ehegatten befriedigten sie noch lange nicht, und schon bald hielt sie Ausschau nach Liebhabern. Zuerst sah sie sich in den höfischen Kreisen um und schenkte so manchem jungen Mann aus guter Familie ihre Gunst. Obwohl – wie gesagt – die Prinzessin von Asturien keine große Schönheit war, wirkten ihr feuriges Wesen und ihre unverhüllte Sinnlichkeit doch stark auf Männer, und im übrigen konnte ein Verhältnis mit der künftigen Königin ja auch der Karriere dienlich sein. Als der König von den Eskapaden seiner Schwiegertochter erfuhr, machte er ihr heftige Vorwürfe. Der fromme Mann duldete weder Frivolitäten noch offensichtliche Unmoral an seinem Hof. Unter Tränen gelobte Marie Louise Besserung, doch die Triebe waren offenbar stärker, so daß Karl III. zu rigoroseren Maßnahmen greifen mußte. Er verbannte kurzerhand jeden, der seiner Schwiegertochter zu nahe kam, vom Hof. So traten der Graf von Teba, der portugiesische Graf von Lancastre, der schöne Pignatelli de Fuentes und der Kammerherr Ortiz der Reihe nach den Weg ins Exil an. Im Gegensatz zum König schien der Gemahl der jungen Frau mit Blindheit geschlagen. Als Ortiz weggeschickt wurde, setzte er sich sogar für ihn ein: »Ohne ihn ist Marie Louise unglücklich, er amüsiert sie sehr«, erklärte er naiv seinem Vater gegenüber. War Karl tatsächlich so ahnungslos, wie er tat, oder wollte er einfach nur seine Ruhe haben? Der Verlauf der Ereignisse läßt wohl letzteres vermuten, zumindest in späteren Jahren.

Als Marie Louise einsehen mußte, daß Amouren in adeligen Kreisen viel zu kompliziert und gefährlich waren, wandte sie sich dem Gardekorps zu, wo es viele gutaussehende und unbekannte junge Männer gab. Einer der Auserkorenen hieß Luís Godoy. Er dürfte mit der Kronprinzessin eine heiße Affäre gehabt haben, bevor auch er auf allerhöchsten Befehl »exiliert« wurde. Mit ihm aber war erstmals ein Name aufgetaucht, der für die nächsten zwanzig Jahre die spanische Politik und Geschichte bestimmen sollte.

Der Legende nach übersandte Luís Godoy der Kronprinzessin zum Abschied einen Brief, den er seinem jüngeren Bruder Manuel anvertraut hatte, welcher ebenfalls seit kurzem in der königlichen Garde diente. Auf diese Weise soll die erste Begegnung zwischen Marie Louise und dem Mann ihres Lebens stattgefunden haben. Wie auch immer sie einander kennenlernten, der um sechzehn Jahre jüngere Godoy beeindruckte die Prinzessin von der ersten Sekunde an.

Manuel Domingo Francisco Godoy war am 12. Mai 1767 in Badajoz in der Provinz Estremadura, nahe der Grenze zu Portugal, zur Welt gekommen. Sein Vater, Don José Godoy, Oberst in der spanischen Armee, entstammte einem alten Adelsgeschlecht; seine Mutter, Antonia-Justa Alvarez de Faria, war eine portugiesische Aristokratin. Obwohl die Familie nicht gerade wohlhabend war, sorgte Vater Godoy doch für eine fundierte Erziehung seiner sechs Kinder, vor allem der vier Söhne: José, Luís, Manuel und Diego, die er von Gelehrten wie Francisco Ortega, Pedro Muñoz de Mena, Mateo Delgado und Alonso Matalvo unterrichten ließ. José, der Älteste, wurde Geistlicher, während Luís nach Madrid ging, um bei Hofe in der königlichen Leibgarde zu dienen. Der gutaussehende junge Mann kam sowohl bei seinen Vorgesetzten als auch bei seinen Kollegen sehr gut an, weshalb ihm 1784 sein siebzehnjähriger Bruder Manuel in die Hauptstadt folgte. Geld besaß er keines, doch verfügte er über sämtliche Attribute, um Karriere zu machen. Er sah hervorragend aus, war groß und athletisch gebaut. Mit seiner auffallend hellen Haut, den dunklen Augen und den rotblonden Haaren hob er sich von den meist dunklen Typen seiner Kameraden deutlich ab. Er fiel auf, vor allen den Frauen, sei es aus der Gesellschaft oder dem einfachen Volk. Und Manuel liebte die Frauen. Nach dem Dienst genoß er das Leben mit der holden, gar nicht immer so prüden Weiblichkeit von Madrid.

Obwohl der Hof durch Zeremoniell und Etikette nach außen hin sehr streng wirkte und König Karl III. das gesellschaftliche Leben nicht eben pflegte, war doch die spätbarocke Lebenslust auch im erzkatholischen und ein wenig rückständigen Spanien durchaus spürbar. In den gehobenen Kreisen wußte man sich sehr wohl zu amüsieren. Die Damen waren kokett bis frivol wie in Frankreich, und so manche gönnte sich ungeniert einen Geliebten.

Es dauerte nicht lange, und der fesche Manuel wurde der Liebhaber einer Dame des Hofes, ein Faktum, das seiner Karriere sehr förderlich war, denn die Schöne führte ihn nicht nur in die Kunst der Erotik ein, sondern brachte ihm vor allem höfische Umgangsformen bei.

Manuel Godoy war ein überaus intelligenter junger Mann mit großem Wissensdurst und Ehrgeiz. Von zwei jungen Franzosen, die ebenfalls in der Garde dienten, den Brüdern Joubert, lieh er sich die berühmte Enzyklopädie, das Standardwerk der Aufklärung und Pflichtlektüre jedes gebildeten Menschen des 18. Jahrhunderts. Außerdem erlernte er bei den beiden auch die französische Sprache, ohne die ein Mann von Welt damals nicht reüssieren konnte.

1785 war Marie Louise 34 Jahre alt, hatte bereits zwanzig Jahre Ehe hinter sich und war Mutter von fünf Kindern. Die Zeit und die zahlreichen Schwangerschaften hatten deutliche Spuren an ihr hinterlassen. Sie wirkte älter, als sie war, und sie war auch wahrlich nicht schöner geworden. »Ihr Teint ist grünlich, und der Verlust ihrer meist künstlich ersetzten Zähne hat ihrem Aussehen den letzten Stoß versetzt ...«, berichtete wenige Jahre später der russische Gesandte. Ihr Liebeshunger aber war noch immer so hemmungslos wie ehedem.

Es ist kaum anzunehmen, daß Manuel Godoy von großer Leidenschaft erfaßt wurde, als er bemerkte, daß die um 16 Jahre ältere Prinzessin von Asturien an ihm Gefallen fand. Doch sein enormer Ehrgeiz ließ ihn diese Gelegenheit nicht versäumen, wenngleich er natürlich nicht ahnen konnte, welch dramatische Bedeutung dieses Verhältnis für ihn und für Spanien haben sollte.

Für die nymphomanische Marie Louise war die Affäre mit Manuel Godoy eine völlig neue Erfahrung. Nicht in sexueller Hinsicht, denn da war ihr wohl nichts mehr neu, aber in emotionaler. Zum ersten Mal empfand sie so etwas wie Liebe oder zumindest Zuneigung, seelische oder geistige Verbundenheit. Dieser junge Mann fesselte sie nicht so sehr durch seine Liebeskunst als vielmehr durch sein unkompliziertes Wesen und seinen wachen Geist. Und zum ersten Mal hatte Marie Louise wirklich Angst, einen Menschen zu verlieren. Deshalb mußte alles ganz geheim bleiben, und größte Vorsicht war geboten, damit man ihr Manuel nicht wieder entriß wie die anderen.

Drei Jahre lang dauerte das Versteckspiel. Dann endlich, am 14. Dezember 1788, konnte Marie Louise aufatmen: Karl III. starb, nachdem er 25 Jahre lang über Sizilien und dann 29 Jahre über Spanien regiert hatte. Endlich konnte sie aus der Enge des Kronprinzessinnendaseins heraustreten und herrschen, wie sie es sich schon so lange ersehnt hatte. Es war schnell klar, daß der gutmütige und einfältige Karl IV. nur eine Marionette in den Händen seiner Gemahlin war, eine Marionette, die gehorsam sein »Yo, el Rey« (Ich, der König) mit wackeliger, kindlicher Schrift unter die Akten setzte, die man ihm vorlegte. Doch auch Marie Louise sollte noch ihren Herrn und Meister finden. Dieser stand bereits in den Kulissen, und es war nur mehr eine Frage der Zeit, bis er ins Rampenlicht treten sollte.

Als im Juli 1789 die Feierlichkeiten zur Thronbesteigung von Karl IV. in den Straßen von Madrid stattfanden, Stierkämpfe und Feuerwerke, Paraden, Empfänge und Bälle einander in bunter Reihenfolge ablösten, brach in Frankreich gerade der Sturm der Revolution los. Karl IV., der ja der Cousin Ludwigs XVI. war,* konnte kaum fassen, was da jenseits der Grenze geschah. Ganz Spanien war empört und schockiert. In dem erzkatholischen und erzkonservativen Land fanden die liberalen und »gottlosen« Ideen der französischen Philosophen nur ein sehr geringes Echo. Das absolute Königtum galt hier noch als unantastbare Einrichtung.

Nach der mißglückten Flucht von Varennes forderte der spanische Hof deshalb in einer dringenden Note die französische Nationalversammlung auf, die Freiheit, Würde und Person ihres Souveräns zu respektieren, allerdings mit wenig Erfolg. Auch gegen die Annahme der Verfassung durch Ludwig XVI., die Spanien für er-

---

* Maria Josepha v. Sachsen (1731–1767), die Mutter Ludwigs XVI., und Maria Amalia v. Sachsen (1724–1760), die Mutter Karls IV., waren Schwestern.

zwungen hielt, wurde Protest erhoben, ja man drohte sogar mit Krieg.

Mittlerweile sah die Königin von Spanien keine Veranlassung mehr, ihre Liebe zu Manuel Godoy zu verheimlichen. Noch wagte niemand, die Tochter, die Marie Louise 1789 geboren hatte, als die Frucht einer verbotenen Liebe zu erklären, doch waren die Höflinge bereits mißtrauisch geworden. Zu rasch hatte dieser junge Mann, der nichts anderes als ein gutes Aussehen, aber weder Vermögen noch bedeutende Abstammung vorzuweisen hatte, Karriere gemacht. Das Verblüffendste aber war die Tatsache, daß er nicht nur die Gunst der Königin, sondern auch die des Königs genoß. Karl IV. empfand mehr als Sympathie für den Favoriten seiner Gemahlin, der sich durch seine frische, unbeschwerte Art angenehm von den zeremoniösen hidalgos am Madrider Hof unterschied. Vielleicht machte sich beim König auch eine latente homoerotische Neigung bemerkbar. Auf jeden Fall aber war dem attraktiven Gardisten aus der Provinz das Kunststück gelungen, beider Gatten Herz zu erobern. Mit ungläubigem Staunen, das immer mehr einem kaum verhaltenen Groll wich, mußten der Hof und ganz Spanien zur Kenntnis nehmen, daß das Königspaar in diesen jungen Mann über alle Maßen vernarrt war. Im Jahre 1791 wurde Manuel Godoy förmlich mit Auszeichnungen und Ämtern überschüttet. Im Februar wurde er zum Feldmarschall ernannt, im März zum Kammerherrn, und im Juli war er bereits Generalleutnant und Mitglied des von der Königin zusammengesetzten Geheimen Rates. Godoys Mutter wurde Ehrendame bei Marie Louise, seine beiden Schwestern avancierten durch Heirat zur Marquise von Branciforte und zur Gräfin de Fuente Blanca. Auf die bislang völlig bedeutungslose Familie des Günstlings regnete es so viele Vergünstigungen und Auszeichnungen, daß ein Scherzbold damals einen Hund in den Straßen von Madrid aussetzte, dessen Halsband die Aufschrift trug: »Ich gehöre Godoy, ich fürchte nichts.« Der Vorfall erlangte besondere Kuriosität, als die Polizei in Ermangelung des Besitzers einfach den Hund arretierte.

Ganz Spanien wußte bald von dem Verhältnis der Königin zu Manuel Godoy. Nur der König tat so, als hätte er es nicht bemerkt.

Der Erste Minister, Floridablanca, der über die Beschneidung seiner Kompetenzen durch Marie Louise verärgert war, versuchte Karl IV. die Augen zu öffnen, indem er ihn eines Tages klipp und klar auf die außereheliche Beziehung seiner Gemahlin hinwies, als er von den Belastungen für die Staatskasse sprach, die die vielen Gunstbeweise an Godoy verursachten. Der König jedoch hatte nichts Besseres zu tun, als zu seiner Frau zu rennen und sie mit Floridablancas Aussagen zu konfrontieren. Marie Louise machte daraufhin eine filmreife Szene, sie brach in Tränen aus und drohte, nach Parma in den Schutz ihrer Familie zurückzukehren. Der gutmütige Monarch, der nichts so sehr fürchtete wie Schwierigkeiten oder Erschütterungen seines geregelten Lebens, bemühte sich schleunigst, seine Gemahlin zu beruhigen, während der vorlaute Floridablanca kurz darauf, am 29. Februar 1792, seine Entlassung erhielt. Sein Versuch, dem Aufstieg des Günstlings Einhalt zu gebieten, war fehlgeschlagen, und er sah sich nun ausgerechnet durch seinen Rivalen, den Außenminister Aranda, ersetzt. Manuel Godoy hingegen wurde am 12. April 1792 zum Herzog von Alcudia, zum Granden erster Klasse und zum Marquis von Alvarez erhoben. Der preußische Gesandte Sandoz-Rollin berichtete bereits im Sommer dieses Jahres an seinen Herrn: »Die ganze Autorität des Reiches ist jetzt in der Person des Günstlings der Königin konzentriert. Er besetzt Stellen, verteilt alle Auszeichnungen und Ehren, ohne jede Rücksicht auf Verdienst ... Alles beugt sich vor der Macht des Günstlings, der nahe daran ist, Spanien zu regieren ...« Einen ähnlichen Eindruck gewann auch der neue französische Botschafter, Bourgoing: »Der König und die Königin«, meldete er nach Paris, »haben noch immer nicht den Schatz der Gnaden für Herrn von Alcudia erschöpft... In diesen Tagen wird er den höchsten militärischen Grad, den des Generalkapitäns erhalten, und am Tage des heiligen Ludwig wird er mit dem goldenen Vlies ausgezeichnet werden. Er ist fünfundzwanzig Jahre alt. Vor drei Jahren noch war er Garde du corps. Man möchte sagen, daß die Königin, indem sie das Idol mit Gütern und Ehren überschüttet, die Nation verhöhnen will. Der König behandelt den Herzog mit der größten Familiarität und rechtfertigt eine so schnelle und glänzende Karriere dadurch, daß er Manuel Godoy als den Abkömmling der alten Gotenkönige, also seinen Verwandten bezeichnet.«

Natürlich fehlte diesen Versuchen, Godoy zu einer bedeutenderen Abstammung zu verhelfen, jede vernünftige Grundlage, und mit ihren Gunstbeweisen stießen Karl IV. und Marie Louise obendrein die seit Jahrhunderten geltende Etikette beiseite. Als Godoy eines Tages bei irgendeiner Gelegenheit der Königin die Hand reichte, trat der Herzog von Medina, der Oberhofmeister der Königin, dazwischen. Dem Zeremoniell entsprechend gebührte nämlich ihm dieses Recht. Der gute Mann bezahlte seinen Schritt jedoch mit Verbannung auf seine Güter. Kein Wunder, daß sich Neid und Mißgunst unter den Höflingen und Adeligen des Landes breitmachten. Doch vorläufig blieb ihnen nichts anderes übrig, als gute Miene zum bösen Spiel zu machen, und so krochen und buckelten sie vor dem allmächtigen Favoriten, während sie hinter seinem Rücken intrigierten, um ihn möglichst rasch zu Fall zu bringen.

Doch Manuel Godoy war offenbar nicht nur der Favorit des Königspaares, sondern auch ein Günstling Fortunas. Nichts konnte ihn aufhalten. Er stieg und stieg immer höher. Am 15. November 1792 löste er schließlich Aranda im Amt des Ersten Ministers ab. Einer der Gründe für die Entlassung Arandas war seine laxe Haltung gegenüber den Ereignissen in Frankreich gewesen. Dort hatte die Revolution mittlerweile nach der Kriegserklärung an Österreich und dem Sturm auf die Tuilerien in den Septembermorden und der Ausrufung der Republik einen weiteren Höhepunkt erreicht. Ludwig XVI. und seine Familie saßen als Gefangene unter den widrigsten Umständen im Temple, und ihr Leben war in höchster Gefahr. Godoy wußte sich im vollen Einverständnis mit Karl IV., als er nun alles unternahm, um den Vetter seines Königs zu retten. Wegen seiner militärischen Schwäche war Spanien bis jetzt der Koalition gegen das revolutionäre Regime nicht beigetreten, nun aber versuchte es einen Handel mit Robespierre und Konsorten. Im Dezember 1792 ließ Spanien durch seinen Botschafter der französischen Regierung mitteilen, es würde neutral bleiben und die Republik anerkennen, wenn Ludwig XVI. und seine Familie nach Spanien ausreisen dürften. Der Konvent in Paris aber ging darauf nicht ein, und am 21. Januar 1793 bestieg Ludwig XVI. das Schafott.

Spanien antwortete mit der Ausweisung aller Franzosen, die nicht ihren festen Wohnsitz im Lande hatten und keine Emigranten waren. Auch der französische Botschafter Bourgoing erhielt am 19. Februar seine Pässe. Darauf folgte am 7. März 1793 die Kriegserklärung Frankreichs an Spanien, die der Konventsabgeordnete Barrère wie folgt kommentierte: »Die Bourbonen müssen von einem Thron verschwinden, den sie dank des Blutes und des Heldenmutes unserer Vorfahren usurpiert haben. Auf daß die Freiheit auch unter das schönste Klima und unter das stolzeste Volk Europas getragen werde.«

Das spanische Volk war im Kriegstaumel, voll Begeisterung, sich gegen den »gottlosen« Feind zu wehren. »Jedermann ist in Bewegung«, schrieb der preußische Gesandte Sandoz-Rollin, »um die Heiligen, die Religion, das Vaterland zu verteidigen. Die Geistlichkeit hat bereits achtzehn Millionen als vorläufigen Beitrag angeboten und sich verpflichtet, mehr zu geben, wenn es die Umstände erfordern. Die Granden, wenn sie auch größtenteils finanziell ruiniert sind, werden ebenfalls große Anstrengungen machen; die Gemeindeobrigkeiten, die Handels-Körperschaften rüsten sich zu bedeutenden Opfern.«

Godoy, der über Spaniens unzureichend ausgerüstete Armee Bescheid wußte, folgte nur zögernd der allgemeinen Kriegsbegeisterung, und er blieb trotz der Anfangserfolge der Spanier weiterhin skeptisch. Und tatsächlich begann sich das Blatt zu wenden. Die Franzosen errangen die Oberhand und wüteten nun in den eroberten Gebieten. Unmut stellte sich in der Bevölkerung ein, und der so enthusiastisch begonnene Krieg wurde schnell unpopulär. Man gab Godoy die Schuld für die Niederlagen, obwohl er doch derjenige gewesen war, der eine militärische Auseinandersetzung hatte vermeiden wollen. Rasch suchte der Minister daher den Frieden. Am 4. Mai 1795 nahm der spanische Gesandte Yriarte im Auftrag Godoys in Basel Verhandlungen auf. Doch er stellte Bedingungen: die Auslieferung der Kinder Ludwigs XVI., die inzwischen auch ihre Mutter verloren hatten. Noch vor kurzem hatte Godoy dem französischen Konvent den etwas seltsamen Vorschlag gemacht, auf der spanischen Kolonie San Domingo eine Republik zu gründen und dafür den kleinen Ludwig XVII. wieder auf den französischen Thron zu setzen. Er hatte allerdings nur Verärgerung für sein Angebot geerntet. Nun schlug er die Schaffung eines Königreiches Navarra für den Sohn des ehemaligen Königs von Frankreich im Gegenzug für den Frieden vor. Godoys Bemühungen um das Leben der beiden Kinder im Temple waren zwar nicht immer sehr erfolgversprechend, gereichten ihm aber zur Ehre, vor allem angesichts der Gleichgültigkeit, mit der Österreich Marie Antoinette ihrem Schicksal überlassen hatte. Yriarte erklärte damals gegenüber dem französischen Diplomaten Barthélemy: »Die Hoffnung, diese Kinder in unseren Händen zu wissen, hat uns mehr als irgendeine andere Rücksicht dazu geführt, uns um Frieden zu bemühen. Das ist bei uns ein Kult, ein Fanatismus. Mögen Sie sich noch so sehr über uns lustig machen, wir werden nicht aufhören, unsere ganze Ehre in diese Forderung zu setzen. Seien Sie sicher, wenn es möglich wäre, daß Sie uns die Wahl ließen zwischen einigen unserer Nachbarprovinzen und diesen Kindern, so würden wir uns ohne Zögern für die Auslieferung entscheiden. Wenn Sie sie aber nicht herausgeben und lieber den Krieg fortsetzen wollen, so könnten Sie alle Spanier vernichten, ohne einen zu finden, der nicht diese Kinder von Ihnen fordern würde!« Mit dem Tod des kleinen Königs im Juni 1795 fielen weitere Bedingungen allerdings weg. Am 22. Juli 1795 konnte in Basel der Friede zwischen Frankreich und Spanien geschlossen werden. Die Franzosen zogen aus den besetzten Gebieten wieder ab und erhielten dafür den spanischen Teil der Kolonie San Domingo sowie die Zusicherung Karls IV., zwischen Frankreich und Portugal, Neapel, Sardinien und Parma zu vermitteln. In einem Geheimparagraphen wurde zudem die Auslieferung der Tochter Ludwigs XVI. bestimmt. In Paris war man zufrieden, eine Front frei zu haben, in Madrid feierte man den Frieden, nicht wissend, daß damit ein erster Schritt in die Abhängigkeit des Nachbarn getan war.

Auf Godoy, der diesen Frieden zustande gebracht hatte, regnete es jedenfalls Lorbeeren und Geschenke. Der König verlieh ihm den Titel »Principe de la Paz«, zu Deutsch: Fürst des Friedens. Dies war eine noch nie dagewesene Auszeichnung, da der Titel »Prinz« bisher nur dem Thronfolger vorbehalten gewesen war. Darüber hinaus übereignete ihm Karl IV. Ländereien in Granada, die ihm ein jährliches Einkommen von rund 1 Million Reales* sicherten.

Als er zwölf Jahre zuvor nach Madrid gekommen war, hatte er lediglich ein einziges Hemd besessen, jetzt zählte Manuel Godoy zu den reichsten Männern Spaniens.

Er liebte das Geld, zweifellos, aber er brauchte es auch, denn er führte ein großes Haus mit zahlreichen Bediensteten, betätigte sich als Förderer von Kunst und Kultur und hatte obendrein seine Familie und jede Menge Parasiten zu erhalten.

Seine Stellung bei Hofe war einzigartig und schien unantastbar. Karl IV. war unendlich froh und dankbar, daß ihm jemand die Regierungsarbeit abnahm, und er begnügte sich damit, täglich den Bericht seines Günstlings anzuhören. Er und seine Gemahlin hingen mit einer an Hörigkeit grenzenden Zuneigung an Godoy und unterwarfen sich willenlos seinen Entscheidungen. Entsprechend erstaunt berichtete ein französischer Diplomat an seine Regierung: »Godoy hat einen derartigen Einfluß auf sie [Marie Louise], daß sie vor ihm zittert; ebenso ist der König unter der Fuchtel des Günstlings. Er wagt es nicht, eine Uhr ohne seine Erlaubnis zu kaufen.«

Godoy genoß seinen Erfolg wie seinen Reichtum. Er war ein Kind seiner Zeit, liebte den Luxus und das gute Leben, Theater, Feste und schöne Frauen. Trotzdem mangelte es ihm nicht an Fleiß und Arbeitseifer. Zwar ist das Bild, das die Geschichtsschreibung von ihm zumeist entwirft, zu Recht weitgehend negativ gefärbt, denn er war nicht das Genie, für das Marie Louise und Karl IV. ihn hielten. Vor allem das schmachvolle Schicksal, das Spanien durch seine Politik erlitt, lastet schwer auf seinem Andenken. Dennoch sollten auch seine durchaus positiven Leistungen während seiner zwanzigjährigen Herrschaft nicht unerwähnt bleiben. Ganz im Sinne der Aufklärung setzte er eigentlich den von Karl III. begonnenen Weg fort. Er sagte der Inquisition den Kampf an und förderte die Naturwissenschaften. In dem von ihm eingerichteten kosmographischen Ingenieurinstitut wurden Astronomie, Mathematik, Physik

---

* 1 Real = ca. 80 öS bzw. 11 DM.

und Agrikultur unterrichtet, während der großartige botanische Garten, den er in San Lucar de Barrameda anlegen ließ, der Pflanzenkunde zugute kam. Auch Kunst und Kultur fanden in Godoy einen großen Förderer, allen voran der berühmteste Maler seiner Zeit, Francisco José de Goya y Lucientes. Es spricht für den Favoriten, daß er sich nicht an der ungeschminkten Darstellung allerhöchster Personen, einschließlich seiner selbst, durch Goya stieß. Seine Verehrung für den Künstler ging sogar so weit, daß er später die Zeichensprache erlernte, um sich mit dem völlig ertaubten Maler unterhalten zu können.

Faulheit konnte man dem Prinzen de la Paz nicht vorwerfen, und der preußische Gesandte Rohde schilderte einmal den Tagesablauf des Ministers so: »Er erhebt sich früh, unterhält sich mehrere Stunden mit seinen Stallmeistern und den Leuten seines Hauses. Um 8 Uhr geht er in die Reitbahn, die sich in seinem Landhaus befindet, wohin die Königin regelmäßig jeden Morgen gegen 9 Uhr kommt, um ihn reiten zu sehen. Dieses Vergnügen dauert bis um 11 Uhr. Der König hat die Gewohnheit, daran teilzunehmen, wenn er von der Jagd zurückkehrt. Bei dem Prinzen warten dann schon eine Menge Leute, die mit ihm von Geschäften reden wollen. Alle Welt wird in einer Viertelstunde abgefertigt, um Zeit für die Toilette zu gewinnen, die in Anwesenheit eines halben Dutzends Damen von Rang vor sich geht, während einige Musiker ein Konzert geben. Um 1 Uhr kehrt er ins Schloß zurück, wo er sein Büro hat und wo er schläft, um dem Diner der Königin in seiner Eigenschaft als Kammerherr beizuwohnen. Nach dem Diner steigt er in sein Appartement hinunter, das sich direkt unter dem der Königin befindet, um dort allein zu speisen; jedoch in Gegenwart dieser Fürstin, die gleich darauf über eine versteckte Treppe zu ihm kommt, wenn der König bereits wieder auf der Jagd ist. Bei diesen geheimen Begegnungen einigen sie sich darüber, was sie dem König vorschlagen wollen. Gegen sieben Uhr begibt sich Godoy zum Rapport zum König, um 8 Uhr steigt er bereits wieder zu sich hinunter, wo er das Vorzimmer schon mit dreißig bis vierzig Frauen aller Stände und Klassen gefüllt findet, die ihn mit ihren Bittgesuchen bestürmen. Diese Besuche nehmen ihn mindestens zwei Stunden in Anspruch, und erst von

10 bis 12 Uhr nachts kann er mit den Leuten seines Büros arbeiten. Man muß jedoch hinzufügen, daß er in den laufenden Geschäften von einer großen Pünktlichkeit ist; er antwortet am gleichen Tag auf die Briefe, die keine längere Bedenkzeit erfordern ...«

Auch auf sozialer Ebene traf Godoy eine Reihe von Maßnahmen wie die Errichtung von Waisenheimen, einem Haus für Findelkinder oder einem Taubstummenheim. Er beschnitt die Privilegien der Großgrundbesitzer, um die Bauern zu fördern, und er gestattete den Zuzug von Juden.

Der Protest des Adels und des Klerus blieb nicht lange aus. Die Intriganten bei Hofe fanden in der Geistlichkeit einen potenten Partner, um den mißliebigen Günstling zu Fall zu bringen. Sein freizügiger Lebenswandel, die vielen Affären, das Verhältnis zur Königin, sein mangelnder religiöser Eifer, all das wurde gegen ihn vorgebracht. Ende 1796 bahnte sich ein Komplott gegen Godoy an, das vom Beichtvater der Königin zusammen mit dem Erzbischof von Sevilla geschmiedet worden war. Man klagte ihn beim Generalinquisitor, dem Kardinalerzbischof von Toledo, an, weil er durch seinen unsittlichen Lebenswandel die Religion lästere. Es gelang sogar, Papst Pius VI. zu veranlassen, ein Godoy denunzierendes Schreiben an den Generalinquisitor zu richten. Doch der Brief wurde von französischen Agenten abgefangen, und so wurde der General Bonaparte zu Godoys Retter. Der Korse, der seit einiger Zeit mit großem Interesse die Karriere des gleichaltrigen Spaniers verfolgte, der wie er ein Abenteurer war, ließ den Brief an Godoy weiterleiten. Dieser reagierte mit einem Dekret am 14. März 1797, das den Generalinquisitor und die beiden an dem Komplott beteiligten Prälaten in den Kirchenstaat verbannte.

Noch prallten derlei Intrigen von Godoy ab, noch konnte er sich der willenlosen Ergebenheit des spanischen Königspaares sicher sein. Noch sah ihm Marie Louise seine ständigen Seitensprünge und seinen Despotismus nach. 1794 hatte sie ihrem jüngsten Sohn, Francisco de Paula, das Leben geschenkt. Es konnten kaum Zweifel über den Vater dieses Kindes aufkommen, zumal sowohl bei dem Knaben als auch bei seiner 1789 geborenen Schwester Isabella eine auffallende Ähnlichkeit mit Manuel Godoy festzustellen war.

Die Tatsache, daß er die Gunst der Königin genoß, hinderte Manuel Godoy allerdings nicht daran, die Gesellschaft schöner Frauen zu suchen, vor allem weil es auch Marie Louise mit der Treue nicht allzu genau nahm und sich gelegentlich bei den Garden bediente. Jeder wußte, daß der allmächtige Favorit kein Kostverächter war, und von der Hofdame bis zur stadtbekannten Kurtisane warben die Frauen um seine Aufmerksamkeit. Auch dann noch, als Godoy mit der Zeit seine physische Attraktivität einbüßte. Mitte dreißig war er bereits ziemlich dick und schwerfällig, sein einst so hübsches Gesicht wirkte jetzt grob und gewöhnlich. Seiner Anziehungskraft auf Frauen tat dies jedoch keinen Abbruch, denn die Macht, die er in Händen hatte, wirkte offenbar ungemein erotisch. Godoy liebte die Frauen und machte kein Hehl daraus. Er hatte laufend irgendwelche Affären, und sein Haus glich einem Harem. Bis er eines Tages im Jahre 1796 Josefina Tudo begegnete, der Tochter eines andalusischen Offiziers, einer Waise ohne Vermögen. Pepita, so die spanische Koseform für Josefina, war ein völlig anderer Typ als die Königin, weich und sanft, mit großen Augen, regelmäßigen Zügen und einem kleinen Schmollmund. Sie war mit ihrer Mutter und ihren beiden Schwestern gekommen, um wegen irgendeiner Angelegenheit beim Ersten Minister vorzusprechen, und dieser hatte sich auf den ersten Blick verliebt. Der Frauenheld war gerührt von diesem sanften Geschöpf, und zum ersten Mal in seinem Leben verspürte er die Wärme der Liebe. Pepita wurde nicht nur seine Geliebte, sondern die Frau seines Lebens.

Die Königin tobte vor Eifersucht, dann aber schien sie zu resignieren. Sie liebte Manuel immer noch auf ihre Weise, sie war von ihm abhängig, sie brauchte ihn. Ob aus Stolz oder weil ihr sexuelles Interesse an ihm ohnedies bereits erloschen war, mimte sie die großherzige Fürstin und machte die Mätresse ihres Favoriten zu ihrer Hofdame. Allerdings schien sie die Heftigkeit von Manuels Gefühlen für die junge Frau unterschätzt zu haben, und sie bekam Angst, ihn ganz zu verlieren. Da machte sie ihm ein unerhörtes Angebot: die Einheirat in die königliche Familie – Traum eines jeden Emporkömmlings. Damit wollte sie Manuel an das Königshaus und an sich binden. Natürlich konnte Godoy nicht widerstehen, und am 16. September 1797 heiratete er die Cousine des Königs, Maria Teresa von Bourbon, die Tochter des Infanten Luís aus dessen morganatischer, aber legitimer Ehe mit Maria Teresa de Villabrigo. Paradoxerweise fühlte sich nicht der Parvenu, sondern die Braut aus königlichem Blute durch diese Verbindung geehrt. Zehn Jahre später jedoch sollte die nun zur Prinzessin de la Paz gewordene junge Frau bereits eine völlig andere Meinung von ihrem Gatten haben.

Wenn Marie Louise geglaubt hatte, daß sie mit diesem Schachzug Manuel seiner Mätresse entreißen könnte, dann hatte sie sich getäuscht. Kaum hatte Godoy die erkleckliche Mitgift seiner Gemahlin kassiert, nahm er sein bisheriges Leben wieder auf, das heißt, er führte seine Beziehung mit Pepita Tudo, nunmehr Gräfin von Castillofiel, einfach fort. Er hatte offenbar überhaupt kein Problem damit, sein Leben mit drei Frauen zu teilen: der Königin, seiner Gemahlin und seiner Mätresse.

Marie Louise aber kam mit dieser ménage à quatre – der König als fünfter im Bunde spielte ja eigentlich keine Rolle – nicht so gut zurecht. Es fiel auf, daß es jetzt häufig Unstimmigkeiten zwischen Godoy und ihr gab. Die Königin war verärgert, fühlte sich zurückgesetzt und schenkte nun immer öfter den Feinden ihres Favoriten Gehör. Es schien, als würde sich Godoys Glücksstern langsam verdunkeln.

Auch seine Außenpolitik erwies sich – trotz bester Absichten – als Fehlschlag.

Das Bündnis, das er 1796 mit dem in Frankreich mittlerweile regierenden Direktorium eingegangen war, hatte Spanien einen Krieg mit England beschert und Karl IV. jede Menge Schwierigkeiten mit seinen englandfreundlichen Verwandten in Portugal und Neapel.*
Die Folge war, daß sich Godoy völlig mit dem französischen Bündnispartner überwarf und im eigenen Land heftige Kritik an seiner Politik einstecken mußte.

Bei Hofe setzten Adel und Klerus ihre Feindseligkeiten gegen den

---

* Karls älteste Tochter war mit dem portugiesischen König João VI. verheiratet, sein Bruder Ferdinand war König von Neapel.

angeschlagenen Günstling fort. Die Königin, die ihm wegen des sich anbahnenden Konfliktes mit Portugal grollte, wandte sich immer mehr von ihm ab. Marie Louise hatte sich nicht nur einen neuen Liebhaber genommen, der ein einflußreiches Amt erhielt, sie verbündete sich auch mit Finanzminister Saavedra. Godoy wußte, daß er nur von seiner Mätresse zu lassen brauchte, um die Gunst der Königin zurückzugewinnen, doch seine Liebe zu Pepita war stärker. So reifte in ihm der Entschluß, alle seine Ämter zurückzugeben, bevor er in Ungnade fiel. Ein kluger Schachzug, denn als ihn Karl IV. am 28. März 1798 auf seine Bitte hin entließ, hatte er nur Lob und Dank für seinen scheidenden Minister übrig: »Ich bin außerordentlich zufrieden über den Eifer, die Liebe und den Erfolg, mit dem Sie alle Angelegenheiten in den Ihnen anvertrauten Ministerien erledigt haben. Mein Leben lang werde ich Ihnen dafür unendlich dankbar sein.« Selten ist ein Minister mit so warmen Worten verabschiedet worden, und so war der Weg für ein Comeback von Manuel Godoy geebnet.

Von Ungnade oder gar von Verbannung des Favoriten konnte keine Rede sein. Godoy war auch weiterhin ein gern gesehener Gast bei Hofe. Marie Louise hatte den Groll, den sie gegen ihn gehegt hatte, längst vergessen; jetzt vermißte sie ihn. Und das wußte Godoy, und er wußte auch, wie er mit ihr umgehen mußte. So dauerte es nicht lange, bis es zur Versöhnung kam, und Ende 1799 bezog der Favorit wieder seine Wohnung im Palast, ohne daß er in seinem Privatleben irgend etwas verändert hätte. Ein Jahr später wurde schließlich der Erste Minister, Mariano Luis de Urquijo, durch einen angeheirateten Neffen Godoys, Pedro Cevallos, ersetzt, was nichts anderes bedeutete, als daß der Prinz de la Paz wieder die Zügel in der Hand hatte. Auch ohne Ministertitel war er mächtiger denn je. Wie sehr, das zeigte nicht zuletzt die Taufe seiner Tochter Carlota Luisa im Oktober 1800. Das Kind erhielt den Marie-Louise-Orden, eine Auszeichnung, die bisher nur Infanten vorbehalten war. Selbst Alquier, der französische Botschafter und alte Revolutionär, war über diesen Verstoß gegen die Etikette empört. Und das Volk von Madrid murrte wegen der hohen Kosten, die der Favorit verursachte. Bald war nicht nur Godoy, der Emporkömmling, unbeliebt, sondern auch die Königin, weil sie sich nicht nur über die Moral, sondern nun vermehrt auch über die uralten Gebräuche des Königreiches hinwegsetzte. Marie Louise entfremdete sich von ihrem Hof und ihrem Volk.

Die Herzogin von Alba, eine ebenso reiche wie schöne Frau, zeigte ihre Verachtung für die Königin, indem sie sich über sie lustig machte. Jeder kannte die Vorliebe der bald fünfzigjährigen Marie Louise für schöne, aber viel zu jugendliche Kleider. Als die Herzogin erfuhr, daß in Paris die neuesten Kreationen für die Königin angefertigt wurden, ließ sie diese von ihrer Schneiderin kopieren, und bei ihrem nächsten Auftritt mußte die düpierte Marie Louise zu ihrer Verbitterung feststellen, daß die Kammerzofen der Herzogin von Alba dieselben Kleider trugen wie sie.

Die Königin hatte es nicht leicht. Sie wurde von Jahr zu Jahr häßlicher, war vor der Zeit gealtert, und es fehlten ihr sämtliche Zähne. Da sie nicht mehr alles essen konnte, nahm sie nun die Mahlzeiten immer allein ein. Ihr sexueller Appetit aber war immer noch stark, und sie tröstete sich immer noch gerne bei den Garden.

Wieder war es Alquier, der sich darüber entrüstete: »Das ist die Ausschweifung in ihrer ganzen Häßlichkeit«, berichtete er an Außenminister Talleyrand, »das ist der empörendste Skandal, den man sich vorstellen kann; kein Benehmen, kein Zartgefühl, keine Scham weder privat noch öffentlich. Die Sitten sind völlig verdorben ... und jeder in Spanien weiß, daß die geflissentliche Pflichterfüllung des Königs, die gelegentlichen Aufmerksamkeiten des Prinzen de la Paz und die häufige Mitwirkung der Elite des Gardekorps kaum ausreichen, um die seltsamen Gelüste der Königin zu befriedigen.«

Marie Louises Verhältnis zu Manuel Godoy war höchst eigenartig. Sie schien ihm verfallen, obwohl er sie ziemlich schlecht behandelte. Und wieder weiß Alquier Genaueres: »Nie ist eine Frau mit so beleidigender Geringschätzung behandelt worden«, schrieb er nach Paris. »Sie hat häufig Handlungen der Brutalität und Heftigkeit erduldet, die sich kein besoffener Soldat mit einer betrunkenen Hure erlauben würde. Er hat niemals seine flüchtigen Liebschaften verborgen. Er wollte, daß sie sie kenne, und gefiel sich darin, ihren

Stolz durch den Glanz seiner zahlreichen Treuebrüche zu quälen.«
Natürlich empfand Godoy keine Liebe für Marie Louise, doch
scheint der Bericht des Gesandten, der ja lediglich Gerüchte nach-
erzählt, doch ein wenig übertrieben zu sein. Sehr groß dürfte Godoys Respekt gegenüber der Königin allerdings wirklich nicht gewesen sein, wie die folgende Geschichte zeigt: Marie Louise hatte
zu jener Zeit einen neuen Liebhaber namens Mallo, den sie mit
Geld überschüttete. Eines Tages fragte der König Godoy: »Manuel,
wer ist eigentlich dieser Mallo? Ich sehe ihn jeden Tag mit einem
neuen Wagen und neuen Pferden; woher nimmt er so viel Geld?«
Godoy, dem der Mann ein Dorn im Auge war, ergriff die Gelegenheit beim Schopf, indem er meinte: »Sire, Mallo besitzt keinen roten Heller; aber es ist bekannt, daß er von einer häßlichen, alten
Frau ausgehalten wird, die ihren Gatten bestiehlt, um ihren Liebhaber zu bezahlen.« Karl lachte laut auf und wandte sich an seine
Gemahlin: »Louise, was hältst Du davon?« Die gedemütigte Königin murmelte nur säuerlich: »Ach, Karl, Du weißt doch, daß Manuel immer seine Witze macht.« Kurz darauf war Mallo entlassen.
Mit ein Grund für Godoys neue Lust an der Macht war die verän-
derte Situation in Frankreich. Die Leute, mit denen er sich einst
überworfen hatte, waren von der Bildfläche verschwunden. Am
9. November 1799 hatte General Bonaparte das Direktorium gestürzt und war zum Ersten Konsul für zehn Jahre ernannt worden.
Der Korse zeigte großes Interesse an freundschaftlichen Beziehungen zu Spanien. Das hatte natürlich seinen Grund. Napoleon dachte langfristig. Zum einen wollte er sich für künftige militärische
Unternehmungen den Rücken frei halten, zum anderen spekulierte
er damit, daß ihm die spanische Marine ebenso nützlich sein konnte wie die verwandtschaftlichen Beziehungen Karls IV. in Italien
und Portugal.
Er ging also daran, sich in Madrid beliebt zu machen, indem er kost-
bare Geschenke an Karl IV. und seinen Favoriten sandte. Auch die
Königin wurde nicht vergessen. Für sie gab es die neuesten Roben
aus einem der berühmtesten Pariser Salons, in hellen Farben, leicht
und jugendlich, so wie sie es eben liebte.
Der geniale Feldherr erwies sich als hervorragender Menschenken-

ner. Geschickt machte er sich die Schwächen des spanischen Königspaares und die Eitelkeit Godoys zunutze und erschlich sich mit seiner Anbiederung ihr Vertrauen.

Die Versprechungen des Konsuls waren so verlockend, daß man darüber vergaß, daß derselbe Napoleon Bonaparte erst vor wenigen Monaten den Bruder des Königs und dessen Familie aus Neapel vertrieben hatte. Genauso schienen die Spanier vergessen zu haben, welche Schwierigkeiten ihnen das letzte Bündnis mit Frankreich eingebracht hatte. Am 1. Oktober 1800 schloß man den zweiten Vertrag von San Ildefonso.* Spanien verpflichtete sich darin, Frankreich die Überseeprovinz Louisiana zu überlassen und sechs Kriegsschiffe zur Verfügung zu stellen. Dafür sollte das neu zu schaffende Königreich Etrurien, das aus dem ehemaligen Großherzogtum Toskana hervorgegangen war, an den Thronfolger von Parma, den Schwiegersohn des spanischen Königspaares, gehen. Karl IV. und Marie Louise waren außerordentlich stolz, daß nun auch ihre zweite Tochter den Titel einer Königin tragen sollte. Und Godoy schien sich so viel von der Verbindung mit dem starken Mann Europas zu versprechen, daß er völlig die Gefahren übersah, die diese Allianz barg.

Das spanische Königspaar und sein Favorit waren der Faszination des französischen Konsuls vollkommen erlegen und behandelten ihn bereits wie einen regierenden Monarchen. Man fühlte sich geehrt, als er seinen Bruder Lucien im Dezember 1800 zum Gesandten in Madrid ernannte.

Lucien Bonaparte, ein charmanter Lebemann, erwarb sich sofort die Sympathie Karls IV. und seiner Gemahlin. Auch mit Godoy freundete er sich rasch an, verband sie doch die gemeinsame Vorliebe für Luxus und schöne Frauen. Gemeinsam verstiegen sie sich sogar in Pläne über eine künftige Verbindung des Hauses Bonaparte mit der spanischen Königsfamilie. Wenn sich Napoleon von Joséphine, mit der er seit 1796 in kinderloser Ehe lebte, trennen sollte, könnte er doch die Infantin Maria Isabella zur Frau nehmen, phantasierte er. Doch Napoleon hielt damals noch fest zu seiner José-

---

* Als erster Vertrag von San Ildefonso wird jenes Bündnis bezeichnet, welches Godoy 1796 eingegangen war.

Karl IV. (1748–1819)

phine und hätte es obendrein damals auch noch nicht gewagt, sich
gegen das starke Republikanertum in Frankreich zu stellen, indem
er sich mit einem Königshaus verband, noch dazu mit einem bour-
bonischen. Im übrigen läßt seine überhebliche Antwort an Lucien
vermuten, daß ihm bereits völlig andere Ziele vorschwebten:
»Wenn ich mich jemals ein zweites Mal verheiraten sollte«, erklärte
er schroff, »dann werde ich meine Nachkommenschaft sicher nicht
in einem dem Untergang geweihten Hause suchen.«
Tatsächlich steuerte Spanien aufgrund des Bündnisses mit Napoleon langsam auf seinen Untergang zu. Ohne sich dessen bewußt

zu werden, hatten Godoy und Karl IV. ihr Land in eine fatale Abhängigkeit gebracht, aus der es nicht mehr herauskommen sollte. Der Konsul spielte von nun an mit dem wehrlosen Spanien wie eine Katze mit der Maus, ließ es tanzen, wie er es brauchte. Bereits im Mai 1801 gab es die erste Kostprobe dessen, was auf das spanische Königreich zukommen sollte. Nachdem die Aufforderungen an Portugal, seine Häfen für englische Schiffe zu schließen, wirkungslos geblieben waren, zwang Napoleon den spanischen König »zu einem Krieg gegen sein eigenes Kind«. Zu Karls Erleichterung endete der Feldzug schon nach wenigen Tagen mit einem Friedensschluß. Portugal versprach, England nicht mehr zu unterstützen, dafür zogen die spanischen Truppen wieder ab. Doch Napoleon war damit nicht zufrieden. Er bestand auf einer militärischen Besetzung Portugals, was heftigen Widerstand und große Empörung auf seiten Spaniens und die Ausweisung von Lucien Bonaparte zur Folge hatte. Widerwillig lenkte Napoleon ein, rächte sich aber für diese Unbotmäßigkeit seines Bündnispartners, indem er im Friedensabkommen mit England, das im März 1802 in Amiens zustande kam, ohne Rücksprache einfach die für die spanischen Kolonien so wichtige Insel Trinidad an England abtrat. Als die Spanier berechtigterweise protestierten, erklärte er verärgert und mit deutlich drohendem Unterton, »die spanische Königsfamilie sei wohl ihres Thrones überdrüssig und wünsche das Schicksal der übrigen Bourbonen zu teilen«.

Wieder kuschte Spanien und unterzeichnete widerspruchslos den Frieden von Amiens mit England. Was hatte es einem Napoleon schon entgegenzusetzen, dessen Armee der eigenen haushoch überlegen war?

Ob demütigend oder nicht, die spanische Bevölkerung war über das Abkommen erleichtert, denn sie erhoffte sich nun endlich wieder eine längere Periode des Friedens. Tatsächlich stellte sich bald ein wirtschaftlicher wie kultureller Aufschwung ein. Die Schiffe aus den überseeischen Kolonien konnten wieder ungehindert ihre reichen Ladungen ins Mutterland bringen, ohne Gefahr zu laufen, vom Feind gekapert zu werden. Die Versorgungslage besserte sich unverzüglich, und die Staatskasse begann sich wieder zu füllen.

Doch Amiens brachte nur eine kurze Verschnaufpause. Im Dezember 1804 wurde Spanien erneut in einen Krieg gegen England hineingezogen. Alle Bemühungen, sich aus diesem Konflikt herauszuhalten, sich die Neutralität durch großzügige finanzielle Unterstützung zu erkaufen, waren vergebens gewesen. Napoleon wollte Spaniens Kriegseintritt, und er bekam ihn, so wie er überhaupt immer alles zu bekommen schien, was er wollte.

Am 18. Mai 1804 hatte er sich zum Kaiser der Franzosen ausrufen lassen und sich am 2. Dezember in Reims in einer pompösen Zeremonie die Krone aufs Haupt gesetzt. Der ehemalige Revolutionssoldat entfaltete einen Prunk, vor dem die meisten europäischen Herrscherhäuser ebenso erblaßten wie vor der Verehrung, die ihm sein Volk entgegenbrachte.

Die Königin von Neapel, Marie Karoline, die 1799 von Napoleons Truppen vertrieben worden war und die das furchtbare Schicksal ihrer Schwester Marie Antoinette noch nicht vergessen hatte, kommentierte das Ereignis in einem Brief an den Marquis von Gallo voll Bitterkeit: »Es war nicht der Mühe wert, den gutmütigsten der Könige [Ludwig XVI.] zu verurteilen und zu köpfen, seine Frau, die Tochter Maria Theresias ... entehrend in den Kot zu ziehen, Niedermetzelungen, Erschießungen, Ertränkungen vorzunehmen, dabei ganze Bibliotheken von Freiheit und Glück usw. usw. zu schreiben, um schließlich nach vierzehn Jahren das versklavte Gewürm eines kleinen Korsen zu sein.«

Das Jahr 1804 brachte auch eine grundlegende Änderung der französischen Politik in bezug auf Spanien. Eine der Ursachen dafür lag in der Rivalität zwischen Godoy und dem Thronfolger Ferdinand. Der zwanzigjährige Prinz von Asturien erfreute sich einer ungeheuren Popularität. Dabei war er ein ausgesprochen häßlicher junger Mann mit grobem Gesicht, aus dem eine riesige Nase herausragte, und vorspringendem Kinn. Sein Geschmack wie seine Manieren waren gewöhnlich und bar jeder Vornehmheit, und seine hinterhältige Art machte ihn wenig sympathisch. Ferdinands Beziehung zu seinen Eltern war erdenklich schlecht. Er haßte seine herrische Mutter aus tiefster Seele, und noch mehr haßte er ihren Günstling. Mit Gesprächen und schließlich mit Drohungen hatte Marie Louise versucht, ihren Sohn zu zwingen, Godoy zu akzeptieren. Sie hatte sogar seine Erzieher durch Kreaturen des Favoriten ersetzen lassen. Doch alles war vergebens. Ferdinand schwieg zwar, doch sein Haß wuchs ins Unermeßliche. Vielleicht liebte ihn das Volk deshalb so sehr, denn es teilte seine Gefühle und glorifizierte ihn zu einer Art Märtyrer.

Unterstützung hatte der Thronfolger durch seine Gemahlin bekommen, Maria Antonia von Neapel-Sizilien, mit der er seit 1802 verheiratet war.

Die Prinzessin von Asturien stand stark unter dem Einfluß ihrer Mutter, der oben zitierten Königin Marie Karoline von Neapel, und hatte daher für den korsischen Emporkömmling ebensowenig übrig wie für den spanischen Abenteurer, der mit diesem ein Bündnis eingegangen war. Ferdinands Haltung gegenüber Napoleon war zwiespältig. Einerseits war auch er vom Kaiser der Franzosen fasziniert, andererseits konnte er sich aber auch den Einflüsterungen seiner Gemahlin nicht ganz entziehen. Für Napoleon kam er daher vorerst als Verbündeter nicht in Frage.

Der Kaiser setzte lieber auf den Prinzen de la Paz. Nach den vergangenen Meinungsverschiedenheiten mußte er sich jedoch Godoys Vertrauen neu erwerben. Geschickt nutzte Napoleon zu diesem Zwecke die Rivalität des Favoriten und des Kronprinzen. Er ließ Godoy den Inhalt eines abgefangenen Briefes der Prinzessin von Asturien an ihre Mutter zukommen, in dem es hieß, eine halbe Stunde nach dem Tode Karls IV. würde Godoy verhaftet sein; sie und ihr Gatte seien zu diesem Schritt entschlossen. Der Favorit konnte nun keinen Zweifel mehr haben, daß er von Ferdinand alles zu befürchten hatte und Napoleon der einzige war, der ihm helfen konnte.

Trafalgar brachte schließlich den Stein ins Rollen. Am 21. Oktober 1805 erlitt Spanien in der berühmten Seeschlacht eine seiner bittersten Niederlagen. Kronprinz Ferdinand verstand es, die Schuld für das Desaster Godoy zuzuschieben, und er fand damit breite Zustimmung im Volke. Der Favorit war nie besonders beliebt gewesen, jetzt aber haßten ihn die Menschen aus tiefster Seele, weil sie den teilweise abstrusen Gerüchten, die von Ferdinand und seinen

Anhängern ausgestreut wurden, nur allzu bereitwillig Glauben schenkten. Da war von unermeßlichen Reichtümern die Rede, die er aus der Staatskasse gestohlen habe, von einem Leben in Bigamie und von Verrat.

Bestürzt über diese Antipathie und voll Angst über seine Zukunft, warf sich Godoy in die Arme Napoleons: »Meine Sicherheit ruht auf des Kaisers Schutz. Ich kann ein Unglück erleben, den Tod meiner Souveräne; ich bin genötigt, ehe dieser schreckliche Moment eintritt, mir eine gegen jeden Angriff geschützte Existenz zu schaffen. Ich bin bereit, mich zum Gegenstand der Güte Ew. kaiserlichen Majestät zu machen, zum Werk Ihres Wohlwollens, und, wenn das Ihren Absichten entsprechen sollte, zu einem der Elemente des großen politischen Systems, welches der Welt die Freiheit der Meere und Europa den Frieden sichern muß. Alles, was Ew. kaiserliche Majestät vorschlägt, wird von unseren Souveränen angenommen werden.«

Godoy wünschte sich also ein eigenes Reich. Und für die Erfüllung dieses Wunsches war er bereit, sich und sein Land auf Gedeih und Verderb dem Kaiser der Franzosen auszuliefern. Napoleon hakte ein. Er gaukelte dem Favoriten eine Königskrone vor, indem er eine Teilung des zu erobernden Portugals in zwei Reiche in Aussicht stellte. Eines sollte an den König von Etrurien gehen, den Napoleon aus Italien zu vertreiben im Begriffe war, das andere an Godoy. Die portugiesische Königsfamilie würde man nach Brasilien expedieren. Schon sah sich der Prinz de la Paz als souveräner Herrscher im eigenen Fürstentum; willig erfüllte er alle Forderungen des Kaisers. Um die ausständigen Subsidien in Höhe von 24 Millionen Francs aufbringen zu können, ließ er Kirchengüter verkaufen und nahm Darlehen auf.

Spanien war finanziell am Ende. Godoy aber träumte noch immer vom eigenen Reich, bis ihm plötzlich klar wurde, daß Napoleon gar nicht daran dachte, seine Zusagen auch vertraglich festzulegen. Wütend und enttäuscht über die Unzuverlässigkeit des Kaisers, sann er auf Rache. Er streckte seine Fühler nach Napoleons Feinden aus, sogar in Rußland suchte er Verbündete, und in London begann er wegen eines Friedens vorzufühlen.

Napoleon war erzürnt über dieses hinterhältige Vorgehen, und fortan hatte er nur noch Verachtung für den Prinzen de la Paz übrig. Noch aber wollte er ihn nicht ganz fallen lassen, denn er konnte ihn vielleicht noch brauchen. Eine kurze Drohung genügte, um Godoy wieder auf Linie zu bringen: »Schreiben Sie Ihrem Freund, dem Prinzen de la Paz«, sagte er zum spanischen Botschafter in Paris, »... er soll nicht undankbar sein ... Er soll folgenden Rat von mir annehmen: wenn er in Sicherheit leben will, soll er nicht mit seinen Feinden einen Vergleich suchen ... Sein Verlust ist gewiß, wenn er seine Politik ändert.« Godoy zuckte zurück, und sofort übte er sich wieder in Servilität und betonte Spaniens Bündnistreue.

Er sah wohl ein, daß dem Kaiser der Franzosen damals nicht beizukommen war. Napoleon war der Herr Europas. 1805 hatte er bei Austerlitz die Österreicher unterworfen, 1806 folgte Preußen bei Jena und Auerstädt, und 1807 schloß er mit Zar Alexander I. eine Allianz. Aus Neapel hatte er trotz spanischer Proteste die Bourbonen vertrieben und seinen Bruder Joseph auf den Thron gesetzt, Bruder Louis wurde 1806 König von Holland, Bruder Jerôme 1807 König von Westfalen, seine Schwester Elise machte er zur Großherzogin von Toskana, indem er 1807 die Königin von Etrurien zum Entsetzen seines spanischen Bündnispartners einfach wieder entthronte. Zum Trost sollte sie einen Teil von Portugal bekommen. Auch Napoleons Schwager Murat blieb nicht unbedacht: er wurde Großherzog von Berg und sollte später Joseph Bonaparte als König von Neapel ablösen. Der kleine Korse verteilte Länder und Kronen, schuf Königreiche und ordnete Thronwechsel an, ganz wie es ihm beliebte und wie es in seine Pläne paßte. Und das vor Schreck erstarrte und gleichzeitig ungläubig staunende Europa ging vor ihm in die Knie, man bot ihm Töchter zur Heirat an oder erbat die Hand einer Prinzessin aus der jungen Dynastie der Bonapartes.

Nur das kleine Portugal widersetzte sich immer noch hartnäckig der Aufforderung des Kaisers, endlich mit England zu brechen. Im Herbst 1807 verlor Napoleon die Geduld und setzte seine Truppen in Marsch. Der Vertrag von Fontainebleau, der am 27. Oktober 1807 zwischen Frankreich und Spanien geschlossen wurde, ließ Godoy seine anfänglichen Skrupel wegen eines Durchmarsches französischer Truppen durch Spanien vergessen. Denn jetzt hatte er es schriftlich. Bei der künftigen Aufteilung Portugals sollte das neu zu schaffende Fürstentum Algarvien an den Prinzen de la Paz gehen. Der Pferdefuß der Abmachung war allerdings die Bestimmung, daß 30 000 französische Soldaten durch Spanien nach Lissabon ziehen sollten und General Junot sowohl die französischen als auch die spanischen Truppen kommandieren sollte. Für den wiedererstandenen Traum von einer Krone aber vergaß Godoy seine Bedenken und lieferte sein Land dem Franzosen aus.

Der 27. Oktober 1807 hatte es in sich. An ebendiesem Tag erhielt Karl IV. ein anonymes Schreiben folgenden Inhalts: »Der Prinz Ferdinand bereitet eine Palastrevolution vor. Die Krone Ew. Majestät ist in Gefahr. Die Königin Marie Louise läuft Gefahr, vergiftet zu werden. Der treue Untertan, der diese Nachricht gibt, ist weder in der Lage noch Stellung, sich anders seiner Pflicht zu entledigen.«

Der König handelte unverzüglich, setzte seinen Sohn unter Stubenarrest und ließ dessen Papiere beschlagnahmen. Zu seiner Bestürzung mußte er feststellen, daß Ferdinand offenbar mit Napoleon und dessen Botschafter in Spanien, dem Marquis de Beauharnais, in Verbindung stand. Man fand einen Brief, datiert mit 4. Oktober 1807, in dem der Kronprinz seiner Verehrung für den Kaiser der Franzosen Ausdruck gab und ihn seines unumschränkten Vertrauens versicherte. In demselben Schreiben bat der seit einem Jahr verwitwete Ferdinand auch noch um die Hand einer Prinzessin aus dem Hause Bonaparte.

Napoleon, der in den zerrütteten Familienverhältnissen der spanischen Königsfamilie seine Chance witterte, war es also gelungen, auch den Kronprinzen auf seine Seite zu ziehen, indem er ihn glauben ließ, er unterstütze seine baldige Thronbesteigung. War Napoleon über die geplante Palastrevolution Ferdinands im Bilde? Wahrscheinlich. Doch dem König von Spanien gegenüber stritt er alles ab. Nie habe er einen Brief des Kronprinzen erhalten. Karl IV. glaubte ihm.

Bei Godoy allerdings blieben gewisse Zweifel. Er war zu oft von dem Korsen hintergangen worden, als daß er jedem seiner Worte getraut hätte. Sollte Napoleon vielleicht auch mit seiner in Anmarsch befindlichen Armee anderes vorhaben als nur die Unterwerfung Portugals? Böse Ahnungen überkamen ihn, als er den Brief seines Gesandten, Izquierdo, aus Paris erhielt: »Alle Welt spricht in Paris von der Absicht des Kaisers, nach Spanien zu gehen. Seine Equipagen, seine Garde und seine Dienerschaft sind bereits in der Richtung nach den Pyrenäen aufgebrochen. Mehr als hunderttausend Mann und mehrere Generäle gehen dorthin. Man weiß indessen nichts Positives. Angst und Mißtrauen beherrschen mich, mein Leben ist bitter.«

In Anbetracht dieser beunruhigenden Situation beeilte sich der Favorit, eine Versöhnung zwischen dem König und seinem Sohn herbeizuführen. Dankbar nahm Ferdinand, der es mit der Angst zu tun bekommen hatte, die Ratschläge Godoys an und richtete demütige Entschuldigungen an seine Eltern. Karl IV. verzieh seinem Sohn.

Ferdinand aber hatte noch lange nicht ausgespielt. Das Volk stand auf seiner Seite und hieß seinen Versuch, den Günstling zu stürzen, gut. Sogar die Kirche hatte sich mittlerweile den Anhängern Ferdinands angeschlossen, und von den Kanzeln wurde recht unverblümt gegen Godoy als den Verursacher von Spaniens Unglück gewettert. In Madrid gärte es. Der Favorit war zum Gegenstand des Volkshasses geworden. Die einzigen, die noch zu ihm hielten, waren der König und die Königin. Die gespannte Situation rund um den spanischen Hof lud geradezu zu einem Auftritt Napoleons ein.

Hatte Godoy zuerst nicht glauben wollen, was Izquierdo geschrieben hatte, so machte er sich nun kaum noch Illusionen.

Die französisch-spanische Armee unter General Junot hatte inzwischen Portugal erobert, und die portugiesische Königsfamilie hatte die Flucht nach Brasilien angetreten. Doch Godoy hoffte vergebens auf das Inkrafttreten des Vertrages von Fontainebleau. Sein Traum von einem eigenen Fürstentum löste sich in Luft auf, und an friedlichen Absichten Napoleons begann er immer mehr zu zweifeln: »Ich lebe in Beunruhigungen«, schrieb er an seinen Gesandten, »der Vertrag, den Sie abgeschlossen haben, existiert nicht; das Königreich ist von Truppen überschwemmt. Alles ist Ungewißheit, Intrige, Mißtrauen.«

Plötzlich fiel es ihm wie Schuppen von den Augen: Der Kaiser der Franzosen griff nach der Macht in Spanien. Verzweifelt versuchte Godoy, seinen König zu überzeugen, daß er von Napoleon hintergangen worden war. Um zu retten, was noch zu retten war, mahnte er zur Flucht. Doch es war bereits zu spät.

Die französische Armee stand nur noch wenige Meilen vor der spanischen Hauptstadt, und als die Fluchtpläne Godoys bekannt wurden, brach ein Sturm der Entrüstung in der Bevölkerung los. Wer bisher noch nicht auf der Seite des Kronprinzen war, lief jetzt zu ihm über, und Ferdinand ergriff die Chance. Er bezichtigte Godoy des Verrates, und am 16. März 1808 gab er den Befehl, ihn zu verhaften.

Ahnungslos speiste der Favorit in seinem prächtigen Palais mit seinem Bruder Diego, dem Herzog von Almodovar del Campo, zu Abend und empfing dann noch eine Dame bei sich, als plötzlich Lärm unter seinem Fenster entstand. Eine aufgeregte Menge war im Begriff, sein Haus zu stürmen. Rasch wurde die verschleierte Dame aus dem Haus gebracht, doch nur mit Mühe konnte man sie vor der Menge schützen und zu ihrer Kutsche geleiten. Auf einmal fiel ein Schuß, und dann ergoß sich der Pöbel auch schon über Godoys Haus. Wie die Vandalen zerstörten sie alles, was sich auf ihrem Weg befand, Bilder, Möbel, Porzellan. Der Favorit aber war verschwunden.

Drei Tage konnte sich Godoy in einem Verschlag verstecken, drei Tage blieb er ohne Nahrung und Wasser. Dann, am 19. März 1808, erkannte ihn ein Soldat, gerade als er sich in das benachbarte Haus retten wollte. Die Leute liefen zusammen, warfen Steine auf ihn, stießen sogar mit Dolchen auf ihn ein. Blutüberströmt und schwer verletzt, schleppte man Godoy schließlich zur Wache, wo man ihn bis auf weiteres in einem Stall einsperrte. Karl IV. und Marie Louise waren entsetzt. Sie beschworen ihren Sohn, zu intervenieren, Manuels Leben zu retten, denn längst war klar, daß nur noch der Thronfolger das Sagen hatte. Karl IV. war durch diese heftige Revolte so sehr eingeschüchtert, daß er noch am selben Tag zur Abdankung bereit war.

In seinem Jubel über die Verhaftung Godoys zerstörte das Volk alle

Einrichtungen, die der Favorit geschaffen hatte: den schönen botanischen Garten, die wissenschaftlichen Institute, ja, sogar die Palais seiner Mutter, seiner Brüder und Schwäger wurden geplündert und angezündet. Alles, was nur irgendwie mit dem Namen des verhaßten Günstlings in Zusammenhang stand, fiel der Vernichtungswut anheim.

Am 23. März 1808 zog die französische Armee, von der Bevölkerung freudig begrüßt, in Madrid ein, und der Schwager des Kaisers, Joachim Murat, der seit kurzem den Titel eines Großherzogs von Berg trug, übernahm bis auf weiteres die Macht.

Jeder erhoffte sich auf seine Weise von Napoleon eine Bereinigung der Situation. Ferdinand erwartete, daß ihn der Kaiser als König von Spanien bestätigen würde, Karl IV. und Marie Louise, die ihre Abdankung längst bereuten, waren dagegen überzeugt, er werde ihnen ihre Krone zurückbringen. In einem Handschreiben an Napoleon erklärte Karl IV. seine Abdankung für nichtig: »Ich erkläre, daß mein Dekret vom 19. März, durch das ich zugunsten meines Sohnes auf die Krone verzichte, ein Akt ist, zu dem ich gezwungen wurde, um großes Unglück und Blutvergießen meiner vielgeliebten Untertanen zu verhindern. Infolgedessen muß es als nichtig angesehen werden. Ich, der König.« Und wenn Karl und Marie Louise auf den Thron verzichten mußten, so hofften sie wenigstens, durch die Intervention des Kaisers bald wieder mit ihrem geliebten Manuel vereint zu sein. In der Zwischenzeit bombardierten sie Murat mit demütigen Briefen und Bitten, Godoy doch freizulassen. »Der Großherzog möge beim Kaiser erwirken«, schrieb die Königin am 22. März, »daß man dem König, meinem Gemahl, mir und dem Prinzen de la Paz das Nötigste gebe, um alle drei gemeinsam, an einem Ort, der unserer Gesundheit zuträglich ist, ohne Zwang und ohne Intrige zu leben!«

Der Kaiser der Franzosen agierte wie ein genialer Puppenspieler. Er benützte sie alle – Ferdinand und das Königspaar –, wie er sie gerade brauchte, hielt sie hin, spielte sie gegeneinander aus, während er in Wahrheit ganz anderes vorhatte.

Am 2. April 1808 verließ er Paris in Richtung Süden. Botschafter Savary war es inzwischen gelungen, Kronprinz Ferdinand zu über-

Manuel Godoy (1767–1851)

reden, dem Kaiser entgegenzureisen. Am 10. April verließ er daher Madrid in der Erwartung, Napoleon würde ihn als König von Spanien anerkennen. Er ahnte nicht, daß sein Vater seine Abdankung widerrufen hatte und sich ebenfalls mit Napoleon im Einverständnis glaubte. Nicht alle waren allerdings so gutgläubig wie Ferdinand. Viele warnten ihn davor, Madrid zu verlassen. Doch die brieflichen Freundschaftsbezeugungen des Kaisers und die Ungeduld, endlich fest auf dem Thron zu sitzen, ließen ihn sogar bis ins französische Bayonne reiten, wo ihn Napoleon bereits erwartete. Doch von Anerkennung keine Spur. Kurz und bündig wurde ihm mitgeteilt, der Kaiser erkenne nur Karl IV. als König an. Wenn er, Ferdinand, abdanke, würde er eine Nichte des Kaisers und das Königreich Etrurien erhalten. Ferdinand, der völlig vor den Kopf gestoßen war, mußte erkennen, daß er in die Falle gegangen war.

Nun kam der zweite Schachzug des Kaisers. Er befahl Murat, Godoy nach Bayonne bringen zu lassen. Das war gar kein leichtes Unterfangen, denn nur unter Gewaltandrohung ließen es die Leute zu, daß man den verhaßten Günstling, den man am liebsten schon tot gesehen hätte, wegbrachte. Am 20. April 1808 wurde er den französischen Truppen ausgeliefert. Godoy sah erbarmungswürdig aus. Nach einem furchtbaren Monat im Gefängnis war der vor kurzem noch stattliche, elegante Mann stark abgemagert, denn man hatte ihn oft ein oder zwei Tage hungern lassen. Sein Bart war lang und ungepflegt, da ihm kein Rasierzeug gestattet gewesen war, und das Hemd, das er am Leibe hatte, war immer noch dasselbe, das er am Tage seiner Verhaftung getragen hatte. Er war übersät von schlecht verheilten Stichwunden, die ihm der aufgebrachte Pöbel an jenem 19. März 1808 zugefügt hatte, und die Sonne schmerzte in seinen an die Dunkelheit des Kerkers gewöhnten Augen.

Aus Angst vor Übergriffen legte man die Strecke zur Grenze nur während der Nachtstunden zurück. Wie ein gehetztes, wildes Tier floh der einst mächtigste Mann Spaniens aus dem Lande, von ständiger Todesangst begleitet, immer darauf gefaßt, jeden Augenblick von einer wütenden Menge aus dem Wagen gerissen, gesteinigt und zu Tode getrampelt zu werden.

Am 26. April 1808 traf er endlich mit seiner Eskorte im französischen Bayonne ein, und noch am selben Abend stand Manuel Godoy zum ersten Mal dem Kaiser der Franzosen gegenüber, jenem Mann, der ihn fast zehn Jahre lang für seine Politik benutzt hatte und dem er jetzt sein Leben verdankte.

Beim Anblick des mitgenommenen Favoriten war auch der Kaiser von Mitleid erfaßt, er erkundigte sich nach seinem Befinden und versprach Hilfe. Aber natürlich hatte Napoleon den Prinzen de la Paz nicht aus reiner Menschlichkeit den Klauen der blutdürstigen spanischen Bevölkerung entrissen. Er brauchte ihn, denn er wollte auch den König und die Königin in Bayonne haben.

Karl IV. und Marie Louise waren erleichtert, als sie die Nachricht von Manuels Befreiung erhielten, und sie flogen förmlich nach Bayonne. »Unvergleichlicher Freund Manuel«, schrieb der König, »wieviel haben wir in diesen Tagen erduldet, als wir Dich von diesen Gottlosen geopfert sahen, dafür, daß Du unser Freund warst. Wir haben nicht aufgehört, den Großherzog [Murat] und den Kaiser zu bestürmen. Sie haben Dich und uns aus der Gefahr befreit. Morgen werden wir unsere Reise beginnen, um den Kaiser aufzusuchen, und wir werden nicht aufhören, alles, was wir für Dich tun können, zu vollenden und dafür zu arbeiten, daß er uns bis zum Tod zusammenleben läßt. Denn wir werden für Dich immer die unwandelbaren Freunde sein, und wir werden uns für Dich opfern, wie Du Dich für uns geopfert hast.«

Am 23. April machte sich also auch das spanische Königspaar auf den Weg, obwohl der Herzog von Mahon versuchte, Marie Louise von den wahren Absichten Napoleons zu überzeugen. Sie wollte nicht hören. Nur eines war für sie wichtig: das Wiedersehen mit Manuel. Am 30. April trafen der König und seine Gemahlin in Bayonne ein, wo sie mit allen Ehren und großer Prachtentfaltung empfangen wurden. Sogar Kaiserin Joséphine war gekommen, um das spanische Königspaar zu begrüßen. Alle, die Karl IV. verraten hatten, standen Spalier, sogar seine Söhne Ferdinand und Carlos. Am Abend wurde auf Schloß Marracq, wo der Kaiser residierte, ein Galadiner gegeben. Karl IV. hatte nur einen Wunsch, Manuel endlich in die Arme zu schließen. Als er jedoch sah, daß nur für vier Personen gedeckt war, rief er enttäuscht aus: »Und Manuel? Wo ist Manuel?« Lächelnd ließ Napoleon nach Godoy schicken, der dann an dem Essen teilnahm. Jetzt war Karl IV. vollkommen glücklich, und begeistert delektierte er sich an den französischen Köstlichkeiten, die man auftischte. »Louise, nimm hiervon«, sagte er bei jedem Gang, »das ist gut!«

Napoleon konnte wohl nicht umhin, sich darüber zu amüsieren. In einer Stunde, in der es um das Schicksal seines Reiches ging, dachte der König von Spanien und Herr zahlreicher überseeischer Gebiete nur ans Essen und schilderte seinem Gastgeber mit erschütternder Naivität seinen früheren Tagesablauf: »Alle Tage, egal was für Wetter, ging ich nach dem Frühstück, und nachdem ich die Messe gehört hatte, auf die Jagd, und sofort nach dem Essen fing ich wieder an, bis zur Dunkelheit. Abends sagte mir Manuel, ob die Geschäfte gut oder schlecht gingen; ich ging schlafen. Am nächsten Morgen begann ich von neuem, wenn mich nicht eine wichtige Zeremonie zu bleiben zwang.« Doch das gehörte der Vergangenheit an. So sollte es nicht mehr werden. Napoleon hatte es anders bestimmt.

Wenige Tage später zwang er Ferdinand, abzudanken und seinem Vater die Krone zurückzugeben. Sodann unterzeichnete Karl IV. am 6. Mai 1808 den Vertrag, den Godoy gemeinsam mit Napoleon aufgesetzt hatte, und trat seine Krone an den Kaiser ab, den einzigen, »der die Ordnung in Spanien wieder aufrichten könne«. Im Gegenzug erhielt er die Schlösser Compiègne und Chambord sowie eine Zivilliste von 8 Millionen Francs. Die Infanten sollten jährlich vierhunderttausend Francs erhalten. Ferdinand wurde mit einer Apanage von 1,1 Millionen Francs sowie dem Schloß und der Domäne Navarra entschädigt. Am 11. Mai 1808 reiste er ab. Einen Tag später begab sich auch das Königspaar mit dem Infanten Francisco, begleitet von Godoy und dessen Tochter aus der Ehe mit der Prinzessin von Bourbon, nach Frankreich.

Das Haus Bourbon hatte aufgehört zu regieren. Auf Spaniens Thron saß nun von Napoleons Gnaden dessen Bruder Joseph, der bisherige König von Neapel. Das italienische Königreich ging dafür an Murat, den Schwager des Kaisers.

Die Unterwerfung Spaniens schien ein weiterer glorreicher Sieg Napoleons, doch in Wahrheit begann damit sein Stern zu sinken. Denn die Spanier bäumten sich auf, als sie von den Abdankungen ihrer Souveräne erfuhren, und machten den Franzosen die Herrschaft schwer. Bereits am 2. Mai, nachdem die Nachricht vom Schicksal Ferdinands nach Madrid gelangt war, war es zum Aufstand gekommen, der von den französischen Besatzern blutig niedergeschlagen worden war. Doch dieser Tag wurde zum Symbol für den künftigen spanischen Widerstand. Sogar die Priester trugen Pamphlete herum und riefen von den Kanzeln zum Kampf gegen den Kaiser, das Ungeheuer, den Herrscher der Abgründe, auf. Ein leidenschaftlicher Patriotismus ergriff das ganze Land, und die

Franzosen hatten alle Mühe, sich zu halten. Der Guerillakrieg des spanischen Volkes fesselte seither ständig einen Teil der französischen Armee, und am 21. Juni 1813 gelang es mit Hilfe von General Wellington, Joseph Bonaparte zu vertreiben.

Karl bereute seine Abdankung nicht im geringsten. Jetzt endlich war er alle Sorgen und Schwierigkeiten los und konnte das ruhige, gleichmäßige Leben führen, das er sich immer gewünscht hatte. In den Wäldern von Compiègne konnte er nach Lust und Laune jagen, zumindest wenn sein rheumatisches Leiden es erlaubte. Und das Wichtigste: Manuel war immer bei ihm. Der Favorit hatte nur einen Wunsch: Er wollte seine geliebte Pepa an seiner Seite haben. Schon von Bayonne aus hatte er an Murat geschrieben: »Nichts würde mir fehlen, und mein Glück wie Ihre Güte wären auf dem Höhepunkt, wenn Ew. kaiserliche königliche Hoheit geruhen würden, die Vereinigung meiner beiden kleinen Kinder und ihrer Mutter mit mir zu befördern. Sie wissen wohl, Prinz, wie sehr ich diesen Gegenstand im Herzen trage.«

Bald darauf traf Pepa mit ihren beiden Söhnen, Manuel und Luís, ihrer Mutter und ihren beiden Schwestern in Compiègne ein. Da war nichts mehr von der ehemaligen Eifersucht zu spüren; freundlich nahm Marie Louise die Damen auf, und die beiden Knaben wuchsen fortan mit ihrem Halbbruder, dem Infanten Francisco, auf. Auch Godoys Bruder Diego und seine Schwester, die verwitwete Herzogin von Branciforte, schlossen sich den Exilanten an. Nur eine fehlte: die Prinzessin de la Paz. Sie hatte sich gleich nach der Verhaftung ihres Gemahls von ihm distanziert und erklärt: »Ich hasse ihn derart, daß ich nicht fähig bin, dieses Kind zu lieben, das von ihm ist.« Sie wollte nichts mehr von ihrer kleinen Tochter wissen und zog sich in ein Kloster in Toledo zurück, wo sie 1828 starb.

Der königliche Haushalt glich beinahe einer Familienidylle und hatte nichts mehr mit dem Pomp von Madrid zu tun, auch wenn er immer noch stattliche 200 Personen umfaßte.

Bereits im Oktober 1808 übersiedelte man wegen des milderen Klimas nach Marseille, dessen Bürgermeister Thibaudeau sich später an den hohen Besuch erinnerte: »Der König war ein großer, schöner Greis, durch die Gicht gelähmt, ein guter, anständiger Mensch, einfach, unwissend und mit seinem Schicksal abgefunden. Die Königin war klein und häßlich; sie hatte viel schwarzes und über und über gekräuseltes Haar, war mit Edelsteinen, Ketten, Federn geschmückt, sie hatte einen unreinen Teint, schöne Arme, die sie gerne zeigte, und dicke Beine, die sie gern verbarg. Sie hatte Geist und Würde. Der Prinz de la Paz, mittelgroß, war stark gebaut und hatte breite Schultern. Er machte keinen sehr distinguierten Eindruck. Seine kleinen Augen hatten einen gewissen Ausdruck von Feinheit.«

Seit der in Bayonne mit Napoleon getroffenen Vereinbarung waren erst wenige Monate vergangen, und schon zeigte sich wieder, wie wenig verläßlich und vertragstreu der Kaiser der Franzosen war. Plötzlich befand er die zugesagte Apanage für Karl IV. und seine Familie als viel zu hoch und kürzte sie einfach von 500 000 auf 200 000 Francs monatlich. Außerdem traf das Geld nur sehr unregelmäßig ein, so daß man gerade noch das Auskommen fand. Sogar an die Kronjuwelen des spanischen Königspaares wollte Napoleon herankommen, doch Karl IV. und Marie Louise waren vorsichtig geworden und leugneten schlichtweg, den Schmuck bei sich zu haben. Längst sahen sie den Kaiser, vor dem sie einst gekrochen waren, in einem anderen Licht.

Napoleon hatte die Tochter Karls IV., die Königin von Etrurien, wegen ihrer politischen Aktivitäten in ein römisches Kloster verbannt. Daher begaben sich die Eltern im Jahre 1812 in die Ewige Stadt, um ihr Kind zu besuchen. Rom sollte die letzte Station ihres Exils werden.

Von Rom aus beobachteten sie das Weltgeschehen. Der Herrscher Europas war am Ende seines Höhenflugs. Im selben Jahr mußte Napoleon vor dem russischen Winter kapitulieren, es folgten Leipzig und nach einem letzten Aufbäumen schließlich Waterloo. In Frankreich zogen wieder die Bourbonen ein, und in Spanien saß bereits seit 1813 Ferdinand VII. auf dem Thron. Mit englischer Hilfe war es dem spanischen Volk gelungen, Joseph Bonaparte zu vertreiben, und der Kaiser der Franzosen selbst hatte Ferdinand in sein Land zurückkehren lassen. Napoleon, der nichts ohne Hintergedanken tat und dessen Lage bereits äußerst prekär war, erhoffte sich dadurch wohl zumindest eine friedliche Nachbarschaft mit Spanien. Doch Ferdinand VII. schloß sich der europäischen Allianz gegen den Korsen an, die ihn schließlich niederrang.

Der als Kronprinz von seinem Volk so hoch verehrte König Ferdinand erwies sich als große Enttäuschung. Nicht Ordnung brachte er Spanien, sondern Bürgerkrieg und einen Rückfall in mittelalterliche Zeiten, welche die von Godoy bekämpfte Inquisition wieder aufleben ließen. Ihm schien an seinem Reich und seinen Untertanen überhaupt nichts zu liegen. Um die Staatskasse wieder aufzufüllen, verkaufte er Florida an die Amerikaner, während die südamerikanischen Provinzen wegen seines Despotismus der Reihe nach vom Mutterland abfielen. Ferdinand erwies sich als charakterlos, und die Verehrung der Spanier für ihren König wich bald einer erbitterten Feindseligkeit, zumal er sich weigerte, die 1812 vom Parlament ausgearbeitete Verfassung anzuerkennen. Erst als das Volk 1820 revoltierte, legte er aus lauter Angst seinen Eid auf die Konstitution ab, um sich jedoch drei Jahre später ausgerechnet mit französischer Hilfe seine absolute Macht zurückzuholen.

Ferdinand hatte nicht nur seinem Volk, sondern auch seinem persönlichen Erzfeind den Kampf angesagt. Er schien nichts anderes im Sinn zu haben, als sich an Godoy zu rächen, ihn zu vernichten. Indem er den ehemaligen Favoriten und Beherrscher Spaniens zum Verräter und Alleinschuldigen an Spaniens Unglück stempelte, wollte er offenbar sich selbst von jeder Schuld reinwaschen. Geschickt kehrte er die vielen durchaus positiven Taten des Prinzen de la Paz unter den Teppich, so daß dieser Mann als Schandfleck der spanischen Geschichte erschien, dessen Existenz man am besten so weit wie möglich vergessen machte. Ferdinands Taktik wurde übrigens vom Herrscherhaus später weitergeführt, und nie wieder bemühte sich jemand, Godoy Gerechtigkeit widerfahren zu lassen.

Der spanische Hof hatte sich die Vernichtung des Prinzen de la Paz zum Ziel gesetzt. Beim Papst wurde interveniert, um ihn aus Rom ausweisen zu lassen, und auch gegen seinen Antrag auf Annullierung der Ehe mit der Prinzessin von Bourbon wurde Einspruch erhoben. Als Godoy, der ja erst fünfzig Jahre alt war und nach einer neuen Aufgabe suchte, Anfang 1818 nahe daran war, in österreichische Dienste aufgenommen zu werden, machte Ferdinand auch diese Pläne zunichte. Er zwang seinen Vater, der ihn als König und als seinen Souverän anerkannt hatte, nach Wien zu schreiben, daß es spanischen Untertanen nur mit ausdrücklicher Genehmigung ihres Königs gestattet sei, in ausländische Dienste zu treten. Daß Godoy eine solche Genehmigung niemals erhalten würde, lag auf der Hand.

Mit einem geradezu fanatischen Haß verfolgte der König von Spanien den entmachteten und exilierten Günstling seiner Eltern. Er schickte ihm Spione hinterher, die seine Räume durchwühlten, immer auf der Suche nach belastenden Papieren oder Wertgegenständen. Denn immer noch ging die Fama, Godoy habe ein riesiges Vermögen außer Landes gebracht. Dabei war er im April 1808 mit nichts als einem völlig verdreckten Hemd am Leibe nach Bayonne gekommen.

Gewiß, Godoy hatte in der Zeit, in der er die unumschränkte Macht in Händen gehabt hatte, viele Fehler gemacht, gewiß, er hatte Reichtümer angehäuft, und er hatte sein Land aus selbstsüchtigen Motiven dem Kaiser der Franzosen ausgeliefert. Doch auch Ferdinands Schuld an den für Spanien so fatalen Ereignissen war kaum geringer, so daß ihm eine derart gnadenlose Verfolgung Godoys eigentlich nicht zustand. Man wird von Mitleid erfaßt angesichts des Schicksals, das dieser Mann zu erleiden hatte. Von den höchsten Höhen der Macht und der königlichen Gunst versank er mit jedem Jahr tiefer und tiefer in dem unentrinnbaren Morast von Armut, Verachtung, Einsamkeit und Vergessenheit. Zweiundvierzig Jahre lang büßte er so für seine Taten. Ruhe war ihm kaum gegönnt.

Im Januar 1819 verstarben im Abstand von nur siebzehn Tagen Marie Louise und Karl IV., jene beiden Menschen, denen er so viel zu verdanken hatte, und die einzigen, die sich auch im Unglück nicht von ihm abgewandt hatten. Welch einzigartiges, welch sonderbares Dreiergespann waren sie doch gewesen!

Marie Louise hatte Godoy in ihrem Testament, welches auch von Karl IV. unterzeichnet war, ihr ganzes Vermögen – immerhin Schmuck, goldenes Geschirr und Wertgegenstände im Wert von

40 Millionen Reales – hinterlassen, »für alles, was er für sie getan hatte, und als Entschädigung für das Leid, das er zu ertragen hatte, nur weil er ihre Freundschaft genossen hatte«. Doch Godoy sah keinen Groschen von seinem Erbe, denn Ferdinand VII. ignorierte ganz einfach den letzten Willen seiner Eltern. Sogar den Titel »Prinz de la Paz« reklamierte der spanische Hof. Das erbarmte schließlich den Papst, und er erkannte Godoy im November 1829 als römischen Prinzen von Bassano an. Kurz darauf übersiedelte der verfolgte, mittellose und einsame Mann mit seiner Pepa, die er im Januar 1829 kurz nach dem Tode seiner Gemahlin geheiratet hatte, nach Paris.

Sein Feind, Ferdinand VII., war nun bereits 45 Jahre alt, Witwer dreier Frauen,* aber immer noch ohne Nachkommen. Es mutet wie eine geheime Rache des Verfolgten an, als sich Ferdinand 1829 zum vierten Mal verheiratete, und zwar mit Maria Christina von Sizilien, der Enkelin Godoys.

Ausgerechnet dieser vierten Ehe Ferdinands VII. entsprangen endlich Kinder. Allerdings »nur« zwei Töchter. Die ältere, Isabella, war gerade drei Jahre alt, als ihr Vater 1833 starb und sie damit zur Königin von Spanien machte. Doch wollte Ferdinands jüngerer Bruder, Don Carlos, seine Hoffnungen auf den Thron nicht so einfach begraben und weigerte sich, die von Ferdinand dekretierte Aufhebung des salischen Rechtes anzuerkennen, womit er einen jahrelangen blutigen Bürgerkrieg auslöste.

Wenn Godoy sich durch die Thronbesteigung seiner Urenkelin und die Regentschaft seiner Enkelin auf eine Rehabilitierung Hoffnungen gemacht haben sollte, dann wurde er enttäuscht. Niemand hatte Zeit für den alternden Favoriten. Isabella und ihre Mutter waren viel zu sehr mit dem Kampf um die Krone beschäftigt. Kaum jemand erinnerte sich noch an Manuel Godoy, dem auch wirklich nichts erspart blieb. Nach jahrelangen Szenen und Geldstreitigkeiten verließ ihn Pepa, nachdem sie fast vierzig Jahre lang seine Gefährtin gewesen war. Unter Mitnahme des spärlichen Ver-

---

* Maria Antonia v. Sizilien, 1784–1806, Maria Isabella v. Portugal, 1797–1818, und Josefa v. Sachsen, 1803–1829. Siehe auch Stammtafel im Anhang.

mögens übersiedelte sie nach Madrid, ohne sich jemals wieder um ihren Gatten zu kümmern. Schließlich durfte er sich auch noch mit dem Schuldenberg herumschlagen, den sie ihm wegen ihrer verschwenderischen Lebensweise hinterlassen hatte. Auch seine Kinder wollten nichts von ihm wissen. Seine eheliche Tochter, Carlota Luisa, die seit 1820 mit dem römischen Grafen Camillo Ruspoli verheiratet war und sich jetzt Herzogin von Sueca nannte, sollte später sogar gegenüber den spanischen Behörden behaupten, ihr Vater wäre längst tot. Von den beiden Söhnen, die ihm Pepa geschenkt hatte, lebte nur noch Manuel, der mit einer Engländerin namens Mary Crowe vermählt war. Und der Infant Francisco de Paula, seit 1818 Gatte seiner Nichte, der sizilianischen Prinzessin Louise-Charlotte, der Schwester der Regentin Maria Christina von Spanien, rührte ebenfalls keinen Finger für seinen Vater, über dessen Identität er mit ziemlicher Sicherheit informiert war.

Manuel Godoy war von allen verlassen. Nur Louis-Philippe, Frankreichs »Bürgerkönig«, erbarmte sich des ehemals starken Mannes von Spanien. Er war einer der wenigen, der sich auch Godoys edler Taten erinnerte, etwa als er während der Revolution zahlreichen französischen Emigranten Asyl gewährt hatte. Auch seine Mutter, die Gemahlin des verachteten Philippe-Egalité, war unter ihnen gewesen. Der König der Franzosen setzte dem darbenden Prinzen von Bassano eine Pension von 5000 Francs aus, was zwar kein Vermögen war, aber immerhin zur Deckung der täglichen Bedürfnisse ausreichte.

So lebte der Siebzigjährige allein in seiner Wohnung in der rue de la Michodière, nahe der Pariser Oper, und hoffte weiter darauf, daß er doch noch seine Rehabilitierung erleben würde. Sein einziges Vergnügen war es, den Kindern im Park beim Spielen zuzusehen. »Herr Manuel« nannten ihn die Leute aus der Gegend, ohne zu wissen, daß dieser einsame alte Mann einst der mächtigste Mann Spaniens gewesen war.

Endlich, am 31. Mai 1847, fiel doch noch ein Sonnenstrahl auf Godoys ergrautes Haupt. Isabella II. hatte ein Dekret erlassen, das ihn wieder in seinen ehemaligen Rang einsetzte, ihm seine Würden und das Recht auf sein Vermögen wiedergab. Er durfte sich jetzt wieder Herzog von Alcudía und Generalkapitän nennen. Doch sein Kampf um Gerechtigkeit war immer noch nicht ausgestanden, denn die Leute, die mittlerweile auf seinen früheren Besitzungen saßen, dachten nicht daran, diese wieder herzugeben.

Die langwierigen Prozesse erschöpften den alten Mann. Er starb am 4. Oktober 1851 im Alter von 84 Jahren einsam in Paris. Kaum jemand nahm von seinem Tod Notiz, denn wieder einmal zog ein Bonaparte das allgemeine Interesse auf sich: Louis-Napoléon, seit 1848 Präsident der französischen Republik, der binnen Jahresfrist als Kaiser Napoleon III. in die Fußstapfen seines großen Onkels treten sollte.

Die Welt hatte Manuel Godoy längst vergessen. Doch ein kleiner Triumph ist ihm über den Tod hinaus geblieben: Isabella II., seine Urenkelin, hatte 1846 Francisco de Asis, seinen Enkel, den Sohn Franciscos de Paula, geheiratet, so daß sein Blut gleich von zwei Seiten in das spanische Königshaus gelangte. Die Könige Alphons XII., Alphons XIII. und auch der heute regierende Juan Carlos sind somit ebenso direkte Nachkommen von Manuel Godoy wie der letzte Kaiser von Österreich.*

* Siehe auch Stammtafel im Anhang.

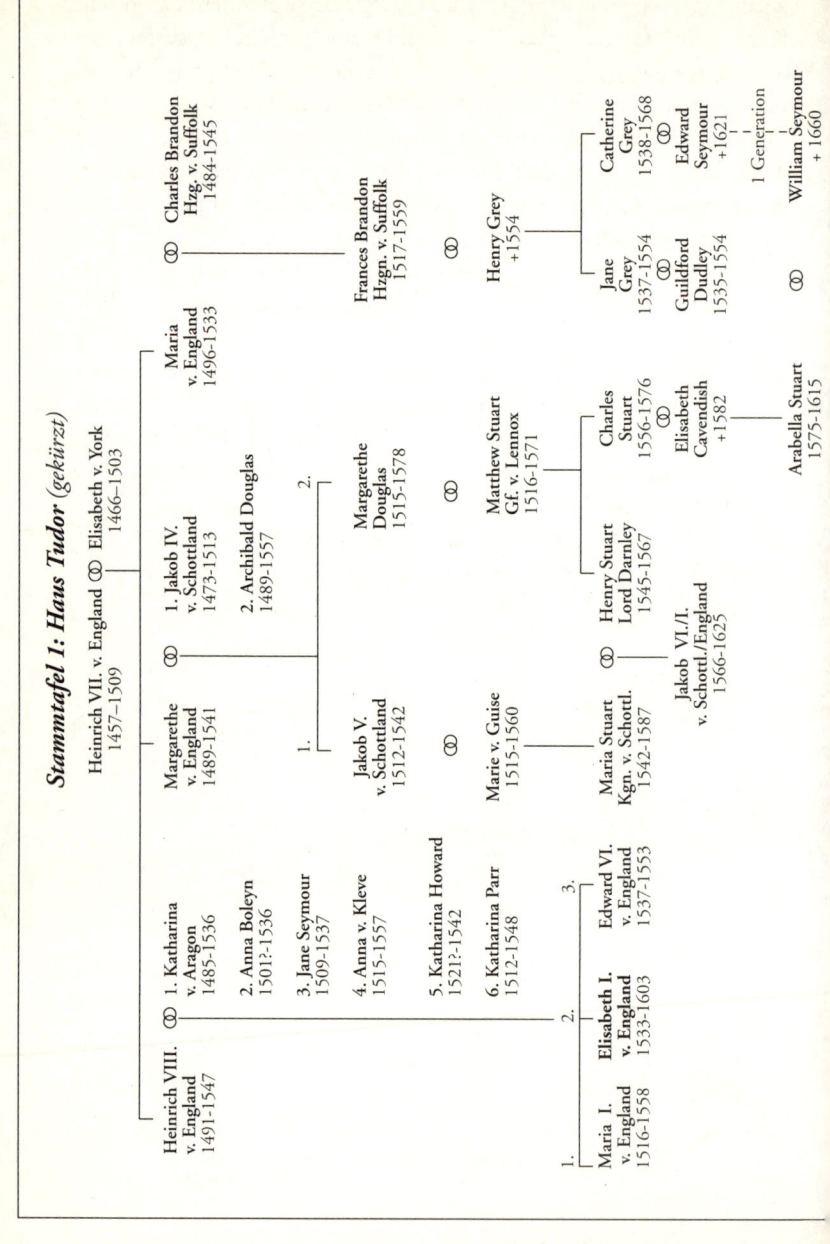

Stammtafel 1: Haus Tudor (gekürzt)

Heinrich VII. v. England ⚭ Elisabeth v. York
1457–1509   1466–1503

Heinrich VIII.
v. England
1491–1547

⚭ 1. Katharina
v. Aragon
1485–1536

2. Anna Boleyn
1501?–1536

3. Jane Seymour
1509–1537

4. Anna v. Kleve
1515–1557

5. Katharina Howard
1521?–1542

6. Katharina Parr
1512–1548

Margarethe
v. England
1489–1541

⚭ 1. Jakob IV.
v. Schottland
1473–1513

2. Archibald Douglas
1489–1557

Maria
v. England
1496–1533

⚭ Charles Brandon
Hzg. v. Suffolk
1484–1545

1.

Jakob V.
v. Schottland
1512–1542

⚭ Margarethe
Douglas
1515–1578

2.

Frances Brandon
Hzgn. v. Suffolk
1517–1559

⚭ Henry Grey
†1554

Marie v. Guise
1515–1560

⚭ Maria Stuart
Kgn. v. Schottl.
1542–1587

Matthew Stuart
Gf. v. Lennox
1516–1571

1.   2.   3.

Maria I.
v. England
1516–1558

Elisabeth I.
v. England
1533–1603

Edward VI.
v. England
1537–1553

Henry Stuart
Lord Darnley
1545–1567

⚭ Jakob VI./I.
v. Schottl./England
1566–1625

Charles
Stuart
1556–1576

⚭ Elisabeth
Cavendish
†1582

Jane
Grey
1537–1554

⚭ Guildford
Dudley
1535–1554

Catherine
Grey
1538–1568

⚭ Edward
Seymour
†1621

1 Generation

Arabella Stuart
1575–1615

⚭ William Seymour
1660

Stammtafel 2: Haus Howard – Boleyn *(gekürzt)*

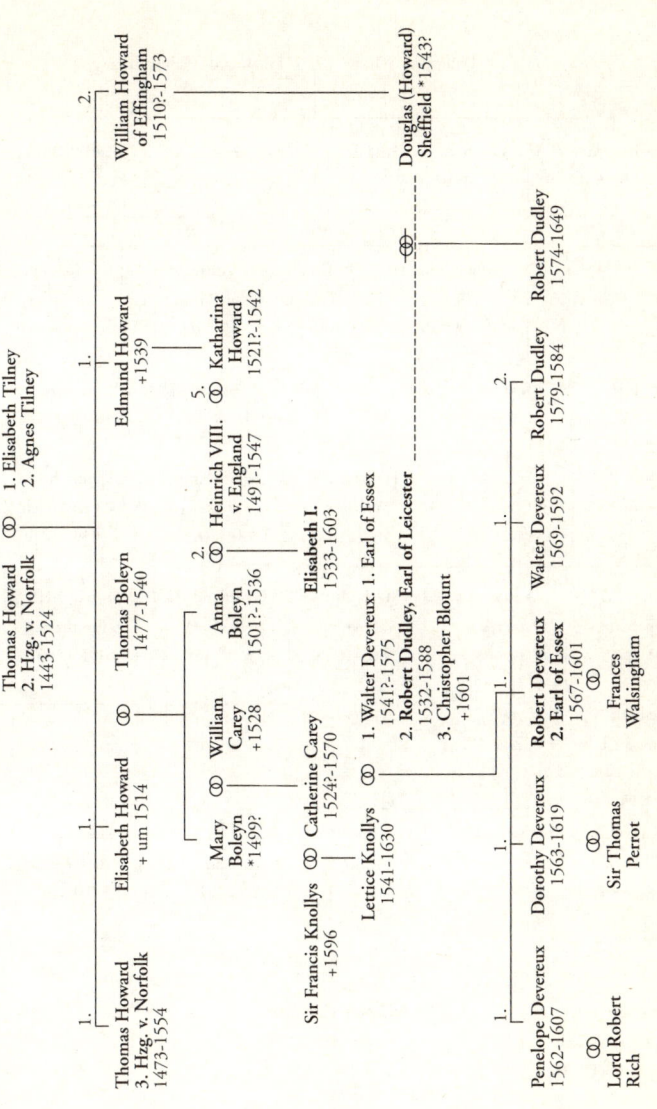

Stammtafel 3: *Anna von Österreich* (gekürzt)

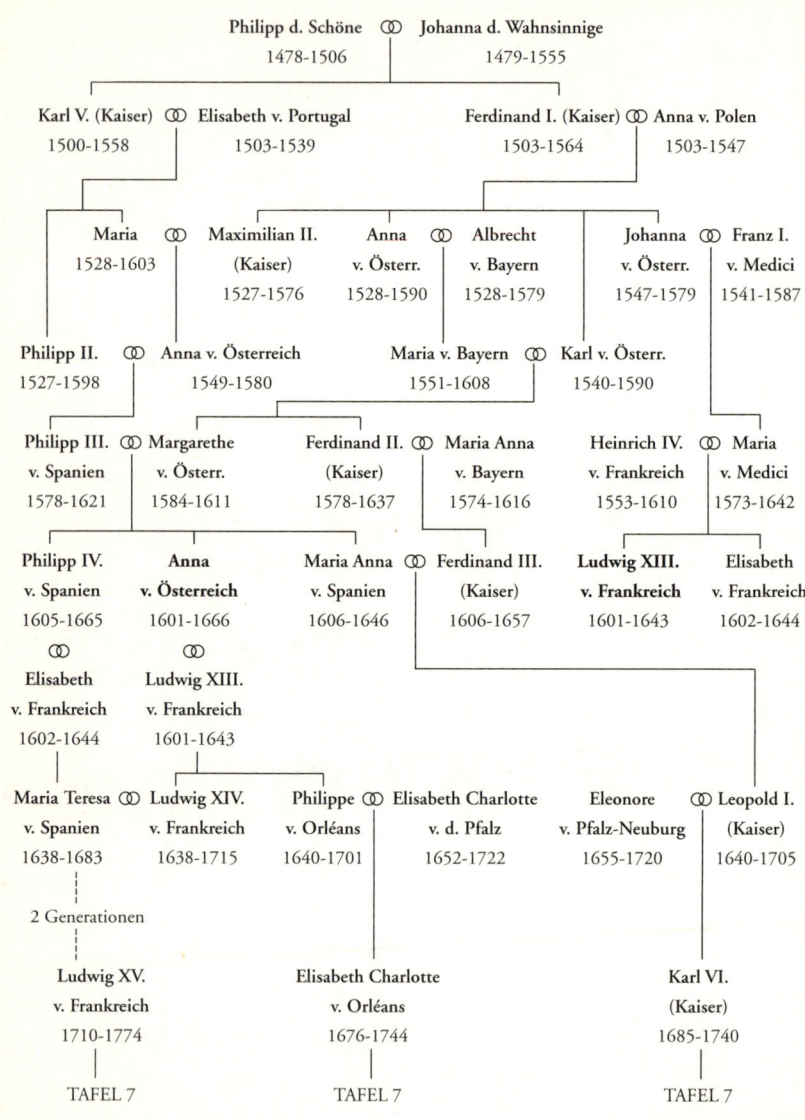

Philipp d. Schöne ⚭ Johanna d. Wahnsinnige
1478-1506   1479-1555

Karl V. (Kaiser) ⚭ Elisabeth v. Portugal   Ferdinand I. (Kaiser) ⚭ Anna v. Polen
1500-1558   1503-1539   1503-1564   1503-1547

Maria ⚭ Maximilian II.   Anna ⚭ Albrecht   Johanna ⚭ Franz I.
1528-1603   (Kaiser)   v. Österr.   v. Bayern   v. Österr.   v. Medici
1527-1576   1528-1590   1528-1579   1547-1579   1541-1587

Philipp II. ⚭ Anna v. Österreich   Maria v. Bayern ⚭ Karl v. Österr.
1527-1598   1549-1580   1551-1608   1540-1590

Philipp III. ⚭ Margarethe   Ferdinand II. ⚭ Maria Anna   Heinrich IV. ⚭ Maria
v. Spanien   v. Österr.   (Kaiser)   v. Bayern   v. Frankreich   v. Medici
1578-1621   1584-1611   1578-1637   1574-1616   1553-1610   1573-1642

Philipp IV.   **Anna**   Maria Anna ⚭ Ferdinand III.   **Ludwig XIII.**   Elisabeth
v. Spanien   **v. Österreich**   v. Spanien   (Kaiser)   **v. Frankreich**   v. Frankreich
1605-1665   1601-1666   1606-1646   1606-1657   1601-1643   1602-1644
⚭   ⚭
Elisabeth   Ludwig XIII.
v. Frankreich   v. Frankreich
1602-1644   1601-1643

Maria Teresa ⚭ Ludwig XIV.   Philippe ⚭ Elisabeth Charlotte   Eleonore ⚭ Leopold I.
v. Spanien   v. Frankreich   v. Orléans   v. d. Pfalz   v. Pfalz-Neuburg   (Kaiser)
1638-1683   1638-1715   1640-1701   1652-1722   1655-1720   1640-1705

2 Generationen

Ludwig XV.   Elisabeth Charlotte   Karl VI.
v. Frankreich   v. Orléans   (Kaiser)
1710-1774   1676-1744   1685-1740

TAFEL 7   TAFEL 7   TAFEL 7

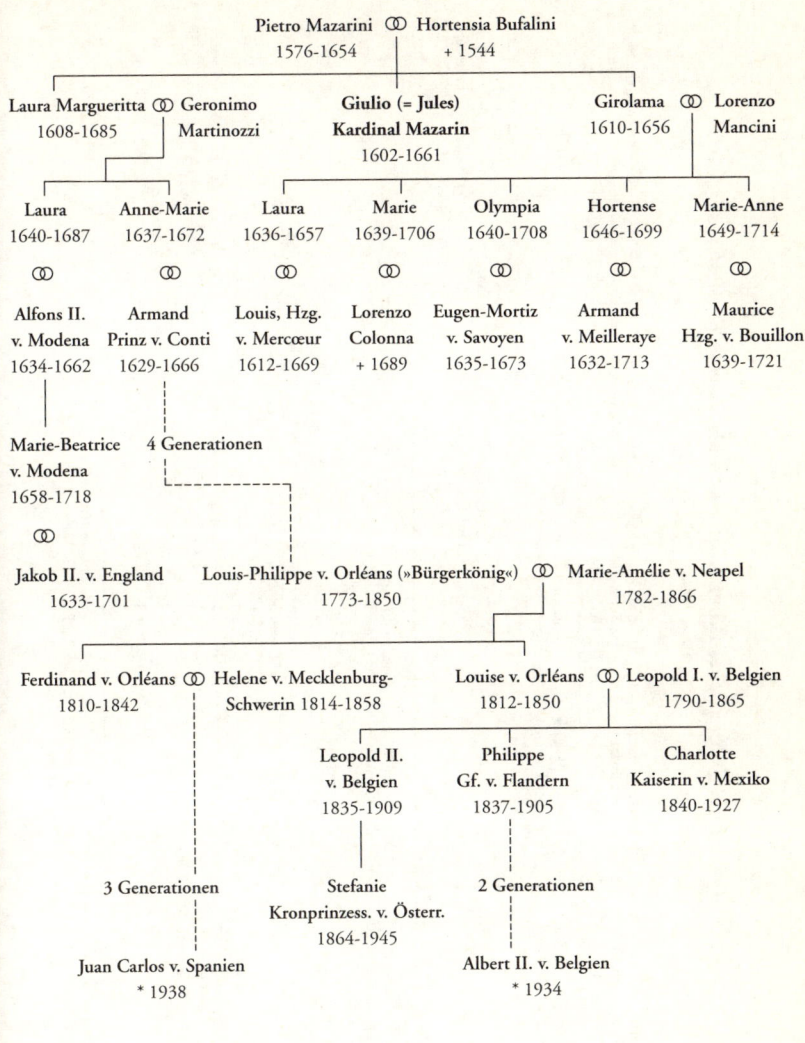

Stammtafel 4: Familie Mazarin *(gekürzt)*

Pietro Mazarini ⚭ Hortensia Bufalini
1576-1654 · + 1544

Laura Margueritta ⚭ Geronimo · **Giulio (= Jules)** · Girolama ⚭ Lorenzo
1608-1685 · Martinozzi · **Kardinal Mazarin** · 1610-1656 · Mancini
· · **1602-1661** · ·

Laura · Anne-Marie · Laura · Marie · Olympia · Hortense · Marie-Anne
1640-1687 · 1637-1672 · 1636-1657 · 1639-1706 · 1640-1708 · 1646-1699 · 1649-1714

⚭ · ⚭ · ⚭ · ⚭ · ⚭ · ⚭ · ⚭

Alfons II. · Armand · Louis, Hzg. · Lorenzo · Eugen-Mortiz · Armand · Maurice
v. Modena · Prinz v. Conti · v. Mercœur · Colonna · v. Savoyen · v. Meilleraye · Hzg. v. Bouillon
1634-1662 · 1629-1666 · 1612-1669 · + 1689 · 1635-1673 · 1632-1713 · 1639-1721

Marie-Beatrice · 4 Generationen
v. Modena
1658-1718

⚭

Jakob II. v. England · Louis-Philippe v. Orléans (»Bürgerkönig«) ⚭ Marie-Amélie v. Neapel
1633-1701 · 1773-1850 · 1782-1866

Ferdinand v. Orléans ⚭ Helene v. Mecklenburg- · Louise v. Orléans ⚭ Leopold I. v. Belgien
1810-1842 · Schwerin 1814-1858 · 1812-1850 · 1790-1865

Leopold II. · Philippe · Charlotte
v. Belgien · Gf. v. Flandern · Kaiserin v. Mexiko
1835-1909 · 1837-1905 · 1840-1927

3 Generationen · Stefanie · 2 Generationen
· Kronprinzess. v. Österr. ·
· 1864-1945 ·

Juan Carlos v. Spanien · · Albert II. v. Belgien
* 1938 · · * 1934

Stammtafel 5: Russisches Zarenhaus und schwedisches Königshaus *(gekürzt)*

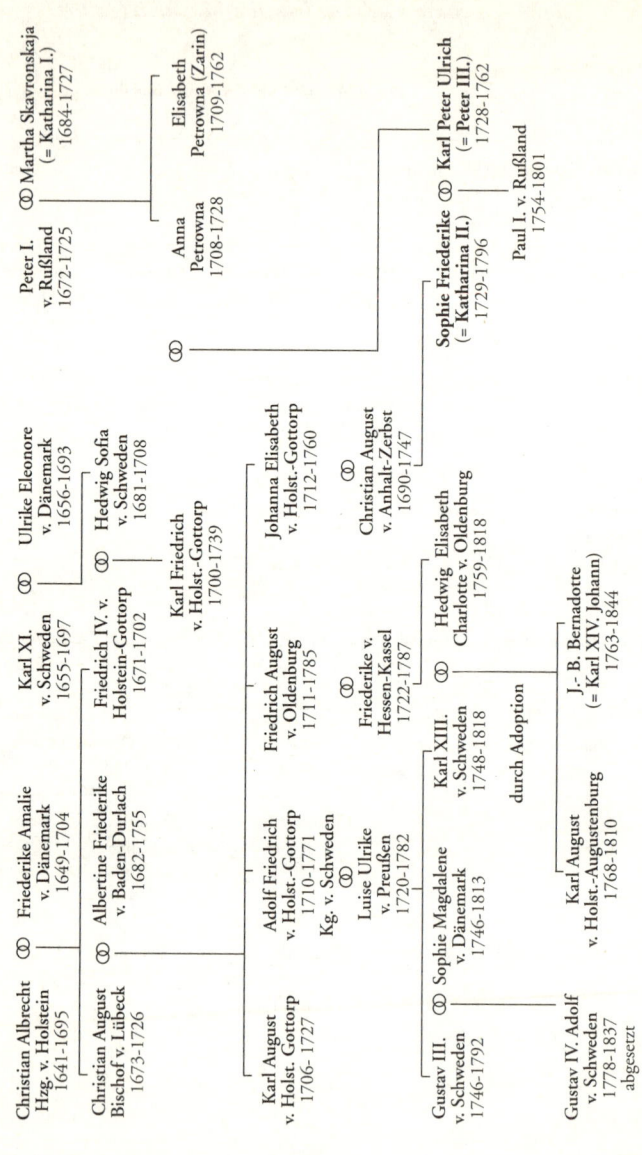

Stammtafel 6: Dänisches Königshaus *(gekürzt)*

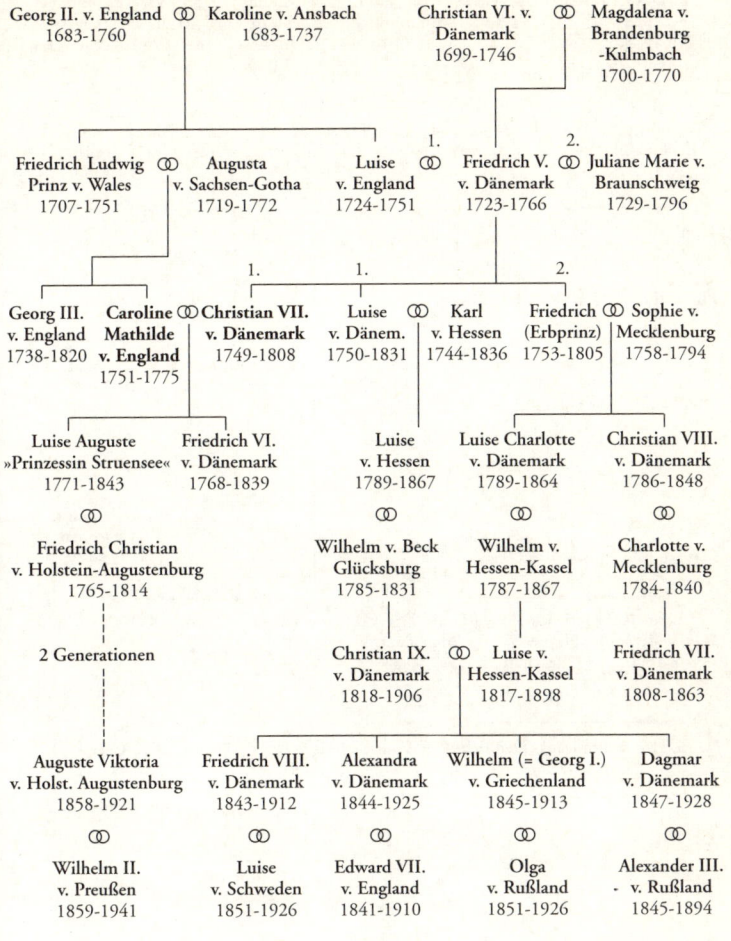

Georg II. v. England ⚭ Karoline v. Ansbach
1683-1760   1683-1737

Christian VI. v. ⚭ Magdalena v.
Dänemark   Brandenburg
1699-1746   -Kulmbach
                  1700-1770

1.

2.

Friedrich Ludwig ⚭ Augusta
Prinz v. Wales   v. Sachsen-Gotha
1707-1751   1719-1772

Luise ⚭ Friedrich V. ⚭ Juliane Marie v.
v. England   v. Dänemark   Braunschweig
1724-1751   1723-1766   1729-1796

1.

1.

2.

Georg III. Caroline ⚭ Christian VII.
v. England Mathilde   v. Dänemark
1738-1820   v. England 1749-1808
            1751-1775

Luise ⚭ Karl
v. Dänem.   v. Hessen
1750-1831   1744-1836

Friedrich ⚭ Sophie v.
(Erbprinz) Mecklenburg
1753-1805   1758-1794

Luise Auguste
»Prinzessin Struensee«
1771-1843

Friedrich VI.
v. Dänemark
1768-1839

Luise
v. Hessen
1789-1867

Luise Charlotte
v. Dänemark
1789-1864

Christian VIII.
v. Dänemark
1786-1848

⚭

Friedrich Christian
v. Holstein-Augustenburg
1765-1814

⚭

Wilhelm v. Beck
Glücksburg
1785-1831

⚭

Wilhelm v.
Hessen-Kassel
1787-1867

⚭

Charlotte v.
Mecklenburg
1784-1840

2 Generationen

Christian IX. ⚭ Luise v.
v. Dänemark   Hessen-Kassel
1818-1906   1817-1898

Friedrich VII.
v. Dänemark
1808-1863

Auguste Viktoria
v. Holst. Augustenburg
1858-1921

Friedrich VIII.
v. Dänemark
1843-1912

Alexandra
v. Dänemark
1844-1925

Wilhelm (= Georg I.)
v. Griechenland
1845-1913

Dagmar
v. Dänemark
1847-1928

⚭

⚭

⚭

⚭

⚭

Wilhelm II.
v. Preußen
1859-1941

Luise
v. Schweden
1851-1926

Edward VII.
v. England
1841-1910

Olga
v. Rußland
1851-1926

Alexander III.
- v. Rußland
1845-1894

Stammtafel 7: *Marie Antoinette und Ludwig XVI.* *(gekürzt)*

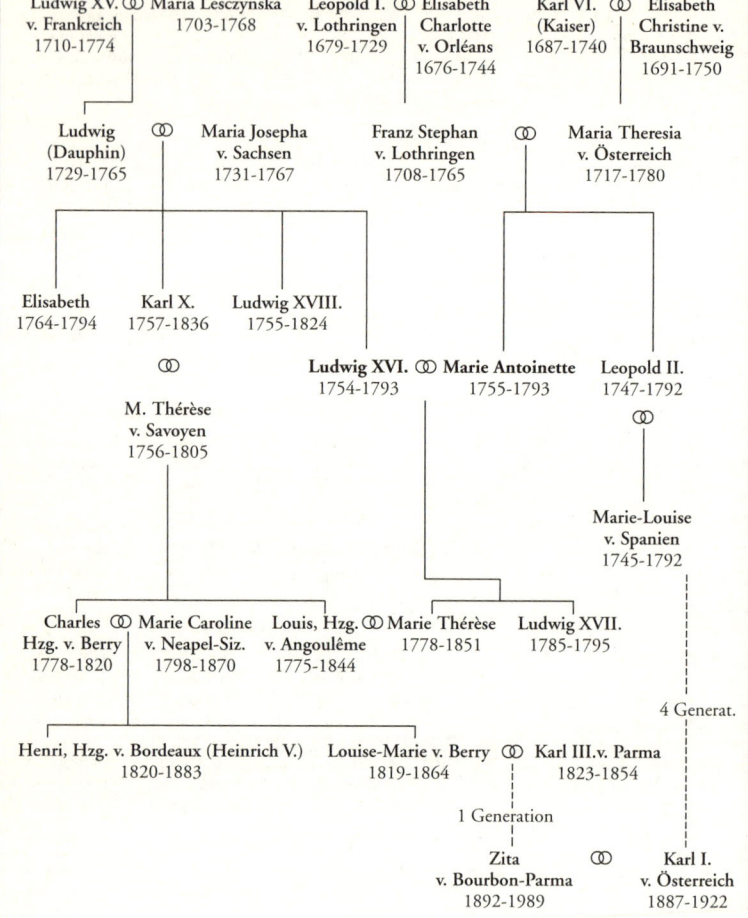

Ludwig XV. ⚭ Maria Lesczynska
v. Frankreich   1703-1768
1710-1774

Leopold I. ⚭ Elisabeth
v. Lothringen | Charlotte
1679-1729 | v. Orléans
           | 1676-1744

Karl VI. ⚭ Elisabeth
(Kaiser) | Christine v.
1687-1740 | Braunschweig
          | 1691-1750

Ludwig   ⚭   Maria Josepha
(Dauphin)   v. Sachsen
1729-1765   1731-1767

Franz Stephan   ⚭   Maria Theresia
v. Lothringen   v. Österreich
1708-1765   1717-1780

Elisabeth   Karl X.   Ludwig XVIII.
1764-1794   1757-1836   1755-1824

                  ⚭

               M. Thérèse
               v. Savoyen
               1756-1805

Ludwig XVI. ⚭ **Marie Antoinette**   Leopold II.
1754-1793   1755-1793   1747-1792

                                               ⚭

                                            Marie-Louise
                                            v. Spanien
                                            1745-1792

Charles ⚭ Marie Caroline   Louis, Hzg. ⚭ Marie Thérèse   Ludwig XVII.
Hzg. v. Berry | v. Neapel-Siz.   v. Angoulême | 1778-1851   1785-1795
1778-1820 | 1798-1870   1775-1844

                                                         ┊
                                                         4 Generat.

Henri, Hzg. v. Bordeaux (Heinrich V.)   Louise-Marie v. Berry ⚭ Karl III.v. Parma
1820-1883   1819-1864   ┊   1823-1854

                                          1 Generation

                                              Zita   ⚭   Karl I.
                                          v. Bourbon-Parma   v. Österreich
                                              1892-1989   1887-1922

Stammtafel 8: Spanisches Königshaus *(gekürzt)*

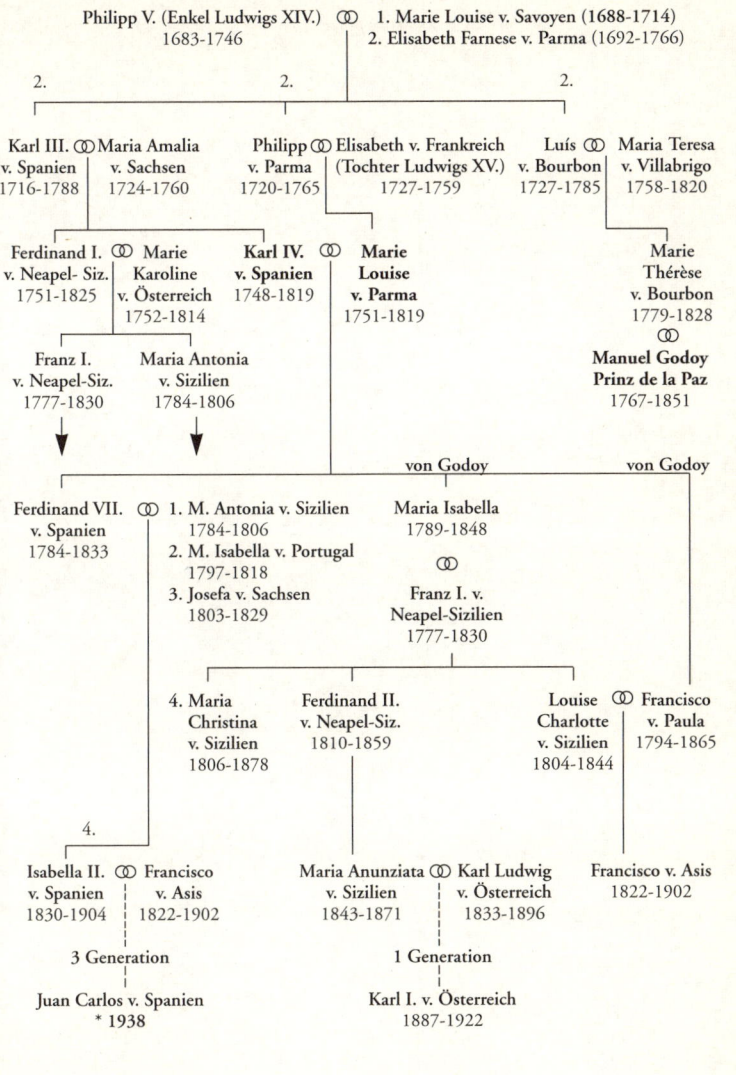

Philipp V. (Enkel Ludwigs XIV.) ⚭ 1. Marie Louise v. Savoyen (1688-1714)
1683-1746   2. Elisabeth Farnese v. Parma (1692-1766)

2.   2.   2.

Karl III. ⚭ Maria Amalia   Philipp ⚭ Elisabeth v. Frankreich   Luís ⚭ Maria Teresa
v. Spanien | v. Sachsen   v. Parma | (Tochter Ludwigs XV.)   v. Bourbon | v. Villabrigo
1716-1788 | 1724-1760   1720-1765 | 1727-1759   1727-1785 | 1758-1820

Ferdinand I. ⚭ Marie   **Karl IV.** ⚭ **Marie**   Marie
v. Neapel- Siz. | Karoline   **v. Spanien**   **Louise**   Thérèse
1751-1825 | v. Österreich   1748-1819   **v. Parma**   v. Bourbon
   1752-1814   **1751-1819**   1779-1828
                                 ⚭
Franz I.   Maria Antonia   **Manuel Godoy**
v. Neapel-Siz.   v. Sizilien   **Prinz de la Paz**
1777-1830   1784-1806   1767-1851

⬇   ⬇   von Godoy   von Godoy

Ferdinand VII. ⚭ 1. M. Antonia v. Sizilien   Maria Isabella
v. Spanien   1784-1806   1789-1848
1784-1833   2. M. Isabella v. Portugal
          1797-1818   ⚭
         3. Josefa v. Sachsen   Franz I. v.
          1803-1829   Neapel-Sizilien
                             1777-1830

      4. Maria   Ferdinand II.   Louise ⚭ Francisco
      Christina   v. Neapel-Siz.   Charlotte   v. Paula
      v. Sizilien   1810-1859   v. Sizilien   1794-1865
      1806-1878   1804-1844

4.

Isabella II. ⚭ Francisco   Maria Anunziata ⚭ Karl Ludwig   Francisco v. Asis
v. Spanien ┊ v. Asis   v. Sizilien ┊ v. Österreich   1822-1902
1830-1904 ┊ 1822-1902   1843-1871 ┊ 1833-1896

3 Generation   1 Generation
┊   ┊
Juan Carlos v. Spanien   Karl I. v. Österreich
* 1938   1887-1922

Personenregister

Literaturverzeichnis

Barton, H. Arnold: Count Hans Axel von Fersen, Boston 1975.

Beamish, Noel de Vic: The unfortunate Matilda, London 1971.

Bennett, Vernon Harold: Elizabeth and Essex, London 1961.

Bernier, Olivier: Ludwig XIV., München 1993.

Blackstone, Geoffrey Vaughan: Caroline Matilda, London 1955.

Buchanan, Meriel: Anna von Österreich, Zürich 1937.

Campan, Madame: La Cour de Marie Antoinette, Paris 1971.

Castelot, André: Marie Antoinette, Paris 1967.

Chastenet, Jacques: Godoi. Prince de la Paix, Paris 1943.

Chevallier, Pierre: Louis XIII, Paris 1979.

Christoph, Paul (Hrsg.): Die letzten Briefe Marie-Antoinettes, Wien 1950.

Cronin, Vincent: Katharina die Große, Düsseldorf 1978.

    ders.: Ludwig XVI. und Marie Antoinette, Düsseldorf 1975.

Daschkoff, Elisabeth Fürstin: Memoiren. Am Zarenhofe, München 1918.

Dethan, Georges: Mazarin, Paris 1981.

Dulong, Claude: Anne d'Autriche, Paris 1980.

Elisabeth I.: Briefe, hrsg. v. G. B. Harrison, Wien 1938.

Erickson, Carolly: Katharina die Große, München 1995.

Fabre, Jean: Stanislas Auguste Poniatowski, Paris 1952.

Fjelstrup, August: Ehescheidungsprozeß zwischen König Christian VII. und Königin Karoline Matilde, Berlin 1908.

Goubert, Pierre: Mazarin, Paris 1990.

Grey, Jan: Katharina die Große, Tübingen 1961.

Guth, Paul: Mazarin, Frankfurt/Main 1973.

Haslip, Joan: Politik und Leidenschaft. Katharina die Große, Zürich 1978.

    diess.: Marie-Antoinette, München 1988.

Hemmert, Danielle: Le deuxième amour d'Anne d'Autriche, Paris 1973.

Herbillon, Emile: Anne d'Autriche, Paris 1939.

Jenkins, Elizabeth: Elizabeth and Leicester, London 1971.

Jensen-Tusch, G. F. v.: Die Verschwörung gegen die Königin Caroline Matilde von Dänemark und die Grafen Struensee und Brandt, Leipzig 1864.

Kaus, Gina: Katharina die Große, Frankfurt/Main 1996.

Katharina II.: Lettres d'amour à Potemkine, Paris 1934.

Katharina die Große: Memoiren, Frankfurt/Main 1996.

Kunstler, Charles: Fersen et son secret, Paris 1947.

La Varende, Jean: Anne d'Autriche, Paris 1938.

Loomis, Stanley: The fatal Friendship. Marie-Antoinette et Count Fersen, London 1972.

Madol, Hans Roger: Godoy. Das Ende des alten Spaniens, Berlin 1932.

Mazarini, Giulio: Lettres du Cardinal Mazarin à la Reine, Paris 1836.

Motteville, Madame de: Mémoires, Amsterdam 1750.

Neale, J. G.: Elisabeth I., Königin von England, München 1994.

Neumann-Hoditz: Katharina II., Hamburg 1988.

Oettinger, Eduard Maria: Geschichte des dänischen Hofes, Hamburg 1857.

Oldenbourg, Zoé: Katharina die Große, München 1988.

Palewski, Jean Paul: Stanislas Poniatowski, Paris 1946.

Poniatowski, Stanislas: Mémoires du roi de Pologne, Petersburg 1914.

Ridley, Jasper: Elisabeth I., Zürich 1990.

Saint-Aulaire: Mazarin, Stuttgart 1961.

Schreiber Hermann: Marie Antoinette, München 1988.

Söderhjelm, Alma: Fersen et Marie Antoinette, Paris 1930.

    diess: Marie Antoinette. Correspondence secrète, Paris 1934.

Soloveytchik, Georg: Potemkin, Zürich 1951.

Strachey, Lytton: Elizabeth and Essex, London 1932.

Troyat, Henri: Katharina die Große, München 1980.

Vallotton, Henri: Cathérine II, Paris 1955.

    ders.: Marie-Antoinette, Paris 1952.

Waldmann, Milton: Elizabeth and Leicester, London 1964.

Winkle, Stefan: Johann Friedrich Struensee, Stuttgart 1983.

Wittich, Karl: Struensee, Leipzig 1879.

Wraxall, Sir C. F. Lascelles: Life and Times of Her Majesty Caroline Matilda, London 1864.

Zweig, Stefan: Marie Antoinette, Frankfurt/Main 1981.

Bildnachweis

Bildarchiv der Österreichischen Nationalbibliothek: Seiten 19, 23, 49, 71, 79, 95, 147, 167, 173, 181, 211, 229, 253, 273, 283

Verlagsarchiv: Seite 117

Public Record Office, Richmond, England: Seite 121

Lennoxlove House Ltd., Haddington, England: Seite 137

Historisches Museum der Stadt Wien: Seite 207

Helga Thoma

Vom Thron zum Schafott

Das blutige Ende gekrönter Häupter. 280 Seiten mit zehn Abbildungen. SP 2801

Allen ist gemeinsam, daß sie höchste Macht innehatten, daß ihr Leben aber in der politischen und persönlichen Katastrophe endete: Maria Stuart, Königin von Schottland, wurde auf Geheiß ihrer Rivalin Elisabeth hingerichtet, und Karl I. von England wurde von den Puritanern unter Oliver Cromwell auf das Schafott geschickt. Ludwig XVI. und seine Gemahlin Marie Antoinette wurden Opfer der französischen Revolution, während Kaiser Maximilian von Mexiko für die französische Eroberungspolitik Napoleons III. büßen mußte. Zar Nikolaus II. und seine Familie hatten Lenin und die russische Revolution zum Gegner. Manche erlangten erst durch ihre Hinrichtung eine Berühmtheit, die sie während ihrer Regentschaft nie erreicht hatten. Fesselnd beschreibt Helga Thoma ein Stück wissenswerter Kulturgeschichte.

Edmond und Jules de Goncourt

Madame Pompadour

Ein Lebensbild. Aus dem Französischen von Ulrike Nikel. 258 Seiten. SP 3008

Neunzehn Jahre lang war Madame Pompadour die Mätresse von König Ludwig XV. Von qualvollem Ehrgeiz und leidenschaftlicher Machtgier getrieben, verlieh sie dem 18. Jahrhundert ihr eigenes, charakteristisches Gepräge. Die Brüder Goncourt haben aus einer Fülle von Dokumenten, Briefen, Memoiren und Journalen das Charakterbild der Madame Pompadour zusammengefügt. Sie skizzieren den Kampf des Bürgertums gegen den Adel und schildern, wie eine Frau dunkler Herkunft mit kraftvoller Entschiedenheit dem absoluten Herrscher das Zepter entriß. Mit Takt und Schlauheit gelang es ihr, den König abzulenken, während sie selbst Frankreich regierte. Die Lebensgeschichte einer berühmten Frau und zugleich eine scharfsinnige heute lesenswerte Studie einer ganzen Epoche.

SERIE PIPER

Biographien

Heinz Ohff

Der grüne Fürst

Das abenteuerliche Leben des Hermann Pückler-Murskau. 372 Seiten mit 30 Abbildungen. SP 1751

Ein luxusverwöhnter, exzentrischer Snob, der Duelle focht und mehr Liebschaften hatte als Casanova: ein Abenteurer, der zu Pferd halb Afrika durchquerte, von höchstem Adel, aber republikanisch gesinnt, begabter Autor, genialer Gartenarchitekt: So jemanden wie den Fürsten Pückler-Muskau hat es im Deutschland des 19. Jahrhundert nicht noch einmal gegeben.

Ein Stern in Wetterwolken

Königin Luise von Preußen. Eine Biographie. 493 Seiten mit 34 Abbildungen. SP 1548

Heinz Ohff zeichnet in seiner Biographie das Bild einer Frau zwischen Legende und Historie und vermittelt zugleich einen lebendigen Eindruck der damaligen Zeit.

»Ein lesenswertes, kluges Buch.«
Die Presse

Karl Friedrich Schinkel oder Die Schönheit in Preußen

285 Seiten mit 38 Scharzweiß-Abbildungen. SP 2965

In seinem kurzen Leben hat Karl Friedrich Schinkel die Schönheit Preußens erfunden. Es gibt nichts, was Schinkel nicht gebaut hätte: staatliche Gebäude, Akademien, Kirchen, Kasernen, Repräsentationsbauten. Wer Berlin und Brandenburg heute bereist, stößt überall auf seine Spuren. Der große Biograph Heinz Ohff erzählt mit der ihm eigenen Leichtigkeit Schinkels Leben für und mit der Architektur. Der Bogen spannt sich über eine politisch bewegte Zeit von den Napoleonischen Kriegen bis in die Mitte des 19. Jahrhunderts mit dem Vordringen von Wissenschaft und Technik.

Biographien

Thea Leitner

Habsburgs verkaufte Töchter

*272 Seiten mit 16 Abbildungen.
SP 1827*

Thea Leitner bringt in ihrem Bestseller eine unbekannte Seite der europäischen Geschichte zur Sprache, nämlich die Biographien Habsburger Prinzessinnen, die schon im Kindesalter der Politik verschrieben wurden. Obwohl von Kindesbeinen an über sie verfügt wurde, waren sie als erwachsene Frauen keineswegs passive Opfer ihrer Herkunft.

Habsburgs vergessene Kinder

*288 Seiten mit 34 Abbildungen.
SP 1865*

Thea Leitner verfolgte die Spuren von Nachkommen des Erzhauses, die von der Geschichtsschreibung bislang kaum beachtet wurden. Dabei stieß sie auf Menschen »mit ihren Ängsten und Leidenschaften und Verstrickungen, ihren heroischen Höhepunkten und ihren abgrundtiefen Nöten«.

Skandal bei Hof

Frauenschicksale an europäischen Königshöfen. 320 Seiten SP 2009

Vor dem Hintergrund europäischer Politik eröffnen diese erschütternden Tragödien ein Gesellschaftsbild, das die Skandale heutiger gekrönter Häupter als harmlose Geschichten erscheinen läßt.

Die Männer im Schatten

An der Seite berühmter Herrscherinnen. 260 Seiten mit 35 Abbildungen. SP 2324

Mit kriminalistischem Spürsinn folgt Thea Leitner dem Leben der Ehemänner berühmter Frauen: Maria Stuart, Katharina die Große, Maria Theresia und Queen Victoria. Sie beschreibt anschaulich, unterhaltsam und kenntnisreich die zu Nebenrollen verdammten Männer und wirft damit ein neues Licht auf die Biographien der berühmten Frauen.

Fürstin, Dame, Armes Weib

*Ungewöhnliche Frauen im Wien der Jahrhundertwende.
352 Seiten mit 38 Abbildungen.
SP 1864*

Biographien

Brigitte Hamann
Elisabeth
Kaiserin wider Willen. 660 Seiten mit 57 Fotos. SP 2990

Das übliche süße Sisi-Klischee wird man in diesem Buch vergeblich suchen: Elisabeth. Kaiserin von Österreich. Königin von Ungarn, war eine der gebildetsten und interessantesten Frauen ihrer Zeit; eine Königin, die sich von den Vorurteilen ihres Standes zu befreien vermochte. Häufig entfloh sie der verhaßten Wiener »Kerkerburg«, weil sie nicht bereit war, sich von den Menschen »immer anglotzen« zulassen. Statt dessen war sie monatelang auf Reisen, lernte Sprachen und trieb – im Rittersaal der Hofburg! – Sport. Schon vor dem Attentat war sie eine legendäre Figur geworden.

Meine liebe, gute Freundin!
Die Briefe Kaiser Franz Josephs an Katharina Schratt aus dem Besitz der Österreichischen Nationalbibliothek. Herausgegeben und kommentiert von Brigitte Hamann. 560 Seiten mit zahlreichen Abbildungen. SP 2228

Rudolf
Kronprinz und Rebell. 534 Seiten mit 35 Abbildungen. SP 800

»… ein Buch, das keineswegs nur historisch interessierte Leser fesseln kann, sondern auch eine reiche Fundgrube für psychologisch Interssierte bedeutet, weil Rudolfs späteres unglückliches Schicksal hier ganz klar und eindeutig aus den katastrophalen äußeren Umständen seiner Kindheit und Erziehung erklärt wird.«
Wochenpresse, Wien

Kronprinz Rudolf »Majestät, ich warne Sie…«
Geheime und private Schriften. Herausgegeben von Brigitte Hamann. 448 Seiten. SP 824

Berta von Suttner
Ein Leben für den Frieden
552 Seiten mit 52 Abbildungen. SP 922

Mit Kaiser Max in Mexiko
Aus dem Tagebuch des Fürsten Carl Khevenhüller 1864–1867
336 Seiten mit zahlreichen Abbildungen. SP 3154

Biographien

Martha Schad

Kaiserin Elisabeth und ihre Töchter

201 Seiten mit einunddreißig Farb- und achtundzwanzig Schwarzweißabbildungen.
SP 2857

Einundzwanzig Salutschüsse kündigten 1855 die Geburt von Erzherzogin Sophie von Österreich an, der ersten Tochter des österreichischen Kaiserpaars Elisabeth und Franz Joseph. Ein Jahr später wurde Erzherzogin Gisela geboren. Als nach dem plötzlichen Tod der gerade zweijährigen Sophie endlich der ersehnte Thronfolger Rudolf zur Welt kam, war die Freude am Hof und beim Volk überwältigend. Zehn Jahre später folgte Marie Valérie, der erklärte Liebling von Mutter Elisabeth, der kleine Sonnenschein am Kaiserhof. Martha Schad schöpft für diese Familienchronik wie eine intime Freundin aus dem privaten Fundus der Kaiserfamilie.

Maria Matray, Answald Krüger

Das Attentat

Der Tod der Kaiserin Elisabeth und die Tat des Anarchisten Lucheni. 336 Seiten mit 22 Abbildungen und Dokumenten.
SP 2846

Kaiserin Elisabeth war inkognito zu einem Erholungsaufenthalt an den Genfer See gereist, doch kurz darauf meldete eine Zeitung ihre Ankunft. Diese Notiz sollte über ihr Leben entscheiden. Als Prinz Henri von Orléans, der Thronfolger von Frankreich, nicht wie geplant nach Genf gekommen war, hatte der italienische Anarchist Luigi Lucheni Elisabeth als Opfer ausersehen, denn auch sie war Aristokratin und so prominent, daß seine Tat ungeheures Aufsehen erregen würde. Die Kaiserin war am 9. September 1898 mit einer Hofdame an der Uferpromenade unterwegs, als sie von Lucheni blitzschnell und heimtückisch erstochen wurde. Das exakt recherchierte Dokumentardrama zeigt das bestürzende Bild eines Täters, der durch seinen Mordanschlag gesellschaftliche Aufmerksamkeit erzwingen wollte.

Biographien

Bruce Seymour

Lola Montez

*Eine Biographie. Aus dem
Amerikanischen von Renate
Sandner. 552 Seiten mit
16 Schwarzweißabbildungen.*
SP 2784

Ihre außergewöhnliche Schönheit wurde ihr zum Verhängnis, ihr skandalumwittertes Leben brachte sie in Verruf, ihre Liebschaft mit König Ludwig I. machte sie unvergeßlich: Die gebürtige Irin Eliza Gilbert (1821–1861), die unter ihrem Künstlernamen Lola Montez berühmt wurde, führte ein bewegtes Leben in den Metropolen Europas. Als »spanische Tänzerin« am Münchener Hof eroberte sie 1846 das Herz des bayerischen Königs im Sturm. Ludwig I. war hingerissen von Lolas Feuer, von ihrem Geist und ihrer Schönheit, und er beauftragte den Hofmaler Joseph Karl Stieler mit einem Porträt für seine Schönheitsgalerie. Als Mätresse des Königs in den Adelsstand erhoben, löste sie mit ihrem provozierenden Auftreten und ihrem intriganten Wesen heftige Unruhen in der bayerischen Hauptstadt aus, bis sich der Monarch schließlich gezwungen sah, 1848 die Krone niederzulegen. – Bruce Seymour schildert in seiner Biographie, die sich auf bisher unveröffentlichte Dokumente und den Briefwechsel zwischen Lola Montez und Ludwig I. stützt, das bewegte Leben dieser faszinierenden Femme fatale.

»Bruce Seymour hat mit eminentem Fleiß das skandalöse Lebenskunstwerk und Lügengebilde von Lola Montez auf den Boden unabweisbarer Tatsachen gestellt.«
Süddeutsche Zeitung

Dirk Van der Cruysse

»Madame sein ist ein ellendes Handwerck«

Liselotte von der Pfalz – eine deutsche Prinzessin am Hofe des Sonnenkönigs. Aus dem Französischen von Inge Leipold. 752 Seiten. SP 2141

Ein unvergleichliches Bild ihrer Zeit hat Liselotte von der Pfalz in ihren 60000 Briefen hinterlassen. In diesen Universalreportagen beschreibt sie ihr Leben am Hof ihres Schwagers, des Sonnenkönigs Ludwig XIV., freimütig, spöttisch, oft derb. Die Intrigen und Ränkespiele, die politischen Krisen und die glänzenden Feste bei Hof fanden in »Madame«, der Tochter des Kurfürsten Karl Ludwig von der Pfalz, eine kluge und geistreiche Beobachterin.

»Van der Cruysses Werk berichtet so frisch, wie es seinem Objekt zukommt.«
Die Zeit

»Dirk Van der Cruysse gelang es in bravouröser Weise, diese ungewöhnliche Frau zu rehabilitieren.«
Die Welt

Helga Thoma

»Madame, meine teure Geliebte ...«

Die Mätressen der französischen Könige. 251 Seiten mit 11 Porträts. SP 2570

Die Herrscher des 17. und 18. Jahrhunderts konnten zwar ungehindert Kriege führen, Abgaben eintreiben und Schlösser bauen, beim Heiraten aber mußten sie sich der Staatsräson beugen: Fürstenehen hatten den dynastischen Erfordernissen zu entsprechen, der Repräsentation zu dienen und Thronerben hervorzubringen. Fürs Herz hielten sich insbesondere die französischen Könige Mätressen: geistreiche, schöne, sinnliche Frauen, die mit Intelligenz und diplomatischem Geschick erheblichen Einfluß auf die Staatsgeschäfte der Monarchen gewannen. Daß sie keineswegs nur genußsüchtige, eitle und verruchte Geschöpfe waren, zeigt Helga Thoma in sieben Porträts berühmter Mätressen der französischen Könige, und sie bricht eine Lanze für diese Frauen, die beim Volk verhaßt, aber bei Hof von großem Einfluß waren.